Tesoro Hispánico

Second Edition

Robert Lado

Margaret Adey

Louis Albini

Joseph Michel

Hilario S. Peña

McGraw-Hill Book Company

New York   St. Louis   San Francisco   Atlanta   Auckland   Bogotá   Dallas
Hamburg   London   Madrid   Mexico   Montreal   New Delhi
Panama   Paris   São Paulo   Singapore   Sydney   Tokyo   Toronto

Credits

Editor: Teresa Chimienti
Designer: William Dippel
Production Supervisor: Dennis Conroy
Photo Research: Alan Forman
Illustrations: Gilbert Miret

The authors would like to thank the following organizations for permission to include the photographs below:
Cover: The Metropolitan Museum of Art, Gift of Mrs. Harold L. Bache, 1974; pages 2, 54, 76, 156, 174, 190, 366 The New York Public Library; page 18 The National Gallery of Art, Washington, D.C.; page 246 Culver Pictures.

The cover photograph is of a gold bell pendant, turtle with snakes, from Veraguas, Panamá, 800-1200 A.D. It is representative of the goldwork of the Precolumbian Americas.

Library of Congress Cataloging in Publication Data

Tesoro hispánico.

   1. Spanish literature 2. Spanish American
literature. I. Lado, Robert, 1915-
PQ6172.74 1982   468.6'421   81-3678

ISBN 0-07-035756-0   AACR2

ISBN 0-07-035756-0

      9 10   VHVH   91 90 89 88

The Authors

Robert Lado, Professor of Linguistics and former Dean of the School of Languages and Linguistics at Georgetown University, is a well-known author in the field of linguistics and language teaching. Dr. Lado is the author of *Language Teaching: A Scientific Approach, Language Testing, and Linguistics Across Cultures*.

Margaret Adey teaches Spanish at David Crockett High School in Austin, Texas, where she introduced language laboratory instruction. She organized and directed the Spanish Workshop for High School Students in Guanajuato, Mexico (formerly of Monterrey), for eighteen years, and is a past president of the Austin Chapter of the American Association of Teachers of Spanish and Portuguese.

Louis Albini is Chairman of the Foreign Language Department of Pascack Hills High School, Montvale, New Jersey. He taught methods and demonstration classes at the University of Puerto Rico for the NDEA Institute for three summers. Mr. Albini has been a pioneer in the use of the language laboratory in New Jersey.

Joseph Michel is Professor of Spanish and Dean of the College of Multidisciplinary Studies at the University of Texas at San Antonio. He was founder of the Foreign Language Education Center at the University of Texas at Austin. From 1964 to 1965 he was a Fulbright lecturer on foreign language teaching at the University of Madrid, and he taught Spanish in Monterrey, Mexico, for seven years.

Hilario S. Peña was a teacher of Spanish and French for twenty-two years and was a junior high school principal in the city of Los Angeles. Dr. Peña was Assistant Director of the NDEA Spanish Institute at the University of Southern California for six consecutive years and is a member of the California Advisory Council of Educational Research.

Acknowledgments

The authors wish to thank the publishers, authors and holders of copyright for the permission to reproduce the literary works which appear on the pages indicated.

Joya dos

20–22 *De lo que aconteció a un mancebo que se casó con una mujer muy fuerte y muy brava* by Don Juan Manuel, from *Spanish Stories* edited by Angel Flores, © copyright 1960 by Bantam Books, Inc. Reprinted by permission of Bantam Books, Inc., New York.

25–35 *El afrancesado* by Pedro Antonio de Alarcón, from *Obras completas de Pedro Alarcón* published by Ediciones Fax, Madrid, Spain. Courtesy of Miguel Valentín de Alarcón, heir of Pedro Antonio de Alarcón.

37–42 *La muerte de la emperatriz de la China* by Rubén Darío, from *Azul* edited by Editorial Novaro–México, S. A., Mexico, D. F.

44–46 *El mudito alegre* by Joaquín Aguirre Bellver, from *ABC*, Madrid, Spain.

48–52 *El hijo* by Horacio Quiroga. By permission of Mrs. María Elena Bravo de Quiroga.

Joya tres

56–61 *Un encuentro con Moctezuma* by Hernán Cortés, from *An Anthology of Spanish-American Literature* by Hespelt *et al.*, published by Appleton-Century-Crofts, New York.

72–74 *Carta a la señora Carolina de Valdelomar* by Abraham Valdelomar, from *Obra poética* published by Talleres Gráficos P. L. Villanueva, S. A. By permission of Dr. Luis Alberto Sánchez.

Joya cuatro

119–138 *Zalacaín, el aventurero* by Pío Baroja, from *Obras completas,* volume I, published by Biblioteca Nueva Editorial, Madrid, Spain.

141–153 *Doña Perfecta* by Benito Pérez Galdós, published by Librería y Casa Editorial Hernando, S. A. By permission of Rafael Verde Pérez Galdós.

Joya cinco

158–162 *Es más fácil hacer llorar que hacer reír, dice Cantinflas,* from *Ya, Diario de la mañana,* Madrid, Spain.

164–166 *El sábado en México: la presentación de El Cordobés fue un éxito,* from *Marca,* Madrid, Spain.

167–168 *Visita de astronautas norteamericanos a Chile,* from *El mercurio,* Santiago de Chile.

170–171 *Hombre mexicano–hombre universal* by José Muñoz Cota, from *Novedades,* Mexico, D. F.

172–173 *Crónica de sociedad, Enlace Soldevilla de Benito–Diego Jiménez,* from *Ya, Diario de la mañana,* Madrid, Spain.

Joya seis

176–177 *La hermosa España* by José María Salaverría. By permission of Mrs. Amalia Galarraga de Salaverría.

185–188 *Discurso en el undécimo aniversario de la fundación del Estado Libre Asociado de Puerto Rico* by Luis Muñoz Marín, July 25, 1963. By permission of the Puerto Rican Commission, New York.

Joya siete

214 *El viaje definitivo* by Juan Ramón Jiménez, from *Tercera antología poética.* By permission of Don Francisco H. Pinzón Jiménez.

394–395 *The Tragedy of Julius Cæsar* by William Shakespeare, edited by Paul G. Miller, copyright 1919 by D. C. Heath & Company.

396–397 *Julio César* by William Shakespeare, translated by Rafael Ballester Escalas, published by Editorial Científico-Médica, Barcelona, Spain.

398–400 *El ingenioso hidalgo don Quijote de la Mancha* by Miguel de Cervantes Saavedra, from *Don Quixote, The Great Illustrated Classics,* Titan Editions, 1962, published by Dodd, Mead & Company.

402–403 *The Ingenious Gentleman Don Quixote of La Mancha* by Miguel de Cervantes Saavedra, translated by Samuel Putnam, copyright 1949 by the Viking Press, Inc. Reprinted by permission of the Viking Press, Inc.

407–410 *La rosa de la Alhambra* by Washington Irving, from *Cuentos de la Alhambra* translated by José Méndez Herrera, third edition, copyright 1950 by Aguilar, S. A. de Ediciones, Madrid, Spain.

411–415 *Philters* and the Spanish version *Filtros,* both by René Jordán, from *Oro verde,* Madrid, Spain.

416 *The Perverse Art of Translation: Quiet Jazz,* from *Castellana,* Madrid, Spain.

417–18 *Decalog of Don'ts,* from *Lecturas amenas* edited by Kasten and Neale-Silva, published by Harper & Row, Publishers, New York.

418–419 *The Sun Also Rises* by Ernest Hemingway, pages 150 and 212, copyright 1926 by Charles Scribner's Sons, renewal copyright 1954 by Ernest Hemingway. Reprinted with the permission of Charles Scribner's Sons.

419 *San Manuel Bueno, Mártir* by Miguel de Unamuno, pages 37 and 38, published by Espasa-Calpe, S. A., Madrid, Spain. By permission of Fernando de Unamuno.

Preface

Spain—an intriguing country that evokes thoughts of adventure, courage and daring; religious zeal contrasted with poetic mysticism; violent battles fought on arid plains and atop medieval castles; knights in armor defending gentle ladies or their own honor, more precious than life; violent gypsy dances that stir the blood and make the heart beat faster; bloody afternoons in the *Plaza de Toros* and strumming guitars that accompany sensuous voices in the evening hours; cruel deeds that sensitive, devout souls try to counteract through unselfish service to God. History does not record all of Spain's glorious moments nor portray with complete accuracy her noblest thoughts, acts of generosity and undying fielty. Fortunately, Spain and her American offspring provide the world with a rich treasure of literature which pleases, inspires, shocks and soothes, especially when savored in one of the most beautiful of all tongues—*el castellano*.

Tesoro Hispánico provides for students an attractive introduction to the literature of Spain and the Hispanic nations. This presentation includes works of outstanding writers from the twelfth century to the present. The selections are significantly grouped according to genre. Fables, short stories, poems, essays, letters, excerpts from plays and novels, outstanding examples of oratory and selections from periodicals are collected under separate groupings to furnish an organized and comprehensive study of each distinct type. Contributions of the most representative authors have been chosen along with those of a very few authors who have not yet achieved universal recognition, but whose selections possess some quality of style, insight or interest that make them worthy of being included in this singular presentation of literary styles.

This text gives the student materials with which to become acquainted with the principal literary movements, famous writers and the specifics of certain styles. Understanding these basic literary concepts will assist the student in his enjoyment of the readings and in his development of a greater appreciation of the Hispanic world, her peoples and her writings.

As already stated, **Tesoro Hispánico** is organized according to literary genre. Its purpose is to assist the student to develop an understanding of the principal literary forms, their development through the centuries and their contributions in the evolution of Hispanic thought and expression. This text follows the same methodology proved so effective in *Galería Hispánica,* to which it can serve as a sequel. All pedagogical aspects of the book are in keeping with current theories and practices of language learning. Attention and stress are placed on expression of original ideas and oral expression, through class discussions and guided compositions.

As the student progresses through each section of this book, he will add to his treasure of knowledge another gem or *joya,* as each unit is labeled. For his benefit, each *joya* is developed according to the following format:

1 *Marco literario* provides a general introduction to the literary genre to be studied.
2 The introduction to each reading contains a brief biographical sketch of the author whose work follows. Included also are remarks that explain his purpose, accomplishments and the importance of his contributions to that particular genre.
3 The literary selection follows, with marginal notes to clarify cultural and historical references. Lexical items being introduced for the first time or recalled for review are also defined alongside the text. They are explained in Spanish unless the definition would be too involved, in which case the simplest and most direct equivalent is given in English in parentheses. Since only certain lexical items merit the time and the study to be included in the student's active vocabulary, such words are preceded by a dot to indicate that they should be learned well.
4 A series of *Preguntas* follows, structured to check comprehension of the preceding literary selection. These questions can be answered orally in class and also written outside of class. It is hoped that many will stimulate further discussion.
5 *Estudio de palabras* draws lexical items from the reading and develops the word family based on each root word. Each form of the word is further clarified by use in a meaningful sentence.
6 *Ejercicios de vocabulario* lead the student to use and work with words presented in the literary selection.
7 *Ejercicios de comprensión* that accompany some selections encourage the student to reread the particular selection. These exercises also serve to give him a variety of activities for reinforcement of language skills.
8 *Ejercicios creativos* present a variety of exercises, written and oral, for more detailed study of the selection, in order to guide written composition and foster original student work and research out of class.
9 *Ejercicios generales* at the end of each *joya* encourage the student to do further outside research, to compare authors and to investigate the more important aspects of the literary genre being studied.

The appendix *Estructura* furnishes exercises on a series of defined grammatical points which merit attention and review since they are common structures that must be mastered. The ideas utilized in the structural exercises are drawn from the literary selections of the particular *joya.*

High fidelity tapes and an Instructor's Manual accompany the basic text.

Contents

Tesoro Hispánico

Joya uno

La fábula
y la fantasía

MARCO LITERARIO

Más vale pájaro en mano que cien volando.
Hoy por mí, mañana por ti.
Hijo no tenemos y nombre le ponemos.
A lo hecho, pecho.
Quien primero viene, primero tiene.
Más vale tarde que nunca.
Adonde el corazón se inclina, el pie camina.
Un hoy vale más que dos mañanas.

Estas expresiones, tan comunes en la vida cotidiana, son oraciones proverbiales procedentes de unas fábulas bien conocidas. Desde los tiempos más remotos, la fábula se ha empleado para enseñar. Esencialmente, la fábula (o apólogo) es una narración corta en prosa o en verso cuyo fin es comunicar una moraleja o una lección útil.

    Como la fábula es una de las formas literarias más antiguas, mucho de su origen se debe adivinar. Probablemente la conclusión (la moraleja o el proverbio) vino primero. Antaño, cuando pocas personas sabían leer, o tal vez aun antes que se conociera la palabra escrita, los

   • *cotidiana   diaria*

   antaño   en tiempo antiguo

padres trataron de diferenciar para los hijos entre lo bueno y lo malo con lecciones reducidas a pocas palabras ... fáciles de comprender, fáciles de recordar, fáciles de repetir. Estos proverbios entonces se elaboraron con cuentos y aventuras para ilustrarlos.

Los personajes en una fábula son casi siempre animales, pero los objetos inanimados, seres humanos y dioses a veces aparecen. Esto puede indicar que la fábula se originó durante una época en la cual la gente adoraba la naturaleza y creía que todas las cosas que nacían, se multiplicaban y perecían tenían alma y espíritu. No era difícil imaginar que los animales hablaran. Tampoco era extraño que tuvieran los animales emociones y debilidades humanas. Así como los caricaturistas modernos dibujan animales en situaciones humanas (*Pogo, Donald Duck, Brer Rabbit*), también los fabulistas critican a la gente o a las instituciones o enseñan alguna regla de comportamiento por medio de cuentos de animales en los cuales se destacan el chacal, el burro, el zorro y el cuervo.

Aunque muchas veces no se conocen los autores, las fábulas se multiplican y pasan a otras naciones. Se relatan en diferentes versiones y en diferentes idiomas. Los franceses tienen su La Fontaine; los ingleses, su John Gay; los rusos, su Ivan Krylov; los alemanes, su *Fabeln*, recreados por Gotthold Ephraim Lessing; y los españoles elogian a don Tomás de Iriarte.

No importa el origen. Tampoco es significante el lenguaje. Lo importante es que las fantásticas situaciones ilustradas capturen la imaginación del lector, lo arrojen en un mundo de fantasía y le hagan contemplar la sabiduría de los antiguos.

* *perecían   dejaban de ser, morían*

chacal   (jackal)

La lechera

FELIX MARIA SAMANIEGO

El autor Félix María Samaniego (1745–1801) no es gran poeta, pero sí es gran fabulista. Entre las más famosas fábulas, hay que señalar a *La lechera.* Bien conocida es la mujer, camino al mercado, construyendo «castillos en el aire.» En sus fábulas, Samaniego ridiculiza los defectos humanos. Escribió las *Fábulas morales* para los estudiantes del Seminario de Vergara.

Llevaba en la cabeza
una lechera el cántaro al mercado
con aquella presteza,
aquel aire sencillo, aquel agrado,
que va diciendo a todo el que lo advierte:
«¡Yo sí que estoy contenta con mi suerte!»

Porque no apetecía
más compañía que su pensamiento,
que alegre la ofrecía
inocentes ideas de contento,
marchaba sola la feliz lechera,
y decía entre sí de esta manera:

«Esta leche, vendida,
en limpio me dará tanto dinero,
y con esta partida
un canasto de huevos comprar quiero,
para sacar cien pollos, que al estío
me rodeen cantando el *pío, pío*.

«Del importe logrado
de tanto pollo mercaré un cochino;
con bellota, salvado,
berza, castaña, engordará sin tino;
tanto, que puede ser que yo consiga
ver cómo se le arrastra la barriga.

«Llevarélo al mercado;
sacaré de él sin duda buen dinero:
compraré de contado

- *cántaro   vasija grande de barro o metal*
- *presteza   prontitud, rapidez*
- *agrado   gusto*

no apetecía   no deseaba, no tenía ganas de

en limpio   (clear profit)
al estío   en el verano
pío, pío   canto de los pollitos
bellota   fruto del roble (acorn)
salvado   cáscara del grano
berza   col
castaña   fruto del castaño (chestnut)
tino   dificultad
- *barriga   vientre*

de contado   en seguida, inmediatamente

Mujer con un cántaro

una robusta vaca, y un ternero
que salte y corra toda la campaña
hasta el monte cercano a la cabaña.»

Con este pensamiento
enajenada, brinca de manera,
que a su salto violento
el cántaro cayó. ¡Pobre lechera!
¡qué compasión!: adiós leche, dinero,
huevos, pollos, lechón, vaca y ternero.

*enajenada   loca de ale-
gría, fuera de su juicio
a causa de su alegría*
• *lechón   cochinillo que
todavía vive de la
leche de la madre*

¡Oh, loca fantasía,
qué palacios fabricas en el viento!
Modera tu alegría;
no sea que, saltando de contento
al contemplar dichosa tu mudanza,
quiebre su cantarillo la esperanza.

• *mudanza   cambio de
fortuna, de domicilio,
etc.*

No seas ambiciosa
de mejor o más próspera fortuna,
que vivirás ansiosa
sin que pueda saciarte cosa alguna.
*No anheles impaciente el bien futuro,
mira que ni el presente está seguro.*

*no anheles   no desees
fuertemente*

PREGUNTAS

1 ¿Cómo llevaba el cántaro la lechera?
2 ¿Cómo estaba la lechera?
3 ¿Con quién hablaba?
4 ¿Cuáles eran los planes de la lechera?
5 ¿Tenían mérito sus planes? ¿Por qué?
6 ¿Cómo terminaron todos los planes de la lechera?
7 ¿Cuál es la moraleja de esta fábula?
8 En el caso de la lechera, ¿qué incidente probó que ni el presente está seguro?

ESTUDIO DE PALABRAS

Agrado: agradar, agradable, desagradar

1 Si quieres agradar a la lechera, consíguele otro cántaro de leche. De nuevo será muy feliz.
2 Por su gracia y su simpatía, se considera a la lechera una persona agradable.
3 No poder llevar a cabo sus planes va a desagradar mucho a la lechera. No será nada feliz.

Limpio: limpiar, limpio, limpiador, limpieza

1 Para limpiar el cántaro, hay que usar agua bien caliente y detergente.
2 La lechera lava el cántaro para que esté limpio.
3 La lechera lava el cántaro con un líquido limpiador.
4 Estando libre de toda suciedad, se nota en seguida la limpieza del mercado.

Mercaré: mercar, mercante, merca, mercadear, mercado, mercader, mercantil

1 La lechera quiere mercar la leche, no comprarla.
2 La lechera, siendo mercante, buscará un cliente que compre la leche.
3 La lechera se ocupa en la venta de la leche, el cliente en la merca de ella.
4 La lechera va a mercadear un cochino por una vaca; es que dará un cochino bien gordo y recibirá una vaca.
5 La lechera camina al mercado donde venderá la leche.
6 El mercader que es el dueño del mercado es amigo de la lechera.
7 La lechera tiene una filosofía mercantil.

EJERCICIOS DE VOCABULARIO

Complete los párrafos con palabras apropiadas.

Hoy es un día de mucho trabajo para la lechera. Se levanta muy temprano porque es el día en que irá al _____ para _____ la leche. Se nota que el cántaro está sucio. Antes de echar la leche en él, lo tiene que _____, metiéndolo en agua bien caliente. Por fin el cántaro está bien _____ y lo llena de leche.

Acabado este trabajo, sale para el mercado. El _____, Juan López, el dueño del mercado, es muy amigo de la lechera. La _____ de su mercado es notable; todo está bien arreglado y no hay suciedad ninguna.

En el camino la lechera piensa en todo el dinero que va a ganar. Tiene una filosofía muy _____. Sus planes le _____ mucho a la lechera y se pone muy feliz. Pero, ¿quién no sería feliz con tantos planes tan _____? Desgraciadamente, el cántaro cae y allá se van los planes y la esperanza. Ver el cántaro roto en el suelo le _____ mucho a la pobre lechera.

Indique la palabra que no pertenece a cada uno de los siguientes grupos.

1 moderar: moderación, moderador, moderno, moderado
2 pensamiento: pensar, pensador, pensionista, pensativo, pensado
3 importe: importar, importante, imponer, importancia
4 advierte: advertido, adverso, advertencia

EJERCICIO DE COMPRENSION

Para completar las oraciones, escoja la respuesta correcta de las que están entre paréntesis.

1 La lechera llevaba un cántaro de leche en (los brazos, la cabeza, el hombro).
2 Andaba tan (alegre, triste, desconcertada) que no (anhelaba, hallaba, encontraba) la compañía de otros.
3 Estaba (insegura de, convencida de, esperando) recibir buen precio por la leche.
4 (Intentaba, Negaba, Juraba) invertir sus ganancias en la cría de pollos.
5 Una vez vendidos los pollos, pensaba seguir (prometiendo, confiando, multiplicando) su inversión comprando (una barriga, un cochino, un tino).
6 Seguramente, éste (engordaría, enflaquecería, importaría) mucho con una dieta rara y en el mercado (perdería, prometería, conseguiría) buen precio.
7 Entonces podría comprar (en seguida, con tiempo, ansiosamente) una vaca y un ternero.
8 Pensando en esto, estaba (cometida a la cárcel, loca de alegría, desesperada) y dio (un grito, una mirada, un salto).
9 Se (pagó, rompió, pegó) el cántaro y con él se desvanecieron sus (esperanzas, mudanzas, fábricas).
10 Es una (tontería, filosofía, teoría) cambiar lo seguro por lo desconocido.

EJERCICIO CREATIVO

1 Escriba la historia de esta fábula en forma de artículo para un periódico. Conteste a las preguntas: ¿Quién? ¿Dónde? ¿Qué? ¿Cuándo? ¿Por qué? ¿Los resultados?

La gallina de los huevos de oro

FELIX MARIA SAMANIEGO

«Quien todo lo quiere, todo lo pierde» bien puede ser la moraleja de
esta fábula. Samaniego sacó su inspiración de otros fabulistas antiguos
y modernos, pero interpretó las fábulas con su propio optimismo. Pocas
son originales, pero todas son sencillas, naturales y claras y muestran
el deseo que el autor tenía por el mejoramiento de su prójimo.

• *prójimo cualquier*
  hombre respecto a
  otro (fellow man)

Erase una gallina que ponía
un huevo de oro al dueño cada día.
Aun con tanta ganancia mal contento,
quiso el rico avariento
descubrir de una vez la mina de oro,
y hallar en menos tiempo más tesoro.
Matóla; abrióla el vientre de contado;
pero, después de haberla registrado,
¿qué sucedió? Que muerta la gallina,
perdió su huevo de oro y no halló mina.

Cuántos hay que teniendo lo bastante,
enriquecerse quieren al instante,
abrazando proyectos
a veces de tan rápidos efectos,
que sólo en pocos meses,
cuando se contemplaban ya marqueses,
contando sus millones,
se vieron en la calle sin calzones.

PREGUNTAS

1 ¿Cuál es el defecto que tenía el dueño de la gallina?
2 ¿Tiene que ser un defecto de carácter, querer un hombre hacerse rico? Explique su opinión.
3 ¿Cuál fue el resultado de la avaricia del dueño?
4 ¿Aboga esta fábula en contra de la ambición?
5 ¿Qué mensaje social nos da esta fábula?

ESTUDIO DE PALABRAS

Ganancia: ganar, ganancial, ganancioso, ganador

1 Ese rico avariento siempre quería ganar algo en la transacción; perder un solo céntimo le desagradaba mucho.
2 El avariento no recibió ningún bien ganancial por matar a la gallina.
3 Generalmente era un hombre ganancioso; siempre recibía más dinero que pagaba.
4 Era el mejor ganador hasta que su avaricia le hizo matar a la gallina que le producía los huevos de oro.

Rico: riqueza, enriquecerse, riquísimo, ricacho

1 Por haber sacado tanto oro de la mina, la riqueza de ese hombre es increíble.
2 Aunque es tan rico, quiere enriquecerse más.
3 Con sus millones, es un joven riquísimo.
4 El ricacho, por no estar acostumbrado a tanto dinero, no sabe qué hacer con todo lo que acaba de recibir.

Tesoro: atesorar, atesorado, tesorería, tesorero

1 Atesorar el dinero con avaricia es malo.
2 Ese avariento tenía su dinero atesorado en un hoyo en la tierra; nunca lo ponía en el banco.
3 Con tantos ricos avarientos que escondían su dinero, había poco en la tesorería del Estado.
4 El tesorero tiene a su cargo todos los asuntos financieros.

EJERCICIOS DE VOCABULARIO

Dé el contrario de las siguientes palabras.

1 la pobreza 2 perder 3 perdedor 4 pérdida 5 empobrecer

Dé una definición de las siguientes palabras.

1 tesorería   2 enriquecerse   3 ganar   4 ricacho

EJERCICIO CREATIVO

1 Imagínese que la gallina de esta fábula fuera persona. Describa en unas palabras un personaje ficticio que destruye a otro para conseguir riquezas.

Los dos conejos

TOMAS DE IRIARTE

Tomás de Iriarte (1750–1791) escribió poemas y dramas e hizo muchas traducciones. Sin embargo, son sus fábulas que le han dado su mayor fama. Su libro *Fábulas literarias* fue escrito cuando sólo contaba 32 años. En España evocó mucho interés porque creía la gente que bajo la capa de la fábula Iriarte se burlaba de sus enemigos literarios.

Los animales de esta fábula disputaban una cuestión de poca importancia, sin tener en cuenta lo que realmente importaba. El autor advierte que esto puede dar graves resultados.

Por entre unas matas,
seguido de perros
(no diré que corría),
volaba un conejo.

matas plantas de tallo bajo, ramificado y leñoso; arbustillo

De su madriguera
salió un compañero,
y le dijo: — Tente,
Amigo, ¿qué es esto?

madriguera cuevecilla en que habitan ciertos animales
tente detente, párate

— ¿Qué ha de ser? responde;
sin aliento llego . . .
dos pícaros galgos
me vienen siguiendo.

• *galgos (greyhounds)*

— Sí, replica el otro,
por allí los veo . . .
pero no son galgos.
— ¿Pues qué son? — Podencos.

*podencos   cierta clase
de perros de caza*

— ¿Qué? ¿podencos dices?
— Sí, como mi abuelo.
— Galgos y muy galgos,
bien vistos los tengo.

— Son podencos; vaya,
que no entiendes de eso.
— Son galgos te digo.
— Digo que podencos.

En esta disputa
llegando los perros,
pillan descuidados
a mis dos conejos.

• *pillan   roban, toman
por fuerza*

Los que por cuestiones
de poco momento
dejan lo que importa,
llévense este ejemplo.

PREGUNTAS

1   ¿Cuál es la moraleja de esta fábula?
2   ¿A quién le podrá servir esta moraleja?
3   ¿Quién salió ganando en esta disputa?
4   ¿Se presta esta fábula a cuestiones políticas? ¿Cómo? Dé un ejemplo.
5   ¿Será posible perder la vida por ganar una disputa?
6   ¿Eran galgos, o podencos?
7   ¿Tiene importancia lo que eran?

ESTUDIO DE PALABRAS

Aliento: *alentar, alentado, alentador*

1   De haber corrido tanto, el pobre conejo llegó sin aliento, es decir, respiraba con dificultad.
2   Alentar quiere decir animar, dar vigor a algo o a alguien.
3   Al joven alentado, le llaman valiente.
4   Don Ramón le dio un consejo muy alentador a Carmona. Así es que ella pudo tener esperanza.

Seguido: seguir, seguidilla, seguidor

1 El conejo iba seguido de los galgos. Es que los galgos iban detrás del conejo.
2 A Rodolfo no le gustaba seguir a nadie. Siempre quería ser el primero.
3 La seguidilla es una composición poética usada en cantos populares.
4 Manuel era el líder; Alfredo era el seguidor.

EJERCICIO DE VOCABULARIO

Exprese de otra manera las palabras en letra bastardilla.

1 Al llegar, el conejo *no pudo respirar.*
2 Esta noticia *favorable* nos da esperanza.
3 A Roberto nunca le gustaba ir *detrás de* nadie.
4 Lo que me dijo, me *animó* un poco.
5 Es un chico *alentado.*

EJERCICIOS CREATIVOS

1 Escriba la fábula en forma narrativa.
2 Describa algo desagradable que le haya pasado a Ud. por no haber pensado en el aspecto más importante de la situación.

El ciervo en la fuente

FELIX MARIA SAMANIEGO

Frecuentemente el hombre se deslumbra con lo hermoso, olvidando el refrán que lo bello no es lo que más importa. La siguiente fábula indica que la mayor belleza se encuentra en lo que es más útil.

Un ciervo se miraba
en una hermosa cristalina fuente;
placentero admiraba
los enramados cuernos de su frente,
pero al ver sus delgadas, largas piernas
al alto cielo daba quejas tiernas:

- *ciervo   venado (deer)*

- *placentero   agradable,
     alegre*
  *enramados   enlazados,
     enredados*

«¡Oh dioses! ¿A qué intento,
a esta fábrica hermosa de cabeza
construir su cimiento
sin guardar proporción en la belleza?
¡Oh qué pesar! ¡Oh qué dolor profundo!
¡No haber gloria cumplida en este mundo!»

• cimiento base (aquí: piernas)

Hablando de esta suerte
el ciervo vio venir a un lebrel fiero.
Por evitar su muerte,
parte al espeso bosque muy ligero;
pero el cuerno retarda su salida,
con una y otra rama entretejida.

lebrel perro de caza

Mas libre del apuro
a duras penas, dijo con espanto:
«Si me veo seguro,
peso a mis cuernos, fue por correr tanto;
lleve el diablo lo hermoso de mis cuernos,
haga mis feos pies el cielo eternos.»

Así frecuentemente
el hombre se deslumbra con lo hermoso;
elige lo aparente,
abrazando tal vez lo más dañoso;
pero escarmiente ahora en tal cabeza:
el útil bien es la mejor belleza.

escarmiente aprenda de esta lección

PREGUNTAS

1 ¿Qué riesgos le trae al hombre el derecho de escoger?
2 ¿Qué le dio prueba al ciervo que la sabiduría divina era superior a la animal?
3 ¿Cómo podrá escoger el hombre, entre dos valores, el mejor?
4 ¿Habrá seres humanos que piensen como el ciervo?

ESTUDIO DE PALABRAS

Espanto: espantar, espantoso

1 No puedes imaginar el espanto que causó la aparición del lebrel. ¡Qué miedo tenía el ciervo!
2 El tigre es un animal tan fiero que puede espantar al más valiente.
3 Los antiguos le tenían miedo a un eclipse de sol; ahora no tiene nada de espantoso un eclipse.

Guardar: guarda, guardarropa, guardia, guardián

1 El guarda es la persona encargada de cuidar todo.
2 La tía Emilia metió todos los vestidos en el guardarropa.
3 Mi tío Alejandro pertenecía a la guardia del rey.
4 El era el guardián personal del príncipe.

«El ciervo» por
Diego Rodríguez de Silva y Velázquez

Spanish National Tourist Office

Quejas: *quejarse, quejido, quejumbroso*

1 Una queja es una expresión de dolor o aflicción.
2 A Elena no le gusta quejarse; prefiere soportarlo todo en silencio.
3 Al caerse Miguelito, dio un quejido lastimoso.
4 Todos dicen que yo soy un viejo quejumbroso, porque nunca me contento con nada ni con nadie.

EJERCICIO DE VOCABULARIO

Complete las oraciones con una palabra apropiada.

1 ¡Qué _____ causó la aparición del fiero lebrel!
2 Un animalito no tiene nada de _____, pero un fiero lebrel sí.
3 Tal peligro puede _____ al más valiente.
4 ¿No oíste el _____ del pobre cuando le atacó la fiera?
5 No es tan _____; a veces se pone contento.
6 Es tan desagradable que se _____ de cada cosita que le pasa.

EJERCICIO DE COMPRENSION

Escriba las oraciones siguientes, sustituyendo por cada palabra o frase en letra bastardilla una de las expresiones de la lista de abajo.

acercarse	hizo tardar	con gran dificultad
lo visible	lo peor	se distrae
dolorosamente	grotesco	bella
transparente	horrible	enredados
muy a menudo	fuera del peligro	rápidamente
feroz	flacas	
a pesar de	problema	

1 Un ciervo se miraba en una *hermosa* fuente *cristalina.*
2 Admiraba los cuernos *enramados* de su frente.
3 Al ver sus piernas *delgadas*, se puso a quejarse *tristemente.*
4 ¡Qué *feo* es tener un cimiento *tan desproporcionado*!
5 En ese momento vio *venir* un lebrel *fiero.*
6 Entró en el bosque *muy ligero*, pero el cuerno *retardaba* su salida.
7 Una vez libre del *apuro*, dijo *a duras penas:* —Si me veo *seguro, pese a* mis cuernos, fue por correr tanto.
8 Así *frecuentemente*, el hombre *se deslumbra* con lo hermoso y elige *lo aparente* que puede ser *lo más dañoso.*

EJERCICIO CREATIVO

1 Exprese oralmente o por escrito un resumen de esta fábula.

JOYA 1 EJERCICIOS GENERALES

1 ¿Cuál de las fábulas le gustó más? ¿Por qué? ¿Es por ser humorística, creíble, lógica o buena lección para todos? Justifique sus opiniones.

2 La fábula es una manera sencilla y divertida de expresar una lección necesaria. En forma de prosa, describa un pequeño problema o disgusto menor que Ud. ha tenido que solucionar. Exprese la solución en forma de moraleja.

EL APOLOGO O FABULA

Breve, sencillo, fácil, inocente,
de graciosas ficciones adornado,
el apólogo instruye dulcemente:
Cual si sólo aspirase al leve agrado,
de la verdad oculta el tono grave;
al bruto, al pez, al ave,
al ser inanimado
le presta nuestra voz, nuestras pasiones
y al hombre da, sin lastimar su orgullo
de la razón las útiles lecciones.

Francisco Martínez de la Rosa (1787–1862)

Joya dos

El cuento y su fascinación

MARCO LITERARIO

Es difícil definir, clasificar o explicar el cuento. Básicamente, es un relato breve, en prosa, que difiere de la novela principalmente en su brevedad y en su énfasis en una sola impresión. Casi siempre se puede leer por completo en poco tiempo.

Por lo general, el escritor trata de dibujar un aspecto de la naturaleza humana, revelar algún conflicto de personalidades o describir personajes en un momento de tensión o decisión. No importa que su tema salga de lo natural o lo sobrenatural, lo romántico o lo realístico, lo grotesco o lo mundano, pero necesita un centro de interés imaginativo, y necesita proyectar un cuadro de la vida real o imaginaria.

Se ha dicho que «un cuadro vale mil palabras.» Como el cuadro del cuento tiene que expresar mucho en relativamente pocas palabras, se limita a un lugar, emplea pocos personajes y la trama se desarrolla dentro de poco tiempo con acción sencilla y rápida. El cuento observa todas estas unidades dramáticas, y esconde el desenlace para aumentar y sostener el interés del lector hasta el fin.

- *trama   argumento (plot)*

- *desenlace   desarrollo, conclusión*

Por eso es una de las formas literarias que más atrae y más fascina.

De lo que aconteció a un mancebo que se casó con una mujer muy fuerte y muy brava

DON JUAN MANUEL

Don Juan Manuel (1282–1349) fue hombre de Estado, corregente durante la minoría de Alfonso XI, y soldado quien mandó un ejército contra los moros. Sin embargo, se destaca más como escritor. Su obra más conocida es *El conde Lucanor*, una colección de cincuenta cuentos de estilo oriental. De sencillez y encanto singulares, estos cuentos siempre presentan una moraleja útil.

Hace muchos años vivía en una aldea un moro quien tenía un hijo único. Este mancebo era tan bueno como su padre, pero ambos eran muy pobres. En aquella misma aldea vivía otro moro, también muy bueno, pero además rico; y era padre de una hija que era todo lo contrario del mancebo ya mencionado. Mientras que el joven era fino, de muy buenas maneras, ella era grosera y tenía mal genio. ¡Nadie quería casarse con aquel diablo!

    Un día el mancebo vino a su padre y le dijo que se daba cuenta de lo pobre que eran y como no le agradaría pasarse su vida en tal pobreza, ni tampoco marcharse fuera de su aldea para ganarse la vida, el preferiría casarse con una mujer rica. El padre estuvo de acuerdo. Entonces el mancebo propuso casarse con la hija de mal genio del hombre rico. Cuando su padre oyó esto, se asombró mucho y le dijo que no; pues ninguna persona inteligente, por pobre que fuese, pensaría en tal cosa. «¡Nadie,» le dijo, «se casará con ella!» Pero el mancebo se empeñó tanto que al fin su padre consintió en arreglar la boda.

    El padre fue a ver al buen hombre rico y le dijo todo lo que había hablado con su hijo y le rogó que, pues su hijo se atrevía a casarse con su hija, permitiese el casamiento. Cuando el hombre rico oyó esto, le dijo:

— Por Dios, si hago tal cosa seré amigo falso pues Ud. tiene un buen hijo y yo no quiero ni su mal ni su muerte. Estoy seguro que si se casa

• *mancebo   joven*

• *se empeñó   insistió*

con mi hija, o morirá o su vida le será muy penosa. Sin embargo, si su hijo la quiere, se la daré, a él o a quienquiera que me la saque de casa.

Su amigo se lo agradeció mucho y como su hijo quería aquel casamiento, le rogó que lo arreglase.

El casamiento se hizo y llevaron a la novia a casa de su marido. Los moros tienen costumbre de preparar la cena a los novios y ponerles la mesa y dejarlos solos en su casa hasta el día siguiente.

Así lo hicieron, pero los padres y parientes de los novios recelaban que al día siguiente hallarían al novio muerto o muy maltrecho.

Luego que los novios se quedaron solos en casa, se sentaron a la mesa. Antes que ella dijese algo, miró el novio en derredor de la mesa, vio un perro y le dijo enfadado:

— Perro, ¡danos agua para las manos!

Pero el perro no lo hizo. El mancebo comenzó a enfadarse y le dijo más bravamente que le diese agua para las manos. Pero el perro no se movió. Cuando vio que no lo hacía, se levantó muy sañudo de la mesa, sacó su espada y se dirigió a él. Cuando el perro lo vio venir, comenzó a huir. Saltando ambos por la mesa y por el fuego hasta que el mancebo lo alcanzó y le cortó la cabeza.

sañudo   enfurecido

Así muy sañudo y todo ensangrentado, se volvió a sentar a la mesa, miró en derredor y vio un gato al que mandó que le diese agua para las manos. Cuando no lo hizo, le dijo:

● ensangrentado   cubierto
de sangre

— ¡Cómo, don falso traidor! ¿No viste lo que hice al perro porque no quiso hacer lo que le mandé yo? Prometo a Dios que si no haces lo que te mando, te haré lo mismo que al perro.

Pero el gato no lo hizo porque tampoco es su costumbre dar agua para las manos. Cuando no lo hizo, el mancebo se levantó y le tomó por las patas y lo estrelló contra la pared.

Y así, bravo y sañudo, volvió el mancebo a la mesa y miró por todas partes. La mujer, que estaba mirando, creyó que estaba loco y no dijo nada.

Cuando hubo mirado por todas partes, vio su caballo, el único que tenía. Ferozmente le dijo que le diese agua, pero el caballo no lo hizo. Cuando vio que no lo hizo, le dijo:

— ¡Cómo, don caballo! ¿Crees que porque tú eres mi único caballo te dejaré tranquilo? Mira, si no haces lo que te mando, juro a Dios que haré a ti lo mismo que a los otros, pues no existe nadie en el mundo que se atreva a desobedecerme.

Pero el caballo no se movió. Cuando el mancebo vio que no le obedecía, fue a él y le cortó la cabeza.

Y cuando la mujer vio que mataba su único caballo y que decía que haría lo mismo a quienquiera que no obedeciese, se dio cuenta que el mancebo no estaba jugando. Tuvo tanto miedo que no sabía si estaba muerta o viva.

Y él, bravo y sañudo y ensangrentado, volvió a la mesa, jurando que si hubiera en la casa mil caballos y hombres y mujeres que no le obediciesen, los mataría a todos. Luego se sentó y miró por todas partes, teniendo la espada ensangrentada en la mano. Después de mirar a una parte y otra y de no ver a nadie, volvió los ojos a su mujer muy bravamente y le dijo con gran saña, con la espada ensangrentada en alto:

saña   ira

— ¡Levántate y dame agua para las manos!

La mujer, que creía que él la haría pedazos si no hacía lo que le mandaba, se levantó muy aprisa y le dio agua para las manos.

— ¡Cuánto agradezco a Dios que hayas hecho lo que te mandé — le dijo él — que si no, te habría hecho igual que los otros!

Después le mandó que le diese de comer y ella lo hizo. Y siempre que decía algo, se lo decía con tal tono, con la espada en alto, que ella creía que le iba a cortar la cabeza.

Así pasó aquella noche: nunca ella habló, y hacía todo lo que él mandaba. Cuando hubieron dormido un rato, él dijo:

— No he podido dormir por culpa de lo de anoche. No dejes que me despierte nadie y prepárame una buena comida.

A la mañana siguiente los padres y parientes llegaron a la puerta y como nadie hablaba creyeron que el novio estaba ya muerto o herido. Al ver a la novia y no al novio lo creyeron aun más.

Cuando la novia los vio a la puerta, llegó muy despacio y con gran miedo comenzó a decirles:

— ¡Locos, traidores! ¿Qué hacen aquí? ¿Cómo se atreven a hablar aquí? ¡Cállense, que si no, todos moriremos!

Al oír esto, todos se asombraron y apreciaron mucho al joven que había domado a la mujer brava.

Y desde aquel día su mujer fue muy obediente y vivieron muy felices.

Y a los pocos días el suegro del mancebo quiso hacer lo mismo que había hecho su yerno y mató un gallo de la misma manera, pero su mujer le dijo:

— ¡Ya es demasiado tarde para eso, don Nadie! No te valdrá de nada aunque mates cien caballos, pues ya nos conocemos demasiado bien....

* *suegro   padre del esposo de uno*
* *yerno   marido de la hija de uno*

Si al comienzo no muestras quien eres
nunca podrás después, cuando quisieres.

PREGUNTAS

1   ¿Por qué quería casarse el moro con aquel diablo de mujer?
2   ¿Será costumbre que un padre moro hable mal de su hija?
3   ¿Por qué hablaría el rico así?
4   Según este cuento, ¿qué virtud tiene un ejemplo gráfico?
5   ¿Será posible justificar las acciones del mancebo?

6   En un matrimonio, ¿valdrá la pena el servicio sin amor?
7   ¿Serían felices, de veras, estos dos personajes?
8   ¿Por qué no triunfó el suegro?

ESTUDIO DE PALABRAS

Se atrevía: atreverse, atrevidamente, atrevido, atrevimiento

1   No tiene miedo de nada; no le importa atreverse al peligro.
2   Vivía atrevidamente, siempre haciendo algo peligroso.
3   Era la vida de un atrevido con las muchas aventuras que tenía.
4   Todo lo hacía con atrevimiento, sin pensar en ningún resultado desagradable.

Se empeñó: empeñarse, empeñadamente, empeño

1   El mancebo sabe insistir: Se empeñó tanto que al fin su padre consintió.
2   Amelia hace su trabajo empeñadamente. No deja nada sin hacer.
3   Tengo empeño en acabar mi trabajo esta noche.

Propuso: proponer, proposición, propuesto

1   Proponer casarse es igual que tener intención de casarse.
2   El maestro demostró la proposición matemática.
3   Se fueron porque el viaje ya estaba propuesto.

Traidor: traición, traicionar, traicionero

1   Hacer traición a un amigo es un delito.
2   Daniel murió antes de traicionar a su patria.
3   El sueño es muy traicionero.

EJERCICIOS DE VOCABULARIO

Complete las siguientes oraciones.

1   Cuando ella empieza un proyecto, no cesa de trabajar. Trabaja _____.
2   El que hace algo en contra de su patria es _____.
3   No tengo miedo de nada; _____ a hacer cualquier cosa.
4   Carlos lo sugirió; no fue Tomás quien lo _____.
5   Es tan peligroso que sólo un _____ puede llevar a cabo tal proyecto.
6   El _____ tanto que por fin los otros consintieron.
7   El lo hizo por el enemigo, así es que _____ a su patria.

Complete los siguientes párrafos.

El mancebo, por no pasar la vida como un pobretón, quería casarse con esa mujer tan fuerte. _____ tanto que por fin su padre consintió en que se casara con ella. No hay duda que tenía mucho _____ en realizar su plan. Fue su padre quien le _____ el casamiento al padre de la mujer.

¡Qué peligro! Ese mancebo era un verdadero _____. Sabiendo lo cruel que era su mujer, todavía _____ a mandarle que le trajera agua. Lo hizo con mucho _____, pero con buen resultado. El vivir _____ por unos días cambió a su mujer.

El mancebo no quería _____ a su mujer. No era ningún _____. Sólo quería cambiarla.

EJERCICIO DE COMPRENSION

Arregle en orden (vea párrafos 2 y 3) los elementos de la conversación entre padre e hijo.

MANCEBO:

Miseria. Privaciones. No las admito. Por eso, pienso aprovecharme del único remedio que me queda — el de casarme con X____, la hija de tu viejo amigo.

La idea de pasar el resto de mi vida en este estado pobre no me apetece nada.

Perdona la impertinencia, padre. Permíteme insistir en que hagas lo que te pido.

Mi padre, hace mucho tiempo que considero un asunto de gran importancia — el de mi porvenir. Me doy cuenta de que hay sólo una manera de mejorar mi posición y asegurar mi futuro.

No le tengo miedo a esa moza, y te suplico que vayas a pedirle la mano a su padre.

Estoy contento aquí en mi tierra. No podría ser feliz en otra parte lejos de mis parientes y mis amigos. Mis raíces las tengo aquí y es aquí donde pienso quedarme.

PADRE:

¿Qué oigo? ¡Casarte con X____! ¿Te has perdido el juicio? Ningún hombre inteligente aun pensaría en tal cosa. No la conoces. Tiene tan mal genio que inspira un temor espantoso a todos los que tienen la desgracia de encontrarse en su presencia. No. Esa unión es imposible.

¿Por qué no buscas la fortuna fuera de aquí?

Pero, no sabes lo malo de . . . .

Ah, mi hijo, desde hace mucho tiempo la mala suerte nos ha perseguido. Desgraciadamente, he sufrido una serie de reveses de fortuna. Ya la única herencia que te puedo ofrecer es la de haber sido un hombre honrado y respetado de todos.

Muy bien. Así será. Con el corazón oprimido iré a arreglar la boda, pero me aflige mucho exponerte a ese peligro.

Entonces, prepárate a gozar de un porvenir pobre y lleno de toda clase de privaciones. En tu porvenir, no veo más que la miseria.

EJERCICIOS CREATIVOS

1 Escriba una conversación entre los dos padres cuando el padre del mancebo le pide la mano de su hija a su amigo.
2 Escriba un párrafo expresando su opinión en cuanto a la resolución y las acciones del mancebo con su esposa.

El afrancesado

PEDRO ANTONIO DE ALARCON

En 1808 España se vio sujeta a la dominación napoleónica. Pero, inspirado por el amor patriótico, el pueblo español se levantó contra los invasores franceses en una lucha sangrienta que duró hasta 1814 (la Guerra de la Independencia).

Sin embargo, algunos españoles, pertenecientes a las clases dirigentes, simpatizaron con los franceses. Estos «afrancesados» siguieron el partido de Napoleón, o por lo menos, fueron sus obedientes sirvientes.

García de Paredes parecía ser afrancesado. Este cuento, escrito por Pedro Antonio de Alarcón (1833–1891), sale de su encantadora colección de historietas nacionales.

afrancesado el que simpatiza con los franceses

I

En la pequeña villa del Padrón, sita en territorio gallego y allá por el año de 1808, vendía sapos y culebras y agua llovediza, a fuer de legítimo boticario, un tal García de Paredes, misántropo solterón, descendiente acaso, y sin acaso, de aquel varón ilustre que mataba un toro de una puñada.

Era una fría y triste noche de otoño. El cielo estaba encapotado por densas nubes, y la total carencia de alumbrado terrestre dejaba a las tinieblas campar por su respeto en todas las calles y plazas de la población.

A eso de las diez de aquella pavorosa noche, que las lúgubres cir-

Padrón pueblo en la provincia de Galicia
sita situada
sapos (toads)
• *boticario el que prepara y vende medicinas*
• *alumbrado luces*
dejaba a las tinieblas campar (let the shadows settle)

Pedro Antonio de Alarcón   MAS, *Barcelona*

cunstancias de la Patria hacían mucho más siniestra, desembocó en la plaza que hoy se llamará *de la Constitución,* un silencioso grupo de sombras, aun más negras que la oscuridad de cielo y tierra, las cuales avanzaron hacia la botica de García de Paredes, situada en un rincón próximo al Corregimiento, y cerrada completamente desde *las Animas,* o sea desde las ocho y media en punto.

— ¿Qué hacemos? — dijo una de las sombras en correctísimo gallego.
— Nadie nos ha visto. . . — observó otra.
— ¡Derribar la puerta! — añadió una tercera.
— ¡Y matarlos! — murmuraron hasta quince voces.
— ¡Yo me encargo del boticario!
— ¡De ése nos encargamos todos!
— ¡Por judío!
— ¡Por *afrancesado!*
— Dicen que hoy cenan con él más de veinte franceses. . .
— ¡Ya lo creo! ¡Como saben que ahí están seguros, han acudido en montón!
— ¡Ah! ¡Si fuera en mi casa! ¡Tres alojados llevo echados al pozo!
— Mi mujer degolló ayer a uno. . .
— ¡Y yo. . . (dijo un fraile con voz de figle) he asfixiado a dos capitanes, dejando carbón encendido en su celda, que antes era mía!
— ¡Y ese infame boticario los protege!
— ¡Qué expresivo estuvo ayer en las eras con esos viles excomulgados!
— ¡Quién lo había de esperar de García de Paredes! ¡No hace un mes que era el más valiente, el más patriota, el más realista del pueblo!
— ¡Toma! ¡Como que vendía en la botica retratos del príncipe Fernando!
— ¡Y ahora los vende de Napoleón!
— Antes nos excitaba a la defensa contra los invasores. . .
— Y, desde que vinieron al Padrón, se pasó a ellos. . .
— ¡Y esta noche da de cenar a todos los jefes!
— ¡Oíd qué algazara traen! ¡Pues no gritan *¡viva el Emperador!*
— Paciencia. . . (murmuró el fraile). Todavía es muy temprano.
— Dejémosles emborracharse. . . (expuso una vieja.) — Después entramos. . . ¡y ni uno ha de quedar vivo!
— ¡Pido que se haga cuartos al boticario!
— ¡Se le hará ochavos, si queréis! Un *afrancesado* es más odiado que un francés. El francés atropella a un pueblo extraño: el afrancesado vende y deshonra a su patria. El francés comete un asesinato: el afrancesado, ¡un parricidio!

II

Mientras tenía lugar la anterior escena en la puerta de la botica, García de Paredes y sus convidados corrían la orgía más deshecha y desaforada.

---

siniestra   peligrosa, mala
Corregimiento oficina del Corregidor
Animas   toque de campanas a cierta hora de la noche (aquí: a las 8:30)

¡Tres alojados llevo echados al pozo! (I've thrown three of the [unwanted] boarders into the well!)
figle   instrumento musical (antiguo)
realista   del partido real
• *excitaba (used to arouse)*
• *invasores   los que invaden*
se pasó a ellos   se unió al partido de ellos
¡Oíd qué algazara traen! (Listen to the uproar they're causing!)
• *emborracharse   beber exceso de vino*
¡Pido que se haga cuartos al boticario! (I beg that the druggist be quartered!)
ochavos   dividido en ocho partes
parricidio   asesinato de uno de los padres

• *convidados   invitados*

Veinte eran, en efecto, los franceses que el boticario tenía a la mesa, todos ellos jefes y oficiales.

García de Paredes tendría cuarenta y cinco años: era alto y seco y más amarillo que una momia: dijérase que su piel estaba muerta hacía mucho tiempo: llegábale la frente a la nuca, gracias a una calva limpia y reluciente, cuyo brillo tenía algo de fosfórico: sus ojos negros y apagados, hundidos en las descarnadas cuencas, se parecían a esas lagunas encerradas entre montañas, que sólo ofrecen oscuridad, vértigos y muerte al que las mira: lagunas que nada reflejan: que rugen sordamente alguna vez, pero sin alterarse: que devoran todo lo que cae en su superficie; que nada devuelven; que nadie ha podido sondear; que no se alimentan de ningún río, y cuyo fondo busca la imaginación en los mares antípodas.

La cena era abundante, el vino bueno, la conversación alegre y animada.

Los franceses reían, juraban, blasfemaban, cantaban, fumaban, comían y bebían a un mismo tiempo.

Quién había contado los amores secretos de Napoleón; quién la noche del 2 de mayo en Madrid; cuál la batalla de las Pirámides; cuál otro la ejecución de Luis XVI.

García de Paredes bebía, reía y charlaba como los demás, o quizá más que ninguno; y tan elocuente había estado en favor de la causa imperial, que los soldados del César lo habían abrazado, lo habían vitoreado, le habían improvisado himnos.

— ¡Señores! — había dicho el boticario —: la guerra que os hacemos los españoles es tan necia como inmotivada. Vosotros, hijos de la Revolución, venís a sacar a España de su tradicional abatimiento, a despreocuparla, a disipar las tinieblas religiosas, a mejorar sus anticuadas costumbres, a enseñarnos esas utilísimas e inconcusas verdades «de que no hay Dios, de que no hay otra vida, de que la penitencia, el ayuno, la castidad y demás virtudes católicas son quijotescas locuras, impropias de un pueblo civilizado, y de que Napoleón es el verdadero Mesías, el redentor de los pueblos, el amigo de la especie humana...» ¡Señores! ¡Viva el Emperador, cuanto yo deseo que viva!

— ¡Bravo, vítor! — exclamaron los hombres del 2 de mayo.

El boticario inclinó la frente con indecible angustia.

Pronto volvió a alzarla, tan firme y tan sereno como antes.

Bebióse un vaso de vino, y continuó:

— Un abuelo mío, un García de Paredes, un bárbaro, un Sansón, un Hércules, un Milón de Crotona, mató doscientos franceses en un día... — Creo que fue en Italia. — ¡Ya veis que no era tan *afrancesado* como yo! — ¡Adiestróse en las lides contra los moros del reino de Granada; armóle caballero el mismo Rey Católico, y montó más de una vez la guardia en el Quirinal, siendo Papa *nuestro tío* Alejandro Borja! — ¡Eh, eh! ¡No me hacíais tan linajudo! — Pues este Diego García de Paredes, este ascendiente mío..., que ha tenido un descendiente bo-

---

momia (mummy)
hundidos en las descarnadas cuencas (sunk in the fleshless, emaciated sockets)
- **vértigos mareos** (dizziness)
sondear llegar al fondo
antípodas cada uno de dos puntos en extremos opuestos
- **animada** muy activa
- **charlaba** conversaba
lo habían vitoreado (they had acclaimed him joyously)
abatimiento estado desanimado, degenerado
- **disipar** hacer desaparecer
inconcusas indudables, ciertas
ayuno acción de no comer por largo rato
quijotescas absurdas
- **impropias** incorrectas
Mesías Salvador
vítor aplauso
Sansón figura bíblica (Sampson)
Milón de Crotona (Grecian athlete of 6th century B.C. of unsurpassable strength)
lides batallas
armóle caballero (knighted him)
Rey Católico Fernando V, esposo de Isabel
Quirinal una de las siete colinas de la antigua Roma
¡No me hacíais tan linajudo! (Don't think that I am boasting of my lineage!)

ticario, tomó a Cosenza y Manfredonia; entró por asalto en Ceriñola y peleó como bueno en la batalla de Pavía. ¡Allí hicimos prisionero a un rey de Francia, cuya espada ha estado en Madrid cerca de tres siglos, hasta que nos la robó hace tres meses ese hijo de un posadero que viene a vuestra cabeza y a quien llaman Murat!

Aquí hizo otra pausa el boticario. Algunos franceses demostraron querer contestarle; pero él, levantándose, e imponiendo a todos silencio con su actitud, empuñó convulsivamente un vaso, y exclamó con voz atronadora:

— ¡Brindo, señores, por que maldito sea mi abuelo, que era un ani-

batalla de Pavía (Italia)
*Los españoles con-
quistaron a los fran-
ceses y tomaron preso
al rey de Francia en
1525.*

*posadero   dueño de po-
sada*
*atronadora   (thunder-
ing)*

«El fusilamiento» por Francisco de Goya, Museo del Prado, Madrid   MAS, *Barcelona*

«José Bonaparte» por Flaughier, Museo de Arte Moderno, Barcelona

mal, y por que se halle ahora mismo en los profundos infiernos! ¡Vivan los franceses de Francisco I y de Napoleón Bonaparte!

— ¡Vivan!. . . — respondieron los invasores, dándose por satisfechos.

Y todos apuraron su vaso.

Oyóse en esto rumor en la calle, o, mejor dicho, a la puerta de la botica.

— ¿Habéis oído? — preguntaron los franceses.

García de Paredes se sonrió.

— ¡Vendrán a matarme! — dijo.

— ¿Quién?

— Los vecinos del Padrón.

— ¿Por qué?

— ¡Por *afrancesado!* Hace algunas noches que rondan mi casa...
Pero, ¿qué nos importa? Continuemos nuestra fiesta.

— Sí... ¡continuemos! (exclamaron los convidados.) — ¡Estamos aquí
para defenderos!

Y, chocando ya botellas contra botellas, que no vasos contra vasos:

— ¡Viva Napoleón! ¡Muera Fernando! ¡Muera Galicia! — gritaron a
una voz.

García de Paredes esperó a que se acallase el brindis, y murmuró
con acento lúgubre:

— ¡Celedonio!

El mancebo de la botica asomó por una puertecilla su cabeza pálida
y demudada, sin atreverse a penetrar en aquella caverna.

— Celedonio, trae papel y tintero — dijo tranquilamente el boticario.

El mancebo volvió con recado de escribir.

— ¡Siéntate! (continuó su amo). — Ahora, escribe las cantidades que
yo te vaya diciendo. Divídelas en dos columnas. Encima de la columna
de la derecha, pon: *Deuda;* y encima de la otra: *Crédito.*

— Señor... (balbuceó el mancebo) — En la puerta hay una especie
de motín... Gritan *¡muera el boticario!...* Y ¡quieren entrar!

— ¡Cállate y déjalos! Escribe lo que te he dicho.

Los franceses se rieron de admiración, al ver al farmacéutico ocupado en ajustar cuentas cuando lo rodeaban la muerte y la ruina.

Celedonio alzó la cabeza y enristró la pluma, esperando cantidades
que anotar.

— ¡Vamos a ver, señores! (dijo entonces García de Paredes, dirigiéndose a sus comensales). — Se trata de resumir nuestra fiesta en un solo
brindis. Empecemos por orden de colocación. Vos, capitán, decidme:
¿cuántos españoles habréis matado desde que pasasteis los Pirineos?

— ¡Bravo! ¡magnífica idea! — exclamaron los franceses.

— Yo (dijo el interrogado, trepándose en la silla y retorciéndose el
bigote con petulancia). Yo... habré matado... personalmente... con
mi espada... ¡poned unos diez o doce!

— ¡Once a la derecha! — gritó el boticario, dirigiéndose al mancebo.

El mancebo repitió, después de escribir:

— *Deuda...* once.

— ¡Corriente! (prosiguió el anfitrión).

— ¿Y vos?... Con vos hablo, señor Julio...

— Yo... seis.

— ¿Y vos?, mi comandante...

— Yo... veinte.

— Yo... ocho.

— Yo... catorce.

rondan   andan alrede-
*   dor*

demudada   alterada

balbuceó   habló con
*   dificultad*
motín   demostración de
*   un grupo de gente*
*   enojada*
ajustar cuentas   arre-
*   glar su negocio*
enristró   cogió la pluma
*   para escribir*
● *anotar   escribir, hacer*
*   notas*
comensales   (fellow
*   diners)*
● *resumir   condensar*
por orden de colocación
*   en el orden en que*
*   están sentados*
trepándose   subiéndose
*   a un lugar alto*
● *retorciéndose el bigote*
*   (twisting his mustache)*
anfitrión   (host)

— Yo. . . ninguno.

— ¡Yo no sé!. . . He tirado a ciegas. . . — respondía cada cual, según le llegaba su turno.

Y el mancebo seguía anotando cantidades a la derecha.

— ¡Veamos ahora, capitán! (continuó García de Paredes.) — Volvamos a empezar por vos. ¿Cuántos españoles esperáis matar en el resto de la guerra, suponiendo que dure todavía. . . tres años?

— ¡Eh!. . . (respondió el capitán). — ¿Quién calcula eso?

— Calculadlo. . . os lo suplico.

— Poned otros once.

— Once a la izquierda. . . — dictó García de Paredes.

Y Celedonio repitió:

— *Crédito*, once.

— ¿Y vos? — interrogó el farmacéutico por el mismo orden seguido anteriormente.

— Yo. . . quince.

— Yo. . . veinte.

— Yo. . . ciento.

— Yo. . . mil. . . — respondían los franceses.

— ¡Ponlos todos a *diez*, Celedonio!. . . — murmuró irónicamente el boticario —. Ahora, suma por separado las dos columnas.

El pobre joven, que había anotado las cantidades con sudores de muerte, vióse obligado a hacer el resumen con los dedos, como las viejas. Tal era su terror.

Al cabo de un rato de horrible silencio, exclamó, dirigiéndose a su amo:

— *Deuda*. . . 285. *Crédito*. . . 200.

— Es decir. . . (añadió García de Paredes), ¡doscientos ochenta y cinco *muertos*, y doscientos *sentenciados!* ¡Total, cuatrocientas ochenta y cinco *víctimas!!!*

Y pronunció estas palabras con voz tan honda y sepulcral, que los franceses se miraron alarmados.

En tanto, el boticario ajustaba una nueva cuenta.

— ¡Somos unos héroes! — exclamó al terminarla —. Nos hemos bebido ciento catorce botellas, o sea ciento sesenta libras y media de vino, que, repartidas entre veintiuno, pues todos hemos bebido con la misma bizarría, dan sobre unas ocho libras de líquido por cabeza. ¡Repito que somos unos héroes!

Crujieron a la sazón las tablas de la puerta de la botica, y el mancebo balbuceó tambaleándose:

— ¡Ya entran!. . .

— ¿Qué hora es? — preguntó el boticario con suma tranquilidad.

— Las once. Pero, ¿no oye Ud. que entran?

— ¡Déjalos! *Ya es hora.*

— ¡Hora!. . . ¿de qué? — murmuraron los franceses, procurando levantarse.

He tirado a ciegas. *(I've shot without taking aim.)*

¿Quién calcula eso? ¿Quién sabe eso?

bizarría extravagancia, gallardía

tambaleándose (staggering)

● *suma* gran, mucha

Grabado de «Bombardement de Madrid, le 4 décembre 1808»   The Hispanic Society of America

Pero estaban tan ebrios, que no podían moverse de sus sillas.

— Que entren!, ¡que entren!... (exclamaban, sin embargo, con voz vinosa, sacando los sables con mucha dificultad y sin conseguir ponerse de pie). — ¡Que entren esos canallas! ¡Nosotros los recibiremos!

En esto, sonaba ya abajo, en la botica, el estrépito de los botes y redomas que los vecinos del Padrón hacían pedazos, y oíase resonar en la escalera este grito unánime y terrible:

¡Muera el *afrancesado*!

vinosa (thick from wine)
• *canallas gente ordinaria, vil*
redomas botellas

III

Levantóse García de Paredes, como impulsado por un resorte, al oír semejante clamor dentro de su casa, y apoyóse en la mesa para no caer de nuevo sobre la silla. Tendió en torno suyo una mirada de inexplicable regocijo: dejó ver en sus labios la inmortal sonrisa del triunfador, y así, transfigurado y hermoso, con el doble temblor de la muerte y del entusiasmo, pronunció las siguientes palabras, entrecortadas y solemnes como las campanadas del toque de agonía:

— ¡Franceses!... Si cualquiera de vosotros, o todos juntos, hallarais ocasión propicia de vengar la muerte de doscientos ochenta y cinco compatriotas y de salvar la vida a otros doscientos más; si, sacrificando vuestra existencia, pudieseis desenojar la indignada sombra de vuestros antepasados, castigar a los verdugos de doscientos ochenta y cinco héroes, y librar de la muerte a doscientos compañeros, a doscientos hermanos, aumentando así las huestes del ejército patrio con doscientos campeones de la independencia nacional, ¿repararíais ni un momento en vuestra miserable vida? ¿Dudaríais ni un punto en abrazaros como Sansón a la columna del templo y morir, a precio de matar a los enemigos de Dios?

— ¿Qué dice? — se preguntaron los franceses.

— Señor... ¡los asesinos están en la antesala! — exclamó Celedonio.

— ¡Que entren!... (gritó García de Paredes). — Abreles la puerta de la sala... ¡Que vengan todos... a ver cómo muere el descendiente de un soldado de Pavía!

Los franceses, aterrados, estúpidos, clavados en sus sillas por un horrible letargo, creyendo que la muerte de que hablaba el español iba a entrar en aquel aposento en pos de los amotinados, hacían penosos esfuerzos por levantar los sables que yacían sobre la mesa; pero ni siquiera conseguían que sus flojos dedos asiesen las empuñaduras: parecía que los hierros estaban adheridos a la tabla por una insuperable fuerza de atracción.

En esto inundaron la estancia más de cincuenta hombres y mujeres, armados con palos, puñales y pistolas, dando tremendos alaridos y lanzando fuego por los ojos.

— ¡Mueran todos! — exclamaron algunas mujeres, lanzándose las primeras.

— ¡Deteneos! — gritó García de Paredes con tal voz, con tal actitud, con tal fisonomía, que, unido este grito a la inmovilidad y silencio de los veinte franceses, impuso frío terror a la muchedumbre, la cual no se esperaba aquel tranquilo y lúgubre recibimiento.

— No tenéis para qué hundir los puñales... (continuó el boticario con voz desfallecida). — He hecho más que todos vosotros por la independencia de la Patria... ¡Me he fingido *afrancesado!*... Y ¡ya veis!... los veinte oficiales invasores... ¡los veinte! — no les toquéis... — ¡están envenenados!!!

como impulsado por un resorte (as though he had been shot out of the chair by a spring)

toque de agonía (death knell)

- *desenojar* pacificar
- *antepasados* parientes de tiempos pasados
- *verdugos* los que matan a los sentenciados
  huestes ejércitos en campaña
- *campeones* defensores, combatientes

- *desfallecida* débil
- *fingido* pretendido

- *envenenados* (poisoned)

Un grito simultáneo de terror y admiración salió del pecho de los españoles. Dieron éstos un paso más hacia los convidados, y hallaron que la mayor parte estaban ya muertos, con la cabeza caída hacia adelante, los brazos extendidos sobre la mesa, y la mano crispada en la empuñadura de los sables. Los demás agonizaban silenciosamente.

— ¡Viva García de Paredes! — exclamaron entonces los españoles, rodeando al héroe moribundo.

— Celedonio... (murmuró éste). — Celedonio, el *opio* se ha concluído... Manda por opio a La Coruña...

Y cayó de rodillas.

Sólo entonces comprendieron los vecinos del Padrón que el boticario estaba también envenenado.

Vierais entonces un cuadro tan sublime como espantoso.

Varias mujeres, sentadas en el suelo, sostenían en su falda y en sus brazos al expirante patriota, siendo las primeras en colmarlo de caricias y bendiciones, como antes fueron las primeras en pedir su muerte.

Los hombres habían cogido todas las luces de la mesa, y alumbraban arrodillados aquel grupo, en que se veían unidos el patriotismo y la caridad.

Allá quedaban en la sombra veinte muertos o moribundos, de los cuales algunos iban desplomándose contra el suelo con pavorosa pesantez.

Y a cada suspiro de muerte que se oía, a cada francés que venía a tierra, una sonrisa gloriosa iluminaba la faz de García de Paredes, el cual de allí a poco devolvió su espíritu al Cielo, bendecido por un ministro del Señor y llorado de sus hermanos en la Patria.

opio (onium)

expirante que moría

pesantez (thud)

PREGUNTAS

1 ¿Dónde tiene lugar este cuento?
2 ¿Qué es un misántropo?
3 ¿Cuál era la profesión de García de Paredes?
4 ¿Por qué estaba tan furioso el pueblo?
5 ¿Qué es un afrancesado?
6 Según García de Paredes, ¿para qué estaban en España los franceses?
7 ¿Cuál fue la reacción de García de Paredes al oír que los asesinos estaban cerca?
8 Al entrar los asesinos, ¿de qué les informó García de Paredes?
9 Según Ud., ¿qué impulsó más a García de Paredes, el heroísmo o el amor a su patria?

ESTUDIO DE PALABRAS

Educado: educar, educable, educación

1 Ramón es un hombre educado; tiene buenos modales.
2 El oficio de Margarita es educar. Es maestra en la escuela elemental (primaria).
3 Lola no es educable. No puede aprender nada.
4 La educación de los niños es de suma importancia.

Animada: animar, animación, animador

1 Tuvimos una conversación alegre y animada.
2 No puedo animar a Carlos a que vaya conmigo. Sigue diciendo que no quiere ir.
3 Ella posee una animación contagiosa. Todos se ponen alegres en compañía de ella.
4 Es un anuncio animador. Nos hace alegres.

Avanzaron: avanzar, avance, avanzada

1 Los asesinos avanzaron hacia la sala en que él daba la fiesta.
2 Quiere avanzar a fuerza de puro trabajar. No quiere pasar la vida haciendo la misma cosa.
3 Le dio un avance de su sueldo.
4 La avanzada se adelantó para establecer la posición del enemigo. Las otras tropas seguirían.

Botica: farmacia, boticario, farmacéutico

1 *Botica* y *farmacia* son términos sinónimos.
2 *Boticario* y *farmacéutico* son términos sinónimos.

Carencia: carecer, carecimiento

1 La sala estaba en una total carencia de alumbrado. No había luz ninguna.
2 Es triste carecer de recursos.
3 El carecimiento de agua seca la tierra.

EJERCICIO DE VOCABULARIO

Escriba una frase empleando las siguientes palabras.

1 educado 2 carecer 3 botica 4 avanzar 5 animado
6 farmacéutico 7 animador

EJERCICIOS CREATIVOS

1 Prepare un informe sobre la invasión napoleónica en España.
2 Explique el significado de lo siguiente: «Un afrancesado es más odiado que un francés. El francés atropella a un pueblo extraño: el afrancesado vende y deshonra a su patria. El francés comete un asesinato: el afrancesado, ¡un parricidio!» ¿Qué opina Ud.?
3 Apunte en orden los varios acontecimientos de este cuento.

La muerte de la emperatriz de la China

RUBEN DARIO

Rubén Darío es el seudónimo de Félix Rubén García-Sarmiento (1867–1916), poeta y cuentista nicaragüense. Darío fue un niño prodigio quien a los cinco años ya escribía poemas de belleza artística. Más tarde llevó a un punto culminante el movimiento modernista en la literatura española, dando énfasis a la forma poética y a la filosofía de «el arte por el arte.»

«el arte por el arte» (art for art's sake)

Su vida personal fue bastante trágica. Sufrió varias desilusiones románticas. Su primera esposa murió; la segunda se separó de él. Sufrió también problemas de salud por entregarse al alcohol y a la morfina.

Sabía animar al lector, fundiendo en sus obras los matices, las metáforas, las imágenes y todas las impresiones poéticas para crear una melodía verbal.

• matices   tonos, variaciones de color

Delicada y fina como una joya humana, vivía aquella muchachita de carne rosada, en la pequeña casa que tenía un saloncito con los tapices de color azul desfalleciente. Era su estuche.

¿Quién era el dueño de aquel delicioso pájaro alegre, de ojos negros y boca roja? ¿Para quién cantaba su canción divina, cuando la señorita

• tapices   alfombras, tapetes (draperies)
desfalleciente muy claro
• estuche   caja para guardar cosas valiosas

Primavera mostraba en el triunfo del sol su bello rostro riente, y abría las flores del campo y alborotaba la nidada? Susette se llamaba la avecita que había puesto en jaula de seda, peluches y encajes, un soñador artista cazador, que le había cazado una mañana de mayo en que había mucha luz en el aire y muchas rosas abiertas.

Recaredo . . . ¡capricho paternal! él no tenía la culpa de llamarse Recaredo . . . se había casado hacía año y medio. ¿Me amas? Te amo. ¿Y tú? Con toda el alma. ¡Hermoso el día dorado, después de lo del cura! Habían ido luego al campo nuevo, a gozar libres, del gozo del amor. Murmuraban allá en sus ventanas de hojas verdes, las campanillas y las violetas silvestres que olían del riachuelo, cuando pasaban los dos amantes, el brazo de él en la cintura de ella, el brazo de ella en la cintura de él, los rojos labios en flor dejando escapar los besos. Después, fue la vuelta a la gran ciudad, al nido lleno de perfume de juventud y de calor dichoso.

¿Dije ya que Recaredo era escultor? Pues si no lo he dicho, sabedlo.

Era escultor. En la pequeña casa tenía su taller, con profusión de mármoles, yesos, bronces y terracotas. A veces, los que pasaban oían a través de las rejas y persianas una voz que cantaba y un martilleo vibrante y métalico. Susette, Recaredo; la boca que emergía el cántico; y el golpe del cincel.

Luego el incesante idilio nupcial. En puntillas, llegar donde él trabajaba e inundándole de cabellos la nuca, besarle rápidamente. Quieto, quietecito, llegar donde ella duerme en su *chaise-longue*, los piececitos calzados y con medias negras, uno sobre otro, el libro abierto sobre el regazo, medio dormida; y allí el beso en los labios, beso que sorbe el aliento y hace que se abran los ojos, inefablemente luminosos. Y a todo esto, las carcajadas del mirlo, un mirlo enjaulado que cuando Susette toca de Chopín, se pone triste y no canta. ¡Las carcajadas del mirlo! No era poca cosa. ¿Me quieres? ¿No lo sabes? ¿Me amas? ¡Te adoro! Ya estaba el animalucho echando toda la risa del pico. Se le sacaba de la jaula, revolaba por el saloncito azulado, se detenía en la cabeza de un Apolo de yeso, o en la frámea de un viejo germano de bronce oscuro. Tiiiiirit. . . rrrrrrtch fiii. . . ¡Vaya que a veces era malcriado e insolente en su algarabía! Pero era lindo sobre la mano de Susette que le mimaba, le apretaba el pico entre sus dientes hasta hacerlo desesperar, y le decía a veces con una voz severa que temblaba de terneza: ¡Señor Mirlo, es Ud. un picarón!

Cuando los dos amados estaban juntos, se arreglaban uno a otro el cabello. «Canta,» decía él. Y ella cantaba, lentamente, lentamente, y aunque no eran sino pobres muchachos enamorados, se veían hermosos, gloriosos, y reales; él la miraba como a una Elsa y ella le miraba como a un Lohengrín. Porque el Amor ¡oh jóvenes llenos de sangre y de sueños! pone un azul cristal ante los ojos, y da las infinitas alegrías.

¡Cómo se amaban! El la contemplaba sobre las estrellas de Dios; su

alborotaba la nidada
  perturbaba el nido
peluches y encajes
  (plush and laces)
Recaredo   rey gótico de
  España del siglo VI
• *capricho paternal (a*
  paternal whim)

riachuelo   pequeño río

yesos   (plaster of Paris)
martilleo   ruido produ-
  cido por golpes de un
  martillo
cántico   canción
• *en puntillas sobre las*
  puntas de los pies
la nuca (nape of the
  neck)
regazo (lap)
sorbe (sips)
mirlo   pájaro negro que
  canta

revolaba   volaba
frámea   jabalina
germano   alemán
algarabía   (gibberish)

amor recorría toda la escala de la pasión, y era ya contenido, ya tempestuoso, en su querer a veces casi místico. En ocasiones dijérase aquel artista un teósofo, que veía en la amada mujer algo supremo y extrahumano, como la Ayesha de Rider Haggard; la aspiraba como una flor, le sonreía como a un astro, y se sentía soberbiamente vencedor al estrechar contra su pecho aquella adorable cabeza, que cuando estaba pensativa y quieta, era comparable al perfil hierático de la medalla de una emperatriz bizantina.

Recaredo amaba su arte. Tenía la pasión de la forma; hacía brotar del mármol gallardas diosas desnudas de ojos blancos, serenos y sin pupilas; su taller estaba poblado de un pueblo de estatuas silenciosas, animales de metal, gárgolas terroríficas, grifos de largas colas vegetales, creaciones góticas quizás inspiradas por el ocultismo. Y sobre todo, ¡la gran afición! japonerías y chinerías. Recaredo era en esto un original. No sé qué habría dado por hablar chino o japonés. Conocía los mejores álbumes; había leído buenos exotistas, adoraba a Loti y a Judith Gautier, y hacía sacrificios por adquirir trabajos legítimos, de Yokohama, de Nagasaki, de Kioto, o de Nankín o Pekín: los cuchillos, las pipas, las máscaras feas y misteriosas como las caras de los sueños hípnicos, los mandarinotos enanos con panzas de cucurbitáceos y ojos circunflejos, los monstruos de grandes bocas de batracios, abiertas y dentadas, y los diminutos soldados de Tartaria, con faces foscas.

— Oh — le decía Susette — aborrezco tu casa de brujo, ese terrible taller, arca extraña que te roba a mis caricias.

El sonreía, dejaba su lugar de labor, su templo de raras chucherías, y corría al pequeño salón azul, a ver y mimar su gracioso dije vivo, y oír cantar y reír al loco mirlo jovial.

Aquella mañana, cuando entró, vio que estaba su dulce Susette, soñolienta y tendida, cerca de un tazón de rosas que sostenía un trípode. ¿Era la Bella del bosque durmiente? Medio dormida, el delicado cuerpo modelado bajo una bata blanca, la cabellera castaña apelotonada sobre uno de los hombros, era como una deliciosa figura de los amables cuentos que empiezan: Este era un rey...

La despertó:

— ¡Susette, mi bella!

Traía la cara alegre; le brillaban los ojos negros bajo su fez rojo de labor; llevaba una carta en la mano.

— Carta de Robert, Susette. ¡El bribonazo está en la China! Hong Kong, 18 de enero...

Susette, un tanto amodorrada, se había sentado y le había quitado el papel. ¿Conque aquel andariego había llegado tan lejos? Hong Kong, 18 de enero... Era gracioso. ¡Un excelente muchacho el tal Robert, con la manía de viajar! Llegaría al fin del mundo, Robert, un grande amigo. Le veían como de la familia. Había partido hacía dos años para San Francisco de California. ¡Habráse visto loco igual!

Comenzó a leer.

Hong Kong, 18 de enero de 1888

Mi buen Recaredo:

Vine, y vi. No he vencido aun.

En San Francisco supe vuestro matrimonio y me alegré. Di un salto y caí en la China. He venido como agente de una casa californiana de sedas, lacas, marfiles y demás chinerías. Junto con esta carta debes recibir un regalo mío que, dada tu afición por las cosas de este país amarillo, te llegará de perlas. Ponme a los pies de Susette, y conserva el obsequio en memoria de tu

Robert.

Ni más, ni menos. Ambos soltaron la carcajada. El mirlo a su vez hizo estallar la jaula en una explosión de gritos musicales.

La caja había llegado, una caja de regular tamaño, llena de marchamos, de números y letras negras que decían y daban a entender que el contenido era muy frágil. Cuando la caja se abrió, apareció el misterio. Era un fino busto de porcelana, un admirable busto de mujer sonriente, pálido y encantador. En la base tenía tres inscripciones, una en caracteres chinescos, otra en inglés y otra en francés: *La emperatriz de la China.* ¡La emperatriz de la China! ¿Qué manos de artista asiático habían modelado aquellas formas atrayentes de misterio? Era una cabellera recogida y apretada, una faz enigmática, ojos bajos y extraños, de princesa celeste, sonrisa de esfinge, cuello erguido sobre los hombros columbinos, cubiertos por una onda de seda bordada de dragones; todo dando magia a la porcelana blanca, con tonos de cera inmaculada y cándida. ¡La emperatriz de la China! Susette pasaba sus dedos de rosa sobre los ojos de aquella graciosa soberana, un tanto inclinados, con sus curvos epicantus bajo los puros y nobles arcos de las cejas. Estaba contenta. Y Recaredo sentía orgullo de poseer su porcelana: — Le haría un gabinete especial, para que viviese y reinase sola, como en el Louvre la Venus de Milo, triunfadora, cobijada imperialmente por el plafond de su cuarto azul.

Así lo hizo. En un extremo del taller, formó el gabinete minúsculo, con biombos cubiertos de arrozales y de grullas. Predominaba la nota amarilla. Toda la gama, oro, fuego, ocre de oriente, hoja de otoño; hasta el pálido que agoniza fundido en la blancura. En el centro, sobre un pedestal dorado y negro, se alzaba sonriendo la exótica imperial. Alrededor de ella había colocado Recaredo todas sus japonerías y curiosidades chinas. La cubría un gran quitasol nipón, pintado de camelias y de anchas rosas sangrientas. Era cosa de risa, cuando el artista soñador, después de dejar la pipa y los cinceles, llegaba frente

---

te llegará de perlas será apropiado para ti

marchamos señales que se ponen en los bultos en la aduana

- *atrayentes* que atraen (aquí: fascinantes)
- *recogida y apretada* (pulled back tightly)
- *erguido* recto *columbinos* relativo a palomas

- *gabinete* salita *cobijada* cubierta *plafond* techo

biombos cubiertos de arrozales y de grullas (screens covered with rice fields and cranes) *gama* escala

a la emperatriz, con las manos cruzadas sobre el pecho, a hacer zalemas. Una, dos, diez, veinte veces la visitaba. Era una pasión. En un plato de laca yokohamesa le ponía flores frescas, todos los días. Tenía, en momentos, verdaderos arrobos delante del busto asiático que le conmovía en su deleitable e inmóvil majestad. Estudiaba sus menores detalles, el caracol de la oreja, el arco del labio, la nariz pulida, el epicantus de párpado, ¡Un ídolo, la famosa emperatriz! Susette le llamaba de lejos: — ¡Recaredo! ¡Voy! — Y seguía en la contemplación de su obra de arte, hasta que Susette llegaba a llevárselo a rastras y a besos.

Un día las flores del plato de laca desaparecieron como por encanto.

— ¿Quién ha quitado las flores? — gritó el artista desde el taller.

— Yo — dijo una voz vibradora.

Era Susette que entreabría una cortina, toda sonrosada y haciendo relampaguear sus ojos negros.

Allá en lo hondo de su cerebro, se decía el señor Recaredo, artista escultor: ¿Qué tendrá mi mujercita? No comía casi. Aquellos buenos libros desflorados por su espátula de marfil, estaban en el pequeño estante negro, con sus hojas cerradas, sufriendo la nostalgia de las blandas manos de rosa, y del tibio regazo perfumado. El señor Recaredo la veía triste. ¿Qué tendrá mi mujercita? En la mesa no quería comer. Estaba seria. ¡Qué sería! Le miraba a veces con el rabo del ojo, el marido veía aquellas pupilas obscuras, húmedas como que querían llorar. Y ella, al responder hablaba como los niños a quienes se ha negado un dulce. ¿Qué tendrá mi mujercita? ¡Nada! Aquel «nada» lo decía ella con voz de queja; entre sílaba y sílaba había lágrimas.

¡Oh señor Recaredo! lo que tiene vuestra mujercita es que sois un hombre abominable. ¿No habéis notado que desde que esa buena de la emperatriz de la China ha llegado a vuestra casa, el saloncito azul se ha entristecido, y el mirlo no canta ni ríe con su risa perlada? Susette despierta a Chopín, y lentamente, hace brotar la melodía enferma y melancólica del negro piano sonoro. ¡Tiene celos, señor Recaredo! Tiene el mal de los celos, ahogador y quemante, como una serpiente encendida que aprieta el alma. ¡Celos! Quizás él lo comprendió, porque una tarde, dijo a la muchachita de su corazón, estas palabras, frente a frente, a través del humo de una taza de café: — Eres demasiado injusta. ¡Acaso no te amo con toda mi alma; acaso no sabes leer en mis ojos lo que hay dentro de mi corazón?

Susette rompió a llorar. ¡Que la amaba! No, ya no la amaba. Habían huido las buenas y radiantes horas, y los besos que chasqueaban también eran idos como pájaros en fuga. Ya no la quería. Y a ella, a la que en él veía su religión, su delicia, su ensueño, su rey, a ella, a Susette, la había dejado por la otra.

¡La otra! Recaredo dio un salto. Estaba engañada. — ¿Lo diría por la rubia Eulogia, a quien en un tiempo había dirigido madrigales?

Ella movió la cabeza: — No.

zalemas   reverencias

arrobos   éxtasis

caracol   concha
pulida   primorosa

llevárselo a rastras y a
   besos (to take him
   away by dragging him
   with her kisses)

libros desflorados
   (books whose pages
   have been separated)

con el rabo del ojo (out
   of the corner of his
   eye)

chasqueaban (used to
   echo)

madrigales   poemas lí-
   ricos de amor

— ¿Por la ricachona Gabriela, de largos cabellos negros y blanca como un alabastro? ¿O por aquella Luisa, la danzarina que tenía una cintura de avispa y unos ojos incendiarios? ¿O por la viudita Andrea, que al reír sacaba la punta de la lengua, roja y felina, entre sus dientes brillantes y amarfilados?

No, no era ninguna de ésas. Recaredo se quedó con gran asombro.
— Mira, chiquilla, dime la verdad. ¿Quién es ella? Sabes cuanto te adoro. Mi Elsa, mi Julieta, alma, amor mío. . . .

Temblaba tanta verdad de amor en aquellas palabras entrecortadas y trémulas, que Susette, con los ojos enrojecidos, secos ya de las lágrimas, se levantó irguiendo su linda cabeza heráldica.
— ¿Me amas?
— ¡Bien lo sabes!
— Deja, pues, que me vengue de mi rival. Ella o yo; escoge. Si es cierto que me adoras, ¿querrás permitir que la aparte para siempre de tu camino, que quede yo sola, confiada en tu pasión?
— Sea — dijo Recaredo. Y viendo irse a su avecita celosa y terca, prosiguió sorbiendo el café, tan negro como la tinta.

No había tomado tres sorbos, cuando oyó un gran ruido de fracaso, en el recinto de su taller.

Fue. ¿Qué miraron sus ojos? El busto había desaparecido del pedestal de negro y oro, y entre minúsculos mandarines caídos y descolgados abanicos, se veían por el suelo pedazos de porcelana que crujían bajo los pequeños zapatos de Susette, quien toda encendida y con el cabello suelto, aguardando los besos, decía entre carcajadas argentinas al maridito asustado: — ¡Estoy vengada! ¡Ha muerto ya para ti la emperatriz de la China!

Y cuando comenzó la ardiente reconciliación de los labios, en el saloncito azul, todo lleno de regocijo, el mirlo en su jaula primorosa, se moría de risa.

ricachona   mujer rica
cintura de avispa
   (wasplike waist)

amarfilados   como marfil

Elsa . . . Julieta protagonistas de la ópera Lohengrin y del drama Romeo and Juliet
heráldica   noble

• terca   obstinada

PREGUNTAS

1 ¿Cómo era Susette?
2 ¿En qué mes se casaron?
3 ¿Cuánto tiempo hacía que se habían casado?
4 ¿Adónde fueron a pasar la luna de miel?
5 ¿Cómo era su casa en la ciudad?
6 ¿Cuál era la profesión de Recaredo?
7 ¿Con qué materiales trabajaba?
8 ¿Qué se oían a través de las rejas?
9 ¿Cómo llegaba Susette a su taller para darle un beso?
10 ¿Cómo se veía Susette acostada en su *chaise-longue*?

11 ¿Qué le pasaba al mirlo cuando Susette tocaba música de Chopín?
12 ¿Cómo era el mirlo?
13 ¿Qué le hacía el uno al otro cuando estaban juntos Recaredo y Susette?
14 ¿Se querían mucho? Dé ejemplos.
15 Describa algunas de las obras de Recaredo.
16 ¿Qué le interesaban mucho?
17 ¿Para qué había hecho grandes sacrificios?
18 ¿Quién era Robert y por qué le escribió a Recaredo?
19 Describa la caja que acompañó la carta.
20 ¿Qué misterio contenía? Descríbalo.
21 ¿Qué hizo Recaredo para exhibirla y cobijarla?
22 ¿Cómo cambió Recaredo después de recibir la estatua?
23 ¿Qué efecto le causó a Susette?
24 ¿Qué hizo ella un día para mostrar su odio hacia la figura?
25 ¿Qué quería hacer Susette para quedar confiada del amor de su marido?
26 ¿Cómo se vengó?

ESTUDIO DE PALABRAS

Brotar: brote
1 Ahora que ha llegado la primavera, todas las plantas van a brotar.
2 El botón de una planta es un brote.

Engañar: engañador, engaño, engañoso
1 Decirle algo a una persona, y luego hacer otra cosa, es engañarla.
2 El vino es engañador: nunca se sabe el resultado que producirá.
3 ¡Qué engaño! Hizo exactamente el revés de lo que había prometido.
4 No es nada sincero; es engañoso.

Escultor: esculpir, escultura, escultural
1 El que hace una estatua de marfil es escultor.
2 El escultor va a esculpir una figura en mármol.
3 *La Piedad* es una escultura bien conocida.
4 Conoce el arte escultural.

Estrechar: estrecho, estrechez, estrechamente
1 El sastre tiene que estrechar el pantalón, es demasiado grande.
2 Esta calle es muy estrecha; la otra es más ancha.
3 La razón por tantos accidentes es la estrechez de la carretera. Los coches no pueden pasar. *o* Se encuentra en una estrechez económica lamentable. Le queda muy poco dinero.
4 Vive muy estrechamente por falta de dinero.

EJERCICIO DE VOCABULARIO

Complete las oraciones con una palabra apropiada.
1 Los _____ de las flores son muy bonitos en la primavera.
2 En un museo hay muchas pinturas y _____.

3   La senda es demasiado ancha; la tenemos que _____.
4   El escultor _____ una figurita de marfil.
5   Es un hombre _____. Nunca hace lo que promete.
6   _____ a un cliente, es el peor negocio.
7   Esta carretera es ancha; la otra es _____.
8   En el otoño muchas plantas mueren; en la primavera _____.

EJERCICIOS CREATIVOS

1   Haga una lista de los sentimientos y de las emociones que se reflejan a través de este cuento. ¿Cuál predomina?
2   Composición: Ha venido un colector de arte al taller para ver la famosa figura de la emperatriz de la China. Dígale lo que pasó a la estatua como si fuera Ud. o Susette o Recaredo.
3   Prepare un informe sobre las tendencias literarias del modernismo. ¿Cómo refleja Darío estas tendencias en este cuento?

El mudito alegre

JOAQUIN AGUIRRE BELLVER

Muchos cuentos están destinados a los niños. *El mudito alegre* por Joaquín Aguirre Bellver es un ejemplo de los muchos cuentos para niños. El joven Damiancillo era mudo: es que no tenía voz con que hablar. Su familia, sus vecinos y por fin el pueblo entero hablaba por señas para complacerle.

● *señas* gestos, gesticulaciones

Tardaron mucho en darse cuenta de que Damiancillo era mudo. Cuando sus padres se enteraron, lo comunicaron a los demás once hermanos, y luego a los demás ciento catorce vecinos, con lo que todos en el pueblo se pusieron muy tristes.

Un día se dieron cuenta de que Damiancillo hablaba por señas, y corriendo lo comunicaron a los demás once hermanos, y luego a los demás ciento catorce vecinos, con lo que todos en el pueblo se llenaron de sorpresa y alegría. Continuamente la casa estaba llena de personas que trataban de entender los gestos de Damiancillo, tan risueño siempre, tan locuaz de manos y de miradas.

Poco a poco, los padres y los once hermanos aprendieron a entenderse con el pequeño por señas; en seguida pasaron a entenderse por señas también entre ellos, y llegó un momento en que no cruzaban una sola palabra, sino gestos tan sólo. Mientras tanto, los vecinos . . . de ir y venir a la casa, pero, sobre todo, de ver al padre y a los once hermanos . . . habían aprendido aquella forma de hablar, y no utilizaban otra cuando estaban con ellos . . . hasta que dejaron todos, todos, de usar palabras, en cuanto Damiancillo comenzó a salir a la calle y a correr por el campo. En las eras, en el paseo de los álamos, en el fregadero, en la plaza, en la misma iglesia, sólo por señas se comunicaban las gentes de aquel bendito lugar.

Una mañana, por el sendero pino y pedregoso, sudando bajo el peso del sol y del saco abultado, llegó un cartero nuevo. Le sorprendió encontrarse con un pueblo de todos mudos, y preguntó la razón de algo tan chocante. Se lo explicaron, y su asombro fue mayor aun al saber las razones. Dijo que quería conocer a Damiancillo, pero el niño estaba en las eras corriendo y jugando, como siempre, de un lado para otro.

Entonces el cartero nuevo se encaramó por las piedras musgosas de la fuente, y puesto de pie comenzó a tocar la trompeta para congregar al pueblo entero. Cuando todos estuvieron en su torno, dijo, con voz alta y clara:

—Yo no soy, amigos, el cartero nuevo que suponéis, sino el ángel que el Señor envía con sus recados más importantes. Me llamó el Señor y me dijo: «Hay un pueblo en el que todos están llenos de caridad. Ve,

- *locuaz   hablador*

eras (fields where wheat is threshed)
- *fregadero   lugar donde las mujeres lavan la ropa o los platos*
pedregoso   cubierto de piedras
- *chocante   extraño, raro*

musgosas (moss-covered)

comprueba si es cierto, y, si lo es, diles que Yo me complazco en ellos y los bendigo.» Por eso estoy aquí, con vosotros. Todavía el Señor me hizo otro encargo: «Para mostrarles cómo mi corazón se conmueve con su bondad, diles también que les concedo la gracia que, por boca de su buen alcalde, quieran pedirme.»

Se adelantó el buen alcalde, gordo y meditabundo. Era persona que pensaba mucho las cosas antes de decirlas, y pasó un rato en rascarse la frente, palmearse la faja, fruncir las cejas y cepillarse a manotazos la barba, sin decir esta boca es mía. Pero, eso sí, cuando se decidió, fueron sus razones de gran peso:

— Señor Angel de Dios, si una gracia hemos de pediros, es que la próxima vez que nos transmitáis un recado no lo hagáis de palabra, sino por señas. Anda por ahí Damiancillo, ya sabéis, y podría ponerse triste oyéndoos. . . ¡Habláis tan bien, tan de seguido!

Y esto lo dijo, el buen alcalde, por señas.

• *meditabundo* *pensativo*

PREGUNTAS

1   ¿Afectó la mudez el espíritu de Damiancillo?
2   ¿Cómo afectó la mudez de Damiancillo a los demás?
3   ¿Cuál fue la verdadera razón por la cual el pueblo dejó de hablar?
4   ¿Cómo afectó la llegada del cartero al pueblo?
5   ¿Contagió al pueblo la alegría del mudito?

ESTUDIO DE PALABRAS

Alegría: alegrar, alegre, alegremente

1   La tristeza se convirtió en alegría cuando todos aprendieron a hablar con gestos al mudito.
2   El ánimo del mudito puede alegrar a todos. Nadie se pone triste en su presencia.
3   En vez de ser una persona triste, es alegre.
4   Todo lo que hacía, lo hacía alegremente.

Meditabundo: meditar, meditación, meditativo

1   El alcalde, siendo una persona que piensa mucho las cosas antes de decirlas, se puso meditabundo al oír hablar al ángel.
2   Siendo tan gran pensador, le gusta estar solo para meditar.
3   A veces, se pierde en la meditación antes de hacer una decisión.
4   Tiene un carácter meditativo.

Tardaron: *tardar, tardanza, tarde*

1 Tardaron mucho en darse cuenta de que el niño era mudo; no fue cosa de poco tiempo.
2 El alcalde va a tardar en contestar para meditar antes sobre el asunto.
3 La tardanza del cartero es inexcusable. Tenía que haber llegado por la mañana.
4 El cartero nuevo no llegó tarde, llegó temprano por la mañana.

EJERCICIO DE VOCABULARIO

Dé un sinónimo de las siguientes palabras y expresiones.

1 felicidad   2 pensativo   3 feliz   4 pensar mucho
5 tomar mucho tiempo   6 felizmente

EJERCICIO DE COMPRENSION

Identifique de la lista de abajo a quien se refiere cada una de las descripciones siguientes.

el cartero nuevo   todos los del pueblo
los padres de Damiancillo   el alcalde
Damiancillo   el Señor
el ángel del Señor

1   No se dieron cuenta en seguida de la condición de Damiancillo.
2   Al enterarse, se pusieron tristes.
3   Hablaba por señas y miradas.
4   Trataban de entender los gestos.
5   En las eras, en el paseo de los álamos, en el fregadero, en la plaza, en la iglesia se comunicaban sólo por señas.
6   El que llegó por el sendero pino y pedregoso, sudando bajo el peso del sol y el saco abultado, no era un cartero nuevo como todos suponían.
7   Pensaba mucho en las cosas antes de decirlas, pasó un rato en rascarse la frente, palmearse la faja, fruncir las cejas y cepillarse la barba.
8   No podría entender un recado transmitido por palabra.
9   Habló con el ángel por señas.
10 Se complace con ellos y los bendice.

EJERCICIO CREATIVO

1 Imagínese un niño que acaba de leer este cuento. ¿Cómo le habría afectado la actitud del pueblo?

El hijo

HORACIO QUIROGA

El uruguayo Horacio Quiroga (1878–1937) pasó mucho tiempo en la provincia tropical de Misiones en la Argentina. Así, el ambiente primitivo de la selva sirve de base para muchos cuentos suyos. Quiroga se hizo famoso por su habilidad para retratar la lucha inútil del hombre contra la naturaleza.

En sus últimos años, Quiroga estaba mal de salud, sufrió varias desgracias y acabó por suicidarse. Muchas obras de este conocido cuentista reflejan la tristeza y la tragedia de su vida personal.

Es un poderoso día de verano en Misiones, con todo el sol, el calor y la calma que puede deparar la estación. La naturaleza, plenamente abierta, se siente satisfecha de sí.

Como el sol, el calor y la calma ambiente, el padre abre también su corazón a la naturaleza.

— Ten cuidado, chiquito — dice a su hijo abreviando esa frase todas las observaciones del caso y que su hijo comprende perfectamente.

— Sí, papá — responde la criatura, mientras coge la escopeta y carga de cartuchos los bolsillos de su camisa, que cierra con cuidado.

— Vuelve a la hora de almorzar — observa aun el padre.

— Sí, papá — repite el chico.

Equilibra la escopeta en la mano, sonríe a su padre, lo besa en la cabeza y parte.

deparar ofrecer, proporcionar

• *abreviando diciendo en pocas palabras*

• *cartuchos balas*

• *equilibra (he balances)*

Su padre lo sigue un rato con los ojos y vuelve a su quehacer de ese día, feliz con la alegría de su pequeño.

Sabe que su hijo, educado desde su más tierna infancia en el hábito y la precaución del peligro, puede manejar un fusil y cazar no importa qué. Aunque es muy alto para su edad, no tiene sino trece años. Y parecería tener menos, a juzgar por la pureza de sus ojos azules, frescos aun de sorpresa infantil.

No necesita el padre levantar los ojos de su quehacer para seguir con la mente la marcha de su hijo: Ha cruzado la picada roja y se encamina rectamente al monte a través del abra de espartillo.

Para cazar en el monte . . . caza de pelo . . . se requiere más paciencia de la que su cachorro puede rendir. Después de atravesar esa isla de monte, su hijo costeará la linde de cactus hasta el bañado, en procura de palomas, tucanes o tal cual casal de garzas, como las que su amigo Juan ha descubierto días anteriores.

Solo ahora, el padre esboza una sonrisa al recuerdo de la pasión cinegética de las dos criaturas. Cazan sólo a veces un yacútoro, un surucuá . . . menos aun . . . y regresan triunfales, Juan a su rancho con el fusil de nueve milímetros que él le ha regalado y su hijo a la meseta con la gran escopeta Saint-Etienne, calibre 16, cuádruple cierre y pólvora blanca.

El fue lo mismo. A los trece años hubiera dado la vida por poseer una escopeta. Su hijo, de aquella edad, la posee ahora; y el padre sonríe.

No es fácil, sin embargo, para un padre viudo, sin otra fe ni esperanza que la vida de su hijo, educarlo como lo ha hecho él, libre en su corto radio de acción, seguro de sus pequeños pies y manos desde que tenía cuatro años, consciente de la inmensidad de ciertos peligros y de la escasez de sus propias fuerzas.

Ese padre ha debido luchar fuertemente contra lo que él considera su egoísmo. ¡Tan fácilmente una criatura calcula mal, siente un pie en el vacío y se pierde un hijo!

El peligro subsiste siempre para el hombre en cualquier edad; pero su amenaza amengua si desde pequeño se acostumbra a no contar sino con sus propias fuerzas.

De este modo ha educado el padre a su hijo. Y para conseguirlo ha debido resistir no sólo a su corazón, sino a sus tormentos morales; porque ese padre, de estómago y vista débiles, sufre desde hace un tiempo de alucinaciones.

Ha visto, concretados en dolorosísima ilusión, recuerdos de una felicidad que no debía surgir más de la nada en que se recluyó. La imagen de su propio hijo no ha escapado a este tormento. Lo ha visto una vez rodar envuelto en sangre cuando el chico percutía en el taller una bala de parabellum, siendo así que lo que hacía era limar la hebilla de su cinturón de caza.

Horribles cosas. Pero hoy, con el ardiente y vital día de verano, cuyo

- *juzgar* (to judge)

la picada roja (the red-hot path)
- *rectamente directamente, en línea recta*
abra de espartillo (valley of esparto grass)
su cachorro puede rendir (his little one could furnish)
costeará la linde de cactus andará por lo largo del borde de cactus
bañado (swampy land)
palomas, tucanes o tal cual casal de garzas (doves, toucans or perhaps a pair of herons)
esboza hace
cinegética relativo a la caza
yacútoro . . . surucuá pájaros de Argentina
cuádruple cierre (cuadruple lock)
- *escasez* (shortage)
siente un pie en el vacío (makes a wrong step)
- *amengua* disminuye

- *surgir* (to arise)
se recluyó se encerró
percutía daba golpes
bala de parabellum una bala grande
limar la hebilla (to file the buckle)

amor su hijo parece haber heredado, el padre se siente feliz, tranquilo y seguro del porvenir.

En ese instante, no muy lejos, suena un estampido.

—La Saint-Etienne—piensa el padre al reconocer la detonación. Dos palomas menos en el monte.

Sin prestar más atención al nimio acontecimiento, el hombre se abstrae de nuevo en su tarea.

El sol, ya muy alto, continúa ascendiendo. Adonde quiera que se mire ... piedras, tierra, árboles ..., el aire, enrarecido como en un horno, vibra con el calor. Un profundo zumbido que llena el ser entero e impregna el ámbito hasta donde la vista alcanza, concentra a esa hora toda la vida tropical.

El padre echa una ojeada a su muñeca: las doce. Y levanta los ojos al monte.

Su hijo debía estar ya de vuelta. En la mutua confianza que depositan el uno en el otro ... el padre de sienes plateadas y la criatura de trece años ..., no se engañan jamás. Cuando su hijo responde «sí, papá,» hará lo que dice: dijo que volvería antes de las doce, y el padre ha sonreído al verlo partir.

Y no ha vuelto.

El hombre torna a su quehacer, esforzándose en concentrar la atención en su tarea. ¡Es tan fácil, tan fácil perder la noción de la hora dentro del monte y sentarse un rato en el suelo mientras se descansa inmóvil!

El tiempo ha pasado; son las doce y media. El padre sale de su taller, y al apoyar la mano en el banco de mecánica sube del fondo de su memoria el estallido de una bala de parabellum, e instantáneamente, por primera vez en las tres horas transcurridas, piensa que tras el estampido de la Saint-Etienne no ha oído nada más. No ha oído rodar el pedregullo bajo un paso conocido. Su hijo no ha vuelto y la naturaleza se halla detenida a la vera del bosque, esperándolo.

¡Oh! No son suficientes un carácter templado y una ciega confianza en la educación de un hijo para ahuyentar el espectro de la fatalidad que un padre de vista enferma ve alzarse desde la línea del monte. Distracción, olvido, demora fortuita: ninguno de estos nimios motivos que pueden retardar la llegada de su hijo, hallan cabida en aquel corazón.

Un tiro, un solo tiro ha sonado, y hace ya mucho. Tras él, el padre no ha oído un ruido, no ha visto un pájaro, no ha cruzado el abra una sola persona a anunciarle que al cruzar un alambrado, una gran desgracia.

La cabeza al aire y sin machete, el padre va. Corta el abra de espartillo, entra en el monte, costea la línea de cactus, sin hallar el menor rastro de su hijo.

Pero la naturaleza prosigue detenida. Y cuando el padre ha recorrido las sendas de caza conocidas y ha explorado el bañado en vano,

nimio insignificante
se abstrae se distrae, medita

• zumbido (buzzing)
impregna penetra, llena

echa una ojeada a su muñeca (glances at his wrist)

banco de mecánica
banco de trabajo

rodar el pedregullo
(the gravel crunch)
a la vera (on the edge)
ahuyentar hacer desaparecer
• demora (delay)

alambrado (wire fence)

adquiere la seguridad de que cada paso que da en adelante lo lleva, fatal e inexorablemente, al cadáver de su hijo.

Ni un reproche que hacerse, el lamentable. Sólo la realidad fría, terrible y consumada: ha muerto su hijo al cruzar un. . . .

¿Pero dónde, en qué parte? Hay tantos alambrados allí y es tan, tan sucio el monte. ¡Oh, muy sucio! Por poco que no se tenga cuidado al cruzar los hilos con la escopeta en la mano. . . .

El padre sofoca un grito. Ha visto levantarse en el aire. ¡Oh, no es su hijo, no! Y vuelve a otro lado, y a otro y a otro.

Nada se ganaría con ver el dolor de su tez y la angustia de sus ojos. Ese hombre aun no ha llamado a su hijo. Aunque su corazón clama por él a gritos, su boca continúa muda. Sabe bien que el solo acto de pronunciar su nombre, de llamarlo en voz alta, será la confesión de su muerte.

— ¡Chiquito! — se le escapa de pronto. Y si la voz de un hombre de carácter es capaz de llorar, tapémonos de misericordia los oídos ante la angustia que clama en aquella voz.

Nadie ni nada ha respondido. Por las picadas rojas de sol, envejecido en diez años, va el padre buscando a su hijo que acaba de morir.

— ¡Hijito mío! ¡Chiquito mío! — clama en un diminutivo que se alza del fondo de sus entrañas.

Ya antes, en plena dicha y paz, ese padre ha sufrido la alucinación de su hijo rodando con la frente abierta por una bala al cromo níquel. Ahora, en cada rincón sombrío del bosque ve centellos de alambre: y al pie de un poste con la escopeta descargada al lado, ve a su. . . .

— ¡Chiquito! ¡Mi hijo!

Las fuerzas que permiten entregar un pobre padre alucinado a la más atroz pesadilla tienen también un límite. Y el nuestro siente que las suyas se le escapan, cuando ve bruscamente desembocar de un pique lateral a su hijo. . . .

A un chico de trece años bástale ver desde cincuenta metros la expresión de su padre sin machete dentro del monte, para apresurar el paso con los ojos húmedos.

— Chiquito — murmura el hombre. Y, exhausto, se deja caer sentado en la arena albeante, rodeando con los brazos las piernas de su hijo.

La criatura, así ceñida, queda de pie; y como comprende el dolor de su padre, le acaricia despacio la cabeza.

— Pobre papá.

En fin, el tiempo ha pasado. Ya van a ser las tres. Juntos, ahora padre e hijo emprenden el regreso a la casa.

— ¿Cómo no te fijaste en el sol para saber la hora? — murmura aun el primero.

— Me fijé, papá. Pero cuando iba a volver vi las garzas de Juan y las seguí.

— ¡Lo que me has hecho pasar, chiquito!

— Piapiá — murmura también el chico.

---

inexorablemente definitivamente, severamente

reproche que hacerse darse la culpa

consumada terminada

tez piel, cutis

por las picadas rojas de sol (along the red-hot, sun-drenched paths)

envejecido en diez años (aged ten years)

• *entrañas corazón, alma*

bala al cromo níquel (nickel-plated bullet)

centellos (flashes)

desembocar bajar

pique senda

• *apresurar el paso andar más rápido*

albeante blanca

• *ceñida sostenida*

piapiá papá (argentino)

Después de un largo silencio:

— ¿Y las garzas, las mataste? — pregunta el padre.

— No.

Nimio detalle, después de todo. Bajo el cielo y el aire candente, a la descubierta por el abra de espartillo, el hombre vuelve a su casa con su hijo, sobre cuyos hombros, casi del alto de los suyos, lleva pasado su feliz brazo de padre. Regresa empapado de sudor y aunque quebrantado de cuerpo y alma, sonríe de felicidad.

Sonríe de alucinada felicidad. Pues ese padre va solo. A nadie ha encontrado, y su brazo se apoya en el vacío. Porque tras él, al pie de un poste, y con las piernas en alto, enredadas en el alambre de púa, su hijo bien armado yace al sol, muerto desde las diez de la mañana.

candente   caliente

empapado   muy mojado
• quebrantado   roto

enredadas en el alambre de púa (tangled in the barbed wire)

PREGUNTAS

1   ¿Qué relación tiene el hombre con la naturaleza en este cuento?
2   ¿Cómo siente el padre hacia su hijo?
3   ¿Qué señales de inocencia tenía el chico?
4   ¿Cuál es el placer vicario que tiene el padre?
5   ¿Qué filosofía tiene el padre en cuanto al peligro?
6   ¿De qué sufre el padre?
7   ¿Cómo se siente el padre hoy? ¿Por qué?
8   ¿Qué oye el padre?
9   ¿Por qué le preocupaba al padre que su hijo no hubiera vuelto para las doce?
10   ¿Qué pensamientos confunden al padre en cuanto al estampido de la escopeta?
11   ¿Para dónde sale el padre?
12   ¿Qué imágenes ve con su mente alucinada?
13   ¿Qué alivio encuentra para su pesadilla?
14   ¿Qué efecto produce en el lector el diálogo alucinado del padre?

ESTUDIO DE PALABRAS

Abreviando: abreviar, abreviación, abreviadamente

1   Por haber hablado demasiado, fue abreviando el discurso para terminar más pronto.
2   Es muy largo el artículo. Quiero abreviarlo.
3   Es más corto ahora. Esto es una abreviación.
4   No pronunció ningún elogio. Sólo citó abreviadamente al autor.

Confianza: *confiar, confiable, confiado*

1 Mi hijo siempre me dice la verdad. Tengo mucha confianza en él.
2 Podemos confiar en él. No se lo repetirá a nadie.
3 Ella es muy confiable. Lleva a cabo todas sus responsabilidades.
4 Es un amigo confiado. Siempre tiene confianza en todos.

Cruzado: *cruzar, cruz, cruzada, cruce*

1 En cinco horas hemos cruzado el continente, de Nueva York a San
   Francisco. Parece increíble.
2 Es difícil cruzar los Andes.
3 En muchas iglesias se ve una cruz.
4 Estela comenzó una cruzada antialcohólica.
5 Nos divertimos muchísimo en el cruce mediterráneo. El barco era
   fantástico.

EJERCICIO DE VOCABULARIO

Complete las oraciones con una palabra apropiada.

1 _____ las montañas y las selvas tropicales es algo difícil.
2 Es muy largo, lo voy a _____.
3 No se puede _____ en él. Se lo dirá a todo el mundo.
4 Tengo que escribir una _____ de eso. Es demasiado largo ahora.
5 Si ella dice que lo hará, lo hará. Es muy _____.
6 Este verano vamos a hacer un _____ mediterráneo.
7 La _____ es un símbolo religioso.
8 Tengo mucha _____ en Ricardo. Es un chico muy honesto.

EJERCICIOS CREATIVOS

1 Escriba un párrafo sobre el valor del estilo descriptivo del autor en este
   cuento.
2 Escriba una carta a un amigo, describiéndole la enfermedad del pobre
   padre de este cuento.

JOYA 2   EJERCICIOS GENERALES

1 Analice el estilo de uno de los cuentos. Describa la exposición, el desarrollo y el desenlace.
2 El autor de un cuento esconde el desenlace hasta el fin para aumentar
   y sostener el interés del lector. De los cuentos leídos, ¿cuál tiene el
   desenlace más inesperado para Ud.? ¿Por qué?
3 De los personajes presentados en los cuentos ya leídos, ¿cuál es su
   preferido? ¿Por qué?
4 Escriba un cuento original.

Joya tres

La carta
y su mensaje

Sencillamente la carta es un papel escrito que se manda a una persona para comunicar alguna información. Puede ser formal o informal; puede ser general o individual; puede ser oficial o social. Lo importante es el mensaje que presenta.

Algunas cartas son muy famosas. Revelan la personalidad del escritor o expresan tanta gracia que se las consideran parte de la literatura universal. Algunas se usan para discusiones políticas o sociales, o para comentar los sucesos del día. Por ejemplo, entre las cartas más dramáticas se encuentran las de Antonio Pérez, ministro favorito del rey Felipe II de España. Pérez había ayudado al rey a matar a un conspirador, pero el clamor público fue tal que el rey tuvo que condenarle a pesar de ser su favorito. Durante los siguientes años de fuga y de encarcelación, Pérez escribió unas cartas exponiendo la conspiración e implicando al monarca. Raras veces son las cartas más conmovedoras.

Puesto que informan, revelan, entretienen o inspiran, las cartas se leen tan extensivamente como cualquier forma literaria.

- *condenarle   sentenciarle*

- *encarcelación   estar en la cárcel*
- *conmovedoras   emocionantes, tiernas*

Un encuentro con Moctezuma

HERNAN CORTES

Hernán Cortés (1485–1547), el gran conquistador de México, escribió una serie de cinco cartas de relación al emperador Carlos V (Carlos I de España). En estas cartas describe de una manera sencilla y clara los incidentes de la conquista de México. La carta que sigue fue escrita el 30 de octubre de 1520. En ella describe su encuentro con Moctezuma, el jefe de los aztecas.

Yo me partí luego tras ellos, muy acompañado de muchas personas, que parecían de mucha cuenta, como después pareció serlo; y todavía seguía el camino por la costa de aquella gran laguna. A una legua del aposento de donde partí, vi dentro de ella, casi a dos tiros de ballesta, una ciudad pequeña que podría ser hasta de mil o dos mil vecinos, toda armada sobre el agua, sin haber para ella ninguna entrada, y muy torreada, según lo que de fuera parecía. Otra legua adelante entramos por una calzada tan ancha como una lanza jineta, por la laguna adentro, de dos tercios de legua, y por ella fuimos a dar a una ciudad, la

de mucha cuenta de importancia
legua (an old measurement)
aposento habitación, hospedaje
a dos tiros de ballesta no muy lejos
calzada carretera

más hermosa aunque pequeña que hasta entonces habíamos visto, así de muy bien obradas casas y torres como de la buena orden que en el fundamento de ella había, por ser armada toda sobre agua.

En esta ciudad, que será hasta de dos mil vecinos, nos recibieron muy bien y nos dieron muy bien de comer. Allí me vinieron a hablar el señor y las personas principales de ella, y me rogaron que me quedase allí a dormir. Aquellas personas que conmigo iban de Moctezuma me dijeron que no parase, sino que me fuese a otra ciudad que está a tres leguas de allí, que se dice Iztapalapa, que es de un hermano de Moctezuma; y así lo hice. La salida de esta ciudad donde comimos, cuyo nombre al presente no me ocurre a la memoria, es por otra calzada que tira una legua grande hasta llegar a la tierra firme.

Llegado a esta ciudad de Iztapalapa, me salió a recibir algo fuera de ella el señor, y otro de una gran ciudad que está cerca de ella, que será obra de tres leguas, que se llama Coyoacán, y otros muchos señores que allí me estaban esperando; me dieron hasta tres o cuatro mil castellanos y algunas esclavas y ropa, y me hicieron muy buen acogi-miento.

acogimiento   recibi-miento

Tendrá esta ciudad de Iztapalapa doce o quince mil vecinos; está en la costa de una laguna salada grande, la mitad en el agua y la otra mitad en la tierra firme. Tiene el señor de ella unas casas nuevas que aun no están acabadas, que son tan buenas como las mejores de España; digo, de grandes y bien labradas, así de obra de cantería como de carpintería, y suelos y cumplimientos para todo género de servicio de casa, excepto mazonerías y otras cosas ricas que en España usan en las casas; acá no las tienen. Tienen en muchos cuartos, altos y bajos, jardines muy frescos de muchos árboles y flores olorosas; asimismo albercas de agua dulce muy bien labradas, con sus escaleras hasta lo fondo. Tiene una muy grande huerta junto a la casa, y sobre ella un mirador de muy hermosos corredores y salas, y dentro de la huerta una muy grande alberca de agua dulce, muy cuadrada, y las paredes de ella de gentil cantería, y alrededor de ella un andén de muy buen suelo ladrillado, tan ancho que pueden ir por él cuatro, paseándose; y tiene de cuadra cuatrocientos pasos, que son en torno mil seiscientos. De la otra parte del andén, hacia la pared de la huerta, va todo labrado de cañas, y detrás de ella todo de arboledas y yerbas olorosas; dentro del alberca hay mucho pescado y muchas aves, así como lavancos y cercetas y otros géneros de aves de agua; y tantas que muchas veces casi cubren el agua.

cantería   piedra labrada

mazonerías   obras de fábrica

albercas   piscinas (mexicano)

de cuadra   de medida

lavancos   (wild ducks)
cercetas   (widgeons)

Otro día después que llegué a esta ciudad, me partí y, a media legua andada, entré por una calzada que va por medio de esta dicha laguna dos leguas, hasta llegar a la gran ciudad de Tenochtitlán, que está fundada en medio de la dicha laguna. Esta calzada es tan ancha como dos lanzas y muy bien obrada; pueden ir por toda ella ocho de caballo a la par. En estas dos leguas de la una parte y de la otra de la dicha calzada están tres ciudades. Una de ellas, que se llama Mexicaltzingo, está fundada, la mayor parte de ella, dentro de la dicha laguna; las otras dos, que se llaman, la una Mixiuacán y la otra Huitzilopocho, están en la costa de ella, y muchas casas de ellas están dentro del agua.

La primera ciudad de éstas tendrá tres mil vecinos, la segunda más de seis mil y la tercera otro cuatro o cinco mil vecinos; y en todas hay muy buenos edificios de casas y torres, en especial las casas de los señores y personas principales, y las casas de sus mezquitas u oratorios donde ellos tienen sus ídolos. En estas ciudades hay mucho trato de sal, que hacen del agua de la dicha laguna y de la superficie que está en la tierra que baña la laguna; la cuecen en cierta manera y hacen panes de la dicha sal, que venden para los naturales y para fuera de la comarca.

cuecen (cook)

comarca distrito, región, provincia

Así seguí la dicha calzada y, a media legua antes de llegar al cuerpo de la ciudad de Tenochtitlán, a la entrada de otra calzada que viene a dar de la tierra firme a esta otra, está un muy fuerte baluarte con dos torres, cercado de muro de dos estados, con su pretil almenado por toda la cerca que toma con ambas calzadas, y no tiene más de dos puertas, una por donde entran y otra por donde salen.

pretil (parapet)
almenado (battle-mented)

Aquí me salieron a ver y a hablar hasta mil hombres principales, ciudadanos de la dicha ciudad, todos vestidos de la misma manera y hábito y, según su costumbre, bien rico. Cuando habían llegado para hablarme, cada uno por sí, en llegando a mí, hacía una ceremonia que entre ellos se usa mucho; ponía cada uno la mano en la tierra y la besaba. Así estuve esperando casi una hora hasta que cada uno hiciese su ceremonia.

Ya junto a la ciudad está una puente de madera de diez pasos de anchura, y por allí está abierta la calzada para que tenga lugar el agua de entrar y salir, porque crece y mengua, y también para fortaleza de la ciudad, porque quitan y ponen unas vigas muy luengas y anchas, de que la dicha puente está hecha, todas las veces que quieren. De éstas hay muchas por toda la ciudad como adelante, en la relación que haré de las cosas de ella, vuestra alteza verá.

mengua (ebbs)
vigas (timbers)
luengas largas

Pasada esta puente, nos salió a recibir aquel señor Moctezuma con hasta doscientos señores, todos descalzos y vestidos de otra librea o manera de ropa, asimismo bien rica a su uso y más que la ropa de los otros. Venían en dos procesiones, muy arrimados a las paredes de la calle, que es tan ancha, hermosa y derecha que de un cabo se parece el otro; tiene dos tercios de legua y de la una parte y de la otra muy buenas y grandes casas, así de aposentamientos como de mezquitas. Moctezuma venía por medio de la calle con dos señores, el uno a la mano derecha, y el otro a la izquierda, de los cuales uno era aquel señor grande que dije que me había salido a hablar en las andas; el otro era el hermano de Moctezuma, señor de aquella ciudad de Iztapalapa, de donde yo había partido aquel día. Todos los tres estaban vestidos de la misma manera, excepto Moctezuma que iba calzado, y los otros dos señores descalzos. Cada uno le llevaba del brazo y,

• *descalzos sin zapatos*

arrimados (close to)

• *calzado con zapatos*

Grabado de Hernán Cortés, Imprenta Real, 1791   The Hispanic Society of America

Reconstrucción de Tenochtitlán

como nos juntamos, yo me apeé y le fui a abrazar solo. Aquellos dos señores que con él iban me detuvieron con las manos para que no le tocase; y ellos y él hicieron asimismo ceremonia de besar la tierra. Hecha esta ceremonia, mandó a su hermano, que venía con él, que se quedase conmigo y que me llevase por el brazo, y él con el otro se iba adelante de mí un poquito trecho. Después de haberme hablado él, vinieron asimismo a hablarme todos los otros señores que iban en las dos procesiones en orden, una en pos de otra, y luego se tornaban a su procesión. Al tiempo que yo llegué a hablar al dicho Moctezuma, me quité un collar que llevaba de margaritas y diamantes de vidrio y se lo eché al cuello; y, después de haber andado la calle adelante, vino un servidor suyo con dos collares de camarones, envueltos en un paño,

trecho   distancia

en pos   detrás de

margaritas   perlas

que eran hechos de huesos de caracoles colorados que ellos tienen en mucho; y de cada collar colgaban ocho camarones de oro, de mucha perfección, tan largos casi como un jeme. Como se los trajeron, se volvió a mí y me los echó al cuello; luego tornó a seguir por la calle en la forma ya dicha, hasta llegar a una casa muy grande y hermosa que él tenía para aposentarnos, bien aderezada. Allí me tomó por la mano y me llevó a una gran sala que estaba frontera de un patio por donde entramos. Allí me hizo sentar en un estrado muy rico, que para él lo tenía mandado hacer, y me dijo que le esperase allí, y él se fue.

Después de poco, ya que toda la gente de mi compañía estaba aposentada, volvió con muchas y diversas joyas de oro y plata y plumajes, y con hasta cinco o seis mil piezas de ropa de algodón, muy ricas y tejida y labrada de diversas maneras. Después de habérmela dado, se sentó en otro estrado, que luego le hicieron allí junto con el otro donde yo estaba. . . .

- *caracoles* *(snails)*

jeme (distance from end of thumb to forefinger)
aderezada *arreglada*

estrado *(dais)*

«*Mercado de Tenochtitlán» por Diego Rivera* *Mexican National Tourist Council*

PREGUNTAS

1 ¿Cómo eran las ciudades de los aztecas?
2 ¿Cómo se llamaba la capital de los aztecas?
3 ¿Qué hacían los indios con la sal?
4 ¿Por qué había tanta sal?
5 ¿Cómo estaban vestidos los hombres que fueron a recibir a Cortés?
6 ¿Dónde encontró Cortés a Moctezuma?
7 ¿Cómo iban vestidos los compañeros de Moctezuma?
8 Describa el encuentro de Cortés con Moctezuma.
9 ¿Cómo trataron los indios a los españoles?

ESTUDIO DE PALABRAS

Vecinos: vecino a, vecindad

1 Los vecinos son habitantes de la misma calle o del mismo pueblo.
2 Vecino a las casas de Iztapalapa había huertas y albercas.
3 Hay muchas casas lujosas en esta vecindad donde vive el jefe.

Olorosas: olor, oler (huele)

1 A los españoles les encantaban las flores olorosas de las huertas de Tenochtitlán.
2 El olor de las flores es agradable; el de algunos productos químicos es repugnante.
3 La rosa huele bien; a veces el agua de la laguna huele mal.

Acogimiento: acoger, acogedor

1 Los indios le hicieron a Cortés un buen acogimiento. Todos le recibieron con cortesía.
2 Los indios querían acoger a Cortés con mucha ceremonia.
3 Toda la recepción tenía un ambiente acogedor.

EJERCICIO DE VOCABULARIO

Complete el siguiente párrafo con palabras apropiadas.

La ciudad de Iztapalapa tiene unos doce o quince mil _____. En una _____ de la ciudad, el señor de ella tiene unas casas muy lujosas. _____ a las casas hay huertas con muchos árboles y flores _____. También hay albercas de agua dulce. El _____ que sale de las huertas es tan agradable que muchos de los españoles querían _____ las flores que no habían visto antes. Al entrar Cortés en Iztapalapa, el ambiente fue _____. Le hicieron un buen _____.

EJERCICIOS CREATIVOS

1 Imagínese, en vez de Carlos V, Ud. ha recibido esta carta de Cortés. Escríbale una contestación.
2 Escriba una carta a un amigo en la cual Ud. le describe una gran ciudad que Ud. acaba de visitar por primera vez.
3 Escriba una carta describiendo la recepción de un dignatario.

Cartas desde mi celda

GUSTAVO ADOLFO BÉCQUER

Gustavo Adolfo Bécquer (1836–1870) representa el poeta pobre luchando penosamente por la vida. Aparece delante de nosotros como una figura melancólica, triste, apasionada, dócil. Sus obras lloran con dolor y sufrimiento personales. Aunque son las *Rimas* y las *Leyendas* las que le han dado su fama mundial, Bécquer también produjo nueve cartas, escritas durante su estadía en el monasterio de Veruela donde había ido en busca de salud.

Cuando tenía yo catorce o quince años, y mi alma estaba henchida de deseos sin nombre, de pensamientos puros y de esa esperanza sin límites que es la más preciada joya de la juventud; cuando yo me juzgaba poeta; cuando mi imaginación estaba llena de estas risueñas fábulas del mundo clásico, iba a sentarme en la ribera del Guadalquivir, y daba rienda suelta a mis pensamientos y forjaba una de esas historias imposibles. Yo soñaba entonces una vida independiente y dichosa, semejante a la del pájaro, que nace para cantar, y Dios le procura de comer. Soñaba esa vida tranquila del poeta que irradia con suave luz de una en otra generación. Soñaba que la ciudad que me vio nacer se enorgulleciese con mi nombre, añadiéndole al brillante catálogo de sus ilustres hijos; y cuando la muerte pusiera un término a mi existencia, me colocasen para dormir el sueño de oro de la inmortalidad a la orilla del Betis, al que yo habría cantado en odas magníficas,

estaba henchida de deseos sin nombre estaba llena de grandes aspiraciones

Betis nombre que los romanos daban al río Guadalquivir en el sur de España

**«*Gustavo Adolfo Bécquer y su familia* » por *Valeriano Bécquer, 1856,
Museo Provincial de Bellas Artes, Cádiz***   MAS, Barcelona

y en aquel mismo punto adonde iba tantas veces a oír el suave murmullo de sus ondas. Una piedra blanca, con una cruz y mi nombre, serían todo el monumento.

Los álamos blancos, balanceándose día y noche sobre mi sepultura, parecerían rezar por mi alma con el susurro de sus hojas plateadas y verdes, entre las que vendrían a refugiarse los pájaros para cantar al amanecer un himno alegre a la resurrección del espíritu a regiones más serenas; el sauce, cubriendo aquel lugar de una flotante sombra, le prestaría su vaga tristeza, inclinándose y derramando en derredor de sus ramas desmayadas y flexibles como para proteger y acariciar mis despojos; y hasta el río, que en las horas de creciente casi vendría a besar el borde de la losa cercada de juncos, arrullaría mi sueño con una música agradable. Pasado algún tiempo, y después que la losa comenzara a cubrirse de manchas de musgo, una mata de campanillas, de esas campanillas azules con un disco de carmín en el fondo, que tanto me gustaban, crecería a su lado enredándose por entre sus grietas

- *balanceándose moviéndose de un lado a otro*
- *susurro murmullo (whisper)*
  sauce (weeping willow)

- *despojos restos*
  losa (gravestone)
  cercada de juncos (bordered by rushes)
  musgo (moss)
  campanillas (bluebells)
  grietas (cracks)

y vistiéndolas con sus hojas anchas y transparentes, que no sé por qué misterio tienen la forma de un corazón; los insectos de oro con alas de luz, cuyo zumbido convida a dormir en la calurosa siesta, vendrían a revolotear en torno de sus cálices, para leer mi nombre, ya borroso por la acción de la humedad y los años, sería preciso descorrer un cortinaje de verdura. ¿Pero para qué leer mi nombre? ¿Quién no sabría que yo descansaba allí? Algún desconocido, admirador de mis versos, plantaría un laurel que, descollando altivo entre los otros árboles, hablase a todos de mi gloria; y ya una mujer enamorada que halló en mis cantares un rasgo de esos extraños fenómenos del amor, que sólo las mujeres saben sentir y los poetas descifrar, ya un joven que se sintió inflamado por el sacro fuego que hervía en mi mente, y a quien mis palabras revelaron nuevos mundos de la inteligencia hasta entonces para él ignotos, o un extranjero que vino a Sevilla llamado por la fama de su belleza y los recuerdos que en ella dejaron sus hijos, echaría una flor sobre mi tumba, contemplándola un instante con tierna emoción, con noble envidia o respetuosa curiosidad; a la mañana, las gotas del rocío resbalarían como lágrimas sobre su superficie.

Después de remontado el sol, sus rayos la dorarían, penetrando tal vez en la tierra y abrigando con su dulce calor a mis huesos. En la tarde y a la hora en que las aguas del Guadalquivir copian temblando el horizonte de fuego, la árabe torre y los muros romanos de mi hermosa ciudad, los que siguen la corriente del río en un ligero bote en pos de una inquieta línea de oro, dirían al ver aquel rincón de verdura donde la piedra blanquea al pie de los árboles: «Allí duerme el poeta.» Y cuando el gran Betis dilatase sus riberas hasta los montes; cuando sus alteradas ondas, cubriendo el pequeño valle, subiesen hasta la mitad del tronco de los álamos, las ninfas que viven ocultas en el fondo de sus palacios, diáfanas y transparentes, vendrían a agruparse alrededor de mi tumba: yo sentiría la frescura y el rumor del agua agitada por sus juegos; sorprendería el secreto de sus misteriosos amores; sentiría tal vez la ligera huella de sus pies de nieve al resbalar el mármol en una danza cadenciosa, oyendo, en fin, como cuando se duerme ligeramente se oyen las palabras y los sonidos de una manera confusa, el armonioso coro de sus voces juveniles y las notas de sus liras de cristal.

Así soñaba yo en aquella época.

revolotear volar haciendo giros en poco espacio

cálices (cáliz) cubiertas externas de las flores completas

descollando sobresaliendo

ignotos desconocidos

después de remontado el sol después de salir el sol

al resbalar el mármol (as they glide over the marble)

PREGUNTAS

1 ¿Cuáles eran algunos de los proyectos que tenía Bécquer cuando era joven?

2 ¿Adónde iba a sentarse Bécquer para meditar?

3 ¿Cómo imaginaba Bécquer su sepultura?
4 Después de leer la carta, ¿consideraría Ud. a Bécquer un hombre satisfecho o desilusionado? ¿Por qué?

ESTUDIO DE PALABRAS

Sepultura: sepultar, sepulcral, sepulcro

1 Los álamos se balanceaban sobre la sepultura del poeta.
2 Van a sepultar al poeta difunto a la orilla del río para cumplir con su deseo.
3 El apacible susurro y lánguido movimiento de los sauces crearon un ambiente sepulcral.
4 El sepulcro de mármol blanco adornaba el lugar del entierro.

Recuerdo: recordar, recordación, recordable

1 Todos tienen recuerdos de las últimas palabras del poeta, tan inolvidables son por su belleza.
2 Siempre quiere recordar y nunca olvidar los momentos que soñaba a la orilla del Betis.
3 La amargura de su vejez no le pudo borrar la recordación feliz de su juventud.
4 Los recordables momentos que pasó soñando con una vida tranquila son para nunca olvidarlos.

EJERCICIOS DE VOCABULARIO

Sustituya por la palabra en letra bastardilla otra equivalente.

Hoy es el día *del entierro* del poeta. Le van a *enterrar* en el cementerio a la orilla del río. El cielo nublado le da al lugar donde pronto estará su *tumba* un ambiente *de tristeza.*

Complete las siguientes oraciones con el antónimo de la palabra en letra bastardilla.

1 A veces *olvidar* es mejor que _____.
2 No es ningún momento *olvidadizo,* sino _____.
3 Para mí, *el olvido* es más desconcernante que el _____.

EJERCICIOS CREATIVOS

1 En unas cien palabras, describa como crea Bécquer el ambiente por medio de la naturaleza. ¿Cuál es el ambiente?
2 ¿Considera Ud. a Bécquer un hombre egoísta o humilde? ¿Por qué?
3 ¿Cómo le consolarán a Bécquer los siguientes en la vida eterna?   (a) los álamos blancos, (b) los pájaros, (c) el sauce, (d) el río, (e) los insectos de oro, (f) el sol.
4 Un ideal de los románticos es la libertad. ¿Cómo nos demuestra este ideal Bécquer en el primer párrafo?

El porvenir de España

ANGEL GANIVET

Ganivet (1865–1898), sufriendo de una neurastenia violenta, se ahogó en el río Duina . . . pero no antes de haber dejado fuerte evidencia de su actividad intelectual. Sus ideas, importantes, originales y poderosas, se reflejan en sus novelas, en las *Cartas finlandesas*, y sobre todo, en *El porvenir de España*, correspondencia que tuvo con Miguel de Unamuno.

porvenir   futuro

Yo tengo fe en el porvenir espiritual de España: en esto soy acaso exageradamente optimista. Nuestro engrandecimiento material nunca nos llevaría a oscurecer el pasado; nuestro florecimiento intelectual convertirá el siglo de oro de nuestras artes en una simple anunciación de este siglo de oro que yo confío ha de venir. Porque en nuestros trabajos tendremos de nuestra parte una fuerza hoy desconocida, que vive en estado latente en nuestra nación. . . . Esa fuerza misteriosa está en nosotros, y aunque hasta ahora no se ha dejado ver, nos acompaña y nos vigila; hoy es acción desconcertada y débil, mañana será calor y luz, y hasta si se quiere electricidad y magnetismo.

latente   oscuro y escondido

. . .

Como la fuerza impulsora está en la constitución natural étnica o psíquica que los diversos cruces han dado al tipo español, tal como hoy existe, debemos confiar en el porvenir; esa fuerza que hoy es un obstáculo para la vida regular de la nación, porque se la aplica a lo que no debe aplicársela, ha de sufrir un desdoblamiento: el individualismo indisciplinado que hoy nos debilita y nos impide levantar cabeza ha de ser algún día individualismo interno y creador, y ha de conducirnos a nuestro gran triunfo ideal. Tenemos lo principal, el hombre, el tipo; nos falta sólo decidirle a que ponga manos en la obra. . . .

desdoblamiento   separación

Así como creo que para las aventuras de la dominación material muchos pueblos de Europa son superiores a nosotros, creo también que para la creación ideal no hay ninguno con aptitudes naturales tan depuradas como las nuestras. Nuestro espíritu parece tosco porque está embastecido por luchas brutales; parece flaco porque está sólo nutrido de ideas ridículas, copiadas sin discernimiento, y parece poco original porque ha perdido la audacia, la fe en sus propias ideas, porque busca fuera de sí lo que dentro de sí tiene. Hemos de hacer acto de contrición

depuradas   refinadas, perfeccionadas
• tosco   inculto
embastecido   ineducado

Angel Ganivet   MAS, *Barcelona*

colectiva. Hemos de desdoblarnos, aunque muchos nos quedemos en tan arriesgada operación, y así tendremos pan espiritual para nosotros y para nuestra familia, que lo anda mendigando por el mundo, y nuestras conquistas materiales podrán ser aun fecundas, porque al renacer hallaremos una inmensidad de pueblos hermanos a quienes marcar con el sello de nuestro espíritu.

. . .

Ud., amigo Unamuno, que es cristiano sincero, resolverá la cuestión radicalmente, convirtiendo a España en una nación cristiana, no en la forma, sino en la esencia, como no lo ha sido ninguna nación en el mundo. Por eso acudía Ud. al admirable simbolismo del *Quijote* y expresaba la creencia de que el ingenioso hidalgo recobrará muy en breve la razón y se morirá arrepentido de sus locuras. Esta es también mi idea, aunque yo no doy la curación por tan inmediata. España es una nación absurda y metafísicamente imposible, y el absurdo es su nervio y su principal sostén. Su cordura será la señal de su acabamiento. Pero donde Ud. ve a don Quijote volver vencido por el caballero de la Blanca Luna, yo lo veo volver apaleado por los desalmados yangüeses con quien topó por su mala ventura.

Quiero decir con esto que don Quijote hizo tres salidas y que España no ha hecho más que una y aun le faltan dos para sanar y morir. El idealismo de don Quijote era tan exaltado, que la primera vez que salió de aventuras se olvidó de llevar dinero y hasta ropa blanca para mudarse; los consejos del ventero influyeron en su ánimo, bien que vinieran de tan indocto personaje, y le hicieron volver pies atrás. Creyóse que el buen hidalgo, molido y escarmentado, no volvería a las andadas, y por sí o por no, su familia y amigos acudieron a diversos expedientes para apartarle de sus desvaríos, incluso el de murar y tapiar el aposento donde estaban los libros condenados; mas don Quijote, muy solapadamente, tomaba mientras tanto a Sancho Panza de escudero, y vendiendo una cosa y empeñando otra y malbaratándolas todas, reunía una cantidad razonable para hacer su segunda salida, más sobre seguro que la primera.

Este es el cuento de España. Vuelve ahora de su primera escapatoria para preparar la segunda, y aunque muchos españoles creamos de buena fe que si lo hemos de quitar de la cabeza no adelantaremos nada. Y acaso sería más prudente ayudar a los preparativos de viaje, ya que no hay medio de evitarlo. Yo decía también que convendría cerrar todas las puertas para que España no se escapase, y, sin embargo, contra mi deseo, dejo una entornada, la de Africa, pensando en el porvenir. Hemos de trabajar, sí, para tener un período histórico español puro; mas la fuerza ideal y material que durante él adquiramos verá Ud. cómo se va por esa puerta del sur, que aun seduce y atrae al espíritu nacional. No pienso, al hablar así, en Marruecos: pienso en toda Africa, y no en conquistas y protectorados, que esto es de sobra conocido y viejo, sino en algo original que no está al alcance cierta-

nos quedemos en (we may survive)
• mendigando pidiendo caridad
fecundas numerosas

acudía iba en socorro

nervio motor principal
cordura prudencia, juicio
acabamiento fin
el caballero de la Blanca Luna figura en una de las últimas aventuras de don Quijote
desalmados yangüeses bárbaros
• sanar curar
• ventero dueño de una venta
indocto iletrado
• molido dolorido
escarmentado castigado
• desvaríos locuras
murar y tapiar construir una pared y cerrar
solapadamente astutamente
empeñando (pawning)
malbaratándolas vendiéndolas a bajo precio
escapatoria salida
entornada (puerta) medio cerrada
• de sobra demasiado

mente de nuestros actuales políticos. Y en esta nueva serie de aventuras tendremos un escudero, y ese escudero será el árabe. . . .

. . . No sé si es Ud. amante del Derecho, amigo Unamuno, y si se disgustará porque le diga que el Derecho es una mujerzuela flaca y tornadiza que se deja seducir por quien quiera que sepa sonar bien las espuelas y arrastrar el sable. Si España tuviera fuerzas para trabajar en Africa, yo, que soy un quídam, me comprometería a inventar media docena de teorías nuevas para que nos quedáramos legalmente con cuanto se nos antojara. . . .

porque por la razón de que
mujerzuela mujer que vale poco
tornadiza cambia fácilmente de opinión
quídam sujeto sin importancia

. . . Actualmente la empresa es disparatada, pues sin contar nuestra falta de «dineros y camisas,» el antagonismo religioso lo echaría todo a perder. Pero, ¿quién sabe lo que dirá el porvenir? ¡Utopía! ¿No le agradan a Ud. las utopías? «Sí, me agradan, me contestará Ud.; pero ésa pasa de la marca; yo hablo en pro de la paz, y Ud. nos arma para nuevas guerras.» Si Ud. me dice que hay que despaganizar a Europa y destruir en ella los gérmenes de agresión, yo estoy con Ud. porque el deseo es generoso y noble. Pero mientras la forma de la vida europea sea la agresión y se proclame moribundas a las naciones que no atacan y aun se piensa en descuartizarlas y repartírselas, la paz en una sola nación sería más peligrosa que la guerra. La nación más cristiana, por temperamento, ha sido la judaica, y tiene que vivir; como quien dice, con los trastos a cuestas. Así, pues, España, encerrada en su territorio, aplicada a la restauración de sus fuerzas decaídas, tiene por necesidad que soñar en nuevas aventuras; de lo contrario, el amor a la vida evangélica nos llevaría en breve a tener que alzarnos en armas para defender nuestros hogares contra la invasión extranjera. El espíritu territorial independiente movió a las regiones españolas a buscar auxilio fuera de España, y ese mismo espíritu indestructible obligará a la nación unida a buscar un apoyo en el continente africano para mantener ante Europa nuestra personalidad y nuestra independencia.

• *disparatada* irracional, ilógico

descuartizarlas dividirlas

con los trastos a cuestas (on the move)

• *apoyo* soporte, auxilio

PREGUNTAS

1 ¿Por qué es tan optimista Ganivet en cuanto al porvenir de España?
2 Según Ganivet, ¿qué va a llevar a los españoles a su gran triunfo ideal?
3 En el momento en que escribe Ganivet, ¿cuál es el resultado de esta misma fuerza?
4 ¿Con quién compara Ganivet a España?
5 ¿Cuál es la comparación que él hace entre don Quijote y España?
6 Según Ganivet, ¿en qué deben tener mucho interés los españoles en el porvenir?
7 ¿Por qué es disparatada la empresa africana actualmente?

8   ¿Qué opina Ud. sobre los comentarios de Ganivet en cuanto a la paz?
9   ¿Se ha cumplido el deseo de Ganivet?
10   ¿Se habrá vindicado la fe de Ganivet?
11   ¿Escribiría Ganivet algo similar en este momento?

ESTUDIO DE PALABRAS

aplicar: aplicable, aplicación, aplicado

1   Quiero aplicar su teoría; me parece tener mucho valor.
2   No tiene nada que ver con el asunto. No es aplicable.
3   La aplicación de esa teoría dará buenos resultados.
4   Trabaja muchísimo. Es un hombre muy aplicado.

desconcertada: desconcertar, desconcertador, desconcierto

1   María no está nada desconcertada. Comprende el asunto perfectamente.
2   No logré desconcertarla. Se quedó muy calmada.
3   La empresa que sugiere es desconcertadora; me preocupa bastante.
4   No hay orden ninguno. Es un desconcierto completo.

engrandecimiento: engrandecer, engrandecido

1   Nuestro engrandecimiento material nos ha hecho ricos.
2   No puede engrandecer más con lo inmenso que es.
3   No es ninguna ciudad; es un pueblo engrandecido nada más.

EJERCICIO DE VOCABULARIO

Exprese las siguientes oraciones de otra manera.

1   Cada vez que vuelvo, la ciudad es más grande.   Cada vez que vuelvo, la ciudad _____.
2   En este caso, no podemos usar esta teoría.   En este caso, no podemos _____ esta teoría.
3   No la puedo perturbar.   No la puedo _____.
4   Carlos no es un chico perezoso.   Carlos es _____.
5   ¡Qué desorden!   ¡Qué _____!
6   Esta idea me molesta.   Esta idea es _____.
7   Eso tiene mucho que ver con el asunto.   Eso es _____.

EJERCICIOS CREATIVOS

1   Haga una comparación entre: (a) las razones que incitan optimismo en Ganivet y (b) los obstáculos que impiden lograr el porvenir espiritual.
2   Escriba una carta en la cual Ud. discute sus ideas sobre el porvenir de los Estados Unidos.

Carta a la señora Carolina de Valdelomar

ABRAHAM VALDELOMAR

Abraham Valdelomar, poeta peruano, nació en Ica, el 21 de abril de 1888. Pasó una gran parte de su vida en Pisco en la costa del Pacífico. Murió en un accidente a los 31 años el día 3 de noviembre de 1919. Estudió Derecho en la Universidad de San Marcos. Intervino activamente en la política. Hasta ahora, se saben muy pocos detalles de este autor. La mayoría de su obra apareció en periódicos. En 1913, a los 25 años, fue a Italia como secretario en la Legación Peruana. Es en Italia que escribe esta carta a su madre en Lima.

Roma, 22 de diciembre de 1913

Mi idolatrada mamacita:

No te puedes imaginar el gusto que me ha dado tu carta del 25, por ella veo que siempre me recuerdas con el mismo cariño de siempre. Sólo tú eres la que nunca se olvida de mí; yo por mi parte ya sabes que donde he estado mi única idea has sido tú. Ya voy aprendiendo con la dura experiencia lo que es la vida. Cada día que pasa es para mí una nueva lección y estas lecciones que se aprenden lejos de la tierra y de la madre son las que no se olvidan nunca. Yo no sueño sino con volverte a ver lo mismo que a mi viejo y a mis hermanos, pero te digo que cada vez que pienso en que tengo que volver al Perú, a pesar de que extraño tanto el calor de la Patria, sufro. Si no regresara con mi título no quisiera regresar. Dios me escuche y quiera que se cumplan mis deseos que más que por mí los tengo por ti.

Mucho me alegra que el artículo que mandé les haya gustado pues les tengo tanto miedo a las gentes de Lima que me parece que nada de lo que hago lo fueran a encontrar bien. La señora Emilia lo habrá encontrado bueno porque ella comprendo que me tiene verdadero cariño.

He recibido carta por primera vez de Enrique Bustamante y en ella me dice que por falta de tiempo no me ha escrito, pero que ha hecho todo lo que yo le indicaba en las cartas. Cuando pienso que Enrique que ha sido mi mejor amigo me pudiera ser desleal me mortifico mucho, trata de no precipitar las cosas y no darte por entendida de nada porque nada me podría hacer más daño al espíritu que perder a ese amigo. Prefiero no saber si me es desleal que yo seguiré teniéndole el mismo cariño de siempre. Me dice que te llevó veinticinco soles por el artículo pues así lo acordaron en la redacción. De manera que creo que el Héctor habría querido ratearse los cinco soles. Pero como la cosa es muy delicada mejor es que diga la verdad y no que vaya a provocarme un rompimiento con los del periódico por cosas tan pequeñas.

ratearse (share)

Debo decirte que le mandé a Enrique Bustamante hace tiempo un artículo para el concurso literario de la *Nación,* pero recomendándole absoluto secreto, pues tenía vehementes deseos de ganar el concurso para demostrarles desde aquí a mis compañeros que cuando me presenté a la presidencia del centro no me creía tan imbécil. El cuento se llama *El caballero carmelo* y en él hago una relación de uno de los incidentes de nuestra vida en Pisco. Como verás allí hablo de Roberto y de todos. Enrique me dice que es muy posible que me lleve el premio pues los trabajos mandados son muy inferiores al mío. Ojalá que la suerte me favorezca que este pequeño triunfo es tuyo más que mío; pues hace mucho tiempo que todo lo que escribo es por ti y para ti. Conque te gusten a ti mis cosas estoy feliz. Cuánto me alegra que mi retrato te haya gustado. Me parecía que no te iba a gustar y hasta quería hacerme otro, pero ya veo que me encuentras bien.

Ojalá te sigan pagando los artículos al mismo precio pues no me parece mal. Hay que conformarse. Estoy esperando de un momento a otro que me paguen el resto de mi sueldo de Génova para poner las encomiendas y comprar algo que me falta. Tengan paciencia.

En este momento recibo tu segunda carta y por ella veo que no has recibido carta mía quien sabe las recibirás juntas. Yo sigo pasando mi vida aquí tranquilamente pues recién el 29 habrá el primer baile al cual voy a asistir espero que sea un baile grandioso pues con él se abre la sociedad en este invierno en Roma. Allí conoceré a toda la nobleza romana y al cuerpo diplomático al cual aun no conozco mucho, pues no ha habido ocasión ni fiestas. El primero de enero te haré un cablegrama y otro al presidente. Ya comienza la vida interesante en Roma, ya se nota un gran movimiento. Yo estoy ahora en las horas que me quedan libres de la Universidad y de mis escritos, aprendiendo la esgrima y no te vayas a reír, el tango argentino, pues aquí no se puede ir a sociedad sin saber bailar, especialmente el tango pues no se baila otra cosa.

esgrima (fencing)

Dile a mi viejo que sus boquillas que me pide irán todas con las encomiendas de las muchachas. José de la Riva Agüero debe llegar a

boquillas (cigarette holders)

Roma el viernes con su mamá y su tía. Me alegro mucho porque así les podré devolver todas las atenciones que me hicieron en el viaje. Además es un orgullo para nosotros poder presentar aquí en Roma a un hombre como Riva Agüero tan culto, tan inteligente y tan serio. Aquí está también Eduardo Du Bois, un joven de las mejores familias de Lima, pues es el hermano de la señorita Du Bois que se casó con el doctorcito Olaechea y que son dueños de la casa de piedra. Yo desde Lima lo conocía pues me lo presentó Willy; de quien era muy amigo. El es muy distinguido y caballero y formal y aquí casi siempre vamos juntos a los paseos y a los teatros.

Recibí las encomiendas; todo ha llegado bien. Ha venido lo siguiente: cuatro paquetes de chocolate, el libro de Seoane, un costalito de café y una latita de limones. No mandes dulces que se puedan deshacer pues no llegan bien. Es decir los limones ya nos los estamos comiendo con el Dr. Rada y su señora que tanto te quieren, y Valdizán otro muchacho que es muy bueno conmigo. Pero es mejor mandar otras cosas como cosas secas, aunque sean dulces. Lo que pasa con los limones es que la humedad los pone un poco mohosos. Sería bueno cuando los ponen en la caja cerrarla herméticamente y soldar la caja. Así la humedad no les hace daño porque el aire no se renueva.

mohosos (mouldy)
soldar (to seal tightly, to solder)

El chocolate y el café lo tomaremos el día de Pascua en tu nombre y el primero de enero a las doce de la noche yo haré abrir una botella de champagne para beberla con los peruanos por la Patria, por ti y por la familia del Presidente.

Recibe, viejecita mía, un abrazo muy fuerte de tu hijo que tanto te extraña y que sólo piensa en que no te tiene a su lado. Cuídate mucho y no olvides a tu hijo.

Abraham

PREGUNTAS

1 ¿Cuáles son los sentimientos que Valdelomar expresa a su madre?
2 ¿Cuáles son los comentarios que hace en cuanto a su amistad con Enrique?
3 ¿Por qué es optimista Valdelomar en cuanto al artículo que mandó para el concurso literario?
4 ¿Qué temporada va a empezar en Roma?
5 ¿Cuáles son algunas de las actividades de Valdelomar en Roma?

ESTUDIO DE PALABRAS

Redacción: redactar, redactor

1 La redacción de un libro incluye muchos detalles como el estilo y la puntuación.
2 Hay que redactar el artículo antes que aparezca en el periódico.
3 Es el redactor quien leerá el manuscrito cuando llegue a la casa editorial en Lima.

Sueño: soñar, soñador

1 El sueño de cada noche es tenerte cerca. Espero que pronto la fantasía se convierta en realidad.
2 Soñar con tu presencia es mejor que saber que estás lejos.
3 ¡Qué soñador soy yo! Los sueños me parecen más realistas que la vida misma.

EJERCICIO DE VOCABULARIO

Escriba una lista de cuatro palabras relacionadas con las siguientes. Emplee cada una de las palabras en una frase original.

1 amistad   2 joven   3 viejo   4 entendido

EJERCICIO CREATIVO

1 Escríbale una carta a un pariente suyo en la cual Ud. relata sus sentimientos, sus deseos para el futuro y sus actividades actuales.

JOYA 3   EJERCICIOS GENERALES

1 Escríbale a un amigo íntimo una carta en la cual Ud. incluye los siguientes temas: (a) sus actividades actuales (como Valdelomar), (b) un suceso interesante (como Cortés), (c) sus ideas políticas (como Ganivet), (d) sus ideas sobre la vida y la muerte (como Bécquer).
2 De las cartas que Ud. ha leído, ¿cuál revela más la personalidad del escritor? ¿Por qué?
3 ¿Cuáles son los propósitos de las siguientes cartas?   (a) «El encuentro con Moctezuma,» (b) «El porvenir de España.»
4 Escríbale una carta a un amigo íntimo en la cual Ud. le expone su filosofía sobre la vida.

Joya cuatro

La novela y la vida

La palabra «novela» en estos días se aplica a una gran variedad de obras, que tienen en común sólo el atributo de ser una ficción narrativa extensa en prosa. Como ficción, se diferencia de la historia; como narración extensa, se diferencia del cuento; como prosa, se diferencia de las narraciones extensas en verso. Por eso, incluye muchas obras diversas, y es el equivalente moderno de varias formas narrativas que le han precedido (epopeya, romance, narración picaresca, etc.).

De una manera u otra la novela nos presenta una visión o interpretación del mundo y refleja la vida y los conflictos del hombre que lo habita. Con frecuencia la novela se clasifica según las diferencias de asunto, modo de presentación o propósito. Por ejemplo, la novela sociológica acentúa la influencia sobre los personajes y los incidentes de las condiciones socioeconómicas. A veces trata aun de reformar socialmente. La novela histórica saca su inspiración, sus personajes y sus episodios de la historia misma y utiliza el elemento histórico como foco de interés. La novela regional da énfasis al ambiente y a las costumbres de una localidad particular y a la influencia que tienen éstos en los personajes y la acción. La novela sicológica revela los conflictos e íntimas emociones de los personajes ... a veces en una atmósfera de tensión o de miedo. La novela picaresca tiene como protagonista un pícaro, un tipo muy español.

A pesar de su clasificación, la novela trabaja con experiencias extraídas de la vida, arregladas en orden lógico y artísticamente manipuladas por el autor. Desde su florecimiento, la novela ha reemplazado en popularidad la mayoría de las demás formas literarias y ha recibido la dedicada atención de los mejores artesanos en la literatura moderna.

La vida de Lazarillo de Tormes

La novela picaresca trata de la vida de un pícaro, sus aventuras, sus engaños para vivir sin trabajar y su lucha constante contra el hambre. En la literatura, el más conocido de todos los pícaros es el joven Lazarillo que nació cerca del río Tormes en España. A sus padres los condenaron por ser ladrones, y en plena juventud, el pobre Lazarillo se encuentra al servicio de un mendigo ciego. Tiene que ganarse la vida vagabundeando y pidiendo limosna por los pueblos de Castilla. Resulta que el ciego es un hombre egoísta y cruel que castiga al joven en cada oportunidad. Para sobrevivir, el pobre Lazarillo tiene que inventar toda clase de engaño.

La vida de Lazarillo de Tormes es una obra anónima del siglo XVI. El trozo que sigue relata los primeros días de Lazarillo con su amo ciego.

- *mendigo* persona que pide limosna
- *vagabundeando* vagando sin destino u objeto
- *sobrevivir* (survive)

...En este tiempo vino a posar al mesón un ciego, el cual, paresciéndole que yo sería para adestralle, me pidió a mi madre y ella me encomendó a él diciéndole cómo era hijo de buen hombre, el cual por ensalzar la fe había muerto en la de los Gelves y que ella confiaba en Dios no saldría peor hombre que mi padre e le rogaba me tratase bien y mirase por mí, pues era huérfano.

El respondió que así lo haría y que me recibía no por mozo sino por hijo. Y así le comencé a servir e adestrar a mi nuevo e viejo amo.

Como estuvimos en Salamanca algunos días, paresciéndole a mi amo que no era la ganancia a su contento, determinó irse de allí y, cuando nos hubimos de partir, yo fui a ver a mi madre e ambos llorando, me dio su bendición y dijo:

—Hijo, yo sé que no te veré más. Procura de ser bueno y Dios te guíe. Criado te he e con buen amo te he puesto, válete por ti.

E así me fui para mi amo, que esperándome estaba.

Salimos de Salamanca y, llegando a la puente, está a la entrada della un animal de piedra, que casi tiene forma de toro, y el ciego mandóme que llegase cerca del animal, e puesto allí, me dijo:

posar al mesón hospedarse en el mesón (to stay at the inn)
sería para adestralle yo sería útil para guiarle
encomendó entregó, recomendó, confió
ensalzar exaltar
la de los Gelves la batalla de Gelves en Túnez en 1510
- *huérfano* sin padre o sin madre
criado te he te he criado
válete por ti haz algo de tu vida
a la puente al puente

—Lázaro, llega el oído a este toro e oirás un gran ruido dentro dél.

Yo simplemente llegué, creyendo ser ansí. Y como sintió que tenía la cabeza par de la piedra, afirmó recio la mano y dióme una gran calabazada en el diablo del toro, que más de tres días me duró el dolor de la cornada, y díjome:

—Necio, aprende: que el mozo del ciego un punto ha de saber más que el diablo.

Y rió mucho la burla.

Parescióme que en aquel instante desperté de la simpleza en que como niño estaba dormido.

Dije entre mí:

—Verdad dice éste, que me cumple avivar el ojo y avisar, pues solo soy, y pensar cómo me sepa valer.

Comenzamos nuestro camino y en muy pocos días me mostró jerigonza. Y como me viese de buen ingenio, holgábase mucho y decía:

—Yo oro ni plata no te lo puedo dar; mas avisos para vivir, muchos te mostraré.

Y fue ansí, que después de Dios, éste me dio la vida, y siendo ciego, me alumbró y adestró en la carrera de vivir.

Huelgo de contar a V.M. estas niñerías, para mostrar cuánta virtud sea saber los hombres subir siendo bajos, y dejarse bajar siendo altos, cuánto vicio.

llega acerca
ansí así
par de acerca de
calabazada golpe de la cabeza contra algo

me cumple avivar el ojo y avisar debo observar con atención
jerigonza (kind of underworld jargon or slang)
holgábase se divertía

huelgo me gusta
• *niñerías cosas de niños*

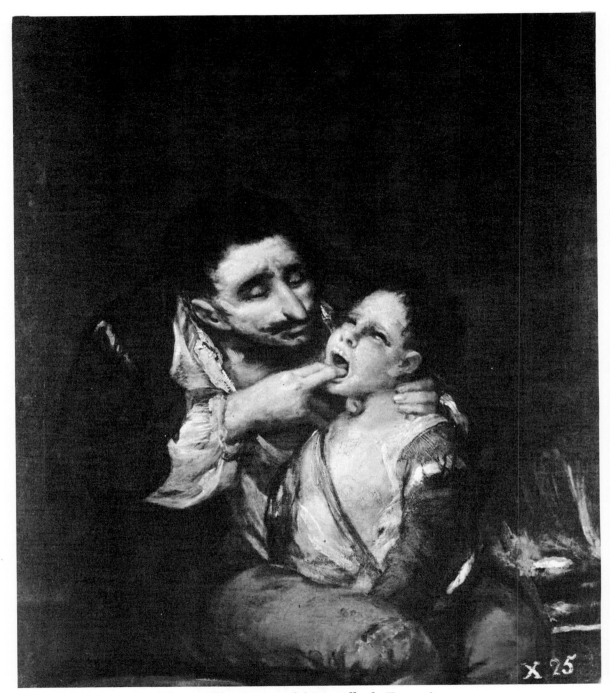

«El garrotillo» (escena del Lazarillo de Tormes)
por Francisco de Goya, Colección Dr. Marañon, Madrid   MAS, *Barcelona*

Pues tornando al bueno de mi ciego y contando sus cosas, V.M. sepa que, desde que Dios crió el mundo, ninguno formó más astuto ni sagaz. En su oficio era un águila. Ciento y tantas oraciones sabía de coro. Un tono bajo, reposado y muy sonable, que hacía resonar la iglesia donde rezaba, un rostro humilde y devoto, que con muy buen continente ponía, cuando rezaba, sin hacer gestos y visajes con boca ni ojos, como otros suelen hacer. . . .

Usaba poner cabe sí un jarrillo de vino cuando comíamos e yo muy de presto le asía y daba un par de besos callados y tornábale a su lugar. Mas turóme poco. Que en los tragos conocía la falta y por reservar su vino a salvo, nunca después desamparaba el parro, antes lo tenía por el asa asido. Mas no había piedra imán que así trajese a sí, como yo con una paja larga de centeno, que para aquel menester tenía hecha, la cual, metiéndola en la boca del jarro, chupando el vino. . . . Mas como fuese el traidor tan astuto, pienso que me sintió y dende en adelante mudó propósito y asentaba su jarro entre las piernas, y atapábale con la mano y ansí bebía seguro.

Yo, como estaba hecho al vino, moría por él y, viendo que aquel remedio de la paja no me aprovechaba ni valía, acordé en el suelo del jarro hacerle una fuentecilla y agujero sotil y delicadamente con una muy delgada tortilla de cera taparlo y a tiempo de comer, fingiendo haber frío, entrábame entre las piernas del triste ciego a calentarme en la pobrecilla lumbre que teníamos, y al calor della, luego derretida la cera, por ser muy poca, comenzaba la fuentecilla a destilarme en la boca, la cual yo de tal manera ponía, que maldita la gota que se perdía. Cuando el pobrecillo iba a beber, no hallaba nada.

Espantábase, maldecíase, daba al diablo el jarro y el vino, no sabiendo qué podía ser.

— No diréis, tío, que os lo bebo yo — decía — pues no le quitáis la mano.

Tantas vueltas y tientos dio al jarro, que halló la fuente y cayó en la burla; mas así lo disimuló como si no lo hubiera sentido.

Y luego otro día, teniendo yo rezumando mi jarro como solía, no pensando el daño que me estaba aparejado, ni que el mal ciego me sentía, sentéme como solía, estando recibiendo aquellos dulces tragos, mi cara puesta hacia el cielo, un poco cerrados los ojos por mejor gustar el sabroso liquor, sintió el desesperado ciego que agora tenía tiempo de tomar de mí venganza, y con toda su fuerza, alzando con dos manos aquel dulce y amargo jarro, le dejó caer sobre mi boca, ayudándose, como digo, con todo su poder, de manera que el pobre Lázaro, que de nada de esto se guardaba, antes, como otras veces, estaba descuidado y gozoso, verdaderamente me pareció que el cielo, con todo lo que en él hay, me había caído encima.

Fue tal el golpecillo, que me desatinó y sacó de sentido, y el jarrazo tan grande, que los pedazos dél se me metieron por la cara, rompiéndomela por muchas partes, y me quebró los dientes, sin los cuales hasta

crió   *creó*
de coro   *de memoria*

continente   (*countenance*)
sin hacer gestos y visajes (*without making gestures and wry faces*)
cabe sí   *cerca de sí*
muy de presto   *muy pronto*
le asía   *lo cogía*
un par de besos callados   *dos tragos*
turóme   *me duró*
a salvo   *fuera de peligro*
desamparaba   *abandonaba*
el asa   *mango* (*handle*)
centeno   (*rye*)
dende   *desde*
estaba hecho al vino   *era algo adicto al vino*
acordé   *decidí*
sotil   *sutil, tenue, delicado*
tortilla   *pedazo*
haber frío   *tener frío*
derretida   *hecha líquida*
tientos   (*touching with the fingers*)
rezumando   *haciendo salir el vino*

agora   *ahora*

• *amargo*   *opuesto de dulce* (*bitter*)

jarrazo   *golpe del jarro*

hoy día me quedé. Desde aquella hora quise mal al ciego, y aunque me
quería y regalaba y me curaba, bien vi que se había holgado del cruel
castigo. Lavóme con vino las roturas que con los pedazos del jarro me
había hecho, y sonriéndose decía:

— ¿Qué te parece, Lázaro? Lo que te enfermó te sana y da salud.

Y otros donaires que a mi gusto no lo eran. . . .

*roturas heridas, corta-
duras*

PREGUNTAS

1 ¿Por qué salió Lazarillo con el ciego?
2 ¿Cómo despertó el ciego a Lazarillo de su simpleza?
3 ¿Cuál fue el motivo del ciego?
4 ¿Tenían valor los consejos del ciego?
5 ¿Qué hizo Lazarillo con el jarro de vino?
6 ¿Cómo se vengó el ciego de Lazarillo?

ESTUDIO DE PALABRAS

Posar: *posada, posadero*

1 Como el ciego no tenía alojamiento, vino a posar en nuestra casa.
2 Como no encontró ninguna posada, tuvo que pasar la noche en una
casa particular.
3 El posadero nos informó que la posada estaba completa. No le quedaba
ninguna habitación vacía.

Bendición: *bendecir, bendito*

1 Al despedirse del hijo, la madre le dio su bendición para que Dios le
cuidara.
2 Ella lo quería bendecir antes de que saliera para que no le sucediera
ningún mal.
3 Tan bendito era de niño que nadie le habría tomado por un maldito
pícaro.

Desamparar: *desamparo, desamparado*

1 La madre no quería desamparar al hijo, pero después de la muerte del
marido no tenía recursos para mantenerlo.
2 Encontrándose en un estado de desamparo, la pobre madre tuvo que
dar a su hijo al ciego. No pudo hacer más.
3 Sin marido ni recursos, la pobre estuvo completamente desamparada.

Sabroso: *sabor, saborear, saborete*

1 Por lo sabroso que era el vino, Lazarillo no pudo dejar de beberlo. Era
delicioso.
2 El sabor del vino le agradó mucho a Lazarillo.
3 No quería sólo saborearlo; quería beberlo todo.
4 Este vino tiene un saborete de vinagre. No mucho, sólo un poco.

EJERCICIO DE VOCABULARIO

Indique la palabra que no está relacionada con las otras en cada uno de los siguientes grupos.

1 cornada, cuerno, corona, cornadura
2 piedra, piedad, pedregoso, pedregal, pedrada
3 caliente, calentar, calentura, calefacción, califato
4 comer, comerciable, comible, comida, comilón
5 simple, similar, simplificar, simpleza

EJERCICIO DE COMPRENSION

Exprese estas oraciones en el tiempo presente y en el pasado.

1 Un ciego *venir* a hospedarse en el mesón; me *pedir* a mi madre y ella me *encomendar* a él.
2 El *determinar* irse de Salamanca y cuando nos *haber* de partir, mi madre me *dar* su última bendición.
3 Al llegar al puente, el ciego me *mandar* acercar el oído a la piedra, y luego me *dar* una calabazada tan fuerte que me *doler* la cabeza más de tres días.
4 En ese momento me *despertar* de la inocencia de la niñez y me *dar* cuenta de que *ser* necesario avivar el ojo y avisar.
5 Dios no *crear* nadie más astuto y sagaz. *Hacer* resonar la iglesia donde *rezar* con el gran número de oraciones que *saber* de memoria. Entonces *parecer* devoto y humilde.
6 *Tener* la costumbre de poner cerca de sí un jarrillo de vino cuando los dos *comer* y yo lo *asir* y lo *dar* un par de besos callados.
7 Pronto *conocer* la falta y nunca después *soltar* el jarro.
8 *Encontrar* una paja larga; metiéndola en la boca del jarro yo *poder* chupar el vino sin que él lo *saber*.
9 Sin decir nada, *colocar* su jarro entre las piernas y lo *atapar* con la mano.
10 Yo *hacer* un agujero que *tapar* con cera y al tiempo de comer *fingir* tener frío. Me *sentar* entre las piernas del ciego para calentarme; y luego derretida la cera, la fuentecilla se *destilar* en mi boca.
11 Descubierto mi engaño, el desesperado ciego *tener* tiempo de tomar venganza de mí; *alzar* el jarro con las dos manos y lo *dejar* caer sobre mi boca.
12 Tan fuerte *ser* ese golpecillo que me *desatinar* y me *sacar* del sentido.
13 El ciego me *lavar* con vino las roturas, pero desde ese día yo *querer* mal al ciego y sus donaires no *ser* a mi gusto.

EJERCICIO CREATIVO

1 Relate el incidente del vino como si Ud. fuera el ciego.

Don Quijote de la Mancha

MIGUEL DE CERVANTES SAAVEDRA

La vida de Miguel de Cervantes Saavedra (1547–1616) era tan aventurera y turbulenta que parece increíble. Entre las emocionantes aventuras que experimentó hay que señalar a su viaje a Italia al servicio del cardenal Acquaviva, sus años como soldado en las fuerzas de Diego de Urbina cuando perdió el uso de la mano izquierda en la batalla de Lepanto, cinco crueles años de esclavitud con piratas turcos hasta ser rescatado por unos frailes trinitarios, su empleo como comisario para la Armada Invencible, los años en la cárcel por mala administración de sus cuentas y sus éxitos y fracasos literarios. Pero si no lo hubiera recordado la posteridad por el dinamismo de su vida personal, una de sus obras lo habría inmortalizado para siempre: *Don Quijote de la Mancha.*

    En esta sátira de la caballería Cervantes no sólo recogió las ricas aventuras personales sino pintó un cuadro amplio de la sociedad española de su época. Sancho Panza y don Quijote son símbolos universales. Bajo el humor de sus aventuras se disfraza la satírica tragedia de las tonterías y excesos idealistas de la España caballeresca.

comisario (supply officer)

XVII

Donde se prosiguen los innumerables trabajos que el bravo don Quijote y su buen escudero Sancho Panza pasaron en la venta que, por su mal, pensó que era castillo

Había ya vuelto en este tiempo de su parasismo don Quijote, y con el mesmo tono de voz con que el día antes había llamado a su escudero, cuando estaba tendido en el val de las estacas, le comenzó a llamar, diciendo:

    — Sancho amigo, ¿duermes? ¿Duermes, amigo Sancho?

    — ¿Qué tengo de dormir, pesia a mí — respondió Sancho, lleno de pesadumbre y de despecho — que no parece sino que todos los diablos han andado conmigo esta noche?

    — Puédeslo creer ansí, sin duda — respondió don Quijote —; porque, o yo sé poco, o este castillo es encantado. Porque has de saber. . . . Mas esto que ahora quiero decirte hasme de jurar que lo tendrás secreto hasta después de mi muerte.

parasismo paroxismo

el val de las estacas (on the fence)

pesia a mí interjección de pesar
despecho desesperación
mas pero
hasme de jurar tienes que jurarme

— Sí, juro — respondió Sancho.

— Dígolo — replicó don Quijote — porque soy enemigo de que se quite la honra a nadie.

— Digo que sí juro — tornó a decir Sancho — que lo callaré hasta después de los días de vuestra merced, y plega a Dios que lo pueda descubrir mañana.

— ¿Tan malas obras te hago, Sancho — respondió don Quijote — que me querrías muerto con tanta brevedad?

— No es por eso — respondió Sancho — sino porque soy enemigo de guardar mucho las cosas, y no querría que se me pudriesen de guar- *pudriesen (rot)* dadas.

— Sea por lo que fuere—dijo don Quijote —; que más fío de tu amor *fío de tengo confianza en* y de tu cortesía, y así, has de saber que esta noche me ha sucedido una de las más extrañas aventuras que yo sabré encarecer, y, por contártela *encarecer (extol)* en breve, sabrás que poco ha que a mí vino la hija del señor deste castillo, que es la más apuesta y fermosa doncella que en gran parte de la tierra se puede hallar. ¿Qué te podría decir del adorno de su persona? ¿Qué de su gallardo entendimiento? ¿Qué de otras cosas ocultas, que, por guardar la fe que debo a mi señora Dulcinea del *ocultas escondidas* Toboso, dejaré pasar intactas y en silencio? Sólo te quiero decir que, envidioso el cielo de tanto bien como la aventura me había puesto en las manos, o quizá (y esto es lo más cierto) que como tengo dicho, es encantado este castillo, al tiempo que yo estaba con ella en dulcísimos y amorosísimos coloquios, sin que yo la viese ni supiese por dónde venía, vino una mano pegada a algún brazo de algún descomunal gigante y asentóme una puñada en las quijadas, tal, que las tengo todas *quijadas (jaws)* bañadas en sangre; y después me molió de tal suerte, que estoy peor que ayer cuando los arrieros, que, por demasías de Rocinante, nos hicieron el agravio que sabes. Por donde conjeturo que el tesoro de la fermosura desta doncella le debe de guardar algún encantado moro, y no debe de ser para mí.

— Ni para mí tampoco — respondió Sancho —: porque más de cuatrocientos moros me han aporreado a mí, de manera, que el molimiento de las estacas fue tortas y pan-pintado. Pero dígame, señor, ¿cómo llama a esta buena y rara aventura, habiendo quedado della cual quedamos? Aun vuestra merced, menos mal, pues tuvo en sus manos aquella incomparable fermosura que ha dicho; pero yo, ¿qué tuve sino los mayores porrazos que pienso recebir en toda mi vida? Desdichado de mí y de la madre que me parió, que ni soy caballero andante, ni lo pienso ser jamás, y de todas las malandanzas me cabe la mayor parte!

— Luego, ¿también estás tú aporreado? — respondió don Quijote.

— ¿No le he dicho que sí, pesia a mi linaje? — dijo Sancho.

— No tengas pena, amigo — dijo don Quijote —; que yo haré agora el bálsamo precioso, con que sanaremos en un abrir y cerrar de ojos.

Acabó en esto de encender el candil el cuadrillero, y entró a ver el que pensaba que era muerto; y así como le vio entrar Sancho, viéndole venir en camisa y con su paño de cabeza y candil en la mano, y con una muy mala cara, preguntó a su amo:

— Señor, ¿si será éste, a dicha, el moro encantado que nos vuelve a castigar, si se dejó algo en el tintero?

— No puede ser el moro — respondió don Quijote — porque los encantados no se dejan ver de nadie.

— Si no se dejan ver, déjanse sentir — dijo Sancho —; si no, díganlo mis espaldas.

— También lo podrían decir las mías — respondió don Quijote —; pero no es bastante indicio ése para creer que este que se ve sea el encantado moro.

Llegó el cuadrillero y, como los halló hablando en tan sosegada conversación, quedó suspenso. Bien es verdad que aun Don Quijote se estaba boca arriba sin poderse menear, de puro molido y emplastado. Llegóse a él el cuadrillero y díjole:

— Pues, ¿cómo va, buen hombre?

— Hablara yo más bien criado — respondió don Quijote — si fuera que vos. ¿Usase en esta tierra hablar desa suerte a los caballeros andantes, majadero?

El cuadrillero, que se vio tratar tan mal de un hombre de tan mal parecer, no lo pudo sufrir; y, alzando el candil con todo su aceite, dio a don Quijote con él en la cabeza, de suerte que le dejó muy bien descalabrado; y como todo quedó a escuras, salióse luego, y Sancho Panza dijo:

— Sin duda, señor, que éste es el moro encantado, y debe de guardar el tesoro para otros, y para nosotros sólo guarda las puñadas y los candilazos.

arrieros   (muleteers)
demasías   insolencias,
  excesos

aporreado   (beaten up)
tortas y pan pintado
  nada serio

porrazos   golpes fuertes
• *me parió   (gave birth to*
  me)

paño de cabeza   (sleeping cap)

se dejó algo en el tintero   olvidó algo

menear   mover
emplastado   sin fuerzas

descalabrado   herido en
  la cabeza

MIGUEL DE CERVANTES SAAVEDRA.

Natural de Alcalá de Henares, ingenio original, admirable en el habla Castellana, y Autor de la inmortal Fábula del Quixote. Murió en Madrid á los 68. a.ˢ en el de 1615.

D.J.Ferro lo dib.ᵒ   D.F.Selma lo grab.ᵒ

Grabado de Miguel de Cervantes Saavedra, Imprenta Real, 1791   The Hispanic Society of America

— Así es — respondió don Quijote —; y no hay que hacer caso destas cosas de encantamentos, ni hay para qué tomar cólera ni enojo con ellas; que, como son invisibles y fantásticas, no hallaremos de quién vengarnos, aunque más lo procuremos. Levántate, Sancho, si puedes, y llama al alcaide desta fortaleza, y procura que se me dé un poco de aceite, vino, sal y romero para hacer el salutífero bálsamo; que en verdad que creo que lo he bien menester ahora, porque se me va mucha sangre de la herida que este fantasma me ha dado.

Levantóse Sancho con harto dolor de sus huesos, y fue a escuchar donde estaba el ventero; y encontrándose con el cuadrillero, que estaba escuchando en qué paraba su enemigo, le dijo:

— Señor, quien quiera que seáis, hacednos merced y beneficio de darnos un poco de romero, aceite, sal y vino, que es menester para curar uno de los mejores caballeros andantes que hay en la tierra, el cual yace en aquella cama malferido por las manos del encantado moro que está en esta venta.

aunque más lo procuremos (however much we try)
romero (rosemary)

malferido malherido

Monumento a Cervantes, Madrid

Spanish National Tourist Office

Cuando el cuadrillero tal oyó, túvole por hombre falto de seso; y porque ya comenzaba a amanecer, abrió la puerta de la venta y llamando al ventero, le dijo lo que aquel buen hombre quería. El ventero le proveyó de cuanto quiso y Sancho se lo llevó a don Quijote, que estaba con las manos en la cabeza, quejándose del dolor del candilazo, que no le había hecho más mal que levantarle dos chichones algo crecidos, y lo que él pensaba que era sangre no era sino sudor que sudaba, con la congoja de la pasada tormenta.

En resolución, él tomó sus simples, de los cuales hizo un compuesto mezclándolos todos y cociéndolos un buen espacio, hasta que le pareció que estaban en su punto. Pidió luego alguna redoma para echallo, y como no la hubo en la venta, se resolvió de ponello en una alcuza o aceitera de hoja de lata, de quien el ventero le hizo grata donación, y luego dijo sobre la alcuza más de ochenta paternostres y otras tantas avemarías, salves y credos, y a cada palabra acompañaba una cruz, a modo de bendición; a todo lo cual se hallaron presentes Sancho, el ventero y cuadrillero; que ya el arriero sosegadamente andaba entendiendo en el beneficio de sus machos. Hecho esto, quiso él mesmo hacer luego la experiencia de la virtud de aquel precioso bálsamo que él se imaginaba, y así, se bebió de lo que no pudo caber en la alcuza y quedaba en la olla donde se había cocido, casi media azumbre; y apenas lo acabó de beber, cuando comenzó a vomitar, de manera, que no le quedó cosa en el estómago; y con las ansias y agitación del vómito le dio un sudor copiosísimo, por lo cual mandó que le arropasen y le dejasen solo. Hiciéronlo ansí y quedóse dormido más de tres horas, al cabo de las cuales despertó, y se sintió aliviadísimo del cuerpo, y en tal manera mejor de su quebrantamiento, que se tuvo por sano, y verdaderamente creyó que había acertado con el bálsamo de Fierabrás y que con aquel remedio podía acometer desde allí adelante, sin temor alguno, cualesquiera ruinas, batallas y pendencias, por peligrosas que fuesen.

Sancho Panza, que también tuvo a milagro la mejoría de su amo, le rogó que le diese a él lo que quedaba en la olla, que no era poca cantidad. Concedióselo don Quijote, y él, tomándola a dos manos, con buena fe y mejor talante, se la echó a pechos, y envasó bien poco menos que su amo. Es, pues, el caso que el estómago del pobre Sancho no debía de ser tan delicado como el de su amo, y así, primero que vomitase le dieron tantas ansias y bascas, con tantos trasudores y desmayos, que él pensó bien y verdaderamente que era llegada su última hora; y viéndose tan afligido y congojado, maldecía el bálsamo y al ladrón que se lo había dado. Viéndole así don Quijote, le dijo:

—Yo creo, Sancho, que todo este mal te viene de no ser armado caballero; porque tengo para mí que este licor no debe aprovechar a los que no lo son.

—Si eso sabía vuestra merced —replicó Sancho— ¡mal haya yo y toda mi parentela! ¿Para qué consintió que lo gustase?

falto de seso loco

chichones (bumps)
- *sudor (sweat)*
congoja (anguish, distress)

redoma (flask, vial)
alcuza botella para aceite

machos mulos

azumbre 2.016 litros

arropasen (wrap up, tuck in)

- *pendencias luchas, disputas*

bascas náuseas, ganas de vomitar

Molinos de viento, La Mancha   Spanish National Tourist Office

En esto, hizo su operación el brebaje y comenzó el pobre escudero a desaguarse por entrambas canales, con tanta priesa, que la estera de enea sobre quien se había vuelto a echar, ni la manta de anjeo con que se cubría, fueron más de provecho. Sudaba y trasudaba con tales parasismos y accidentes, que no solamente él, sino todos, pensaron que se le acababa la vida. Duróle esta borrasca y mala andanza casi dos horas, al cabo de las cuales no quedó como su amo, sino tan molido y quebrantado, que no se podía tener; pero don Quijote, que como se ha dicho, se sintió aliviado y sano, quiso partirse luego a buscar aventuras, pareciéndole que todo el tiempo que allí se tardaba era quitársele al mundo y a los en él menesterosos de su favor y amparo, y más con la seguridad y confianza que llevaba en su bálsamo. Y así, forzado deste deseo, él mismo ensilló a Rocinante y enalbardó al jumento de su escudero, a quien también ayudó a vestir y subir en el asno. Púsose luego a caballo, y llegándose a un rincón de la venta, asió de un lanzón que allí estaba, para que le sirviese de lanza.

Estábanle mirando todos cuantos había en la venta, que pasaban de más de veinte personas; mirábale también la hija del ventero, y él también no quitaba los ojos della, y de cuando en cuando arrojaba un suspiro, que parecía que le arrancaba de lo profundo de sus entrañas, y todos pensaban que debía de ser del dolor que sentía en las costillas; a lo menos, pensábanlo aquellos que la noche antes le habían visto bizmar.

brebaje (potion, brew)
desaguarse (drain himself)
la estera de enea (mat of reeds)
anjeo (coarse linen)
borrasca (storm)

ensilló (saddled)
enalbardó echó la albarda: silla de montar
jumento burro

bizmar (poultice)

Ya que estuvieron los dos a caballo, puesto a la puerta de la venta, llamó al ventero, y con voz muy reposada y grave le dijo:

— Muchas y muy grandes son las mercedes, señor alcaide, que en este vuestro castillo he recebido, y quedo obligadísimo a agradecéroslas todos los días de mi vida. Si os las puedo pagar en haceros vengado de algún soberbio que os haya fecho algún agravio, sabed que mi oficio no es otro si no valer a los que poco pueden y vengar a los que reciben tuertos, y castigar alevosías. Recorred vuestra memoria, y si halláis alguna cosa deste jaez que encomendarme, no hay sino decilla; que yo os prometo por la orden de caballero que recebí de faceros satisfecho y pagado a toda vuestra voluntad.

El ventero le respondió con el mesmo sosiego:

— Señor caballero, yo no tengo necesidad de que vuestra merced me vengue ningún agravio, porque yo sé tomar la venganza que me parece, cuando se me hacen. Sólo he menester que vuestra merced me pague el gasto que esta noche ha hecho en la venta, así de la paja y cebada de sus dos bestias como de la cena y camas.

— Luego, ¿venta es ésta? — replicó don Quijote.

— Y muy honrada — respondió el ventero.

— Engañado he vivido hasta aquí — respondió don Quijote —; que en verdad que pensé que era castillo, y no malo: pero pues es ansí que no es castillo, sino venta, lo que se podrá hacer por agora es que perdonéis por la paga; que yo no puedo contravenir a la orden de los caballeros andantes, de los cuales sé cierto (sin que hasta ahora haya leído cosa en contrario) que jamás pagaron posada ni otra cosa en venta donde estuviesen, porque se les debe de fuero y de derecho cualquier buen acogimiento que se les hiciere en pago del insufrible trabajo que padecen buscando las aventuras de noche y de día, en invierno y en verano, a pie y a caballo, con sed y con hambre, con calor y con frío, sujetos a todas las inclemencias del cielo y a todos los incómodos de la tierra.

— Poco tengo yo que ver en eso — respondió el ventero —; págueseme lo que se me debe, y dejémonos de cuentos ni de caballerías; que yo no tengo cuenta con otra cosa que con cobrar mi hacienda.

— Vos sois un sandio y mal hostalero — respondió don Quijote.

Y poniendo piernas a Rocinante y terciando su lanzón, se salió de la venta, sin que nadie le detuviese, y él sin mirar si le seguía su escudero, se alongó un buen trecho. El ventero, que le vio ir y que no le pagaba, acudió a cobrar de Sancho Panza, el cual dijo que pues su señor no había querido pagar, que tampoco él pagaría; porque siendo él escudero de caballero andante, como era, la mesma regla y razón corría por él como por su amo en no pagar cosa alguna en los mesones y ventas. Amohinóse mucho desto el ventero y amenazóle que si no le pagaba, que le cobraría del modo que le pesase. A lo cual Sancho respondió que, por la ley de caballería que su amo había recebido, no pagaría un solo cornado, aunque le costase la vida; porque no había de perder

fecho hecho

- alevosías (treacheries)
jaez adorno de las caballerías

fuero ley

sandio (fool)
terciando (sloping, slanting)

amohinóse se enojó, se disgustó
cornado moneda de poco valor

por él la buena y antigua usanza de los caballeros andantes, ni se habían de quejar dél los escuderos de los tales que estaban por venir al mundo, reprochándole el quebrantamiento de tan justo fuero.

Quiso la mala suerte del desdichado Sancho que entre la gente que estaba en la venta se hallasen cuatro peraíles de Segovia, tres agujeros del Potro de Córdoba y dos vecinos de la Heria de Sevilla, gente alegre, bien intencionada, maleante y juguetona; los cuales, casi como instigados y movidos de un mesmo espíritu, se llegaron a Sancho, y apeándole del asno, uno dellos entró por la manta de la cama del huésped, y, echándole en ella, alzaron los ojos y vieron que el techo era algo más bajo de lo que habían menester para su obra, y determinaron salirse al corral, que tenía por límite el cielo; y allí, puesto Sancho en mitad de la manta, comenzaron a levantarle en alto, y a holgarse con él, como con perro por carnestolendas.

Las voces que el mísero manteado daba fueron tantas, que llegaron a los oídos de su amo; el cual, deteniéndose a escuchar atentamente, creyó que alguna nueva aventura le venía, hasta que claramente conoció que el que gritaba era su escudero; y, volviendo las riendas, con un penado galope llegó a la venta y, hallándola cerrada, la rodeó, por ver si hallaba por donde entrar; pero no hubo llegado a las paredes del corral, que no eran muy altas, cuando vio el mal juego que se le hacía a su escudero. Vióle bajar y subir por el aire, con tanta gracia y presteza, que, si la cólera le dejara, tengo para mí que se riera. Probó a subir desde el caballo a las bardas; pero estaba tan molido y quebrantado, que aun apearse no pudo; y así, desde encima del caballo comenzó a decir tantos denuestos y baldones a los que a Sancho manteaban, que no es posible acertar a escribillos; mas no por eso cesaban ellos de su risa y de su obra, ni el volador Sancho dejaba sus quejas, mezcladas, ya con amenazas, ya con ruegos; mas todo aprovechaba poco, ni aprovechó, hasta que de puro cansados le dejaron. Trujéronle allí su asno, y, subiéndole encima, le arroparon con su gabán; y la compasiva de Maritornes, viéndole tan fatigado, le pareció ser bien socorrelle con un jarro de agua, y así, se lo trujo del pozo, por ser más fría. Tomóle Sancho, y llevándole a la boca, se paró a las voces que su amo le daba diciendo:

— Hijo Sancho, no bebas agua; hijo, no la bebas, que te matará. ¿Ves? Aquí tengo el santísimo bálsamo — y enseñábale la alcuza del brebaje — que con dos gotas que dél bebas sanarás, sin duda.

A estas voces volvió Sancho los ojos, como de través, y dijo con otras mayores:

— Por dicha, ¿hásele olvidado a vuestra merced como yo no soy caballero, o quiere que acabe de vomitar las entrañas que me quedaron de anoche? Guárdese su licor con todos los diablos, y déjeme a mí.

Y el acabar de decir esto y el comenzar a beber, todo fue uno; mas como al primer trago vio que era agua, no quiso pasar adelante, y rogó a Maritornes que se lo trujese de vino, y así lo hizo ella de muy buena

peraíles   (wool carders)
agujeros   (needle makers)

carnestolendas (Shrovetide)

riendas   (reins)

bardas   (thatches on wall)
denuestos y baldones (insults and affronts)

trujéronle   le trajeron
gabán   una especie de capote
Maritornes   chica de la venta

La Mancha   Spanish National Tourist Office

voluntad, y lo pagó de su mesmo dinero; porque, en efecto, se dice
della que, aunque estaba en aquel trato, tenía unas sombras y lejos de
cristiana. Así como bebió Sancho dio de los carcaños a su asno, y   *carcaños (heels)*
abriéndole la puerta de la venta de par en par, se salió della, muy
contento de no haber pagado nada y de haber salido con su intención,
aunque había sido a costa de sus acostumbrados fiadores, que eran sus
espaldas. Verdad es que el ventero se quedó con sus alforjas, en pago   *alforjas (saddle bags)*
de lo que se le debía: mas Sancho no las echó menos, según salió
turbado. Quiso el ventero atrancar bien la puerta así como le vio fuera;   *atrancar (bar, bolt)*
mas no lo consintieron los manteadores, que era gente que, aunque don
Quijote fuera verdaderamente de los caballeros andantes de la Tabla
Redonda, no le estimaran en dos ardites.   *en dos ardites   nada*

XVIII

Donde se cuentan las razones que pasó Sancho Panza con su señor don Quijote, con otras aventuras dignas de ser contadas

Llegó Sancho a su amo marchito y desmayado, tanto, que no podía
arrear a su jumento. Cuando así le vio don Quijote, le dijo: *arrear (urge on)*
— Ahora acabo de creer, Sancho bueno, que aquel castillo o venta
es encantado, sin duda; porque aquellos que tan atrozmente tomaron

pasatiempo contigo, ¿qué podían ser sino fantasmas y gente del otro mundo? Y confirmo esto por haber visto que cuando estaba por las bardas del corral mirando los actos de su triste tragedia, no me fue posible subir por ellas, ni menos, pude apearme de Rocinante, porque me debían de tener encantado; que te juro por la fe de quien soy que si pudiera subir, o apearme, que yo te hubiera vengado, de manera que aquellos follones y malandrines se acordaran de la burla para siempre, aunque en ello supiera contravenir a las leyes de la caballería, que, como ya muchas veces te he dicho, no consienten que caballero ponga mano contra quien no lo sea, si no fuere en defensa de su propia vida y persona, en caso de urgente y gran necesidad.

— También me vengara yo si pudiera, fuera o no fuera armado caballero, pero no pude; aunque tengo para mí que aquellos que se holgaron conmigo no eran fantasmas ni hombres encantados, como vuestra merced dice, sino hombres de carne y hueso, como nosotros; y todos, según los oí nombrar cuando me volteaban, tenían sus nombres: que

follones y malandrines
(good-for-nothings
and scoundrels)

Grabado de Don Quijote
y Sancho Panza, 1780

The Hispanic Society of America

el uno se llamaba Pedro Martínez, y el otro Tenorio Hernández, y el
ventero oí que se llamaba Juan Palomeque el Zurdo. Así que, señor, el
no poder saltar las bardas del corral, ni apearse del caballo, en ál
estuvo que en encantamentos. Y lo que yo saco en limpio de todo esto
es que estas aventuras que andamos buscando al cabo al cabo nos han
de traer a tantas desventuras, que no sepamos cuál es nuestro pie
derecho. Y lo que sería mejor y más acertado, según mi poco entendimiento, fuera el volvernos a nuestro lugar, ahora que es tiempo de la
siega y de entender en la hacienda, dejándonos de andar de ceca en
meca y de zoca en colodra, como dicen.

— ¡Qué poco sabes, Sancho — respondió don Quijote — de achaque
de caballería! Calla y ten paciencia; que día vendrá donde veas por
vista de ojos cuán honrosa cosa es andar en este ejercicio. Si no, dime:
¿qué mayor contento puede haber en el mundo, o qué gusto puede
igualarse al de vencer una batalla y al de triunfar de su enemigo?
Ninguno, sin duda alguna.

en ál en otra cosa

- *siega* (harvest)
  de ceca en meca de un
    lugar a otro
  de zoca en colodra que-
    rer hacer imposibles
  achaque (subject)

PREGUNTAS

1 Según don Quijote, ¿cómo es el castillo?
2 En realidad, ¿qué es el castillo?
3 ¿Cuál es el gran secreto que don Quijote quiere relatar a Sancho?
4 Según don Quijote, ¿quién le había dado una puñada?
5 ¿A quién le cabe la mayor parte de las malandanzas?
6 ¿Cómo va a curar a Sancho don Quijote?
7 ¿Por qué le dio el cuadrillero un candilazo a don Quijote?
8 ¿Qué quiere don Quijote que le consiga Sancho? ¿Para qué?
9 Preparado el bálsamo, ¿quién lo tomó primero?
10 ¿Qué le pasó?
11 ¿Por qué quería el bálsamo Sancho?
12 ¿Qué le pasó a Sancho al tomar el bálsamo?
13 Según don Quijote, ¿por qué le daría el bálsamo tan mal rato a Sancho?
14 Al salir de la venta don Quijote, ¿qué quería el ventero?
15 ¿Por qué no quería pagar don Quijote?
16 ¿Cómo salió éste?
17 ¿Estaba dispuesto a pagar Sancho? ¿Por qué?
18 ¿Qué le hicieron a Sancho los hombres que estaban en la venta?
19 Al oír los gritos de Sancho, ¿qué hizo don Quijote?
20 Al fin, ¿por qué dejaron de mantear a Sancho los hombres?
21 Según don Quijote, ¿quiénes eran los hombres que habían manteado al
pobre Sancho?
22 ¿Por qué no pudo ayudar a Sancho don Quijote?
23 ¿Estaba de acuerdo Sancho con las opiniones de don Quijote?
24 ¿Qué opinaba Sancho?

ESTUDIO DE PALABRAS

Agravio: agraviar, agravioso

1   El cuadrillero no quería sufrir tal agravio de un hombre de tan mal parecer.
2   La falta de cortesía de parte de don Quijote no hizo nada más que agraviar (ofender) al cuadrillero.
3   El cuadrillero consideró las palabras de don Quijote agraviosas, así las tomó como insulto.

Aliviado: aliviar, alivio

1   Al tomar el bálsamo, don Quijote se sintió completamente aliviado de sus heridas. Según él, estaba de nuevo completamento sano.
2   Don Quijote cree que su bálsamo puede aliviar cualquier enfermedad o herida.
3   El bálsamo le sirvió de alivio a don Quijote pero al pobre Sancho le puso más enfermo.

Oficio: oficioso, oficiar

1   El oficio de don Quijote es de conquistar los males que existen en el mundo.
2   Sancho es un escudero oficioso por tanto que ayuda a su amo, don Quijote.
3   Nunca invitan a don Quijote, vestido de caballero andante, a oficiar en ninguna ceremonia.

EJERCICIO DE VOCABULARIO

Sustituya por la palabra en letra bastardilla otra que quiere decir la misma cosa.

1   Sancho se sintió muy *ofendido* por haber sufrido tal desgracia.
2   *La profesión* de Sancho es de servirle de escudero al caballero andante.
3   Tal *ofensa* es insoportable.
4   Don Quijote se sintió *mejor* al tomar el bálsamo.
5   Sancho es un escudero *diligente*.
6   El bálsamo no pudo *disminuir* los dolores que sufría Sancho.
7   Don Quijote le dirigió al cuadrillero algunas palabras *ofensivas*.

EJERCICIOS CREATIVOS

1   Escriba una conversación entre don Quijote y Sancho Panza en la cual discuten los distintos episodios en la venta.
2   Don Quijote es el idealista, Sancho el realista. ¿Cómo nos demuestra Sancho su realismo en este episodio?
3   A algunos *El Quijote* les hace reír; a otros les hace llorar. ¿Cuál fue la reacción de Ud.? ¿Por qué?

La gaviota

FERNAN CABALLERO

Cecilia Böhl de Fáber (1796–1877), más conocida por el seudónimo de Fernán Caballero, es la verdadera creadora de la novela pintoresca de costumbres regionales en España. Nos la presenta con verdaderos tipos españoles de todas las clases, con descripciones exactas en todos detalles. Como ella misma ha dicho: «La novela no se inventa, se observa.» Su obra más notable es *La gaviota* que trata de las costumbres andaluzas. En el capítulo cinco de esta novela se notarán las gráficas y detalladas descripciones que caracterizan el estilo de la autora.

- *gaviota* *(sea gull)*

V

El fin de Octubre había sido lluvioso, y Noviembre vestía su verde y abrigado manto de invierno.

Stein se paseaba un día por delante del convento, desde donde se descubría una perspectiva inmensa y uniforme: a la derecha, el mar sin límites; a la izquierda, la dehesa sin término. En medio, se dibujaba, a la claridad del horizonte, el perfil oscuro de las ruinas del fuerte de San Cristóbal, como la imagen de la nada en medio de la inmensidad. La mar, que no agitaba el soplo más ligero, se mecía blandamente, levantando sin esfuerzo sus oleadas, que los reflejos del sol doraban, como una reina que deja ondear su manto de oro. El convento, con sus grandes, severos y angulosos lineamentos, estaba en armonía con el grave y monótono paisaje: su mole ocultaba el único punto del horizonte interceptado en aquel uniforme panorama.

En aquel punto se hallaba el pueblo de Villamar, situado junto a un río tan caudaloso y turbulento en invierno, como pobre y estadizo en verano. Los alrededores, bien cultivados, presentaban de lejos el aspecto de un tablero de damas, en cuyos cuadros variaba de mil modos el color verde; aquí, el amarillento de la vid aun cubierta de follaje; allí, el verde ceniciento de un olivar, o el verde esmeralda del trigo, que había hecho brotar las lluvias de otoño, o el verde sombrío de las higueras; y todo esto dividido por el verde azulado de las pitas de los vallados. Por la boca del río cruzaban algunas lanchas pescadoras: del lado del convento, en una elevación, se veía una capilla; delante se alzaba una gran cruz, en una base de forma de pirámide de mampostería blanqueada; detrás había un recinto cubierto de cruces pintadas de negro. Este era el camposanto.

- *abrigado* *protegido*
  dehesa *campo donde pace el ganado*
- *perfil* *(profile)*
- *nada* *(nothingness)*
- *soplo* *(gust of wind)*
  se mecía *(was rocking)*
  oleadas *olas*
  ondear *(to wave)*
  lineamentos *(features)*
  mole *(massiveness)*
  interceptado *(obstructed)*
  caudaloso *de mucha agua*
  estadizo *(stagnant)*
  tablero de damas *(checkerboard)*
  ceniciento *(ash-colored)*
- *olivar* *(olive grove)*
- *higueras* *(fig trees)*
  pitas *(century plants)*
  vallados *(fenced-in areas)*
  mampostería *(masonry)*

Delante de la cruz pendía un farol, siempre encendido; y la cruz, emblema de salvación, servía de faro a los marineros, como si el Señor hubiera querido hacer palpables sus parábolas a aquellos sencillos campesinos, del mismo modo que se hace diariamente palpable a los hombres de fe robusta y sumisa dignos de aquella gracia.

No puede compararse este árido y uniforme paisaje con los valles de Suiza, con las orillas del *Rhin* o con la costa de la isla de Wight. Sin embargo, hay una magia tan poderosa en las obras de la naturaleza, que ninguna carece de bellezas y atractivos; no hay en ellas un solo objeto desprovisto de interés, y si a veces faltan las palabras para explicar en qué consiste, la inteligencia lo comprende, y el corazón lo siente.

Mientras Stein hacía estas reflexiones, vio que Momo salía de la hacienda en dirección al pueblo. Al ver a Stein, le propuso que le acompañase: éste aceptó, y los dos se pusieron en camino en dirección al lugar.

El día estaba tan hermoso, que sólo podía compararse a un diamante de aguas exquisitas, de brillante esplendor, y cuyo valor no aminora el más pequeño defecto. El alma y el oído reposaban suavemente en medio del silencio profundo de la naturaleza. En el azul turquí del cielo no se divisaba más que una nubecilla blanca, cuya perezosa inmovilidad la hacía semejante a una odalisca ceñida de velos de gasa y muellemente recostada en su otomana azul.

. . .

Momo, que traía al hombro unas alforjas bien rellenas y tenía prisa, preguntó al Comandante si iba al fuerte de San Cristóbal.

— Sí, respondió; y de camino a ver a la hija del tío Pedro Santaló, que está mala.

— ¿Quién, la Gaviota? — preguntó Momo —. No lo crea Ud. Si la he visto ayer encaramada en una peña y chillando como las otras gaviotas.

— ¡Gaviota! — exclamó Stein.

— Es un mal nombre — dijo el Comandante — que Momo le ha puesto a esa pobre muchacha.

— Porque tiene las piernas muy largas — respondió Momo —; porque tanto vive en el agua como en la tierra; porque canta y grita y salta de roca en roca como las otras.

— Pues tu abuela — observó don Modesto — la quiere mucho y no la llama más que Marisalada, por sus graciosas travesuras y por la gracia con que canta y baila y remeda a los pájaros.

— No es eso — replicó Momo —; sino porque su padre es pescador y ella nos trae sal y pescado.

— ¿Y vive cerca del fuerte? — preguntó Stein, a quien habían excitado la curiosidad aquellos pormenores.

— Muy cerca — respondió el Comandante —. Pedro Santaló tenía una barca catalana que, habiendo dado a la vela para Cádiz, sufrió un temporal y naufragó en la costa. Todo se perdió, el buque y la gente,

palpables   evidentes
parábolas   parables
• *gracia   (grace)*

desprovisto   falto de lo necesario

• *reposaban   descansaban*
azul turquí   azul intenso

odalisca   esclava dedicada al servicio del harén
ceñida   (girdled)
muellemente   delicadamente

• *peña   cerro grande y elevado*

• *graciosas   humorosas*
remeda   imita

temporal   (storm)
• *naufragó   perdió el buque en el agua*

«Fernán Caballero» por Eduardo Cano, 1823, Museo Provincial, Sevilla

menos Pedro, que iba con su hija; como que a él le redobló las fuerzas el ansia de salvarla y pudo llegar a tierra, pero arruinado; y quedó tan desanimado y triste, que no quiso volver a la suya. Lo que hizo fue labrar una choza entre esas rocas con los destrozos que habían quedado de la barca, y se metió a pescador. El era el que proveía de pescado al convento, y los Padres en cambio le daban pan, aceite y vinagre. Hace doce años que vive ahí en paz con todo el mundo.

Con esto llegaron al punto en que la vereda se dividía, y se separaron.

— Pronto nos veremos — dijo el veterano —. Dentro de un rato iré a ponerme a la disposición de Ud. y saludar a sus patronos.

— Dígale Ud. de mi parte a la Gaviota — gritó Momo — que me tiene sin cuidado su enfermedad, porque mala hierba nunca muere.

— ¿Hace mucho tiempo que el Comandante está en Villamar? — preguntó Stein a Momo.

— ¡Toma! . . . ciento y un años; desde antes que mi padre naciera.

— ¿Y quién es esa Rosita? ¿Su patrona?

— ¿Quién? ¡Señá Rosa Mística! — respondió Momo con gusto burlón —. Es la maestra de mi amiga. Es más fea que el hambre; tiene un ojo mirando a Poniente y otro a Levante, y unos hoyos de viruelas en que puede retumbar un eco. Pero don Federico, el cielo se encapota; las nubes van como si las corrieran galgos. Apretemos el paso.

redobló *aumentó al doble*

- *destrozos* *fragmentos*

hoyos de viruelas *(pock marks)*

- *retumbar* *hacer gran ruido*

se encapota *se cubre de nubes*

«Barcos en la playa, Málaga» por José María López Mezquita   *The Hispanic Society of America*

Faro, Cabo de Gata, Almería   *Spanish National Tourist Office*

PREGUNTAS

1 ¿En qué estación tiene lugar la novela?
2 ¿Con quién compara Fernán Caballero el mar? ¿Por qué?
3 ¿Cómo cambiaba el río de una estación a otra?
4 ¿Cómo estaban los alrededores del pueblo de Villamar?
5 ¿Por qué es importante el color verde?
6 ¿Qué servía de faro a los marineros?
7 ¿Qué tiene cada obra de la naturaleza?
8 ¿Cómo describió la autora el día?
9 ¿Adónde iban Stein y Momo?
10 ¿Qué es una gaviota?
11 ¿Por qué llaman a la hija de Santaló «la Gaviota»?

12 Si Ud. fuera Stein, ¿querría ver a la Gaviota? ¿Por qué?
13 ¿Qué le había pasado a Santaló?
14 ¿Pudiera Ud. reconocer a Señá Rosa Mística si la viera? ¿Por qué?

ESTUDIO DE PALABRAS

Abrigado: abrigar, abrigo

1 Los dos se quedaron abrigados en la choza durante el temporal.
2 Después del naufragio, construyó una choza en las orillas del mar para abrigar a su hija de la lluvia otoñal.
3 Al haber perdido todo, tuvieron que construir una choza que a lo menos les serviría de abrigo.

Armonía: armonizar, armonioso, armoniosamente

1 El convento con sus severos lineamientos estaba en armonía con el grave paisaje.
2 El color verde del olivar armonizaba con el amarillento de la vid.
3 Los distintos tonos verdes le daban al paisaje un aspecto armonioso.
4 Los colores de distintas plantas se mezclaban armoniosamente.

Faro: farol, farolero

1 El faro sirve para guiar a los navegantes a la costa.
2 Los faroles iluminan las calles de Andalucía.
3 Es el farolero el que enciende los faroles.

EJERCICIO DE VOCABULARIO

Busque otra palabra que tenga el mismo significado.

1 sin agua   2 una iglesia pequeña   3 sitio donde hay muchos olivos
4 donde crecen las uvas   5 muy grande
6 lugar donde se entierran los muertos   7 protegido
8 descansaban   9 tempestad   10 pedazos

EJERCICIOS CREATIVOS

1 En las obras de Fernán Caballero se destacan las descripciones detalladas y gráficas. Cite ejemplos que describan bien los siguientes temas: (a) el tiempo, (b) las ruinas del fuerte, (c) el convento, (d) el mar, (e) el río, (f) la cruz delante de la capilla, (g) el día, (h) el cielo, (i) la Gaviota, (j) Señá Rosa Mística.
2 Describa una de las escenas sugeridas a continuación, empleando frases y adjetivos descriptivos y gráficos: (a) un campo en el cual crecen muchas plantas; (b) un cielo claro; de pronto se encapota y viene la lluvia; (c) un paisaje tranquilo por el cual pasa un río turbulento; (d) un naufragio.

Doña Bárbara

ROMULO GALLEGOS

Con *Doña Bárbara,* Rómulo Gallegos (1884–   ) nos presenta una poética aunque realista descripción de la vida en las sabanas de Venezuela. Una de las obras más destacadas de la América Latina, la novela dramatiza la lucha del hombre contra la naturaleza y aun más, la lucha de la civilización contra el barbarismo. Como protagonistas aparecen Santos Luzardo, caballero ético y culto, y doña Bárbara, mestiza hermosa e inescrupulosa quien simboliza la tiranía de los caciques durante la dictadura de Juan Vicente Gómez.

Tal vez el venezolano más distintivo es el llanero. Los llaneros son los vaqueros de las sabanas cerca del río Orinoco. Célebres son por su equitación, por su fuerza y por el amor hacia la libertad que tienen. Siguen una vida primitiva, vigorosa, solitaria, en donde tienen que domar la naturaleza así como los caballos.

Santos Luzardo, después de una ausencia de trece años, regresa a la estancia o hato heredado de sus antepasados. Viene decidido de vender sus terrenos y regresar a Caracas cuya vida urbana le complace, pero en seguida se despiertan los sentimientos llaneros dentro de su alma y opta por quedarse y restaurar el hato. Los otros personajes son:

Pajarote (mote por Juan Palacios): peón de Altamira que llegó después de la salida de Santos Luzardo; muy leal a Altamira; franco en extremo y sumamente amistoso. Desde un principio le cayó en gracia Santos, y el peón trata de producir en el ánimo de sus compañeros la confianza que «vendrán buenos tiempos para Altamira.»

Antonio Sandoval: viejo empleado del hato desde la infancia de Santos, a quien enseñó a montar y a adiestrar caballos. Santos lo considera su amigo íntimo.

Carmelito López: otro empleado que llegó a Altamira hace pocos años. Antonio Sandoval tiene mucha confianza en él, pero al conocer a Santos Luzardo se queda descontento; considera al patrón débil e incapaz de conducir el negocio y el trabajo del hato; hasta lo mira con desprecio por su manera de vestirse; se prepara para irse de Altamira.

Venancio: el amansador de caballos de Altamira; receloso de las habilidades de su amo.

Balbino Paiba: el mayordomo corrupto de Altamira; amante de doña Bárbara a quien entrega continuamente el ganado robado de Altamira mientras él administra muy mal las cuentas, así defraudando al amo.

María Nieves: el cabrestero; muy deseoso de complacer al amo recién llegado.

VIII

La doma

La llanura es bella y terrible a la vez; en ella caben, holgadamente, hermosa vida y muerte atroz. Esta acecha por todas partes; pero allí nadie la teme. El llano asusta; pero el miedo del llano no enfría el corazón: es caliente como el gran viento de su soleada inmensidad, como la fiebre de sus esteros.

El llano enloquece y la locura del hombre de la tierra ancha y libre es ser llanero siempre. En la guerra buena, esa locura fue la carga irresistible del pajonal incendiado, en Mucuritas, y el retozo heroico de Queseras del Medio; en el trabajo: la doma y el ojeo, que no son trabajos, sino temeridades; en el descanso: la llanura en la malicia del «cacho,» en la bellaquería del «pasaje,» en la melancolía sensual de la copla; en el perezoso abandono: la tierra inmensa por delante y no andar, el horizonte todo abierto y no buscar nada; en la amistad: la desconfianza, al principio, y luego la franqueza absoluta; en el odio: la arremetida impetuosa; en el amor: «primero mi caballo.» ¡La llanura siempre!

Tierra abierta y tendida, buena para el esfuerzo y para la hazaña; toda horizontes, como la esperanza; toda caminos, como la voluntad.

— ¡Alivántense, muchachos!

Es la voz de Pajarote, que siempre amanece de buen humor.

Ya en la cocina, un mecho de sebo pendiente del techo, alumbra, entre las paredes cubiertas de hollín, la colada del café, y uno a uno van acercándose a la puerta los peones madrugadores. Casilda les sirve la aromática infusión y, entre sorbo y sorbo, ellos hablan de las faenas del día. Todos parecen muy esperanzados; menos Carmelito, que ya tiene ensillado el caballo para marcharse. Antonio dice:

— Lo primero que hay que hacer es jinetear el potro alazano tostado, porque el doctor necesita una bestia buena para su silla y ese mostrenco es de los mejores.

— ¡Que si es bueno! — apoya Venancio, el amansador.

Y Pajarote agrega:

— Como que el don Balbino, que de eso sí sabe y no se le puede quitar, ya lo tenía visteado para cogérselo.

Mientras Carmelito, para sus adentros:

— Lástima de bestia, hecha para llevar más hombre encima.

Y cuando los peones se dirigieron a la corraleja donde estaba el potro, detuvo a Antonio y le dijo:

— Siento tener que participarte que yo he decidido no continuar en Altamira. No me preguntes por qué.

— No te lo pregunto, porque ya sé lo que te pasa, Carmelito — replicó Antonio —. Ni tampoco te pido que no te vayas, aunque contigo contaba, más que con ningún otro; pero sí te voy a hacer una exigencia.

- *la doma* el acto de dominar un caballo
- *holgadamente* ampliamente
  acecha observa a escondidas
  esteros terreno bajo que suele llenarse de agua
  pajonal sitio donde hay mucho icho, planta que es combustible
  retozo travesura, juego
  el ojeo el acto de espantar la caza con ruidos estrepitosos
  «cacho» historia o anécdota
  bellaquería (nasty trick, mean thing to say)
- *la franqueza* sinceridad
  arremetida ataque
  ¡Alivántense! ¡Levántense!
  mecho de sebo (stub of a candle)
  hollín (soot)
- *madrugadores* los que se levantan temprano
  infusión bebida
  entre sorbo y sorbo (between sips)
- *jinetear* andar a caballo
  alazano tostado (dark sorrel-colored)
  mostrenco (stray)
  amansador el que doma el caballo
  corraleja (corral)
- *participarte* darte una noticia, comunicarte
- *exigencia* petición por derecho o por fuerza

Aguárdate un poco. Un par de días no más, mientras yo me acomodo a la falta que me vas a hacer.

Y Carmelito, comprendiendo que Antonio le pedía aquel plazo con la esperanza de verlo rectificar el concepto que se había formado del amo, accedió:

— Bueno. Voy a complacerte. Por ser cosa tuya, me quedo hasta que te acomodes, como dices. Aunque hay cosas que no tienen acomodo en esta tierra.

Avanza el rápido amanecer llanero. Comienza a moverse sobre la sabana la fresca brisa matinal, que huele a mastranto y a ganados.

Voces alteradas, allá junto a la corraleja, interrumpieron su contemplación:

— Ese mostrenco pertenece al doctor Luzardo, porque fue cazado en sabanas de Altamira y a mí no me venga Ud. con cuentos de que es hijo de una yegua miedeña. Ya aquí se acabaron los manoteos.

Era Antonio Sandoval, encarado con un hombrachón que acababa de llegar y le pedía cuentas por haber mandado a enlazar el potro alazano, del cual, poco antes, le hablara al amansador.

Santos comprendió que el recién llegado debía de ser su mayordomo Balbino Paiba y se dirigió a la corraleja a ponerle fin a la pendencia.

— ¿Qué pasa? — les preguntó.

Mas, como ni Antonio, por impedírselo la sofocación del coraje, ni el otro, por no dignarse dar explicaciones, respondían a sus palabras, insistió, autoritariamente, y encarándose con el recién llegado:

— ¿Qué sucede? Pregunto.

— Que este hombre se me ha insolentado — respondió el hombretón.

— Y Ud., ¿quién es? — inquirió Luzardo, como si no sospechase quién pudiera ser.

— Balbino Paiba. Para servirle.

— ¡Ah! — exclamó Santos, continuando la ficción —. ¡Conque es Ud. el mayordomo! A buena hora se presenta. Y llega buscando pendencias en vez de venir a presentarme sus excusas por no haber estado aquí anoche, como era su deber.

Una manotada a los bigotes y una respuesta que no estaba en el plan que Balbino se había trazado para imponérsele a Luzardo desde el primer momento.

— Yo no sabía que Ud. venía anoche. Ahora es que vengo a darme cuenta de que se hallaba aquí. Digo, porque supongo que debe de ser Ud. el amo, para hablarme así.

— Hace bien en suponerlo.

Pero ya Paiba había reaccionado del momentáneo desconcierto que le produjera la inesperada actitud enérgica de Luzardo, y tratando de recuperar el terreno perdido, dijo:

— Bueno. Ya he presentado mis excusas. Ahora me parece que le toca a Ud., porque el tono con que me ha hablado. Francamente no es el que estoy acostumbrado a oír cuando alguien me dirige la palabra.

acomodo   arreglo

mastranto   (mint)
alteradas   enojadas

manoteos   robos
encarado con un hombrachón   cara a cara con un hombre grande y grosero
enlazar   aprisionar un animal arrojándole el lazo
• pendencia   riña (quarrel)

una manotada a los bigotes   (stroking his moustache)

• desconcierto   perdido de dominio de sí mismo

Sin perder su aplomo y con una leve sonrisa irónica, Santos replicó:
— Pues no es Ud. muy exigente.
— ¡Tenemos jefe! — se dijo Pajarote.
Y ya no le quedaron a Balbino ganas de bravuconadas ni esperanzas de mayordomías.
— ¿Quiere decir que estoy dado de bajo y que, por consiguiente, aquí se terminó mi papel?
— Todavía no. Aun le falta rendirme cuentas de su administración. Pero eso será más tarde.
Y le dio la espalda, a tiempo que Balbino concluía a regañadientes:
— Cuando Ud. lo disponga.
Antonio buscó con la mirada a Carmelito, y Pajarote, dirigiéndose a María Nieves y a Venancio — que estaban dentro de la corraleja esperando el resultado de la escena y aparentemente ocupados en preparar los cabos de soga para maniatar el alazano — les gritó, llenas de intenciones las palabras:
— ¡Bueno, muchachos! ¿Qué hacen Uds. que todavía no han maroteado a ese mostrenco? Mírenlo cómo está temblando de rabia que parece miedo. Y eso que sólo le han dejado ver la marota. ¿Qué será cuando lo tengamos planeado contra el suelo?
— ¡Y que va a ser ya! Vamos a ver si se quita estas marotas como se quitó las otras — añadieron María Nieves y Venancio, celebrando con risotadas la doble intención de las palabras del compañero, que tanto se referían a Balbino como al alazano.
Brioso, fino de líneas y de gallarda alzada, brillante el pelo y la mirada fogosa, el animal indómito había reventado, en efecto, las maneas que le pusieran al cazarlo y, avisado por el instinto de que era el objeto de la operación que preparaban los peones, se defendía procurando estar siempre en medio de la madrina de mostrencos que correteaban de aquí para allá dentro de la corraleja.
Al fin Pajarote logró apoderarse del cabo de soga que llevaba a rastras, y, palanqueándose, con los pies clavados en el suelo y el cuerpo echado atrás, resistió el envión de la bestia cerril, dando con ella en tierra.
Puestos el tapaojos y la cabezada y abrochadas las «sueltas,» dejáronlo enderezarse sobre sus remos y, en seguida Venancio procedió a ponerle el simple apero que usa el amansador. El mostrenco se debatía encabritándose y lanzando coces, y cuando comprendió que era inútil defenderse, se quedó quieto, tetanizado por la cólera y bañado en sudor, bajo la injuria del apero que nunca habían sufrido sus lomos.
Todo esto lo había presenciado Santos Luzardo junto al tranquero del corral, con el ánimo excitado por la evocación de su infancia, a caballo en pelo contra el gran viento de la llanura, cuando, a tiempo que Venancio se disponía a echarle la pierna al alazán, oyó que Antonio le decía, tuteándolo:

bravuconadas alardes de valor
esperanzas de mayordomías esperanzas de seguir siendo el mayordomo
● *a regañadientes sin ganas*
maniatar atar
no han maroteado no han atado
marota soga
planeado acostado, proyectado
risotadas carcajadas
maneas (hobbles)
madrina (small herd of horses used to round up wild animals)
correteaban corrían en varias direcciones
palanqueándose (bracing himself)
envión empujón
cerril no domado
puestos el tapaojos y la cabezada y abrochadas las «sueltas» (after they had put on the blinders and headstall and had fastened the hobbles)
remos patas traseras
apero conjunto de equipo para montar
encabritándose levantándose sobre los remos
lanzando coces (kicking)
tetanizado paralizado
● *injuria insulta*
tranquero (gate post)
en pelo sin silla
● *tuteándolo hablándole de manera familiar*

— Santos, ¿te acuerdas de cuando jineteabas tú mismo las bestias que el viejo escogía para ti?

Y no fue necesario más para que comprendiera lo que el peón fiel quería decirle con aquella pregunta. ¡La doma! La prueba máxima de llanería, la demostración de valor y de destreza que aquellos hombres esperaban para acatarlo. Maquinalmente buscó con la mirada a Carmelito, que estaba de codos sobre la palizada, al extremo opuesto de la corraleja y con una decisión fulgurante, dijo:

— Deje, Venancio. Seré yo quien lo jineteará.

Antonio sonrió, complacido en no haberse equivocado respecto a la hombría del amo; Venancio y María Nieves se miraron, sorprendidos y desconfiados, y Pajarote con su ruda franqueza:

— No hay necesidad de eso, doctor. Aquí todos sabemos que Ud. es hombre para lo que se necesite. Deje que se lo jinetee Venancio.

Pero ya Santos no atendía a razones y saltó sobre la bestia indómita, que se arrasó casi contra el suelo al sentirlo sobre sus lomos.

Carmelito hizo un ademán de sorpresa y luego se quedó inmóvil, fijo en los mínimos movimientos del jinete, bajo cuyas piernas remachadas a la silla, el alazán, cohibido por el tapaojos y sostenido del bozal por Pajarote y María Nieves, se estremecía de coraje, bañado en sudor, dilatados los belfos ardientes.

Y Balbino Paiba, que se había quedado por allí en espera de que se le proporcionara oportunidad de demostrarle a Luzardo, si éste volvía a dirigirle la palabra, que aun no había pasado el peligro a que se arriesgara al hablarle como lo hiciera, sonrió despectivamente y se dijo:

— Ya este . . . patiquincito va a estar clavando la cabeza en su propia tierra.

Mientras, Antonio se afanaba en dar los inútiles consejos, la teoría que no podía habérsele olvidado a Santos:

— Déjelo correr todo lo que quiera al principio, y luego lo va trajinando, poco a poco, con la falseta. No lo sobe sino cuando sea muy necesario y acomódese para el arranque, porque este alazano es barajustador, de los que poco corcovean, pero se disparan como alma que lleva el diablo. Venancio y yo iremos de amadrinadores.

Pero Luzardo no atendía sino a sus propios sentimientos, ímpetus avasalladores que le hacían vibrar los nervios, como al caballo salvaje los suyos, y dio la voz a tiempo que se inclinaba a alzar el tapaojos.

— ¡Denle el llano!

— ¡En el nombre de Dios! — exclamó Antonio.

Pajarote y María Nieves dejaron libre la bestia, abriéndose rápidamente a uno y otro lado. Retembló el suelo bajo el corcovear furioso, una sola pieza, jinete y caballo; se levantó una polvareda y aun no se había desvanecido cuando ya el alazano iba lejos, bebiéndose los aires de la sabana sin fin.

Detrás, tendido sobre las crines de las bestias amadrinadoras, pero a cada tranco más rezagados, corrían Antonio y Venancio.

llanería habilidad del vaquero
• *destreza* habilidad, arte con que se hace algo
palizada sitio cercado de estacas o postes
• *hombría* virilidad

se arrasó (he leveled himself)
remachadas puestas firmamente
cohibido refrenado
bozal (headstall)
belfos labios de un animal
• *proporcionara* ofreciera
despectivamente con desprecio
patiquincito (a dude)
se afanaba en dar los inútiles consejos (eagerly gave useless advice)
trajinando trabajando
falseta (check rein)
no lo sobe no lo pegue
arranque (lunge)
barajustador (plunger)
corcovean (buck)
amadrinadores vaqueros que acompañan al domador
avasalladores haciendo esclavo
retembló tembló

tranco paso largo

Carmelito murmuró, emocionado:

— Me equivoqué con el hombre.

A tiempo que Pajarote exclamaba:

— ¿No le dije, Carmelito, que la corbata era para taparse los pelos del pecho, de puro enmarañados que los tenía el hombre? ¡Mírelo como se agarra! Para que ese caballo lo tumbe tiene que apearse patas arriba.

Y en seguida, para Balbino, ya francamente provocador:

— Ya van a saber los fustaneros lo que son calzones bien puestos. Ahora es cuando vamos a ver si es verdad que todo lo que ronca es tigre.

Pero Balbino se hizo el desentendido, porque cuando Pajarote se atrevía nunca se quedaba en las palabras.

— Hay tiempo para todo — pensó —. Bríos tiene el patiquincito, pero todavía no ha regresado el alazano y puede que ni vuelva. La sabana parece muy llanita, vista así por encima del pajonal; pero tiene sus saltanejas y sus desnucaderos.

No obstante, después de haber dado unas vueltas por los caneyes, buscando lo que por allí no tenía, volvió a echarle la pierna a su caballo y abandonó Altamira, sin esperar a que lo obligaron a rendir cuentas de sus bribonadas.

Al fin comienza a ceder la bravura de la bestia. Ya está cogiendo un trote más y más sosegado. Ya camina a medio casco y resopla, sacudiendo la cabeza, bañada en sudor, cubierta de espuma, dominada, pero todavía arrogante. Ya se acerca a las casas, entre la pareja de amadrinadores, y relincha engreída porque, si ya no es libre, a lo menos trae un hombre encima.

Y Pajarote la recibe con el elogio llanero:

— ¡Alazano tostao, primero muerto que cansao!

enmarañados embrolla-dos (tangled)

• *provocador el que irrita o insulta*
fustaneros (henpecked men)
• *ronca ruge (roars, snores)*

llanita de superficie lisa
saltanejas (ruts)
desnucaderos sitios donde se puede quebrar el cuello
caneyes chozas
bribonadas acciones viles
• *sosegado calmado*
resopla (snorts)
engreída orgullosa, altiva

PREGUNTAS

1 ¿Cómo es la llanura?
2 ¿Cómo es el miedo que puede causar la llanura?
3 ¿Por qué será así el miedo?
4 ¿Cuál es el ideal del hombre de la llanura?
5 ¿Cuál es el trabajo del llanero?
6 ¿Qué quiere decir: «No son trabajos sino temeridades»?
7 ¿Cómo descansan los llaneros?
8 ¿Cómo se desarrolla la amistad en la llanura? ¿Cuál será la razón?
9 ¿Cuál es el gran amor de la llanura?
10 ¿Cómo corresponde la llanura al hombre por el amor que él siente hacia ella?

11 Describa las actividades de los llaneros por la mañana.
12 ¿Cuál es la primera cosa que tienen que hacer los llaneros?
13 ¿Quién quiere salir?
14 ¿Por qué no sale en seguida?
15 ¿Con quién hablaba Antonio?
16 ¿Quién era el recién llegado? ¿Qué quería?
17 ¿Quién fue a ponerle fin a la riña?
18 ¿Por qué estaba algo enfadado Santos?
19 ¿Cree Ud. que Balbino se defendía bien? ¿Qué demostración de machismo dio él?
20 Discuta la doble intención de las palabras: «¿Qué será cuando lo tengamos planeado contra el suelo?»
21 ¿Quién le puso el tapaojos al potro?
22 ¿Cuánto poder tuvieron los recuerdos de su infancia en Santos Luzardo?
23 ¿Cuál es la prueba máxima de la llanería? ¿Por qué?
24 ¿Por qué cedió Santos al impulso de montar la bestia?
25 ¿Cuál era la actitud de Balbino?
26 ¿Para qué sirvieron los consejos de Antonio?
27 ¿Cuál fue el resultado de la hazaña de Santos?

ESTUDIO DE PALABRAS

Amanece: amanecer, el amanecer

1 Pajarote siempre amanece de buen humor; es que se despierta de buen humor. *o* Cuando amanece (se levanta el sol), todos los llaneros salen al trabajo suyo: el domo.
2 Ahora que llega el invierno va a amanecer tarde.
3 El amanecer (el momento en que se levanta el sol) en la llanura es un espectáculo digno de verse.

Amansador: manso, amansar, amansado, amansamiento

1 Es el amansador el que tiene que domar los potros fieros.
2 Ese potro no es nada manso; es fiero.
3 Es necesario amansar los potros de la llanura antes de montarlos.
4 Esa fiera se ha convertido en un potro amansado.
5 El amansamiento de los potros es algo peligroso pero muy interesante.

Doma: domar, domable, domador

1 La doma es la prueba suprema de la llanería.
2 Domar al caballo es el oficio del llanero.
3 Ese potro no parece nada domable por lo fiero que es.
4 Ser el mejor domador es el sueño de cada llanero.

Jineteaba: jinetear, jinetearse, jinete

1 Santos se acuerda de cuando jineteaba las bestias.
2 Jinetear (montar a caballo) por la llanura es una experiencia inolvidable.
3 Este bronco está bueno para jinetearse.
4 De todos los llaneros, es difícil decir cuál es el mejor jinete.

EJERCICIO DE VOCABULARIO

Dé una palabra que quiera decir la misma cosa.

1   amansar un animal, hacerle dócil   2   la madrugada
3   gentil   4   la acción de domesticar a un animal
5   madrugar   6   montar a caballo   7   capaz de ser amansado
8   el que monta a caballo

EJERCICIO DE COMPRENSION

¿Verdad o falsa? Si es falsa la oración, corríjala.

1   La llanura es una vasta extensión de terreno en que la vida y la muerte existen juntas sin dificultad.

2   El llano aprisiona a los hombres que no quieren librarse de su poder y, por consecuencia, se contentan con ser llaneros-para siempre.

3   El llano ofrece pocas oportunidades de encontrar fortuna y esperanza aun para el de mucha voluntad y ambición.

4   Pajarote está de buen humor cuando se despierta por la mañana.

5   Los peones madrugadores entran en la cocina limpia y bien iluminada para beber la infusión aromática que Casilda les sirve.

6   El doctor Santos Luzardo acaba de llegar al hato y lo primero que los vaqueros tienen que hacer es domar el potro alazano para el patrón; todos opinan que aquél es el designado para su silla.

7   Al mayordomo no le importaba cuál caballo escogieran para el doctor.

8   Antonio comprendió por qué Carmelito quería alejarse del lugar y no trató de convencerle para que se quedara, pero sí le pidió que esperara un par de días para hacer otros arreglos.

9   Antonio Sandoval le tenía miedo al mayordomo y para evitar una riña le devolvió a éste el mostrenco.

10 Santos, al ver al recién llegado, salió afuera y se dirigió a la corraleja para darle la bienvenida.

11 Balbino se ofendió al oír las palabras de Santos y quería que el doctor le pidiera perdón por haberle insolentado.

12 Aunque Santos estaba bastante disgustado con el mayordomo, no quería despedirlo hasta que le rindiera cuentas de su administración.

13 Antonio se dio cuenta de la necesidad que tenía el doctor de mostrar su superioridad a todos los presentes. El peón provocó el recuerdo de los tiempos pasados cuando Santos jineteaba y domaba los potros, sabiendo que esto le incitaría a hacer lo mismo otra vez.

14 Balbino todavía guardaba rencores pero estaba convencido de que el jefe domaría el potro fácilmente.

15 Carmelito había presenciado toda la escena y no pudo menos que admitir que había juzgado mal al jefe que era todo un hombre.

EJERCICIOS CREATIVOS

1 El título «La doma» generalmente se refiere a la doma de un animal; sin embargo, en este capítulo tiene doble sentido. Prepárese a discutir esto en clase.

2 Analice las siguientes oraciones de Rómulo Gallegos.

   (a) «La llanura es bella y terrible a la vez; en ella caben, holgadamente, hermosa vida y muerte atroz.» ¿Por qué será así la llanura?

   (b) «La locura del hombre de la tierra ancha y libre es ser llanero siempre. En la guerra buena, esa locura fue la carga irresistible del pajonal incendiado. . . .» ¿Cuál será la razón por el incendio?

   (c) «. . . En la amistad: la desconfianza, al principio, y luego la franqueza absoluta. . . .» ¿Por qué se desarrollará la amistad así en la llanura?

   (d) «Lástima de bestia, hecha para llevar más hombre encima.» ¿Cuál será el significado?

   (e) «¿No le dije, Carmelito, que la corbata era para taparse los pelos del pecho. . .?» ¿Qué quiere decir Pajarote?

A CONTINUACION

Una vez injuriada por unos blancos, doña Bárbara es muy vengativa. Con la ayuda de sus vaqueros, se va apoderando de todas las tierras del rancho Altamira, moviendo cercas, robando el ganado y corrompiendo a la autoridad local. Cuando por fin se enamora de su rival Santos Luzardo, se madura un poco. No comprendiendo las mudanzas de doña Bárbara, sus secuaces la abandonan.

V

Las mudanzas de doña Bárbara

Las singulares transformaciones que desde aquel día comenzaron a operarse en doña Bárbara provocaban entre la peonada de El Miedo comentarios socarrones.

— ¡Ah, compañero! ¿Qué le estará pasando a la señora que ya no llega por aquí, como enantes, cuando se le revolvían las sangres del blanco y de la india, esponjada y gritona como una chenchena? Ni tampoco viene a tocar la bandurria y a contrapuntearse con nosotros, como le gustaba hacerlo cuando estaba de buenas. Ahora se la pasa metida en los corotos, hecha una verdadera señora, y hasta con el mismo don Balbino: si te he visto, no me acuerdo.

peonada grupo de peones

● *socarrones astutos*

bandurria instrumento parecido a la guitarra

contrapuntearse decir uno a otro palabras ofensivas

corotos muebles o utensilios

Por primera vez se había sentido mujer en presencia de un hombre. Había ido al rodeo de Mata Oscura dispuesta a envolver a Santos Luzardo en la malla fatal de sus seducciones, a fin de que se repitiese en él la historia de Lorenzo Barquero; mas, aunque creía que sólo la animaban la codicia y el implacable odio al varón, llevaba también, en la vehemencia del alma, atormentada por este sentimiento, y en los apetitos de su naturaleza, hecha para el amor, el ansia insaciada de una verdadera pasión. Hasta allí todos sus amantes, víctimas de su codicia o instrumentos de su crueldad, habían sido suyos como las bestias que llevaban la marca de su hierro, pero al verse desairada una y otra vez por aquel hombre que ni la temía ni la deseaba, sintió . . . con la misma fuerza avasalladora de los ímpetus que siempre la habían lanzado al aniquilamiento del varón aborrecido . . . que quería pertenecerle, aunque tuviera que ser como le pertenecían a él las reses que llevaban grabados a fuego en los costillares el hierro altamireño.

Al principio fue una tumultuosa necesidad de agitación; mas no de aquella, atormentada y sombría, que antes la impulsaba a ejercitar sus instintos rapaces, sino una ansia ardiente de gozar de sí misma con aquella región desconocida de su alma que, inesperadamente, le había mostrado su faz. Los días enteros se los pasaba correteando por las sabanas sin objeto ni rumbo, sólo por gastar el exceso de energías que desarrollaba su sensualidad enardecida por el deseo de amor verdadero en la crisis de los cuarenta, ebria de sol, viento libre y espacio abierto.

Al mismo tiempo, sin ser todavía, ni con mucho, la bondad, la alegría la impulsaban a actos generosos. Una vez repartió entre sus peones dinero a puñados, para que lo gastaran en divertirse. Ellos se quedaron viendo las monedas que llenaban sus manos, les clavaron el colmillo, las hicieron sonar contra una piedra y todavía no se convencieron de que fuese plata de ley. Con lo avara que era doña Bárbara, ¿quién iba a creer en su largueza?

Preparó un verdadero festín para agasajar a Santos Luzardo cuando éste concurriese al turno de vaquería en El Miedo. Quería abrumarlo a obsequios, echar la casa por la ventana, para que él y sus vaqueros saliesen de allí contentos y se acabara de una vez aquella enemistad que separaba a dueños y peones de los dos hatos.

Trastornaba la idea de llegar a ser amada por aquel hombre que no tenía nada de común con los que había conocido: ni la sensualidad repugnante que desde el primer momento vio en las miradas de Lorenzo Barquero, ni la masculinidad brutal de los otros, y al hacer esta comparación se avergonzaba de haberse brutalizado a sí misma en brazos de amantes torpes y groseros, cuando en el mundo había otros como aquél, que no podían ser perturbados con la primera sonrisa que se les dirigiera.

Por un momento se le ocurrió valerse de sus «poderes» de hechicería, conjurar los espíritus maléficos obedientes a la voluntad del dañero, pedirle al «Socio» que le trajera al hombre esquivo, pero inmediata-

- *rodeo* (roundup)
  malla red

- *codicia* avaricia
- *vehemencia* violencia
- *insaciada* insatisfecha

marca de su hierro (her brand)
desairada ignorada
- *aniquilamiento* destrucción
grabados a fuego (branded)
costillares (sides, of an animal)
- *ejercitar* poner en uso
rapaces feroces
faz rostro

les clavaron el colmillo las mordieron

largueza generosidad
- *agasajar* festejar
cuando éste concurriese (when the latter would be present)
hatos ranchos
- *trastornaba* (disturbed)

- *perturbados* molestados
- *hechicería* (witchcraft)
conjurar evocar
maléficos que hacen daño
dañero el que hace daño
esquivo desdeñoso

mente rechazó la idea con una repugnancia inexplicable. La mujer que había aparecido en ella la mañana de Mata Oscura quería obtenerlo todo por artes de mujer.

Pero como Santos Luzardo no aparecía por allá, ella andaba cavilosa, aunque siempre adornada y compuesta, paseándose por los corredores de la casa, con la vista fija en el suelo y los brazos cruzados sobre el pecho, o se le iban las horas junto al palenque, la mirada en el horizonte hacia los lados de Altamira, o se salía a vagar por la sabana. Pero ya el caballo no regresaba como antes, cubierto de espuma y ensangrentados los ijares. Todo había sido un sosegado errar pensativo.

A veces, no era la sabana el objeto de sus miradas, ni Altamira el de sus imaginaciones, sino aquel río y aquella piragua donde las palabras de Asdrúbal la hicieron sentir el primer estremecimiento de esta ansia de bien, que ahora quería adueñarse del corazón hastiado de violencias.

. . .

Por fin, una mañana vio a Santos Luzardo dirigirse hacia allá.

— Así tenía que suceder — se dijo.

Y al formular esta frase . . . tal como la pronunció, saturada de los sentimientos de la mujerona supersticiosa que se creía asistida de poderes sobrenaturales . . la verdad íntima y profunda de su ser se sobrepuso al ansia naciente de renovación.

Santos se apeó del caballo bajo la cañafistola plantada frente a la casa y avanzó hacia el corredor, sombrero en mano.

Una mirada debió bastarle a doña Bárbara para comprender que no eran de fundarse muchas esperanzas en aquella visita, pues la actitud de Luzardo sólo revelaba dominio de sí mismo; pero ella no atendía sino a sus propios sentimientos y lo recibió con agasajo.

— Lo bueno siempre se hace desear. ¡Dichosos los ojos que lo ven, doctor Luzardo! Pase adelante. Tenga la bondad de sentarse. Por fin me proporciona Ud. el placer de verlo en mi casa.

— Gracias, señora. Es Ud. muy amable — repuso Santos con entonación sarcástica, y, en seguida, sin darle tiempo para más zalamerías —: Vengo a hacerle una exigencia y una súplica. La primera, relativa a la cerca de que ya le he escrito.

— ¿Sigue Ud. pensando en eso, doctor? Creía que ya se hubiera convencido de que eso no es posible ni conveniente por aquí.

— En cuanto a la posibilidad, depende de los recursos de cada cual. Los míos son por ahora sumamente escasos, y por fuerza tendré que esperar algún tiempo para cercar Altamira. En cuanto a la conveniencia, cada cual tiene su criterio. Pero, por el momento, lo que me interesa saber es si está Ud. dispuesta a costear a medias, como le corresponde, la cerca divisoria de nuestros hatos. Antes de tomar otro camino he querido tratar este asunto. . . .

— ¡Acabe de decirlo, hombre! — acudió ella con una sonrisa —: Amistosamente.

cavilosa preocupada, pensativa

ijares (flanks)
• *errar (wandering)*
piragua (dugout canoe)
adueñarse tomar posesión
hastiado cansado de, fastidiado

mujerona mujer poco femenina, tosca, corpulenta
se sobrepuso dominó
naciente creciente
cañafistola arbusto

• *dominio de sí mismo (self-control)*
• *con agasajo amistosamente*

zalamerías demostraciones de cariño afectado
• *cerca pared que divide y protege distintas propiedades*
• *recursos bienes (dinero)*

Santos hizo un gesto de dignidad ofendida, y replicó:

— Con poco dinero, que a Ud. no le falta. . . .

— Eso del dinero que haya que gastar es lo de menos, doctor Luzardo. Ya le habrán dicho que soy inmensamente rica. Aunque también le habrán hablado de mi avaricia, ¿no es verdad? Pero si uno fuera atenerse a las murmuraciones. . . .

— Señora — repuso Santos, vivamente —. Le suplico que se atenga al asunto que le he expuesto. No me interesa en absoluto saber si Ud. es rica o no, ni averiguar si tiene los defectos que se le atribuyen o carece de ellos. He venido solamente a hacerle una pregunta y espero su respuesta.

— ¡Caramba, doctor! ¡Qué hombre tan dominador es Ud.! — exclamó la mujerona, recuperando su expresión risueña, no por adornarse con zalamerías, sino porque realmente experimentaba placer en hallar autoritario a aquel hombre —. No permite Ud. que uno se salga del asunto ni por un momento.

Santos, reconociéndole en dominio de la situación que él empezaba a perder, obra de cinismo o de lo que fuere, pero en todo caso manifestación de una naturaleza bien templada, se reprochó la excesiva severidad adoptada y repuso, sonriente:

— No hay tal, señora. Pero le suplico que volvamos a nuestro asunto.

— Pues bien. Me parece buena la idea de la cerca. Así quedaría solucionada, de una vez por todas, esa desagradable cuestión de nuestros linderos, que ha sido siempre tan oscura.

Y subrayó las últimas palabras con una entonación qué volvió a poner a prueba el dominio de sí mismo de su interlocutor.

— Exacto — repuso éste —. Estableceríamos una situación de hecho, ya que no de derecho.

— De eso debe de saber más que yo, Ud. que es abogado.

— Pero poco amigo de litigar, como ya irá comprendiendo.

— Sí. Ya veo que es Ud. un hombre raro. Le confieso que nunca me había tropezado con uno tan interesante como Ud. No. No se impaciente. No voy a salirme del asunto, otra vez. ¡Dios me libre! Pero antes de poderle responder, tengo que hacerle una pregunta. ¿Por dónde echaríamos esa cerca? ¿Por la casa de Macanillal?

— ¿A qué viene esa pregunta? ¿No sabe Ud. por dónde he comenzado a plantar los postes? A menos que pretenda que todavía ese lindero no está en su sitio.

— No está, doctor.

Y se quedó mirándolo fijamente a los ojos.

— ¿Es decir que Ud. no quiere situarse en el terreno . . . amistoso, como Ud. misma ha dicho hace poco?

Pero ella, dándole a su voz una inflexión acariciadora:

— ¿Por qué agrega: como yo he dicho? ¿Por qué no dice Ud. amistoso, simplemente?

— Señora — protestó Luzardo —. Bien sabe Ud. que no podemos ser

murmuraciones *conversaciones poco favorables acerca de un ausente*

vivamente rápidamente
se atenga (atenerse) al asunto siga hablando del asunto
● *experimentaba sentía*

● *se reprochó (scolded himself)*

linderos límites
● *subrayó puso énfasis en*

● *litigar disputar en juicio una cosa*

situarse en el terreno amistoso (to meet on friendly terms)
● *acariciadora cariñosa*

amigos. Yo podré ser contemporizador hasta el punto de haber venido a tratar con Ud.; pero no me crea olvidadizo.

La energía reposada con que fueron pronunciadas estas palabras acabó por subyugar a la mujerona. Desapareció de su rostro la sonrisa insinuante, mezcla de cinismo y de salacidad, y se quedó mirando a quien así era osado a hablarle, con miradas respetuosas y al mismo tiempo apasionadas.

— ¿Si yo le dijera, doctor Luzardo, que esa cerca habría que levantarla mucho más allá de Macanillal? En donde era el lindero de Altamira antes de esos litigios que no lo dejan a Ud. considerarme como amiga.

Santos frunció el ceño; pero, una vez más, logró conservar su aplomo.

— O Ud. se burla de mí o yo estoy soñando — díjole, pausadamente, pero sin asperezas —. Entiendo que me promete una restitución; mas no veo cómo pueda Ud. hacerla sin ofender mi susceptibilidad.

— Ni me burlo de Ud. ni está Ud. soñando. Lo que sucede es que Ud. no me conoce bien todavía, doctor Luzardo. Ud. sabe lo que le consta y le cuesta: que yo he quitado malamente esas tierras de que ahora hablamos; pero, óigame una cosa, doctor Luzardo; quien tiene la culpa de eso es Ud.

— Estamos de acuerdo. Mas, ya eso tiene autoridad de cosa juzgada, y lo mejor es no hablar de ello.

— Todavía no le he dicho todo lo que tengo que decirle. Hágame el favor de oírme esto: si yo me hubiera encontrado en mi camino con hombres como Ud., otra sería mi historia.

Santos Luzardo volvió a experimentar aquel impulso de curiosidad intelectual que en el rodeo de Mata Oscura estuvo a punto de moverlo a sondear el abismo de aquella alma, recia y brava como la llanura donde se habitaba, pero que tal vez tenía, también como la llanura, sus frescos refugios de sombra incontaminada, de donde salieran, de improviso, aquellas palabras que eran, a la vez, una confesión y una protesta.

En efecto, sinceridad y rebeldía de un alma fuerte ante su destino era cuanto habían expresado aquellas palabras de doña Bárbara, pues al pronunciarlas no había en su ánimo intención de engaño, ni tampoco blanduras sentimentales en su corazón. En aquel momento había desaparecido la mujer enamorada y necesitada de caricias verdaderas; se bastaba a sí misma y se encaraba fieramente con su verdad interior.

Y Santos Luzardo experimentó la emoción de haber oído a un alma en una frase.

Pero ella recobró en seguida su aspecto vulgar para decir:

— Yo le devuelvo esas tierras, mediante una venta simulada. Dígame que acepta, y en seguida redactamos el documento. Es decir: lo redacta Ud. Aquí tengo el papel sellado y estampillas. La autenticación y registro lo haremos cuando Ud. disponga. ¿Quiere que busque el papel?

---

contemporizador el que se acomoda al gusto de otro

- *olvidadizo que se olvida*
- *subyugar dominar*
- *insinuante sugestiva*
  salacidad inclinación a la lascivia
  litigios disputas

frunció el ceño (frowned)
- *asperezas dureza (harshness)*

- *juzgada decidida por el juez o el tribunal*

sondear explorar

incontaminada pura

blanduras delicadezas, suavidades

- *simulada pretendida*
- *redacta escribe*
  autenticación y registro (legal confirmation and recording)

Entretanto, Luzardo había juzgado propicio el momento para abordar el segundo objeto de su visita y repuso:

— Espere un instante. Le agradezco esa buena disposición que me demuestra, porque la ha precedido Ud. de unas palabras que, sinceramente, me han impresionado; pero ya le había anunciado que eran dos los objetos que perseguía al venir a su casa. En vez de restituirme esas tierras, que ya las doy por restituídas, moralmente, haga otra cosa que yo le agradecería más: devuélvale a su hija las de la Barquereña.

Pero la verdad íntima y profunda hizo fracasar el ansia de renovación. Doña Bárbara volvió a arrellanarse en la mecedora de donde ya se levantaba, y con una voz desagradable y a tiempo que se ponía a contemplarse las uñas, dijo:

— ¡Hombre! Ahora que la nombra. Me han dicho que Marisela está muy bonita. Que es otra persona desde que vive con Ud.

Y el torpe y calumnioso pensamiento que se amparaba bajo el doble sentido de la palabra «vive,» pronunciada con una entonación malévola, hizo ponerse de pie a Santos Luzardo con un movimiento maquinal.

— Vive en mi casa, bajo mi protección, que es una cosa muy distinta de lo que Ud. ha querido decir — rectificó, con voz vibrante de indignación —. Y vive bajo mi protección porque carece de pan, mientras Ud. es inmensamente rica, como hace poco me ha dicho. Pero yo me he equivocado al venir a pedirle a Ud. lo que Ud. no puede dar: sentimientos maternales. Hágase el cargo de que no hemos hablado una palabra, ni de esto ni de nada.

Y se retiró sin despedirse.

Doña Bárbara se precipitó al escritorio en cuya gaveta guardaba el revólver, cuando no lo llevaba encima; pero alguien le contuvo la mano y le dijo:

— No matarás. Ya tú no eres la misma.

• **propicio**   *favorable*
abordar   *aproximarse a*

restituir   *remitir, devolver*

arrellanarse   *sentarse cómodamente*
mecedora   *(rocking chair)*

• **calumnioso**   *que contiene a una acusación falsa*
malévola   *mala (evil)*

gaveta   *compartimiento (drawer)*

PREGUNTAS

1   ¿Qué abolengo racial tenía doña Bárbara?
2   ¿Qué provocó comentarios entre los peones?
3   ¿Cómo había cambiado doña Bárbara?
4   ¿Cómo había tratado ella a sus amantes?
5   ¿Cuánto quería ella a Santos? ¿Cómo lo sabemos?
6   ¿De qué quería gozar doña Bárbara?
7   ¿Por qué iba ella por las sabanas sin objeto ni rumbo?

8   ¿Cuál fue un acto generoso de doña Bárbara?
9   ¿Tendrá el amor la fuerza de cambiar a una mujer como doña Bárbara?
10 ¿Qué conflictos producía en su mente la historia de sus amores pasados?
11 ¿Por qué no usó sus poderes de hechicería con Santos Luzardo?
12 Por fin, ¿por qué fue Santos Luzardo a la casa de doña Bárbara?
13 ¿Cómo trató doña Bárbara a Luzardo?
14 ¿Cuándo se puso enfadada doña Bárbara?
15 ¿Qué pasó cuando ella salió para ir a su escritorio?

ESTUDIO DE PALABRAS

Agasajar: agasajo

1   Doña Bárbara quería agasajar a Santos Luzardo. Por el cariño que le tenía, lo quería recibir cordialmente.
2   Cuando Luzardo llegó, doña Bárbara lo recibió con agasajo: es que lo recibió con afecto y consideración.

Trastornar: trastorno, trastornada

1   Le trastornaba a doña Bárbara la idea de ser amada de un hombre tan distinto. Tal cambio la perturbaba bastante.
2   ¡Qué trastorno le causó a doña Bárbara su nuevo amor!
3   Se puso un poco trastornada al pensar en lo complicada que era la situación.

Escaso: escasear, escasez

1   Como sus recursos eran tan escasos, no pudo pagar los gastos por la cerca.
2   Como no tenía mucho dinero, quería escasear lo que le quedaba.
3   Por la escasez de dinero, tuvo que pedírselo a doña Bárbara.

EJERCICIO DE VOCABULARIO

Complete los siguientes párrafos con palabras apropiadas.

Doña Bárbara tenía muchas ganas de ver al doctor Santos Luzardo. Pensar que estaba enamorada de un hombre como él le _____ un poco; tan distinto era de los otros que había conocido. Se puso tan _____ que decidió pasearse por las llanuras para meditar.

Un día, se enteró de que él iba a visitarla. Lo quería _____. Cuando llegó a su casa lo recibió con _____. El empezó a informarle que quería construir una cerca entre los dos ranchos. Como sus recursos eran _____ tenía que _____ el dinero que le quedaba. Dándose cuenta de la _____ de sus fondos doña Bárbara decidió ayudarle.

EJERCICIO DE COMPRENSION

Complete las oraciones con la frase apropiada de la lista de abajo.

hechicería, pidiéndole al socio que le trajera al hombre esquivo
cubierto de espumas y ensangrentados los ijares

corroteando por las sabanas   podían redactar en seguida
la malla fatal de sus seducciones   llevaban la marca de su hierro
estaba dispuesta a costear a medias   se las devolviera a su hija
comentarios socarrones   hallar autoritario a aquel hombre
sentimientos maternales   echando la casa por la ventana
les clavaron el colmillo   agasajar
zalamerías

1   Las singulares transformaciones que comenzaron a operarse en doña Bárbara provocaban entre la peonada _____.

2   Había ido al rodeo dispuesta a envolver a Santos Luzardo en _____.

3   Hasta allí todos sus amantes, víctimas de su codicia o instrumentos de su crueldad, habían sido suyos como las bestias que _____.

4   Pasaba los días enteros _____ sin objeto ni rumbo.

5   La alegría la impulsaba a actos generosos; una vez repartió entre sus peones dinero para que se divirtieran. Estos se quedaban tan sorprendidos que _____ para convencerse que fuese plata de ley.

6   Preparó un verdadero festín para _____ a Santos Luzardo.

7   Quería abrumarlo a obsequios, _____.

8   Por un momento se le ocurrió la idea de valerse de sus «poderes» de _____.

9   Cuando salía a vagar en las sabanas el caballo no regresaba como antes _____.

10 Cuando Santos fue a El Miedo, doña Bárbara lo recibió con agasajo y él repuso en seguida para no darle más tiempo para _____.

11 Santos quería saber si ella _____ la cerca divisoria entre sus hatos.

12 Doña Bárbara convino en devolverle sus tierras, mediante una venta simulada, que _____.

13 Doña Bárbara experimentaba placer en _____.

14 El propósito verdadero de su visita no era que ella le restituyera sus tierras sino que _____.

15 Santos se equivocó en ir a pedirle a ella lo que no podía dar: _____.

EJERCICIOS CREATIVOS

1   Explique el simbolismo en estos nombres: (a) Santos, (b) doña Bárbara, (c) Altamira, (d) El Miedo.

2   En el capítulo entitulado «Las mudanzas,» Rómulo Gallegos se refiere mucho a la naturaleza y también a la barbarie de las llanuras para presentar al lector la personalidad y los sentimientos de doña Bárbara. Escriba una composición en la cual Ud. analiza esta técnica de Gallegos.

Zalacaín, el aventurero

PIO BAROJA

Pío Baroja (1872–1956) es uno de los novelistas luminarios de nuestro siglo. Nació en San Sebastián pero viajó mucho por España observando, sobre todo, la vida de la clase baja. Critica tanto en sus obras que se ha dicho que Baroja no cree en nada. Los políticos, los militares, los religiosos, la aristocracia, todos sufrieron su censura. Sin embargo, sus obras también reflejan cierta simpatía hacia los insurgentes, los miserables, los oprimidos y los nonconformistas. Muy vasco en todo su ser, Baroja hace que algunas novelas suyas se desarrollen en el País Vasco. Una de éstas es *Zalacaín, el aventurero*.

Para comprender esta novela hay que saber algo del fondo histórico. El siglo XIX es el siglo de las guerras carlistas. En vez de ser plena guerra, las guerras carlistas eran una serie de luchas en muchas partes de España.

Hasta el reinado de Fernando VII (1814–1833) existía en España la Ley sálica. Esta ley dictó que si muriera un rey sin hijo, el hermano mayor del rey subiría al trono. Murió Fernando VII bastante joven en el año 1833. Como no tenía hijo, había cambiado la Ley sálica para que su hija, Isabel, pudiera subir al trono. Al morir Fernando, Isabel era menor de edad. Así su madre sirvió de regenta.

Las guerras carlistas eran una lucha entre los partidarios de Isabel (los isabelinos) y los partidarios de don Carlos, el hermano de Fernando VII (los carlistas). Los isabelinos representaban los progresistas y los carlistas, los tradicionalistas. En este sentido podemos decir que era también una lucha de ideas, no sólo política.

Isabel reinó hasta 1868 cuando fue expulsada de España durante la Revolución Gloriosa. Aun después de la expulsión de Isabel seguían las luchas.

I

Como vivió y se educó Martín Zalacaín

Un camino en cuesta baja de la ciudadela pasa por encima del cementerio y atraviesa el portal de Francia. Este camino, en la parte alta, tiene a los lados varias cruces de piedra que terminan en una ermita y por la parte baja, después de entrar en la ciudad, se convierte en calle. A la izquierda del camino, antes de la muralla, había hace años un

en cuesta baja (going downhill)
ermita capilla situada en lugar despoblado

caserío viejo, medio derruido, con el tejado terrero lleno de pedruscos y la piedra arenisca de sus paredes desgastada por la acción de la humedad y del aire. En frente de la decrépita y pobre casa, un agujero indicaba donde estuvo en otro tiempo el escudo, y debajo de él se adivinaban, más bien que se leían, varias letras que componían una frase latina: *Post funera virtus vivit.*

En este caserío nació y pasó los primeros años de su infancia Martín Zalacaín de Urbia, el que más tarde había de ser llamado Zalacaín, el Aventurero; en este caserío soñó sus primeras aventuras y rompió los primeros pantalones.

Los Zalacaín vivían a pocos pasos de Urbia, pero ni Martín ni su familia eran ciudadanos; faltaban a su casa unos metros para formar parte de la villa.

El padre de Martín fue labrador, un hombre oscuro y poco comunicativo, muerto en una epidemia de viruelas; la madre de Martín tampoco era mujer de carácter; vivió en esta oscuridad psicológica normal entre la gente del campo, y pasó de soltera a casada a viuda con absoluta inconsciencia. Al morir su marido quedó con dos hijos, Martín y una niña menor llamada Ignacia.

El caserío donde habitaban los Zalacaín pertenecía a la familia de Ohando, familia la más antigua, aristocrática y rica de Urbia.

Vivía la madre de Martín casi de la misericordia de los Ohando.

En tales condiciones de pobreza y de miseria, parecía lógico que, por herencia y por la acción del ambiente, Martín fuese como su padre y su madre, oscuro, tímido y apocado, pero el muchacho resultó decidido, temerario y audaz.

En esta época los chicos no iban tanto a la escuela como ahora, y Martín pasó mucho tiempo sin sentarse en sus bancos. No sabía de ella más sino que era un sitio oscuro, con unos cartelones blancos en las paredes, lo cual no le animaba a entrar. Le alejaba también de aquel modesto centro de enseñanza el ver que los chicos de la calle no le consideraban como uno de los suyos a causa de vivir fuera del pueblo y de andar siempre hecho un andrajoso.

Por este motivo les tenía algún odio; así que cuando algunos chiquillos de los caseríos de extramuros entraban en la calle y comenzaban a pedradas con los ciudadanos, Martín era de los más encarnizados en el combate; capitaneaba las hordas bárbaras, las dirigía y hasta las dominaba.

Tenía entre los demás chicos el ascendiente de su audacia y de su temeridad. No había rincón del pueblo que Martín no conociera. Para él Urbia era la reunión de todas las bellezas, el compendio de todos los intereses y magnificencias.

Nadie se ocupaba de él, no compartía con los demás chicos la escuela y huroneaba por todas partes. Su abandono le obligaba a formarse sus ideas espontáneamente y a templar la osadía con la prudencia.

caserío casa, conjunto de casas
- *tejado terrero (mud roof)*
pedruscos piedras grandes
piedra arenisca (sandstone)
Post funera virtus vivit. La virtud vive después de la muerte.

- *epidemia de viruelas (smallpox epidemic)*
de carácter de mucho espíritu

apocado cobarde

- *cartelones (posters)*

centro de enseñanza escuela
hecho un andrajoso mal vestido
extramuros afuera de las murallas
a pedradas tirar piedras

ascendiente que asciende o sube
- *compendio sumario*
se ocupaba de él le hizo caso
huroneaba exploraba
- *abandono (loneliness)*
templar (to temper)

«Pío Baroja y Nessi» por Joaquín Sorolla y Bastida   The Hispanic Society of America

Mientras los niños de su edad aprendían a leer, él daba la vuelta a la muralla, sin que le asustasen las piedras derrumbadas ni las zarzas que cerraban el paso.

Sabía donde había palomas torcaces e intentaba coger sus nidos, robaba fruta y cogía moras y fresas silvestres.

A los ocho años Martín gozaba de una mala fama, digna ya de un hombre. Un día al salir de la escuela Carlos Ohando, el hijo de la familia rica que dejaba por limosna el caserío a la madre de Martín, señalándole con el dedo gritó:

— ¡Ese! Ese es un ladrón.

— ¿Yo? — exclamó Martín.

— Tú, sí. El otro día te vi que estabas robando peras en mi casa. Toda tu familia es de ladrones.

Martín, aunque respecto a él no podía negar la exactitud del cargo, creyó no debía permitir este ultraje dirigido a los Zalacaín y abalanzándose sobre el joven Ohando le dio una bofetada morrocotuda. Ohando contestó con un puñetazo, se agarraron los dos y cayeron al suelo; se dieron de trompicones, pero Martín, más fuerte, tumbaba siempre al contrario. Un alpargatero tuvo que intervenir en la contienda y a puntapiés y a empujones separó a los dos adversarios. Martín se separó triunfante y el joven Ohando, magullado y maltrecho, se fue a su casa.

La madre de Martín, al saber el suceso, quiso obligar a su hijo a presentarse en casa de Ohando y a pedir perdón a Carlos, pero Martín afirmó que antes lo matarían. Ella tuvo que encargarse de dar toda clase de excusas y explicaciones a la poderosa familia.

Desde entonces, la madre miraba a su hijo como a un réprobo.

— ¿De dónde ha salido este chico así? — decía, y experimentaba al pensar en él un sentimiento confuso de amor y de pena, sólo comparable con el asombro y la desesperación de la gallina cuando empolla huevos de pato y ve que sus hijos se zambullen en el agua sin miedo y van nadando valientemente.

- **derrumbadas** caídas
  zarzas (brambles)
  palomas torcaces (wild doves)
  moras y fresas silvestres (wild blackberries and strawberries)
- **limosna** caridad

  cargo acusación
  ultraje maltrato
  abalanzándose (rushing)
  morrocotuda dura, fuerte
- **puñetazo** golpe con el puño (fist)
  trompicones golpes
- **tumbaba** (would knock down)
- **al contrario** al adversario
  alpargatero hombre que hace sandalias
  a puntapiés y a empujones (by kicking and pushing)
  magullado y maltrecho (bruised and battered)
- **el suceso** lo ocurrido
  empolla (hatches)
  zambullen (dive)

PREGUNTAS

1 ¿Cómo era la casa en la cual vivía Zalacaín?
2 ¿Por qué no eran ciudadanos de Urbia los Zalacaín?
3 ¿Cómo era el padre de Martín? ¿Y la madre?
4 ¿En qué condiciones vivía la familia?
5 ¿Cómo resultó Martín?
6 ¿Por qué les tenía algún odio a los chicos de Urbia, Martín?
7 ¿Cómo pasaba el tiempo Martín?
8 ¿Cuál fue el episodio entre Martín y el joven Ohando?
9 ¿Por qué miraba su madre a Martín como un réprobo?
10 ¿Cuáles eran los sentimientos de la madre hacia su hijo?

ESTUDIO DE PALABRAS

Ciudadela: ciudad, ciudadanía, ciudadano

1 La ciudadela es una fortaleza que defiende la ciudad.
2 Urbia no es ninguna ciudad; es un pueblo.
3 Sin la ciudadanía, el hombre no tiene derecho ninguno.
4 Como los Zalacaín vivían un poco fuera de Urbia, no eran ciudadanos del pueblo.

Miseria: miserable, miserablemente, mísero

1 La familia de Martín vivía en condiciones de pobreza y de miseria.
2 Eran miserables las condiciones en que tenían que existir.
3 Los pobres vivían miserablemente.
4 El pobre Martín era un joven mísero.

EJERCICIO DE VOCABULARIO

Seleccione la palabra que no pertenece a cada uno de los siguientes grupos.

1 labrador: labrar, labranza, ladrar, labrado
2 nadando: nadar, nadador, nata, nadadero
3 caserío: casa, casada, casucha, casilla
4 casada: casar, casilla, casamiento
5 oscuro: oscurecer, asqueroso, oscuridad

EJERCICIOS CREATIVOS

1 Escriba una descripción de Zalacaín, su familia, su educación y su carácter.
2 Analice la influencia del ambiente en que vivía Zalacaín sobre el desarrollo de su carácter.

A CONTINUACION

Martín continuó creciendo. Era un chico fuerte, robusto, atrevido, de poca instrucción formal.

La enemistad entre Martín y Carlos Ohando siguió aumentándose hasta convertirse en el odio. Mientras tanto, Martín y Catalina, la hermana de Carlos, se enamoraron y decidieron casarse cuando se les presentara la oportunidad. Siguiendo los consejos de un pariente, Martín se metió en la guerra, no como soldado sino como comerciante contrabandista. Martín favoreció la causa liberal pero teniendo presente la necesidad de ganar dinero, aceptó un encargo de entregar letras a varios generales carlistas. Aunque era una misión peligrosa, su fiel cuñado y amigo, Bautista, insistió en acompañarle.

letras (drafts)

XI

Como los acontecimientos se enredaron hasta el punto de que Martín durmió el tercer día de Estella en la cárcel

Al día siguiente por la noche iba a acostarse Martín, cuando la posadera le llamó y le entregó una carta que decía:

«Preséntese Ud. mañana, de madrugada, en la ermita del Puy, en donde se le devolverán las letras ya firmadas. — El general en jefe.»

Debajo había una firma ilegible.

Martín se metió la carta en el bolsillo, y viendo que la posadera no se marchaba de su cuarto, le preguntó:

— ¿Quería Ud. algo?

— Sí; nos han traído dos militares heridos y quisiéramos el cuarto de Ud. para uno de ellos. Si Ud. no tuviera inconveniente, le trasladaríamos abajo.

— Bueno; no tengo inconveniente.

Bajó a un cuarto del piso principal, que era una sala muy grande con dos alcobas. La sala tenía en medio un altar, iluminado con unas lámparas tristes de aceite. Martín se acostó; desde su cama veía las luces oscilantes; pero estas cosas no influían en su imaginación, y quedó dormido.

Era más de medianoche cuando se despertó algo sobresaltado. En la alcoba próxima se oían quejas, alternando con voces de: «¡Ay, Dios mío! ¡Ay, Jesús mío!»

— ¿Qué demonio será esto? — pensó Martín.

Miró el reloj. Eran las tres. Se volvió a tender en la cama; pero con los lamentos no se pudo dormir y le pareció mejor levantarse. Se vistió y se acercó a la alcoba próxima y miró por entre las cortinas. Se veía vagamente a un hombre tendido en la cama.

— ¿Qué le pasa a Ud.? — preguntó Martín.

— Estoy herido — murmuró el enfermo.

— ¿Quiere Ud. alguna cosa?

— Agua.

A Martín le dio la impresión de conocer esta voz. Buscó por la sala una botella de agua, y como no había en el cuarto, fue a la cocina. Al ruido de sus pasos, la voz de la patrona preguntó:

— ¿Qué pasa?

— El herido, que quiere agua.

— Voy.

La patrona apareció en enaguas, y dijo, entregando a Martín una lamparilla:

— Alumbre Ud.

Tomaron el agua y volvieron a la sala. Al entrar en la alcoba, Martín levantó el brazo, con lo que iluminó el rostro del enfermo y el suyo. El herido tomó el vaso en la mano, e incorporándose y mirando a Martín, comenzó a gritar:

- se enredaron (got tangled up)

- le trasladaríamos le llevaríamos

luces oscilantes luces cuya intensidad crece y disminuye

- vagamente no claramente

- enaguas (petticoat)

— ¿Eres tú? ¡Canalla! ¡Ladrón! ¡Prendedle! ¡Prendedle!

El herido era Carlos Ohando.

Martín dejó la lamparilla sobre la mesa de noche.

— Márchese Ud. — dijo la patrona —. Está delirando.

Martín sabía que no deliraba; se retiró a la sala y escuchó, por si Carlos contaba alguna cosa a la patrona. Martín esperó en su alcoba. En la sala, debajo del altar, estaba el equipaje de Ohando, consistente en un baúl y una maleta. Martín pensó que quizá Carlos guardara alguna carta de Catalina, y se dijo:

— Si esta noche encuentro una buena ocasión, descerrajaré el baúl.

No la encontró. Iban a dar las cuatro de la mañana cuando Martín, envuelto en su capote, se marchó hacia la ermita del Puy. Los carlistas estaban de maniobras. Llegó al campamento de don Carlos, y, mostrando su carta, le dejaron pasar.

— El señor está con dos reverendos padres — le advirtió un oficial.

— Vayan al diablo el señor y los reverendos padres — refunfuñó Zalacaín —. La verdad es que este rey es un rey ridículo.

Esperó Martín a que despachara el señor con los reverendos, hasta que el rozagante Borbón, con su aire de hombre bien cebado, salió de la ermita, rodeado de su Estado Mayor. Junto al Pretendiente iba una mujer a caballo, que Martín supuso sería doña Blanca.

— Ahí está el rey. Tiene Ud. que arrodillarse y besarle la mano — dijo el oficial.

Zalacaín no replicó.

— Y darle el título de majestad.

Zalacaín no hizo caso.

Don Carlos no se fijó en Martín, y éste se acercó al general, quien le entregó las letras firmadas. Zalacaín las examinó. Estaban bien.

En aquel momento, un fraile castrense comenzó a arengar a las tropas.

Martín, sin que lo notara nadie, se fue alejando de allí y bajó al pueblo corriendo. El llevar en su bolsillo su fortuna le hacía ser más asustadizo que una liebre.

A la hora en que los soldados formaban en la plaza, se presentó Martín, y, al ver a Bautista, le dijo:

— Vete a la iglesia y allí hablaremos.

Entraron los dos en la iglesia, y en una capilla oscura se sentaron en un banco.

— Toma las letras — le dijo Martín a Bautista —. ¡Guárdalas!

— ¿Te las han dado ya firmadas?

— Sí.

— Hay que prepararse a salir de Estella en seguida.

— No sé si podremos — dijo Bautista.

— Aquí estamos en peligro. Además del Cacho, se encuentra en Estella Carlos Ohando.

— ¿Cómo lo sabes?

- *baúl* (trunk)

descerrajaré le quitaré el candado

de maniobras haciendo los ejercicios militares

refunfuñó dijo de mal humor

despachara mandara
rozagante ufano (pompous)
bien cebado que ha comido mucho

castrense militar
arengar hacer un discurso largo y fatigoso

- *asustadizo tímido*
liebre conejo

— Porque le he visto.

— ¿En dónde?

— Está en mi casa herido.

— ¿Y te ha visto él?

— Sí.

— Claro, están los dos — exclamó Bautista.

— ¿Cómo los dos? ¿Qué quieres decir con eso?

— ¿Yo? Nada.

— ¿Tú sabes algo?

— No, hombre, no.

— O me lo dices, o se lo pregunto al mismo Carlos Ohando. ¿Es que está aquí Catalina?

— Sí, está aquí.

— ¿De veras?

— Sí.

— ¿En dónde?

— En el convento de Recoletas.

— ¡Encerrada! ¿Y cómo lo sabes tú?

— Porque la he visto.

— ¡Qué suerte! ¿La has visto?

— Sí, la he visto y la he hablado.

— ¡Y eso querías ocultarme! Tú no eres amigo mío, Bautista.

Bautista protestó.

— ¿Y ella sabe que estoy aquí?

— Sí, lo sabe.

— ¿Cómo se puede verla? — dijo Zalacaín.

— Suele bordar en el convento; cerca de la ventana, y por la tarde sale a pasear a la huerta.

— Bueno. Me voy. Si me ocurre algo, le diré a ese señor extranjero que vaya a avisarte. Mira a ver si puedes alquilar un coche para marcharnos de aquí.

— Lo veré.

— Lo más pronto que puedas.

— Bueno.

— Adiós.

— Adiós, y prudencia.

Martín salió de la iglesia, tomó por la calle Mayor hacia el convento de las Recoletas, paseó arriba y abajo horas y horas, sin llegar a ver a Catalina. Al anochecer tuvo la suerte de verla asomada a una ventana. Martín levantó la mano, y su novia, haciendo como que no le conocía, se retiró de la ventana. Martín quedó helado; luego Catalina volvió a aparecer, y lanzó un ovillo de hilo casi a los pies de Martín. Zalacaín lo recogió; tenía dentro un papel, que decía: «A las ocho podemos hablar un momento. Espera cerca de la puerta de la tapia.» Martín volvió a la posada, comió con un apetito extraordinario y a las ocho en punto estaba en la puerta de la tapia esperando. Daban las ocho en

- **encerrada** *prisionero en un lugar de que no puede salir*

bordar *adornar una tela con aguja y diversas clases de hilo*

- **alquilar** *usar algo bajo ciertas condiciones y con determinado precio*

ovillo bola

el reloj de las iglesias de Estella, cuando Martín oyó dos golpecitos en la puerta; Martín contestó del mismo modo.

— ¿Eres tú, Martín? — preguntó Catalina en voz baja.

— Sí, yo soy. ¿No nos podemos ver?

— Imposible.

— Yo me voy a marchar de Estella. ¿Querrás venir conmigo? — preguntó Martín.

— Sí. Pero, ¿cómo salir de aquí?

— ¿Estás dispuesta a hacer todo lo que yo te diga?

— Sí.

— ¿A seguirme a todas partes?

— A todas partes.

— ¿De veras?

— Aunque sea a morir. Ahora vete. ¡Por Dios! No nos sorprendan.

Martín se había olvidado de todos sus peligros; marchó a su casa y, sin pensar en espionajes, entró en la posada a ver a Bautista y le abrazó con entusiasmo.

— Pasado mañana — dijo Bautista — tenemos el coche.

— ¿Lo has arreglado todo?

— Sí.

Martín salió de casa de su cuñado silbando alegremente. Al llegar cerca de su posada, dos serenos, que parecían estar espiándole, se le acercaron y le mandaron callar de mala manera.

— ¡Hombre! ¿No se puede silbar? — preguntó Martín.

— No, señor.

— Bueno. No silbaré.

— Y si replica Ud., va Ud. a la cárcel.

— No replico.

— ¡Hala! ¡Hala! A la cárcel.

Zalacaín vio que buscaban un pretexto para encerrarle y aguantó los empellones que le dieron, y, en medio de los dos serenos, entró en la cárcel.

- *serenos   personas encargadas de vigilar las calles de noche*

¡Hala!   ¡Ven!

empellones   golpes

XII

En que los acontecimientos marchan al galope

Entregaron los serenos a Martín en manos del alcaide, y éste le llevó hasta un cuarto oscuro con un banco y una cantarilla para el agua.

— Demonio — exclamó Martín — aquí hace mucho frío. ¿No hay sitio donde dormir?

— Ahí tiene Ud. el banco.

— ¿No me podrían traer un jergón y una manta para tenderme?

— Si paga Ud. . . .

— Pagaré lo que sea. Que me traigan un jergón y dos mantas.

El alcaide se fue, dejando a oscuras a Martín, y vino poco después

alcaide   el que tiene a su cargo la custodia de los presos
cantarilla   jarra pequeña
jergón   colchón de paja
- *manta   cubierta para protegerse del frío en la cama*

con un jergón y las mantas pedidas. Le dio Martín un duro, y el carcelero, amansado, le preguntó:

— ¿Qué ha hecho Ud. para que le traigan aquí?

— Nada. Venía, distraído, silbando por la calle. Y me ha dicho el sereno: «No se silba.» Me he callado, y, sin más ni más, me han traído a la cárcel.

— ¿Ud. no se ha resistido?

— No.

— Entonces será por otra cosa por lo que le han encerrado.

Martín dijo que así se lo figuraba también él. Le dio las buenas noches el carcelero; contestó Zalacaín amablemente, y se tendió en el suelo.

— Aquí estoy tan seguro como en la posada — se dijo —. Allí me tienen en sus manos, y aquí también; luego estoy igual. Durmamos. Veremos lo que se hace mañana.

A pesar de que su imaginación se le insubordinaba, pudo conciliar el sueño y descansar profundamente.

Cuando despertó, vio que entraba un rayo de sol por una alta ventana, iluminando el destartalado zaquizamí. Llamó a la puerta, vino el carcelero, y le preguntó:

— ¿No le han dicho a Ud. por qué estoy preso?

— No.

— ¿De manera que me van a tener encerrado sin motivo?

— Quizá sea una equivocación.

— Pues es un consuelo.

— ¡Cosas de la vida! Aquí no le puede pasar a Ud. nada.

— ¡Si le parece a Ud. poco estar en la cárcel!

— Eso no deshonra a nadie.

Martín se hizo el asustadizo y el tímido, y preguntó:

— ¿Me traerá Ud. de comer?

— Sí. Hay hambre, ¿eh?

— Ya lo creo.

— ¿No querrá Ud. rancho?

— No.

— Pues ahora le traerán la comida.

Y el carcelero se fue, cantando alegremente.

Comió Martín lo que le trajeron, se tendió envuelto en la manta y, después de un momento de siesta, se levantó a tomar una resolución.

— ¿Qué podría hacer yo? — se dijo —. Sobornar al alcaide exigiría mucho dinero. Llamar a Bautista es comprometerle. Esperar aquí a que me suelten es exponerme a cárcel perpetua; por lo menos, a estar preso hasta que la guerra termine. . . . Hay que escaparse; no hay más remedio.

Con esta firme decisión comenzó a pensar un plan de fuga. Salir por la puerta era difícil. La puerta, además de ser fuerte, se cerraba por fuera con llave y cerrojo. Después, aun en el caso de aprovechar una

- **duro** cinco pesetas
- **carcelero** alcaide

- **insubordinaba** se hacía rebelde
- **conciliar el sueño** dormirse
  destartalado zaquizamí cuarto pequeño y sucio con pocos muebles

- **equivocación** error

rancho comida hecha para muchos

sobornar corromper con dinero

- **cerrojo** (latch, bolt)

ocasión y poder salir de allá, quedaba por recorrer un pasillo largo, y luego unas escaleras. . . . Imposible.

Había que escapar por la ventana. Era el único recurso.

— ¿Adónde dará esto? — se dijo.

Arrimó el banco a la pared, se subió a él, se agarró a los barrotes, y a pulso se levantó hasta poder mirar por la reja. Daba el ventanillo a la plaza de la fuente, en donde el día anterior se había encontrado con el extranjero.

Saltó al suelo y se sentó en el banco. La reja era alta, pequeña, con tres barrotes sin travesaño.

— Arrancando uno, quizá pudiera pasar — se dijo Martín —. Y esto no sería difícil. . . Luego necesitaría una cuerda. ¿De dónde sacaría yo una cuerda? . . . La manta. . . , la manta, cortada en tiras, me podía servir. . . .

No tenía más instrumento que un cortaplumas pequeño.

— Hay que ver la solidez de la reja — murmuró.

Volvió a subir. Se hallaba la reja empotrada en la pared; pero no tenía gran resistencia.

Los barrotes estaban sujetos por un marco de madera, y el marco en un extremo se hallaba apolillado. Martín supuso que no sería difícil cortar la madera y quitar el barrote de un lado.

Cortó una tira de la manta, y pasándola por el barrote de en medio y atándola después por los extremos, formó una abrazadera y metió dos patas del banco en este anillo y las otras dos las sujetó en el suelo.

Contaba así con una especie de plano inclinado para llegar a la reja. Subió por él, deslizándose; se agarró con la mano izquierda a un barrote, y con la derecha, armada del cortaplumas, comenzó a roer la madera del marco.

La postura no era cómoda, ni mucho menos; pero la constancia de Zalacaín no cejaba, y, tras de una hora de rudo trabajo, logró arrancar el barrote de su alvéolo.

Cuando lo tuvo ya suelto, lo volvió a poner como antes, quitó el banco de su posición oblicua, ocultó las astillas arrancadas del marco de la ventana en el jergón y esperó la noche.

El carcelero le llevó la cena, y Martín le preguntó con empeño si no habían dispuesto nada respecto a él, si pensaban tenerlo encerrado sin motivo alguno.

El carcelero se encogió de hombros y se retiró en seguida tarareando.

Inmediatamente que Zalacaín se vio solo, puso manos a la obra.

Tenía la absoluta seguridad de poderse escapar. Sacó el cortaplumas y comenzó a cortar las dos mantas de arriba abajo. Hecho esto, fue atando las tiras una a otra, hasta formar una cuerda de quince brazas. Era lo que necesitaba.

Después pensó dejar un recuerdo alegre y divertido en la cárcel. Cogió la cantarilla del agua y le puso su boina y la dejó envuelta en el trozo que quedaba de manta.

arrimó acercó
barrotes barras de hierro

travesaño pieza que atraviesa de una parte a otra
• *cuerda soga*

cortaplumas cuchillo pequeño que se lleva en el bolsillo
empotrada (embedded)

apolillado destruido por insectos

abrazadera (sling)

roer cortar con los dientes una cosa dura

no cejaba no disminuía
alvéolo cavidad en que está puesto algo
astillas fragmentos irregulares que quedan de la pieza de madera que se rompe violentamente
tarareando cantando entre dientes sin articular palabras

• *boina (beret)*

— Cuando se asome el carcelero podrá creer que sigo aquí durmiendo. Si gano con esto un par de horas, me pueden servir admirablemente para escaparme.

Contempló el bulto con una sonrisa; luego subió a la reja, ató un cabo de la cuerda a los dos barrotes y el otro extremo lo echó fuera poco a poco. Cuando toda la cuerda quedó a lo largo de la pared, pasó el cuerpo con mil trabajos por la abertura que dejaba el barrote arrancado, y comenzó a descolgarse resbalándose por el muro.

Cruzó por delante de una ventana iluminada. Vio a alguien que se movía a través de un cristal. Estaba a cuatro o cinco metros de la calle, cuando oyó ruido de pasos. Se detuvo en su descenso, y ya comenzaban a dejar de oírse los pasos, cuando cayó a tierra, metiendo algún estrépito.

Uno de los nudos debía de haberse soltado, porque le quedaba un trozo de cuerda entre los dedos. Se levantó.

— No hay avería. No me he hecho nada — se dijo.

Al pasar por cerca de la fuente de la plaza tiró el resto de la cuerda al agua. Luego, de prisa, se dirigió por la calle de la Rúa.

Iba marchando, volviéndose para mirar atrás, cuando vio a la luz de un farol que oscilaba colgando de una cuerda dos hombres armados con fusiles, cuyas bayonetas brillaban de un modo siniestro. Estos hombres, sin duda, le seguían. Si se alejaba, iba a dar a la guardia de extramuros. No sabiendo qué hacer, y viendo un portal abierto, entró en él, y empujando suavemente la puerta la cerró.

Oyó el ruido de los pasos de los hombres en la acera. Esperó a que dejaran de oírse, y cuando estaba dispuesto a salir, bajó una mujer vieja al zaguán y echó la llave y el cerrojo de la puerta.

Martín se quedó encerrado. Volvieron a oírse los pasos de los que le perseguían.

— No se van — pensó.

Efectivamente, no sólo no se fueron, sino que llamaron en la casa con dos aldabonazos.

Apareció de nuevo la vieja con un farol y se puso al habla con los de fuera sin abrir.

— ¿Ha entrado aquí algún hombre? — preguntó uno de los perseguidores.

— No.

— ¿Quiere Ud. verlo bien? Somos de la ronda.

— Aquí no hay nadie.

— Registre Ud. el portal.

Martín, al oír esto, agazapándose, salió del portal y ganó la escalera. La vieja paseó la luz del farol por todo el zaguán, y dijo:

— No hay nadie, no; no hay nadie.

Martín pretendió volver al zaguán, pero la vieja puso el farol de tal modo que iluminaba el comienzo de la escalera. Martín no tuvo más remedio que retirarse hacia arriba y subir los escalones de dos en dos.

- **descolgarse** *dejarse bajar*

- **estrépito** *ruido*
- **nudos** *(knots)*

- **avería** *daño*

- **oscilaba** *movía de un lado a otro*
  iba a dar a *se encontraría con*

- **zaguán** *vestíbulo*

  aldabonazos *(blows with a door knocker)*

- **perseguidores** *los que persiguen*

  agazapándose *agachándose*

— Pasaremos aquí la noche — se dijo.

No había salida alguna. Lo mejor era esperar a que llegase el día y abriesen la puerta. No quería exponerse a que lo encontraran dentro estando la casa cerrada, y aguardó hasta muy entrada la mañana.

Serían cerca de las nueve cuando comenzó a bajar las escaleras cautelosamente. Al pasar por el primer piso vio en un cuarto muy lujoso, y extendido sobre un sofá, un uniforme de oficial carlista, con su boina y su espada. Tenía tal convencimiento Martín de que sólo a fuerza de audacia se salvaría, que se desnudó con rapidez, se puso el uniforme y la boina, luego se ciñó la espada, se echó el capote por encima y comenzó a bajar las escaleras, taconeando. Se encontró con la vieja de la noche anterior, y al verla la dijo:

— ¿Pero no hay nadie en esta casa?

— ¿Qué quería Ud.? No le había visto.

— ¿Vive aquí el comandante don Carlos Ohando?

— No, señor, aquí no vive.

— ¡Muchas gracias!

Martín salió a la calle, y embozado y con aire de conquistador, se dirigió a la posada en donde vivía Bautista.

— ¡Tú! — exclamó Urbide —. ¿De dónde sales con ese uniforme? ¿Qué has hecho en todo el día de ayer? Estaba intranquilo. ¿Qué pasa?

— Todo lo contaré. ¿Tienes el coche?

— Sí, pero....

— Nada, tráetelo en seguida, lo más pronto que puedas. Pero a escape.

Martín se sentó a la mesa y escribió con lápiz en un papel: «Querida hermana: Necesito verte. Estoy herido, gravísimo. Ven inmediatamente en el coche con mi amigo Zalacaín. Tu hermano, *Carlos.*»

Después de escribir el papel, Martín se paseó con impaciencia por el cuarto. Cada minuto le parecía un siglo. Dos horas larguísimas tuvo que estar esperando con angustias de muerte. Al fin, cerca de las doce, oyó un ruido de campanillas.

Se asomó al balcón. A la puerta aguardaba un coche tirado por cuatro caballos. Entre éstos distinguió Martín los dos jacos en cuyos lomos fueron desde Zumaya hasta Estella. El coche, un landó viejo y destartalado, tenía un cristal y uno de los faroles atado con una cuerda.

Bajó las escaleras Martín, embozado en la capa, abrió la portezuela del coche, y dijo a Bautista:

— Al convento de Recoletas.

Bautista, sin replicar, se dirigió hacia el sitio indicado. Cuando el coche se detuvo frente al convento, Bautista, al salir Zalacaín, le dijo:

— ¿Qué disparate vas a hacer? Reflexiona.

— ¿Tú sabes cuál es el camino de Logroño? — preguntó Martín.

— Sí.

— Pues toma por allá.

— Pero....

* **cautelosamente** con mucho cuidado
  tenía tal convencimiento estaba tan seguro

taconeando *(clicking his heels)*

* **embozado** con la cara escondida con el capote
* **intranquilo** nervioso

jacos caballos viejos
landó carruaje

portezuela puerta pequeña

— Nada, nada; toma por allá. Al principio marcha despacio, para no cansar a los caballos, porque luego habrá que correr.

Hecha esta recomendación, Martín, muy erguido, se dirigió al convento.

— Aquí va a pasar algo gordo — se dijo Bautista, preparándose para la catástrofe.

Llamó Martín, entró en el portal, preguntó a la hermana tornera por la señorita Ohando y le dijo que necesitaba darle una carta. Le hicieron pasar al locutorio y se encontró allí con Catalina y una monja gruesa, que era la superiora. Las saludó profundamente y preguntó:

— ¿La señorita Ohando?

— Soy yo.

— Traigo una carta para Ud. de su hermano.

Catalina palideció y le temblaron las manos de la emoción. La superiora, una mujer gruesa, de color de marfil, con los ojos grandes y oscuros como dos manchas negras que le cogían la mitad de la cara y varios lunares en la barbilla, preguntó:

— ¿Qué pasa? ¿Qué dice ese papel?

— Dice que mi hermano está grave..., que vaya — balbució Catalina.

— ¿Está tan grave? — preguntó la superiora a Martín.

— Sí, creo que sí.

— ¿En dónde se encuentra?

— En una casa de la carretera de Logroño — dijo Martín.

— ¿Hacia Azqueta, quizá?

— Sí, cerca de Azqueta. Le han herido en un reconocimiento.

— Bueno. Vamos — dijo la superiora —. Que venga también el señor Benito el demandadero.

Martín no se opuso, y esperó a que se preparasen para acompañarlas. Al salir los cuatro a tomar el coche, y al verles Bautista desde lo alto del pescante, no pudo menos de hacer una mueca de asombro. El demandadero montó junto a él.

— Vamos — dijo Martín a Bautista.

El coche partió; la misma superiora bajó las cortinas, y, sacando un rosario, comenzó a rezar. Recorrió el coche la calle Mayor, atravesó el puente del Azucarero, la calle de San Nicolás, y tomó la carretera de Logroño.

Al salir del pueblo, una patrulla carlista se acercó al coche. Alguien abrió la portezuela y la volvió a cerrar en seguida.

— Va la madre superiora de las Recoletas a visitar a un enfermo — dijo el demandadero con voz gangosa.

El coche siguió adelante, al trote lento de los caballos. Lloviznaba, la noche estaba negra, no brillaba ni una estrella en el cielo. Se pasó una aldea; luego, otra.

— ¡Qué lentitud! — exclamó la monja.

— Es que los caballos son muy malos — contestó Martín.

Pasaron de prisa otra aldea, y cuando no tenían delante ni atrás

tornera la que vigila la puerta
locutorio sala de recibir

- *palideció* se puso pálida

lunares manchas negras y pequeñas en la piel

reconocimiento (skirmish)
demandadero mensajero en un convento

pescante asiento del cochero

gangosa (nasal)
- *lloviznaba* (it was drizzling)

- *monja* (nun)

pueblos ni casas próximas, Bautista aminoró la marcha. Comenzaba a anochecer.

— ¿Pero qué pasa? — dijo de pronto la superiora —. ¿No llegamos todavía?

— Pasa, señora — contestó Zalacaín — que tenemos que seguir adelante.

— ¿Y por qué?

— Hay esa orden.

— ¿Y quién ha dado esa orden?

— Es un secreto.

— Pues hagan el favor de parar el coche, porque voy a bajar.

— Si quiere Ud. bajar sola, puede Ud. hacerlo.

— No, iré con Catalina.

— Imposible.

La superiora lanzó una mirada furiosa a Catalina, y, al ver que bajaba los ojos, exclamó:

— ¡Ah! Estaban entendidos.

— Sí, estamos entendidos — contestó Martín —. Esta señorita es mi novia, y no quiere estar en el convento, sino casarse conmigo.

— No es verdad; yo lo impediré.

La superiora se calló. Siguió el coche en su marcha pesada y mo-

aminoró (lessened, cut down)
• *anochecer* (to get dark, nightfall)

*Estaban entendidos.
Tenían un entendimiento.*

nótona por la carretera. Era ya medianoche cuando llegaron a la vista de Los Arcos.

Doscientos metros antes detuvo Bautista los caballos y saltó del pescante.

— Tú — le dijo a Zalacaín en vascuence — tenemos un caballo aspeado; si pudieras cambiarlo aquí. . . .

— Intentaremos.

— Y si se pudieran cambiar los dos, sería mejor.

— Voy a ver. Cuidado con el demandadero y con la monja, que no salgan.

Desenganchó Martín los caballos y fue con ellos a la venta.

Le salió al paso una muchacha redondita, muy bonita y de muy mal humor. Le dijo Martín lo que necesitaba, y ella replicó que era imposible, que el amo estaba acostado.

— Pues hay que despertarle.

Llamaron al posadero, y éste presentó una porción de obstáculos, adujo toda clase de pretextos; pero al ver el uniforme de Martín se avino a obedecer, y mandó despertar al mozo. El mozo no estaba.

— Ya ve Ud., no está el mozo.

— Ayúdeme Ud., no tenga Ud. mal genio — le dijo Martín a la muchacha, tomándole la mano y dándole un duro —. Me juego la vida en esto.

La muchacha guardó el duro en el delantal, y ella misma sacó dos caballos de la cuadra y fue con ellos cantando alegremente:

> La Virgen del Puy de Estella
> le dijo a la del Pilar:
> Si tú eres aragonesa,
> yo soy navarra y con sal.

Martín pagó al posadero, y quedó con él de acuerdo en el sitio donde tenía que dejar los caballos en Logroño.

Entre Bautista, Martín y la moza reemplazaron el tiro por completo. Martín acompañó a la muchacha, y cuando la vio sola la estrechó por la cintura y la besó en la mejilla.

— ¡También Ud. es posma! — exclamó ella con desgarro.

— Es que Ud. es navarra y con sal, y yo quiero probar esa sal — replicó Martín.

— Pues tenga Ud. cuidado no le haga daño.

— ¿Quién lleva Ud. en el coche?

— Unas viejas.

— ¿Volverá Ud. por aquí?

— En cuanto pueda.

— Pues, adiós.

— Adiós, hermosa. Oiga Ud. Si le preguntan por dónde hemos ido, diga Ud. que nos hemos quedado aquí.

— Bueno, así lo haré.

- *vascuence idioma de Vascongadas, provincia del norte de España*
- *Intentaremos. Trataremos.*
  desenganchó (unhitched)

adujo presentó

aragonesa mujer de Aragón
navarra mujer de Navarra

tiro conjunto de caballerías que tiran un carruaje
posma persona tonta, pesada, lenta
con desgarro con insolencia

El coche pasó por delante de Los Arcos. Al llegar cerca de Sansol, cuatro hombres se plantaron en el camino.

— ¡Alto! — gritó uno de ellos, que llevaba un farol.

Martín saltó del coche y desenvainó la espada.

desenvainó   desnudó

— ¿Quién es? — preguntó.

— Voluntarios realistas — dijeron ellos.

— ¿Qué quieren?

— Ver si tienen Uds. pasaporte.

Martín sacó el salvoconducto y lo enseñó. Un viejo de aire respetable tomó el papel y se puso a leerlo.

salvoconducto   permiso para pasar

— ¿No ve Ud. que soy oficial? — preguntó Martín.

— No importa — replicó el viejo —. ¿Quién va adentro?

— Dos madres recoletas que marchan a Logroño.

recoletas   ramo del orden franciscano

— ¿No saben Uds. que en Viana están los liberales? — preguntó el viejo.

— No importa, pasaremos.

— Vamos a ver a esas señoras — murmuró el vejete.

— ¡Eh, Bautista! Ten cuidado — dijo Martín en vasco.

Descendió Urbide del pescante y tras él saltó el demandadero. El viejo jefe de la patrulla abrió la portezuela del coche y echó la luz del farol al rostro de las viajeras.

— ¿Quiénes son Uds.? — preguntó la superiora con presteza.

— Somos voluntarios de Carlos VII.

— Entonces, que nos detengan. Estos hombres nos llevan secuestradas.

- *nos llevan secuestradas   nos llevan a la fuerza*

No acababa de decir esto, cuando Martín dio una patada al farol que llevaba el viejo; y, después, de un empujón, echó al anciano respetable a la cuneta de la carretera. Bautista arrancó el fusil al otro de la ronda, y el demandadero se vio acometido por dos hombres a la vez.

- *patada   golpe con el pie*

cuneta   (canal)

— ¡Pero si yo no soy de éstos! ¡Yo soy carlista! — gritó el demandadero.

Los hombres, convencidos, se echaron sobre Zalacaín; éste cerró contra los dos; uno de los voluntarios le dio un bayonetazo en el hombro izquierdo, y Martín, furioso por el dolor, le tiró una estocada, que le atravesó de parte a parte.

La patrulla se había declarado en fuga, dejando un fusil en el suelo.

— ¿Estás herido? — preguntó Bautista a su cuñado.

— Sí, pero creo que no es nada. ¡Hala, vámonos!

— ¿Llevamos este fusil?

— Sí; quítale la cartuchera a ese que yo he tumbado, y vamos andando.

cartuchera   cinturón en que se guardan las cartuchas

Bautista entregó un fusil y una pistola a Martín.

— Vamos, ¡adentro! — dijo Martín al demandadero.

Este se metió temblando en el coche, que partió, llevado al galope por los caballos. Pasaron por en medio de un pueblo. Algunas ventanas se abrieron y salieron los vecinos, creyendo, sin duda, que pasaba un

llevado al galope   tirado a toda velocidad

furgón de artillería. A la media hora Bautista se paró. Se había roto una correa y tuvieron que arreglarla, haciéndole un agujero con el cortaplumas. Estaba cayendo un chaparrón que convertía la carretera en un barrizal.

— Habrá que ir más despacio — dijo Martín.

Efectivamente, comenzaron a marchar más despacio; pero, al cabo de un cuarto de hora, se oyó a lo lejos como a un galope de caballos. Martín se asomó a la ventana; indudablemente, los perseguían.

El ruido de las herraduras se iba acercando por momentos.

— ¡Alto! ¡Alto! — se oyó gritar.

Bautista azotó los caballos y el coche tomó una carrera vertiginosa. Al llegar a las curvas, el viejo landó se torcía y rechinaba como si fuera a hacerse pedazos. La superiora y Catalina rezaban; el demandadero gemía en el fondo del coche.

— ¡Alto! ¡Alto! — gritaron de nuevo.

— ¡Adelante, Bautista! ¡Adelante! — dijo Martín, sacando la cabeza por la ventanilla.

En aquel momento sonó un tiro, y una bala pasó silbando a poca distancia. Martín cargó la pistola, vio un caballo y un jinete que se acercaban al coche, hizo fuego y el caballo cayó pesadamente al suelo. Los perseguidores dispararon sobre el coche, que fue atravesado por las balas. Entonces Martín cargó el fusil, y sacando el cuerpo por la ventanilla, comenzó a hacer disparos atendiendo al ruido de las pisadas de los caballos; los que les seguían disparaban también, pero la noche estaba negra y ni Martín ni los perseguidores afinaban la puntería. Bautista, agazapado en el pescante, llevaba los caballos al galope; ninguno de los animales estaba herido; la cosa iba bien.

Al amanecer cesó la persecución. Ya no se veía a nadie en la carretera.

— Creo que podemos parar — gritó Bautista —. ¿Eh? Llevamos otra vez el tiro roto. ¿Paramos?

— Sí, para — dijo Martín —; no se ve a nadie.

Paró Bautista, y tuvieron que componer de nuevo otra correa.

El demandadero rezaba y gemía en el coche; Zalacaín le hizo salir de dentro a empujones.

— Anda, al pescante — le dijo —. ¿Es que tú no tienes sangre en las venas, sacristán de los demonios? — le preguntó.

— Yo soy pacífico y no me gusta mezclarme en estas cosas ni hacer daño a nadie — contestó refunfuñando.

— ¿No serás tú una monja disfrazada?

— No, soy un hombre.

— ¿No te habrás equivocado?

— No, soy un hombre, un pobre hombre, si le parece a Ud. mejor.

— Eso no impedirá que te metan unas píldoras de plomo en esa grasa fría que forma tu cuerpo.

— ¡Qué horror!

furgón   vagón
correa   (leather strap)
chaparrón   lluvia fuerte
barrizal   (mud hole)

herraduras   hierros semi-circulares que se clavan a las caballerías en los cascos
vertiginosa   (dizzy)
se torcía   cambiaba de dirección
rechinaba   hacía un ruido desagradable

• dispararon   (shot)
atravesado   perforado

afinaban la puntería   (aimed well)

tiro   (harness strap)

• disfrazada   fingiendo ser lo que uno no es por cambiarse de ropa

píldoras de plomo   balas

— Por eso debes comprender, hombre linfático, que cuando se encuentra uno en el caso de morir o de matar, no puede uno andarse con tonterías.

Las palabras rudas de Martín reanimaron un poco al demandadero.

Al subir Bautista al pescante, le dijo Martín:

— ¿Quieres que guíe yo ahora?

— No, no. Yo voy bien. Y tú, ¿cómo tienes la herida?

— No debe de ser nada.

— ¿Vamos a verla?

— Luego, luego; no hay que perder tiempo.

Martín abrió la portezuela, y al sentarse, dirigiéndose a la superiora, dijo:

— Respecto a Ud., señora, si vuelve a chillar, la voy a atar a un árbol y a dejarla en la carretera.

chillar gritar

Catalina, asustadísima, lloraba. Bautista subió al pescante y el demandadero con él. Comenzó el carruaje a marchar despacio; pero, al poco tiempo, volvieron a oírse como pisadas de caballos.

Ya no quedaban municiones; los caballos del coche estaban cansados.

— Vamos, Bautista, un esfuerzo — gritó Martín, sacando la cabeza por la ventanilla —. ¡Así! Echando chispas.

Bautista, excitado, gritaba y chasqueaba el látigo. El coche pasaba con la rapidez de una exhalación, y pronto dejó de oírse detrás el ruido de pisadas de caballos.

Ya estaba clareando; nubarrones de plomo corrían a impulsos del viento, y en el fondo del cielo rojizo y triste del alba se adivinaba un pueblo en un alto. Debía de ser Viana.

nubarrones nubes grandes
a impulsos del viento empujados por el viento
la caja el cuerpo del carruaje

Al acercarse a él, el coche tropezó con una piedra, se soltó una de las ruedas, la caja se inclinó y vino a tierra. Todos los viajeros cayeron revueltos en el barro. Martín se levantó primero y tomó en brazos a Catalina.

— ¿Tienes algo? — le dijo.

— No; creo que no — contestó ella, gimiendo.

La superiora se había hecho un chichón en la frente y el demandadero dislocado una muñeca.

chichón (bump)

— No hay averías importantes — dijo Martín —. ¡Adelante!

Los viajeros entonaban un coro de quejas y de lamentos.

— Desengancharemos y montaremos a caballo — dijo Bautista.

— Yo, no. Yo no me muevo de aquí — replicó la superiora.

La llegada del coche y su batacazo no habían pasado inadvertidos, porque pocos momentos después avanzó del lado de Viana media compañía de soldados.

batacazo golpe ruidoso que se da al caer

— Son los *guiris* — dijo Bautista a Martín.

— Me alegro.

La media compañía se acercó al grupo.

guiris liberales durante las guerras carlistas

— ¡Alto! — gritó el sargento —. ¿Quién vive?

— España.

— Daos prisioneros.

— No nos resistimos.

El sargento y su tropa quedaron asombrados al ver a un militar carlista, a dos monjas y a sus acompañantes llenos de barro.

— Vamos hacia el pueblo — les ordenaron.

Todos juntos, escoltados por los soldados, llegaron a Viana.

Un teniente que apareció en la carretera preguntó:

— ¿Qué hay, sargento?

— Traemos prisioneros a un general carlista y a dos monjas.

Martín se preguntó por qué le llamaba el sargento general carlista; pero al ver que el teniente le saludaba, comprendió que el uniforme cogido por él en Estella era de un general.

PREGUNTAS

1 ¿Qué noticia recibió Martín en la carta?
2 ¿Por qué quería la posadera que Martín cambiara su habitación?
3 ¿Qué despertó a Martín?
4 ¿Quién era el herido?
5 ¿Estaba verdaderamente herido?
6 ¿Adónde fue Martín a las cuatro de la mañana?
7 ¿Qué le dio un general?
8 ¿Quién no vio a Martín?
9 En seguida, ¿adónde fue Martín?
10 ¿Qué noticia le dio Bautista?
11 ¿Cómo vio Martín a Catalina?
12 ¿Qué decidieron los dos?
13 ¿Quiénes le prendieron a Martín?
14 ¿Por qué le encarcelaron?
15 ¿Cómo escapó de la cárcel?
16 Al salir de la cárcel, ¿a quiénes vio Martín?
17 ¿Dónde se escondió?
18 ¿Cómo salió de la casa?
19 ¿Cómo arregló Martín que Catalina pudiera salir del convento?
20 ¿Con quiénes salió ella?
21 ¿Por qué empezó a ponerse sospechosa la superiora?
22 ¿Quiénes los pararon la primera vez?
23 ¿Cómo supieron los hombres que Martín no era realista?
24 ¿Cómo se libró Martín de los realistas?
25 Después de las averías, ¿quiénes los pararon?
26 ¿Por qué dijo Martín «me alegro»?
27 ¿Adónde fueron?

ESTUDIO DE PALABRAS

Enfermo: enfermar, enfermedad, enfermería, enfermera, enfermizo

1 El enfermo le pidió agua a Martín.
2 Muchas veces el agua, si no es pura, puede enfermar a los soldados.
3 Ninguna enfermedad podría vencer a Martín, por lo fuerte que era.
4 Como la posada estaba lejos de la ciudad, no lo pudieron llevar a la enfermería.
5 Como no había ninguna enfermera, la posadera tenía que atender al enfermo.
6 Martín no es nada enfermizo, siempre está bien de salud.

Espiando: espiar, espía, espionaje

1 Los serenos estaban espiando a Martín.
2 Los realistas querían espiar por su causa, y los liberales por la suya.
3 Por lo atrevido que era Martín, sería un buen espía.
4 El espionaje es una parte de la guerra.

Cárcel: encarcelar, encarcelado, encarcelamiento, carcelero

1 Los serenos llevaron a Martín a la cárcel donde estaban los otros prisioneros.
2 Los serenos, siendo espías, querían encarcelar a Martín. No querían dejarle en libertad.
3 Martín quería saber por qué estaba encarcelado.
4 No sabía la razón de su encarcelamiento.
5 El carcelero trató bastante bien a Martín.

Alquilar: alquiler, de alquiler

1 Como Martín no tenía coche y no quería comprar uno, lo tenía que alquilar.
2 Quería saber cuánto le costaría el alquiler.
3 Martín se paró en una venta donde tenían caballos de alquiler.

EJERCICIO DE VOCABULARIO

Complete las siguientes oraciones.

1 Una persona que nunca está bien de salud es un _____.
2 Es la _____ que cuida a los enfermos.
3 La _____ es un lugar donde cuidan a los enfermos.
4 El que generalmente no está bien de salud es _____.
5 Hay muchas cosas que pueden hacerle mal a uno; es que le pueden _____.
6 El _____ es el acto de espiar.
7 El que espía es un _____.
8 Usar algo por un precio y no comprarlo es _____ algo.
9 Se guardan los prisioneros en la _____.
10 Es el _____ que cuida a los prisioneros.
11 Los policías tienen que _____ a los que cometen un delito serio.

EJERCICIO DE COMPRENSION

Escoja de la lista que sigue el personaje responsable de las acciones en las oraciones de abajo.

Martín Zalacaín   el demandadero   Bautista
Catalina   la monja   el alcaide

1. Suele bordar en el convento cerca de la ventana y por la tarde sale a pasear a la huerta.
2. Le llevaron a la cárcel porque andaba silbando por la plaza; además, tuvo que aguantar los empellones que le dieron.
3. Le llevó a Martín un jergón y unas mantas por los cuales recibió un duro.
4. Acepta la idea de estar encarcelado como cosa natural y hasta dice que no deshonra a nadie.
5. Abandonó la idea de sobornar al alcaide porque eso exigiría mucho dinero.
6. Hizo una cuerda cortando en tiras las mantas y las ató una a otra formando una cuerda suficientemente larga.
7. Empleó un cortaplumas para roer la madera del marco y así efectuar la extracción de uno de los barrotes.
8. Se puso el uniforme y la boina de un oficial carlista, luego se ciñó la espada, se echó el capote por encima y bajó las escaleras taconeando.
9. Temía que Martín cometiera algún disparate, y se preparó para una catástrofe.
10. Al ver a su novio vestido de uniforme carlista y al leer la carta, palideció y le temblaron las manos de emoción.
11. Al ver a los cuatro salir del convento no pudo menos de hacer una mueca de asombro.
12. Una vez dentro del coche, bajó las cortinas y se puso a rezar.
13. — Soy pacífico y no me gusta mezclarme en estas cosas ni hacer daño a nadie.
14. Estaba excitado. Gritaba y chasqueaba el látigo.
15. Se había hecho un chichón en la frente.
16. Tenía dislocada una muñeca.
17. Se preguntó por qué le llamaba el sargento general carlista; pero al ver que el sargento le saludaba, comprendió que el uniforme era el de un general.

EJERCICIOS CREATIVOS

1. En esta selección, el autor incluye mucha acción. A la vez le expone al lector el carácter de Zalacaín. Cite ejemplos que demuestren los siguientes rasgos de carácter: (a) compasivo, (b) bromista, (c) atrevido, (d) cariñoso, (e) astuto, (f) responsable, (g) prudente, (h) realista, (i) tramposo (o mentiroso), (j) paciente, (k) estoico, (l) valiente, (m) optimista.
2. ¿Cuáles de estos rasgos admira Ud.?

Doña Perfecta

BENITO PEREZ GALDOS

Es considerado Benito Pérez Galdós (1843–1920) uno de los mejores novelistas del idioma castellano. Escribió setenta y siete novelas y veintidós obras teatrales. En sus novelas ha recreado la realidad total de una época. No se limitó a describir sólo una parte de España sino la España total.

En su novela *Doña Perfecta* (1876) presenta el conflicto entre lo antiguo y lo nuevo. El siglo XIX es el siglo de conflicto entre los tradicionalistas y los progresistas. Pepe Rey, un joven ingeniero educado en Madrid y en el extranjero, va a un pueblo ficticio llamado Orbajosa. Es en Orbajosa que vive su tía, doña Perfecta. Doña Perfecta quiere que Pepe se case con su hija Rosarito.

Descripción de Pepe Rey

Frisaba la edad de este excelente joven en los treinta y cuatro años. Era de complexión fuerte y un tanto hercúlea, con rara perfección formado, y tan arrogante que si llevara uniforme militar ofrecería el más guerrero aspecto y talle que puede imaginarse. Rubios el cabello y la barba, no tenía en su rostro la flemática imperturbabilidad de los sajones, sino, por el contrario, una viveza tal que sus ojos parecían negros sin serlo. Su persona bien podía pasar por un hermoso y acabado símbolo, y si fuera estatua, el escultor habría grabado en el pedestal estas palabras: *inteligencia, fuerza.* Si no en caracteres visibles, llevábalas él expresadas vagamente en la luz de su mirar, en el poderoso atractivo que era don propio de su persona y en las simpatías a que su trato cariñosamente convidaba.

No era de los más habladores: sólo los entendimientos de ideas inseguras y de movedizo criterio propenden a la verbosidad. El profundo sentido moral de aquel insigne joven le hacía muy sobrio de palabras en las disputas que constantemente traban sobre diversos asuntos los hombres del día; pero en la conversación urbana sabía mostrar una elocuencia picante y discreta, emanada siempre del buen sentido y de la apreciación mesurada y justa de las cosas del mundo. No admitía falsedades, ni mistificaciones, ni esos retruécanos del pensamiento con que se divierten algunas inteligencias impregnadas de gongorismo; y para volver por los fueros de la realidad, Pepe Rey solía emplear a veces, no siempre con comedimiento, las armas de la burla. Esto casi

- *talle* (build)

sajones (Saxons)

propenden (tend)

retruécanos juegos de palabras
gongorismo del autor del siglo XVII, Góngora
fueros derechos
comedimiento cortesía

era un defecto a los ojos de gran número de personas que le estimaban, porque nuestro joven aparecía un poco irrespetuoso en presencia de multitud de hechos comunes en el mundo y admitidos por todos. Fuerza es decirlo, aunque se amengüe su prestigio: Rey no conocía la dulce tolerancia del condescendiente siglo que ha inventado singulares velos de lenguaje y de hechos para cubrir lo que a los vulgares ojos pudiera ser desagradable.

Descripción de Rosarito

Era Rosarito una muchacha de apariencia delicada y débil, que anunciaba inclinaciones a lo que los portugueses llaman *saudades*. En su rostro fino y puro se observaba algo de la pastosidad nacarada que la mayor parte de los novelistas atribuyen a sus heroínas, y sin cuyo barniz sentimental parece que ninguna Enriqueta y ninguna Julia pueden ser interesantes. Pero lo principal en Rosario era que tenía tal expresión de dulzura y modestia, que al verla no se echaban de menos las perfecciones de que carecía. No es esto decir que era fea; mas también es cierto que habría pasado por hiperbólico el que la llamara hermosa, dando a esta palabra su riguroso sentido. La hermosura real de la niña de doña Perfecta consistía en una especie de transparencia, prescindiendo del nácar, del alabastro, del marfil y demás materias usadas en la composición descriptiva de los rostros humanos; una especie de transparencia, digo, por la cual todas las honduras de su alma se veían claramente; honduras no cavernosas y horribles como las del mar, sino como las de un manso y claro río. Pero allí faltaba materia para que la persona fuese completa; faltaba cauce, faltaban orillas. El vasto caudal de su espíritu se desbordaba, amenazando devorar las estrechas riberas. Al ser saludada por su primo se puso como la grana, y sólo pronunció algunas palabras torpes.

> pastosidad nacarada (mother-of-pearl pastiness)
> barniz (varnish)

> honduras profundidades
>
> cauce (river bed)
> se puso como la grana
> se puso roja
> • torpes estúpidas, tontas

V

¿Habrá desavenencia?

Poco después Pepe se presentaba en el comedor.

— Si almuerzas fuerte — le dijo doña Perfecta con cariñoso acento — se te va a quitar la gana de comer. Aquí comemos a la una. Las modas del campo no te gustarán.

— Me encantan, señora tía.

— Pues di lo que prefieres: ¿almorzar fuerte ahora o tomar una cosita ligera para que resistas hasta la hora de comer?

— Escojo la cosa ligera para tener el gusto de comer con Uds.; y si en Villahorrenda hubiera encontrado algún alimento, nada tomaría a esta hora.

— Por supuesto, no necesito decirte que nos trates con toda franqueza. Aquí puedes mandar como si estuvieras en tu casa.

— Gracias, tía.

— ¡Pero cómo te pareces a tu padre! — añadió la señora, contemplando con verdadero arrobamiento al joven mientras éste comía —. Me parece que estoy mirando a mi querido hermano Juan. Se sentaba como te sientas tú y comía lo mismo que tú. En el modo de mirar, sobre todo, sois como dos gotas de agua.

Pepe la emprendió con el frugal desayuno. Las expresiones, así como la actitud y las miradas de su tía y prima, le infundían tal confianza que se creía ya en su propia casa.

— ¿Sabes lo que me decía Rosario esta mañana? — indicó doña Perfecta, fija la vista en su sobrino —. Pues me decía que tú, como hombre hecho a las pompas y etiquetas de la corte y a las modas del Extranjero, no podrás soportar esta sencillez un poco rústica con que vivimos y esta falta de buen tono, pues aquí todo es a la pata la llana.

— ¡Qué error! — repuso Pepe, mirando a su prima —. Nadie aborrece más que yo las falsedades y comedias de lo que llaman alta sociedad. Crean Uds. que hace tiempo deseo darme, como decía no sé quién, un baño de cuerpo entero en la Naturaleza; vivir lejos del bullicio, en la soledad y sosiego del campo. Anhelo la tranquilidad de una vida sin luchas, sin afanes, ni evidioso ni enviado, como dijo el poeta. Durante mucho tiempo, mis estudios primero y mis trabajos después, me han impedido el descanso que necesito y que reclaman mi espíritu y mi cuerpo; pero desde que entré en esta casa, querida tía, querida prima, me he sentido rodeado de la atmósfera de paz que deseo. No hay que hablarme, pues, de sociedades altas ni bajas, ni de mundos grandes ni chicos, porque de buen grado los cambio todos por este rincón.

Esto decía, cuando los cristales de la puerta que comunicaba el comedor con la huerta se oscurecieron por la superposición de una larga opacidad negra. Los vidrios de unos espejuelos despidieron, heridos por la luz del sol, fugitivo rayo; rechinó el picaporte, abrióse la puerta, y el señor penitenciario penetró con gravedad en la estancia.

arrobamiento éxtasis

a la pata la llana sin afectación, con naturalidad

- *bullicio ruido de la multitud*
- *sosiego calma, tranquilidad*

- *rechinó (squeaked) picaporte (doorhandle, latch)*

«Benito Pérez Galdós» por Joaquín Sorolla y Bastida   The Hispanic Society of America

Saludó y se inclinó, quitándose la canaleja hasta tocar con el ala de ella al suelo.

— Es el señor penitenciario de esta santa catedral — dijo doña Perfecta — persona a quien estimamos mucho y de quien espero serás amigo. Siéntese Ud., señor don Inocencio.

Pepe estrechó la mano del venerable canónigo, y ambos se sentaron.

— Pepe, si acostumbras fumar después de comer, no dejes de hacerlo — manifestó benévolamente doña Perfecta — ni el señor penitenciario tampoco.

A la sazón el buen don Inocencio sacaba de debajo de la sotana una gran *petaca* de cuero, marcada con irrecusables señales de antiquísimo uso, y la abrió, desenvainando de ella dos largos *pitillos*, uno de los cuales ofreció a nuestro amigo. De un cartoncejo que irónicamente llaman los españoles *wagón*, sacó Rosario un fósforo, y bien pronto ingeniero y canónigo echaban su humo el uno sobre el otro.

— ¿Y qué le parece al señor don José nuestra querida ciudad de Orbajosa? — preguntó el canónigo, cerrando fuertemente el ojo izquierdo, según su costumbre mientras fumaba.

— Todavía no he podido formar idea de este pueblo — dijo Pepe —. Por lo poco que he visto, me parece que no le vendrían mal a Orbajosa media docena de grandes capitales dispuestos a emplearse aquí, un par de cabezas inteligentes que dirigieran la renovación de este país y algunos miles de manos activas. Desde la entrada del pueblo hasta la puerta de esta casa he visto más de cien *mendigos*. La mayor parte son hombres sanos y aun robustos. Es un ejército lastimoso, cuya vista oprime el corazón.

— Para eso está la caridad — afirmó don Inocencio —. Por lo demás, Orbajosa no es un pueblo miserable. Ya sabe Ud. que aquí se producen los primeros *ajos* de toda España. Pasan de veinte las familias ricas que viven entre nosotros.

— Verdad es — indicó doña Perfecta — que los últimos años han sido detestables a causa de la seca; pero aun así las *paneras* no están vacías, y se han llevado últimamente al mercado muchos miles de ristras de ajos.

— En tantos años que llevo de residencia en Orbajosa — dijo el clérigo, *frunciendo el ceño* — he visto llegar aquí innumerables personajes de la corte, traídos unos por la *gresca* electoral, otros por visitar algún abandonado terruño o ver las antigüedades de la catedral, y todos entran hablándonos de arados ingleses, de *trilladoras* mecánicas, de saltos de aguas, de bancos y qué sé yo cuántas majaderías. El estribillo es que esto es muy malo y que podía ser mejor. Váyanse con mil demonios, que aquí estamos muy bien sin que los señores de la corte nos visiten, mucho mejor sin oír ese continuo clamoreo de nuestra pobreza y de las grandezas y maravillas de otras partes. Más sabe el loco en su casa que el cuerdo en la ajena, ¿no es verdad, señor don José? Por supuesto, no se crea ni remotamente que lo digo por Ud. De ninguna manera. Pues no faltaba más. Ya sé que tenemos delante a uno

petaca   *(cigarette case)*
• *pitillos* cigarillos *(butts)*

• *mendigos* *(beggars)*

• *ajos* *(garlics)*

paneras sitio donde se
  guarda el pan o el
  trigo

frunciendo el ceño
  (squinting)
gresca jaleo *(uproar)*
trilladoras *(threshing
  machines)*

Vendiendo ajo

Spanish National Tourist Office

de los jóvenes más eminentes de la España moderna, a un hombre que sería capaz de transformar en riquísimas comarcas nuestras áridas estepas.... Ni me incomodo porque Ud. me cante la vieja canción de los arados ingleses y la arboricultura y la selvicultura.... Nada de eso; a hombres de tanto, de tantísimo talento, se les puede dispensar el desprecio que muestran hacia nuestra humildad. Nada, amigo mío, nada, señor don José; está Ud. autorizado para todo, incluso para decirnos que somos poco menos que cafres.

cafres (fig.: uncouth ones)

Esta filípica, terminada con marcado tono de ironía y harto impertinente toda ella, no agradó al joven; pero se abstuvo de manifestar el más ligero disgusto y siguió la conversación, procurando en lo posible huir de los puntos en que el susceptible patriotismo del señor canónigo hallase fácil motivo de discordia. Este se levantó en el momento en que la señora hablaba con su sobrino de asuntos de familia y dio algunos pasos por la estancia.

Era el penitenciario muy amigo del loro. Cuando dejó a la señora y a Rosario en coloquio con el viajero, llegóse a él, y dejándose morder con la mayor complacencia el dedo índice, le dijo:

loro (parrot)

—Tunante, bribón, ¿por qué no hablas? Poco valdrías si no fueras charlatán. De charlatanes está lleno el mundo de los hombres y el de los pájaros.

tunante (rogue, villain)

Luego cogió con su propia venerable mano algunos garbanzos del cercano cazuelillo y se los dio a comer. El animal empezó a llamar a la criada, pidiéndole chocolate, y sus palabras distrajeron a las dos damas y al caballero de una conversación que no debía de ser muy imporcante.

• *garbanzos (chick peas)*

VI

Donde se ve que puede surgir la desavenencia cuando menos se espera

De súbito se presentó el señor don Cayetano Polentinos, hermano político de doña Perfecta, el cual entró con los brazos abiertos, gritando:

— ¡Venga acá, señor don José de mi alma!

Y se abrazaron cordialmente. Don Cayetano y Pepe se conocían, porque el distinguido erudito y bibliófilo solía hacer excursiones a Madrid cuando se anunciaba almoneda de libros procedente de la testamentaría de algún *buquinista.* Era don Cayetano alto y flaco, de edad mediana, si bien el continuo estudio o los padecimientos le habían desmejorado mucho; se expresaba con una corrección alambicada que le sentaba a las mil maravillas, y era cariñoso y amable, a veces con exageración. Respecto de su vasto saber, ¿qué puede decirse sino que era un verdadero prodigio? En Madrid su nombre no se pronunciaba sin respeto, y si don Cayetano residiera en la capital, no se escapara sin pertenecer, a pesar de su modestia, a todas las academias existentes y por existir. Pero él gustaba del tranquilo aislamiento, y el lugar que en el alma de otros tiene la vanidad, teníalo en el suyo la pasión pura de los libros, el amor al estudio solitario y recogido, sin otra ulterior mira y aliciente que los propios libros y el estudio mismo.

Había formado en Orbajosa una de las más ricas bibliotecas que en toda la redondez de España se encuentran, y dentro de ella pasaba largas horas del día y de la noche, compilando, clasificando, tomando apuntes y entresacando diversas suertes de noticias preciosísimas, o realizando quizá algún inaudito y jamás soñado trabajo, digno de tan gran cabeza. Sus costumbres eran patriarcales; comía poco, bebía menos, y sus únicas calaveradas consistían en alguna merienda en los Alamillos en días muy sonados y paseos diarios a un lugar llamado Mundogrande, donde a menudo eran desenterradas del fango de veinte siglos medallas romanas, pedazos de arquitrabe, extraños plintos de desconocida arquitectura y tal cual ánfora o cubicularia de inestimable precio.

Vivían don Cayetano y doña Perfecta en una armonía tal, que la paz del Paraíso no se le igualara. Jamás riñeron. Es verdad que él no se mezclaba para nada en los asuntos de la casa, ni ella en los de la biblioteca más que para hacerla barrer y limpiar todos los sábados, respetando con religiosa admiración los libros y papeles que sobre la mesa y en diversos parajes estaban de servicio.

Después de las preguntas y respuestas propias del caso, don Cayetano dijo:

— Ya he visto la caja. Siento mucho que no me trajeras la edición de 1527. Tendré que hacer yo mismo un viaje a Madrid.... ¿Vas a estar aquí mucho tiempo? Mientras más, mejor, querido Pepe. ¡Cuánto me

almoneda (auction, clearance sale)
buquinista (book collector)
alambicada sutil

aliciente (incentive)

• merienda (snack, picnic)
Alamillos pueblo ficticio cerca de Orbajosa
Mundogrande pueblo ficticio cerca de Orbajosa
fango (mud)
plintos cuadrados sobre los cuales asientan columnas
ánfora cántaro antiguo

alegro de tenerte aquí! Entre los dos vamos a arreglar parte de mi biblioteca y a hacer un índice de escritores de la Gineta. No siempre se encuentra a mano un hombre de tanto talento como tú.... Verás maravillas, verdaderas maravillas, tesoros inapreciables, rarezas que sólo yo poseo, sólo yo.... Pero, en fin, me parece que ya es hora de comer, ¿no es verdad, José? ¿No es verdad, Perfecta? ¿No es verdad, Rosarito? ¿No es verdad, señor don Inocencio? ... Hoy es Ud. dos veces penitenciario; dígolo porque nos acompañará Ud. a hacer penitencia.

El canónigo se inclinó, y sonriendo mostraba simpáticamente su aquiescencia. La comida fue cordial, y en todos los manjares se advertía la abundancia desproporcionada de los banquetes de pueblo, realizada a costa de la variedad. Había para atracarse doble número de personas que las allí reunidas. La conversación recayó en asuntos diversos.

— Es preciso que visite Ud. cuanto antes nuestra catedral — dijo el canónigo —. ¡Cómo ésta hay pocas, señor don José! ... Verdad es que Ud., que tantas maravillas ha visto en el Extranjero, no encontrará nada notable en nuestra vieja iglesia.... Nosotros, los pobres patanes de Orbajosa, la encontramos divina. El maestro López de Berganza, racionero de ella, la llamaba en el siglo XVI *pulchra augustina*.... Sin embargo, para hombres de tanto saber como Ud., quizá no tenga ningún mérito, y cualquier mercado de hierro será más bello.

Cada vez disgustaba más a Pepe Rey el lenguaje irónico del sagaz canónigo; pero resuelto a contener y disimular su enfado, no contestó sino con palabras vagas. Doña Perfecta tomó en seguida la palabra, y jovialmente se expresó así:

— Cuidado, Pepito; te advierto que si hablas mal de nuestra santa iglesia perderemos las amistades. Tú sabes mucho y eres un hombre eminente que de todo entiendes; pero si has de descubrir que esa gran fábrica no es la octava maravilla, guárdate en buena hora tu sabiduría y no nos saques de bobos. ...

— Lejos de creer que este edificio no es bello — repuso Pepe — lo poco que de su exterior he visto me ha parecido de imponente hermosura. De modo, señora tía, que no hay para qué asustarse; ni yo soy sabio ni mucho menos.

— Poco a poco — dijo el canónigo, extendiendo la mano y dando paz a la boca por breve rato para que, hablando, descansase del mascar —. Alto allá; no venga Ud. aquí haciéndose el modesto, señor don José, que hartos estamos de saber lo muchísimo que Ud. vale, la gran fama de que goza y el papel importantísimo que desempeñará dondequiera que se presente. No se ven hombres así todos los días. Pero ya que de este modo ensalzo los méritos de Ud. ...

Detúvose para seguir comiendo, y luego que la sin hueso quedó libre, continuó así:

— Ya que de este modo ensalzo los méritos de Ud., permítaseme expresar otra opinión con la franqueza que es propia de mi carácter.

patanes   rústicos

• *bobos   tontos*

ensalzo   exalto

Sí, señor don José; sí, señor don Cayetano; sí, señora y niña mías; la ciencia, tal como la estudian y la propagan los modernos, es la muerte del sentimiento y de las dulces ilusiones. Con ella la vida del espíritu se amengua; todo se reduce a reglas fijas, y los mismos encantos sublimes de la Naturaleza desaparecen. Con la ciencia destrúyese lo maravilloso en las artes, así como la fe en el alma. La ciencia dice que todo es mentira y todo lo quiere poner en guarismos y rayas, no sólo *maria at terras*, donde estamos nosotros, sino también *coelumque profundum*, donde está Dios.... Los admirables sueños del alma, su arrobamiento místico, la inspiración misma de los poetas, mentira. El corazón es una esponja; el cerebro, una gusanera.

guarismos *(figures, numerals)*
maria at terras   el mar y la tierra
coelumque profundum   el cielo profundo
arrobamiento   éxtasis
gusanera   *(worm hole)*

Todos rompieron a reír, mientras él daba paso a un trago de vino.

— Vamos, ¿me negará el señor don José — añadió el sacerdote — que la ciencia, tal como se enseña y se propaga hoy, va derecha a hacer del mundo y del género humano una gran máquina?

— Eso, según y conforme — dijo don Cayetano —. Todas las cosas tienen su pro y su contra.

— Tome Ud. más ensalada, señor penitenciario — dijo doña Perfecta —. Está cargadita de mostaza, como a Ud. le gusta.

● *mostaza*   *(mustard)*

Pepe Rey no gustaba de entablar vanas disputas, ni era pedante, ni alardeaba de erudito, mucho menos ante mujeres y en reuniones de confianza; pero la importuna verbosidad agresiva del canónigo necesitaba, según él, un correctivo. Para dárselo le pareció mal sistema

alardeaba   *(boasted, bragged)*

exponer ideas que, concordando con las del canónigo, halagasen a éste, y decidió manifestar las opiniones que más contrariaran y más acerbamente mortificasen al mordaz penitenciario.

—Quieres divertirte conmigo — dijo para sí —. Verás qué mal rato te voy a dar.

Y luego añadió en voz alta:

—Cierto es todo lo que el señor penitenciario ha dicho en tono de broma. Pero no es culpa nuestra que la ciencia esté derribando a martillazos un día y otro tanto ídolo vano, la superstición, el sofisma, las mil mentiras de lo pasado, bellas las unas, ridículas las otras, pues de todo hay en la viña del Señor. El mundo de las ilusiones, que es como si dijéramos un segundo mundo, se viene abajo con estrépito. El misticismo en religión, la rutina en la ciencia, el amaneramiento en las artes, caen como cayeron los dioses paganos, entre burlas. Adiós, sueños torpes, el género humano despierta y sus ojos ven la claridad. El sentimentalismo vano, el misticismo, la fiebre, la alucinación, el delirio desaparecen, y el que antes era enfermo, hoy está sano y se goza con placer indecible en la justa apreciación de las cosas. La fantasía, la terrible loca, que era el ama de la casa, pasa a ser criada. . . . Dirija Ud. la vista a todos lados, señor penitenciario, y verá el admirable conjunto de realidad que ha sustituído a la fábula. El cielo no es una bóveda, las estrellas no son farolillos, la luna no es una cazadora traviesa, sino un pedrusco opaco; el sol no es un cochero emperejilado y vagabundo, sino un incendio fijo. No hay Parnaso, no hay Olimpo; no hay laguna Estigia, ni otros Campos Elíseos que los de París. En suma, señor canónigo de mi alma, se han corrido las órdenes para dejar cesantes a todos los absurdos, falsedades, ilusiones, ensueños, sensiblerías y preocupaciones que ofuscan el entendimiento del hombre. Celebremos el suceso.

Cuando concluyó de hablar, en los labios del canónigo retozaba una sonrisilla, y sus ojos habían tomado animación extraordinaria. Don Cayetano se ocupaba en dar diversas formas, ora romboides, ora prismáticas, a una bolita de pan. Pero doña Perfecta estaba pálida y fijaba sus ojos en el canónigo con insistencia observadora. Rosarito contemplaba llena de estupor a su primo. Este se inclinó hacia ella, y al oído le dijo disimuladamente en voz muy baja:

—No me hagas caso, primita. Digo estos disparates para sulfurar al señor canónigo.

VII

La desavenencia crece

—Puede que creas — indicó doña Perfecta con ligero acento de vanidad — que el señor don Inocencio se va a quedar callado sin contestarte a todos y cada uno de estos puntos.

—¡Oh, no! — exclamó el canónigo, arqueando las cejas —. No mediré yo mis escasas fuerzas con adalid tan valiente y al mismo tiempo tan

acerbamente (sharply)

• *traviesa* (bold)
emperejilado adornado

romboides paralelogramas de lados desiguales

adalid líder, campeón

bien armado. El señor don José lo sabe todo, es decir, tiene a su disposición todo el arsenal de las ciencias exactas. Bien sé que la doctrina que sustenta es falsa; pero yo no tengo talento ni elocuencia para combatirla. Emplearía yo las armas del sentimiento; emplearía argumentos teológicos, sacados de la revelación, de la fe, de la palabra divina; pero, ¡ay! el señor don José, que es un sabio eminente, se reiría de la teología, de la fe, de la revelación, de los santos profetas, del Evangelio. . . . Un pobre clérigo ignorante, un desdichado que no sabe matemáticas, ni filosofía alemana, en que hay aquello de *yo* y *no yo*, un pobre dómine que no sabe más que la ciencia de Dios y algo de poetas latinos, no puede entrar en combate con estos bravos corifeos.

corifeos   jefes de los coros en las tragedias antiguas

Pepe Rey prorrumpió en francas risas.

—Veo que el señor don Inocencio — dijo — ha tomado por lo serio estas majaderías que he dicho. . . . Vaya, señor canónigo, vuélvanse cañas las lanzas y todo se acabó. Seguro estoy de que mis verdaderas ideas y las de Ud. no están en desacuerdo. Ud. es un varón piadoso e instruido. Aquí el ignorante soy yo. Si he querido bromear, dispénsenme todos; yo soy así.

—-Gracias — repuso el presbítero visiblemente contrariado —. ¿Ahora salimos con ésa? Bien sé yo, bien sabemos todos que las ideas que Ud. ha sustentado son las suyas. No podía ser de otra manera. Ud. es el hombre del siglo. No puede negarse que su entendimiento es prodigioso, verdaderamente prodigioso. Mientras Ud. hablaba, yo, lo confieso ingenuamente, al mismo tiempo que en mi interior deploraba error tan grande, no podía menos de admirar lo sublime de la expresión, la prodigiosa facundia, el método sorprendente de su raciocinio, la fuerza de los argumentos. . . . ¡Qué cabeza, señora doña Perfecta, qué cabeza la de este joven sobrino de Ud.! Cuando estuve en Madrid y me llevaron al Ateneo, confieso que me quedé absorto al ver el asombroso ingenio que Dios ha dado a los ateos.

Ateneo   asociación científica, literaria y artística de Madrid
• *ateos   (atheists)*

—Señor don Inocencio — dijo doña Perfecta, mirando alternativamente a su sobrino y a su amigo — creo que Ud., al juzgar a este chico, traspasa los límites de la benevolencia. . . . No te enfades, Pepe, ni hagas caso de lo que digo, porque yo ni soy sabia, ni filósofa, ni teóloga; pero me parece que el señor don Inocencio acaba de dar una prueba de su gran modestia y caridad cristiana, negándose a apabullarte, como podía hacerlo, si hubiese querido. . . .

apabullar   (squash, flatten)

— ¡Señora, por Dios! — dijo el eclesiástico.

— El es así — añadió la señora —. Siempre haciéndose la mosquita muerta. . . . Y sabe más que los siete doctores. ¡Ay, señor don Inocencio, qué bien le sienta a Ud. el nombre que tiene! Pero no se nos venga acá con humildades importunas. Si mi sobrino no tiene pretensiones. . . . Si ha aprendido el error, ¿qué más puede desear sino que Ud. le ilustre y le saque del infierno de sus falsas doctrinas?

— Justamente, no deseo otra cosa, sino que el señor penitenciario me saque . . . — murmuró Pepe, comprendiendo que, sin quererlo, se había metido en un laberinto.

— Yo soy un pobre clérigo que no sabe más que la ciencia antigua — repuso don Inocencio —. Reconozco el inmenso valor científico mundano del señor don José, y ante tan brillante oráculo, callo y me postro.

Diciendo esto, el canónigo cruzaba ambas manos sobre el pecho, inclinando la cabeza. Pepe Rey estaba un si es no es turbado a causa del giro que diera su tía a una vana disputa festiva, en la que tomó parte tan sólo por acalorar un poco la conversación. Creyó lo más prudente poner punto en tan peligroso tratado, y con este fin dirigió una pregunta al señor don Cayetano, cuando éste, despertando del vaporoso letargo que tras los postres le sobrevino, ofrecía a los comensales los indispensables palillos clavados en un pavo de porcelana que hacía la rueda.

comensales *compañeros en la mesa*
• *palillos (toothpicks, drumsticks)*
empuñando el asa de un ánfora (grasping the handle of an amphora)

— Ayer he descubierto una mano empuñando el asa de un ánfora, en la cual hay varios signos hieráticos. Te la enseñaré — dijo don Cayetano, gozoso de plantear un tema de su predilección.

— Supongo que el señor de Rey será también muy experto en cosas de arqueología — dijo el canónigo, que siempre implacable corría tras su víctima, siguiéndola hasta su más escondido refugio.

— Por supuesto — dijo doña Perfecta —. ¿De qué no entenderán estos despabilados niños del día? Todas las ciencias las llevan en las puntas de los dedos. Las universidades y las academias les instruyen de todo en un periquete, dándoles patente de sabiduría.

• *periquete (wink of the eye)*

— ¡Oh! eso es injusto — repuso el canónigo, observando la penosa impresión que manifestaba el semblante del ingeniero.

— Mi tía tiene razón — afirmó Pepe —. Hoy aprendemos un poco de todo, y salimos de las escuelas con rudimentos de diferentes estudios.

— Decía — añadió el canónigo — que será Ud. un gran arqueólogo.

— No sé una palabra de esa ciencia — repuso el joven —. Las ruinas son ruinas, y nunca me ha gustado empolvarme en ellas.

Don Cayetano hizo una mueca muy expresiva.

empolvarme (get dusty)

— No es esto condenar la arqueología — dijo vivamente el sobrino de doña Perfecta, advirtiendo con dolor que no pronunciaba una palabra sin herir a alguien —. Bien sé que del polvo sale la historia. Esos estudios son preciosos y utilísimos.

— Ud. — dijo el penitenciario, metiéndose el palillo en la última muela — se inclinará más a los estudios de controversia. Ahora se me ocurre una excelente idea. Señor don José: Ud. debiera ser abogado.

— La abogacía es una profesión que aborrezco — replicó Pepe Rey —. Conozco abogados muy respetables, entre ellos a mi padre, que es el mejor de los hombres. A pesar de tan buen ejemplo, en mi vida me hubiera sometido a ejercer una profesión que consiste en defender lo mismo el pro que el contra de las cuestiones. No conozco error, ni preocupación, ni ceguera más grande que el empeño de las familias en inclinar a la mejor parte de la juventud a la abogacía. La primera y más terrible plaga de España es la turbamulta de jóvenes abogados, para cuya existencia es necesario una fabulosa cantidad de pleitos. Las cuestiones se multiplican en proporción de la demanda. Aun así, mu-

turbamulta muchedumbre

chísimos se quedan sin trabajo, y como un señor jurisconsulto no puede tomar el arado ni sentarse al telar, de aquí proviene ese brillante escuadrón de holgazanes, llenos de pretensiones, que fomentan la *empleomanía*, perturban la política, agitan la opinión y engendran las revoluciones. De alguna parte han de comer. Mayor desgracia sería que hubiera pleitos para todos.

— Pepe, por Dios, mira lo que hablas — dijo doña Perfecta, con marcado tono de severidad —. Pero dispénsele Ud., señor don Inocencio. . . , porque él ignora que Ud. tiene un sobrinito, el cual, aunque recién salido de la Universidad, es un portento en la abogacía.

— Yo hablo en términos generales — manifestó Pepe con firmeza —. Siendo como soy hijo de un abogado ilustre, no puedo desconocer que algunas personas ejercen esta noble profesión con verdadera gloria.

— No. . . , si mi sobrino es un chiquillo todavía — dijo el canónigo, afectando humildad —. Muy lejos de mi ánimo afirmar que es un prodigio de saber, como el señor de Rey. Con el tiempo, quién sabe. . . . Su talento no es brillante ni seductor. Por supuesto, las ideas de Jacintito son sólidas, su criterio sano; lo que sabe lo sabe a *machamartillo*. No conoce sofisterías ni palabras *huecas*. . . .

Pepe Rey aparecía cada vez más inquieto. La idea de que, sin quererlo, estaba en contradicción con las ideas de los amigos de su tía, le mortificaba, y resolvió callar por temor a que él y don Inocencio concluyeran tirándose los platos a la cabeza. Felizmente, el *esquilón* de la catedral, llamando a los canónigos a la importante tarea del coro, le sacó de situación tan penosa. Levantóse el venerable varón y se despidió de todos, mostrándose con Pepe tan lisonjero, tan amable, cual si la amistad más íntima desde largo tiempo les uniera. El canónigo después de ofrecerse a él para servirle en todo, le prometió presentarle a su sobrino, a fin de que le acompañase a ver la población, y le dijo las expresiones más cariñosas, dignándose agraciarle al salir con una palmadita en el hombro. Pepe Rey, aceptando con gozo aquellas fórmulas de concordia, vio, sin embargo, el cielo abierto cuando el sacerdote salió del comedor y de la casa.

empleomanía afán por desempeñar empleos públicos

a machamartillo muy bien
huecas vacías

esquilón campana grande

PREGUNTAS

1 ¿Cuáles son dos características importantes de Pepe Rey?
2 ¿Con qué compara Galdós a Rosarito? ¿Por qué?
3 ¿Por qué está contento Pepe de estar en Orbajosa?
4 ¿Quién es don Inocencio?
5 ¿Cuál será el significado de lo siguiente: «bien pronto ingeniero y canónigo echaban su humo el uno sobre el otro»?
6 ¿Cuáles son las opiniones que tiene Pepe de Orbajosa?
7 ¿Qué se producen en Orbajosa? ¿Cuál es el significado de esto?
8 ¿Qué opina el canónigo de los hombres de la corte que visitan a Orbajosa?

9   ¿Cómo describe el canónigo a Pepe Rey?
10 ¿Quién es don Cayetano?
11 ¿Qué tenía don Cayetano?
12 ¿Qué querían que visitara Pepe?
13 ¿Qué opina don Inocencio de la ciencia?
14 ¿Qué le hará al hombre la ciencia?
15 Según la contestación de Pepe Rey, ¿le consideraría Ud. un hombre sin religión o no? ¿Por qué?
16 Según doña Perfecta, ¿cómo podrá ayudar a Pepe el canónigo?
17 ¿Por qué dice don Inocencio que Pepe será gran arqueólogo?
18 ¿Por qué no le interesa a Pepe la arqueología?
19 ¿Qué opina Pepe de la abogacía?
20 ¿Por qué podrán ofender al canónigo las opiniones de Pepe?
21 ¿Cree Ud. que Pepe se casará con Rosarito? ¿Por qué?
22 ¿Qué cree Ud. que triunfará, en esta novela, lo moderno o lo antiguo?

ESTUDIO DE PALABRAS

Sosiego: sosegado, sosegar

1 Pepe dijo que quería gozar de la soledad y sosiego del campo, lejos del bullicio de la ciudad.
2 Orbajosa tenía un ambiente sosegado mientras Madrid tenía un ambiente agitado.
3 Cada vez que su tía se ponía nerviosa, Pepe trataba de sosegarla.

Cercano: cerca, acercarse

1 Don Cayetano tomaba una merienda en un pueblo cercano, no muy lejos de Orbajosa.
2 Alamillos está cerca de Orbajosa, no lejos.
3 Después de caminar un rato, Pepe se acercó a la catedral.

Aislamiento: aislado, aislar, aislacionismo

1 Don Cayetano gustaba del aislamiento de Orbajosa para seguir sus estudios sin interrupción.
2 Estando tan lejos de cualquier ciudad, es un pueblo aislado.
3 Querían aislar al joven de las tentaciones de la vida moderna.
4 Los orbajosenses seguían una política de aislacionismo, sin meterse en asuntos extranjeros.

Arqueología: arqueólogo, arqueológico

1 A don Cayetano le encantaba la arqueología; estudiaba todas las ruinas alrededor de Orbajosa.
2 Siendo arqueólogo, don Cayetano conocía bien la historia de Orbajosa.
3 Cerca de Orbajosa, había algunas ruinas de interés arqueológico.

Empolvarse: polvo, polvareda

1 Pepe no quería empolvarse en las ruinas antiguas.
2 Como nadie la había limpiado, la biblioteca de don Cayetano estaba llena de polvo.
3 Por lo seca que estaba la tierra, el viento causó una gran polvareda.

EJERCICIOS DE VOCABULARIO

Indique el contrario de las siguientes palabras.

1 lejano   2 calmado   3 tranquilidad
4 alejarse   5 calmar   6 lejos

Complete los siguientes párrafos.

Pepe decidió ir a Orbajosa para visitar a su tía. Quería divertirse en el ambiente _____ del pueblecito, lejos del bullicio madrileño. El _____ del lugar le permitiría meditar y descansar. Por la tarde podría ir a otro pueblo _____, no muy lejos de Orbajosa, a tomar una merienda.

Una vez establecido en el pueblo, se dio cuenta del _____ del lugar. Nunca se había sentido tan _____, tan lejos de todo. La filosofía de de los orbajosenses le chocó un poco a Pepe.

En Orbajosa, conoció a don Cayetano, el hermano político de doña Perfecta. Don Cayetano era _____; es que estudiaba las ruinas de interés _____ que estaban en los alrededores de Orbajosa. A don Cayetano le encantaba la _____. Pepe le explicó que no quería _____ en las ruinas. Sin decirlo pensó que ya había visto bastante _____ en la biblioteca de don Cayetano. A veces los comentarios y las opiniones de Pepe Rey molestaban a su tía y él la tenía que _____.

EJERCICIOS CREATIVOS

1 ¿Cuáles son los problemas que nos plantea Galdós en la novela *Doña Perfecta*? ¿Todavía existen estos problemas en varias partes del mundo?
2 Dé sus opiniones sobre los siguientes personajes: (a) Pepe Rey, (b) doña Perfecta, (c) don Cayetano, (d) don Inocencio.
3 ¿Cree Ud. que Pepe Rey triunfará en Orbajosa? Defienda sus opiniones.
4 ¿Cuál es el significado de los siguientes nombres?   (a) doña Perfecta, (b) don Inocencio, (c) Mundogrande.
5 ¿Cuál es el significado de lo siguiente?   (a) La producción de los ajos en Orbajosa; (b) según don Inocencio, Pepe Rey es el hombre del siglo; (c) el interés que tenía don Cayetano por la arqueología.
6 ¿Cuál podrá ser el motivo simbólico del viaje de Pepe Rey a Orbajosa?

JOYA 4   EJERCICIOS GENERALES

1 Compare la vida de Lazarillo con la de Zalacaín.
2 Compare la personalidad de doña Perfecta con la de doña Bárbara.
3 ¿En cuál de las obras leídas tiene más importancia la descripción? ¿Por qué?
4 De las obras leídas, ¿cuál parece tener más interés universal? ¿Por qué?

Joya cinco

La prensa y la comunicación

La prensa es el primer instrumento de comunicación de las masas que tiene la sociedad. A través de los años es la prensa que ha preservado los datos de asuntos humanos. Es el propagador de noticias; es la voz del pueblo; es el cronista de lo que ocurre a la humanidad en la vida personal y social, en la política, la economía, el crimen, los deportes, las ciencias y las artes. A su fondo básico de información se añaden la opinión, la crítica, el comentario y la interpretación. Y toda esta información se presenta impresa, lo cual la clasifica como género literario.

En muchos de los países de habla española, la prensa es poderosa y activa, frecuentemente controlada por el gobierno y funcionando como órgano de propaganda. En otros países, la prensa funciona como un cuarto estado, libre e independiente. En su mayoría, los periódicos son políticos, a veces en revuelta contra la censura.

Sirviendo la insistente demanda pública, como lo hace, la prensa es hoy día una institución social de primera importancia. Tiene poder e influencia; puede construir y destruir; puede motivar o reprimir. Y sobre todo, es una forma literaria accesible a todos.

Se destacan algunas diferencias entre la prensa norteamericana y la hispana. El precio del papel de impresión, que es muy alto en los países de habla española, obliga que la edición diaria de un periódico tenga menos páginas. Por consiguiente, el espacio tiene que aprovecharse al máximo; hay que decir mucho en pocas palabras. Tiene mucha importancia en los periódicos hispanos la sección literaria que reúne cuentos, poemas y ensayos cortos, de autores célebres y de otros que tal vez lo serán algún día.

Es más fácil hacer llorar que hacer reír, dice Cantinflas

YA, DIARIO DE LA MAÑANA, MADRID

Mario Moreno, mejor conocido como Cantinflas, es un extraordinario actor de cine. En sus películas, así como en sus actuaciones públicas, ha hecho reír a todos los que lo han visto. Por medio de la entrevista que sigue, llegamos a ver a este cómico fuera de la pantalla. El artículo apareció en *Ya*, el tres de noviembre de 1964.

Quien conozca personalmente a Cantinflas pensará que tienen razón los que afirman que la verdadera valía es casi siempre sinómino de sencillez. Con Cantinflas el diálogo se convierte en lección de humanidad. Porque Mario Moreno no sólo es un extraordinario, magnífico, genial actor de cine; es algo aun más importante: un hombre bueno. Así, a secas.

valía (valor)

— Ud. hace reír, ¿cree que podría también hacer llorar?

— Sí; es más fácil hacer llorar que hacer reír. Pero prefiero que la gente ría. Por eso, aunque en mis películas siempre haya un toque emotivo, ese toque sólo hace llorar un momento. Y basta con él; es suficiente. La risa es más humana.

toque (touch)

— Le habrán definido de muchas formas. Cítenos la que más le guste.

— Alguien dijo que Cantinflas es un personaje real que existe en la vida de los pueblos. No es el artista ficticio que muchas veces aparece haciendo algo que pudiéramos llamar fantasía. Cantinflas es un personaje que anida en nuestros pueblos y también en nuestras vidas.

anida hace hogar

— Mario Moreno, en su vida privada, ¿cómo se comporta: deja o no de ser Cantinflas?

— Soy serio; no me considero ningún fabricante de chistes. Sólo hago humor como resultado de unas situaciones; según las circunstancias.

— La vida, en sí, ¿cree que depara muchos chistes?

depara concede

— Todo tiene su lado cómico. Depende de cómo se traten o miren las cosas.

— Fuera de las pantallas, ¿qué predomina en Ud.: el optimismo, el pesimismo. . . ?

— Siempre el optimismo.

— Sus películas, ¿han tenido éxito en todos los países?

— Hasta ahora, sí.

— ¿Dónde han gustado más?

— En España es donde mejor las saborean.

— Hablemos de *El padrecito*.

— Es una película — la última; hago una por año — que ha logrado un éxito inesperado.

— Díganos el tema.

— Se trata de un cura que, al disentir de los momentos y prejuicios que vivimos, se incorpora íntegramente al pueblo, del que quiere y cree que debe estar más cerca.

— Ese sacerdote, ¿cómo es?

— Un hombre muy humano, muy real. Su realismo se apoya en que hace lo que cree que debe hacer un cura.

— ¿Por qué nunca dirige sus propias películas?

— Estoy muy compenetrado con Miguel; hace veinte años que trabajamos juntos.

— Dirigir un film cómico, ¿es fácil, difícil. . . ?

— Dificilísimo; su director ha de ser todo un humorista.

— Cantinflas, cuando trabaja, ¿se ajusta siempre a sus guiones?

— No; improviso muchísimo.

- *saborean   gozan*

- *disentir   opinar de distinto modo*
- *prejuicios   (prejudices)*
- *íntegramente   completamente*

compenetrado   en armonía completa

guiones   (scripts)

Cantinflas

Mexican National Tourist Council

Gran Vía, Madrid

Spanish National Tourist Office

— ¿Cree que con dinero se consigue todo?

— Aunque éste sea un factor muy importante, no; hay cosas que tienen más valor que el dinero.

— ¿Por ejemplo. . . ?

— El afecto.

— ¿Qué opina de la amistad?

— Quien no tiene amigos en esta vida, está muerto antes de tiempo. Se puede vivir sin dinero, pero no sin amistad. Los amigos, aunque no siempre sean como quisiera uno, son imprescindibles.

— Ilusiones, se sobrentiende, habrá tenido muchas; pero, ¿y desilusiones?

afecto amor
qué opina qué opinión
   tiene
● *imprescindibles* esen-
   ciales
se sobrentiende se en-
   tiende bien

— No recuerdo ninguna.

— Sueños, ¿le queda alguno por lograr?

— Las personas que desean siempre superarse en todos los aspectos, nunca logran realizar todos sus sueños. Nos morimos sin alcanzarlos. La vida nos resulta demasiado corta.

— ¿Qué admira más en un hombre?

— La lealtad.

— Por el contrario, ¿qué le desagrada más. . . ?

— La falsedad.

— La política, ¿le atrae?

— Me interesa; estoy al tanto de ella, pero no me agrada ser político.

— Sabemos que es amigo de Johnson. . . . ¿Qué opina de Goldwater?

— Todo el mundo tiene derecho a pensar como lo considere más justo, pero su política no es exactamente la que a mí me gusta.

— El mundo, en general, ¿a qué cree que aspira?

— A lograr una justicia social dentro de una auténtica paz.

Cantinflas está casado; tiene un hijo de cuatro años. Quizá por ello le preguntamos:

— El amor, ¿ha influido mucho en su vida?

— Bastante, y para bien. Ese sentimiento es un complemento muy importante en la vida del hombre. Sin amor, igual que sin amistad, es muy difícil vivir. Hay que amar a algo o a alguien; es necesario.

Cantinflas antes de hacer cine trabajó en el teatro. Ahora bien:

— ¿. . . Habría tenido, de seguir en las tablas, igual éxito que el obtenido en el cine?

— Sí.

— ¿Qué le atrae más, cine o teatro?

— Teatro.

— ¿Por qué?

— Es más noble que el cine.

Aparte del cine, de los toros, ¿qué otra afición tiene Cantinflas? Oigámosle:

— Me gusta mucho el campo; no olvide que soy ganadero y agricultor.

— Su músico, pintor, escritor, poeta y torero preferido, ¿quiénes son?

— Todos. . . , si son buenos.

— Volvamos al cine. . . . ¿De qué producción suya está más satisfecho?

— De todas, porque he logrado con ellas que la gente sea feliz. Pero, aunque todas me agraden, siempre pienso que aun no he hecho «mi» película, la mejor. . . . Estoy seguro de que moriré sin lograr esa película: la mejor, la mejor. . . .

— Charlot dijo de Ud.: «Le considero mi único sucesor.» ¿Está de acuerdo?

— Ese gran actor, a quien admiro, Chaplin, nunca tendrá sucesor; su lugar no lo va a ocupar nadie. Cantinflas es, además, un personaje distinto a Charlot.

superarse *tener éxito, ganar*

• *falsedad* *contrario a la verdad*

• *en las tablas* *(on the stage)*

• *noble* *tiene más valor, generoso*

Charlot *(Charlie Chaplin)*

• *sucesor* *alguien que sigue*

Mario Moreno es amigo, muy amigo, de Manuel Benítez. Se conocieron. . .

— . . . En México, con motivo de una corrida.

— ¿Era esa vez la primera que le veía torear?

— Sí.

— ¿Qué impresión le causó?

— No tuvo una buena tarde, pero era tan fuerte su personalidad que la gente se quedó con ganas de volverle a ver. . . . Siempre hay ganas de ver a El Cordobés. Porque hasta a aquellos que no les gusta también van a verlo. Entonces, como torero, yo no puedo decir nada — ya hay suficientes críticos —, pero lo que sí me consta es que arrastra a las multitudes.

— Muchos discrepan entre si es o no torero. . . .

— Y eso es lo bueno; quien es discutido . . . vale.

Dos preguntas sueltas, muy sueltas, casi entre paréntesis:

— Seguro que estamos conformes en que el cine español ha progresado mucho en estos últimos años, pero, ¿opina que ha de mejorar aun bastante más?

— Sí, claro.

— La profesión de actor, ¿qué requiere?

— Sentirla, pero sentirla al máximo. Después estudiar un poquito y de un modo constante. Todos esos actores que accidentalmente creen hacer algo son valores transitorios. El ser actor es una cosa muy seria. No hay ningún motivo para tomarla a broma y descuidarse.

El tiempo apremia. Hemos de dar por terminada la entrevista. Pero antes, a título de despedida:

— Cantinflas, mejor dicho, Mario Moreno, ¿qué es lo que más teme en esta vida?

— Nunca he pensado en eso. El hombre que vive en paz consigo mismo no tiene mucho que temer.

— A la vejez, al ocaso artístico, ¿tampoco tiene miedo?

— No, en absoluto. Es un error asustarse de la vejez. Sólo hay que temer el no poder justificar una vida: no hacer lo que hubiera podido y debido hacerse.

discrepan *tienen distintas opiniones*

• *transitorios* *de poca duración*
apremia *apura*
• *despedida* *(farewell)*

ocaso *declinación*

PREGUNTAS

1 ¿Cuál es la profesión de Mario Moreno?
2 ¿Qué tipo de hombre es?
3 ¿Cuál es su nombre más conocido?
4 ¿Por qué quiere hacer reír a la gente?

5 ¿Qué es Cantinflas?
6 ¿Cómo es Moreno en su vida personal?
7 ¿Dónde tienen más éxito sus películas?
8 ¿Cuál es el tema de su última película?
9 ¿Qué opina Moreno del dinero? ¿Está Ud. de acuerdo?
10 ¿Qué admira más en el hombre, Moreno? ¿Qué le desagrada más?
11 Para él, ¿qué es el amor?
12 ¿Qué prefiere él, el cine o el teatro? ¿Por qué?
13 ¿A quién admira mucho Moreno?
14 ¿Qué opina él de El Cordobés?
15 ¿Cuáles son sus opiniones en cuanto al cine español?
16 ¿Qué teme Moreno en la vida? ¿Por qué?

ESTUDIO DE PALABRAS

Emotivo: emocional, emocionante, emoción, emocionar

1 En sus películas, siempre hay un toque emotivo que causa emoción;
   pero sólo hace llorar un momento.
2 Una película muy emocional puede hacer llorar a todos.
3 Es una película emocionante con mucha aventura.
4 Hay una escena en la película que causará mucha emoción por lo
   triste que es.
5 El final de la película es tan triste que va a emocionar al público.

Falsedad: falso, falsificar, falsificación

1 A Moreno le desagrada la falsedad en una persona.
2 Decir algo falso es no decir la verdad.
3 Falsificar la verdad es para Moreno pecado mortal.
4 No soporta la falsificación de la verdad.

EJERCICIO DE VOCABULARIO

*Dé una lista de cuatro palabras que estén relacionadas con las
siguientes.*

1 llorar   2 agricultor   3 fácil   4 impresión

EJERCICIOS CREATIVOS

1 En un párrafo, escriba sus reacciones a las ideas expresadas por
   Cantinflas.
2 Escriba una conversación entre Ud. y una persona conocida. Escríbala
   en forma de una entrevista para el periódico.

El sábado en México: la presentación de El Cordobés fue un éxito

MARCA, MADRID

Todo periódico español tiene su sección dedicada a la fiesta brava. Los revisteros taurinos asisten a todas las corridas, entrevistan a los toreros, critican las actuaciones en la plaza y escriben los artículos que al día siguiente satisfarán el hambre de un público devorador. ¡Tanto mejor si el torero es alguien como Manuel Benítez (El Cordobés) quien entusiasma al público con su arte y su inmensa personalidad! El siguiente artículo apareció en *Marca*, el veintitrés de noviembre de 1964.

Que un hombre sólo sea capaz de dominar tan apasionadamente una ciudad tan fabulosa como lo fue ésta del reino de los aztecas, es realmente impresionante. El Cordobés, como el milagro económico alemán, es el milagro por una parte también económico, puesto que llena las plazas hasta la bandera, y por otra el milagro del entusiasmo y de la pasión por el toreo. Así esta plaza hoy es un verdadero fuego, como antes las calles han sido un enorme auditórium donde el nombre de El Cordobés ha sido toda la partitura. Manuel Benítez cubre con su ancha fama toda la geografía de este hermoso pueblo y para un español este apasionamiento por un compatriota es motivo para la emoción y el orgullo. Y en la corrida todo ha girado sobre su inmensa personalidad. Con dos toros dificilísimos, Manuel Benítez ha encendido la sangre de los mexicanos, sobre todo con su primera faena en la que la emoción de su toreo ha superado lo que podríamos llamar la barrera del riesgo y del peligro. Ha estado valiente al máximo dentro de esos terrenos que él pisa con arrogancia. En ese terreno donde él solo llega, su toreo quemaba el corazón de las gentes. Era demasiado su valor y excesiva la carga dramática de su toreo. Pero El Cordobés tenía que estar allí, siempre un paso adelante, en la ejemplar y hermosa servidumbre de su entrega al público y la faena, que había acelerado el pulso del público, se fue arriba en el triunfo. Sólo la espada podía arrebatarle el éxito de las orejas. Y la espada dijo no cuando el público estaba diciendo sí clamorosamente. Al tercer viaje acertó, pero era tarde para cortar las

toda la partitura   el único mencionado

ha girado   se ha movido

- *faena   (labor)*
- *riesgo   (risk)*

- *ejemplar   que da buen ejemplo*
  servidumbre   obligación
  entrega   acción de dedicarse
  arrebatarle   robarle
  al tercer viaje   la tercera vez

Plaza de Toros, México, D.F.

Mexican National Tourist Council

El Cordobés

Spanish National Tourist Office

orejas. Y así, un éxito formidable, se quedó sin la rúbrica, mientras una ovación tremenda reventaba en la plaza como las olas gigantes revientan sobre el acantilado. Después, El Cordobés se refugió entre las tablas y tras aceptar con saludos el entusiasmo del público, renunciaba a la vuelta al ruedo. Luego, su segundo, es el toro más difícil y peligroso del encierro. No hay faena posible. Por el valor que pone, su corazón queda a salvo y esta hermosa posición emociona al público, que le ovaciona con entusiasmo. El Cordobés había puesto aun más arriba la bandera de su fama.

Y la corrida, en realidad montada sobre el suceso de El Cordobés, tiene luego, como es lógico, una continuación y de gran tono, por cierto, en la parte que le corresponde a Raúl García. El mexicano está cumbre en el quinto con el único toro extraordinario que da el pésimo encierro de Huertas Reyes. Que el toro haya sido bueno aun acredita mucho más el formidable triunfo de Raúl García, que corta dos orejas y el rabo después de una estupenda faena.

Alfredo Leal, en su lote, nada fácil, hizo cosas de auténtica calidad con arte y valor. Al final saludó entre aplausos.

rúbrica término
reventaba (burst)
acantilado (grandstand)

encierro selección de toros

está cumbre en el quinto es el mejor con el quinto toro
pésimo muy mal

PREGUNTAS

1   ¿Con qué compara el periodista la fama de El Cordobés?
2   ¿En qué parte del redondel toreó El Cordobés?
3   ¿Por qué se pusieron tan emocionados los mexicanos?
4   ¿Por qué no recibió El Cordobés las orejas?
5   ¿A qué renunció El Cordobés?
6   ¿Cuál fue el toro más difícil y peligroso?
7   ¿Qué quiere decir: «El Cordobés había puesto aun más arriba la bandera de su fama»?

ESTUDIO DE PALABRAS

Riesgo: arriesgar, arriesgado

1   Es un gran riesgo torear tan cerca de la barrera.
2   A El Cordobés no le importa arriesgar su vida delante de un toro fuerte.
3   La carrera de torero es bastante arriesgada.

Toro: torero, torear, toreo, toril

1   El segundo toro era el más fuerte y peligroso.
2   El Cordobés es un torero de mucha fama.
3   Sabe torear con estilo.
4   El arte del toreo es una belleza.
5   El toro sale del toril para entrar en el redondel.

EJERCICIO DE VOCABULARIO

Complete las siguientes oraciones con la palabra apropiada.

1 El animal que se usa en la corrida es el _____.
2 El arte de la corrida es el _____.
3 El hombre que lucha con el toro es el _____.
4 El lugar en el cual se encierra el toro antes de la corrida es el _____.
5 El torero tiene que saber _____.
6 El torero _____ su vida cada vez que entra en la plaza.
7 La vida de un torero es una vida _____.
8 Los _____ son una parte de la vida de un torero.

EJERCICIOS CREATIVOS

1 ¿Cuál es el estilo de este artículo: editorial, literario, dramático o de interés humano?
2 Cite ejemplos de cómo exagera el escritor en este artículo.
3 Escriba un artículo en el cual Ud. presenta sus ideas sobre la corrida de toros.
4 Prepare un debate sobre la corrida de toros.

Visita de astronautas norteamericanos a Chile

EL MERCURIO, SANTIAGO DE CHILE

Un empeño importante del periódico es el de informar al público de los muchos acontecimientos actuales. Están incluídas las noticias locales y mundiales.

Los astronautas norteamericanos Richard F. Gordon, que acaba de participar en el vuelo de la «Gemini 11,» y Neil Armstrong, que fue el piloto de la «Gemini 8,» visitarán el país entre los días 27 y 30 del próximo mes de octubre.

El anuncio fue hecho por el director de la Administración Nacional de Aeronáutica y Astronáutica de los Estados Unidos, señor James Webb, en Wáshington, y corroborado por la Embajada norteamericana en Chile.

corroborado confirmado

El astronauta Neil Armstrong fue el piloto al mando de la cápsula espacial «Gemini 8,» cuyo vuelo se efectuó a mediados del mes de marzo pasado, mientras Richard Gordon, por su parte, fue uno de los dos astronautas que participaron en el vuelo de la «Gemini 11,» que acaba de tener feliz término.

El astronauta Neil Armstrong nació en Wepakoneta, Ohio, el 5 de agosto de 1930, recibiendo su título de Bachiller en Ciencias e Ingeniería Aeronáutica de la Universidad de Purdue en 1955. Aviador naval de 1949 a 1952, participó en 78 misiones de combate en Corea. El tuvo más de 3.000 horas de vuelo, incluyendo más de 1.500 en aviones a chorro.

Armstrong está a cargo del perfeccionamiento, diseño y uso de los aparatos de adiestramiento y de simulacros. También dirige las operaciones y adiestramiento de la Oficina de Astronautas.

El capitán de corbeta de la marina norteamericana Richard F. Gordon, Jr., nació en Seattle, Wáshington, el 5 de octubre de 1929. En 1961 ganó el trofeo de la carrera Bendix, entre Los Angeles y Nueva York, estableciendo un nuevo record de 869,74 millas por hora (1.392 kilómetros por hora) y un record de velocidad para la travesía continental, de dos horas 47 minutos. En 1951 se graduó en la Universidad de Wáshington con el título de Bachiller en Ciencias. Tiene a su haber más de 3.000 horas de vuelo, incluyendo más de 2.500 horas en aviones a retroimpulso.

Sus tareas específicas en el programa «Apolo,» además de su labor como astronauta, son las de controlar planes de cabina, posición e instrumentos y controles para los pilotos, de manera de lograr paneles de cabina debidamente integrados y coordinados.

- *mando* (command)

término *fin*

- *aviador* *piloto de aviones*
- *aviones a chorro* (jets)
- *está a cargo* *tiene la responsabilidad*
- *diseño* (design)
- *adiestramiento* (training)
  simulacros *que simulan*
  corbeta *tipo de buque de guerra* (corvette)
- *marina* (navy)
- *carrera* *competición de velocidad*
- *travesía* *el atravesar de un punto a otro*
  tiene a su haber *tiene*
  aviones a retroimpulso
  aviones a chorro

PREGUNTAS

1 ¿Qué país van a visitar los astronautas?
2 ¿Qué había hecho Neil Armstrong? ¿Y Richard Gordon?
3 ¿Cuál es el trabajo de Armstrong?
4 ¿Cuáles son las tareas de Gordon?

ESTUDIO DE PALABRAS

Espacial: espacio, espacioso, espaciarse

1 Armstrong fue el piloto al mando de la cápsula espacial «Gemini 8.»
2 No hay mucho espacio en una cápsula «Gemini.»
3 La cápsula «Apolo» es más espaciosa que la «Gemini.»
4 Los ojos del astronauta Gordon se espaciaron sobre casi la mitad del universo.

Se efectuó: efectuarse, efecto, efectivamente

1   El vuelo de Armstrong se efectuó durante el mes de marzo.
2   La visita de los pilotos americanos va a efectuarse el próximo mes.
3   El efecto de esta visita será muy positivo para las relaciones entre Chile y los Estados Unidos.
4   Los Estados Unidos están efectivamente más adelantados que la Unión Soviética en el desarrollo tecnológico.

EJERCICIO DE VOCABULARIO

Emplee cada una de las siguientes palabras en una oración.

1   el vuelo   2   volar   3   el aviador   4   el avión a chorro
5   la aviación   6   adiestrar   7   adiestramiento   8   la travesía
9   atravesar   10   perfeccionamiento   11   perfeccionar

EJERCICIO CREATIVO

1   Escriba un artículo en el cual Ud. presente los datos importantes de un suceso actual.

‹‹EN BOCA CERRADA, NO ENTRAN MOSCAS››

Hombre mexicano —
hombre universal

NOVEDADES, MEXICO

En la prensa hispana aparecen muchos artículos de interés filosófico, una característica que distingue la prensa hispana de la norteamericana.

Diego Abad de Santillán, escritor intelectual de origen español, residente ahora en Buenos Aires, acaba de publicar el libro *Historia institucional argentina,* que constituye una valiosísima aportación al pensamiento americano, resumen de la lucha, al través del tiempo, del hombre de este continente para afianzar sus derechos humanos.

En carta recién recibida me dice el autor: «Lo que a mí me interesa en esta materia es propagar la idea ultranacional y en el caso nuestro la de una unidad política y económica, ya que la cultural e histórica son innegables, en el área de la lengua española. Mi país, o mi patria si se quiere, es ese gran territorio que comienza en las costas occidentales del Mediterráneo y llega a las orientales del océano Pacífico, con límites por el norte en el río Grande y en el sur en la Antártica. En ese mundo estoy en mi casa; fuera de él soy extranjero, aunque tenga tanto apego por los países escandinavos y germánicos.»

Substantivamente el argentino, el venezolano, el guatemalteco, el mexicano, son hombres. El denominador común es la hombría. Adjetivamente, el hombre es europeo, americano, oriental, en cuanto cada hombre no puede negar ni renegar de su raíz telúrica, por más que pensemos que el hombre modifica sus circunstancias tanto como las circunstancias influyen en él. Es obvio que un argentino no puede ser confundido — en términos generales — con un mexicano, aunque argentinos, venezolanos, hondureños, tengamos mucho en común, parentesco de familia muy marcado, todo lo que no toleraría ser tomados, confundidos, con los alemanes, los ingleses o los franceses, por caso.

Pero volviendo al punto de arranque de estas meditaciones: el hombre es lo esencial; lo otro, es meramente adjetival.

Lo ecuménico viene, adviene; es una superación de algo que ya está, que existe. Mientras el hombre es más fiel a su sentido telúrico adviene con mayor y más amplia proyección cósmica.

En el fenómeno de la cultura iberoamericana, cada porción cumple su cometido en la medida en que es más individual, más único, más singular. Para, luego, crear lo que Luis Alberto Sánchez — que tanto cito — llama el milagro de la orquesta sinfónica.

Dice Diego Abad de Santillán, en la misma carta que acabo de

- *publicar (publish)*
  valiosísima muy importante, de gran valor
- *aportación contribución*
- *afianzar asegurar*
- *materia (matter)*
  ultranacional (above nationality)
- *ya que (since)*
- *innegables que no se puede negar*
  apego afición, atracción
  denominador común (common denominator)
  hombría el ser hombre (humanity)
  adjetivamente (as an extra quality)
  telúrica que pertenece a la tierra o región particular (telluric)
- *términos (terms)*
- *parentesco de familia relaciones de sangre*
  por caso por ejemplo
  punto de arranque principio, punto inicial
  adviene llega
  cometido (duty)

  cito (quote)
- *milagro (miracle)*

recibir: «Creo que hay que tomar esa bandera y aspirar a esa meta de la Confederación Iberoamericana, y México es, por el prestigio adquirido, uno de los ejes de esa construcción. No hay soluciones nacionales en la actual revolución de las grandes técnicas que exigen grandes mercados.» Y en ello tiene razón, porque aunque es verdad la diferencia de niveles, de ritmo de trabajo y de producción de desarrollo cultural, etcétera, de todas maneras puede y debe tenderse hacia una inmediata solución de comercio común en todas las órdenes. Concluye Diego Abad: «Nosotros tenemos para ello la misma lengua y la misma cultura, lo que no tiene ningún otro sector de la geografía política. Nuestra lengua será a fines de este siglo la segunda en el mundo después de la china.» Particularmente les temo a las profecías. El sociólogo Mendieta y Núñez acaba de subrayar que una de las causas de nuestra penuria en la sociología radica en la pequeña influencia que tiene el castellano en el mundo de las ideas, como vehículo de difusión. Pero place creer en la afirmación de nuestro amigo.

Lo interesante es observar el esfuerzo que se realiza —particularmente en este continente— por llegar a la integración nacional. Estamos, apenas, en este proceso y urge, seguramente, que el mexicano, y cada quien en su sitio, suba, ascienda a la perfecta madurez de su hombría, de su individualidad, de su unicidad, para advenir universal.

- *meta* *(goal)*

  ejes *(axles, axis)*

  tenderse hacia *(tend toward)*

- *penuria* *(lack)*

  cada quien *cada hombre*

PREGUNTAS

1 ¿Quién acaba de recibir una carta de Diego Abad de Santillán?
2 ¿Cómo están unidos los hombres hispanos?
3 ¿Cómo no están unidos?
4 ¿Cuál es la idea que deben propagar?
5 ¿Por qué dice el autor que su país comienza en las costas occidentales del Mediterráneo y llega a las orientales del océano Pacífico?
6 ¿Cuál es el denominador de todos los hombres?
7 ¿Por qué dice el autor que el hombre es europeo, americano u oriental?
8 ¿Qué quiere decir: «El hombre modifica sus circunstancias tanto como las circunstancias influyen en él»?
9 ¿Qué tienen en común los argentinos, venezolanos y hondureños?
10 ¿Cuál es la meta de Diego Abad de Santillán?
11 Según el autor, ¿a qué deben tender en seguida los hispanos?
12 ¿Por qué es México uno de los ejes de su plan?
13 ¿Cuál es la idea esencial de este artículo?

ESTUDIO DE PALABRAS

Nacional: nación, nacionalismo, nacionalidad, nacionalizar
1 Esta idea no es sólo de interés local, sino nacional.
2 El concepto de nación ha sido muy importante desde el siglo XVII.

3   El sentimiento de nacionalismo es muy fuerte actualmente en los países hispanos.
4   Cada hombre tiene orgullo de su nacionalidad.
5   Hay muchos países que quieren nacionalizar los servicios públicos.

EJERCICIO DE VOCABULARIO

Escriba el sustantivo que corresponda a los siguientes verbos.

1   publicar   2   aportar   3   negar   4   modificar
5   meditar   6   superar   7   producir   8   solucionar
9   afirmar   10   observar   11   integrar

EJERCICIO CREATIVO

1   Escriba un párrafo sobre los siguientes temas: (a) El hombre modifica sus circunstancias tanto como las circunstancias influyen en él. (b) El denominador común del hombre es la hombría.

Crónica de sociedad

YA, DIARIO DE LA MAÑANA, MADRID

Además de comunicar los sucesos extraordinarios y dramáticos, cada periódico siempre tiene su sección reservada para las notas sociales. Así informa a los lectores del «chisme» local y nacional. De gran interés para el sexo femenino son las bodas, las recepciones, los bailes y todos los detalles que los acompañan.

Enlace Soldevilla de Benito–Diego Jiménez

En la iglesia de Nuestra Señora de la Concepción se ha celebrado el enlace matrimonial de la señorita Rosario Diego Jiménez con don Luis Vicente Soldevilla de Benito.

Apadrinaron a los contrayentes doña María Teresa de Benito de Soldevilla, madre del novio, y don Gregorio Diego Curto, padre de la desposada.

Bendijo la unión y dirigió una plática a los contrayentes el padre Manuel Cuervo, O.P.

Firmaron como testigos, por parte de la novia, don Carlos Rein, el marqués de Desio, el conde de Marsal, don Esteban Madruga, don

● **enlace**   unión

apadrinaron   sirvieron de padrinos
contrayentes   personas que hacen un contrato
● **plática**   conversación, sermón

Eduardo Jiménez, don Lázaro Calzada, don Alfonso Patricio, don Gregorio Diego Jiménez, don Gregorio Mirat, don Félix de Gregorio y don Fernando Pérez-Minguez.

Por parte del novio firmaron don José María, don Vicente y don Luis Soldevilla, don José Lladó, don José María Soldevilla de Benito, don Manuel Ruiz, don Alvaro Azcárraga y don Antonio Osuna.

ESQUELAS

✡ Niño Lorenzo Bernstein Gorelick

falleció ayer a las 17 horas. Sus inconsolables padres David y Sara Bernstein y demás parientes lo participan a Ud. con el más profundo dolor y le ruegan eleve sus oraciones a Dios Nuestro Señor por el eterno descanso del alma del finado. Córdoba, el 12 de diciembre de 1965. El duelo se recibe hoy a las 13 horas y se despide en el Panteón Israelita.

---

† El señor don Ricardo Javier Cepeda

falleció ayer, a las 9.30 horas, en el seno de Nuestra Madre la Santa Iglesia Católica, Apostólica Romana, confortado con todos los auxilios espirituales. Sus hijos María, Roberto, Pablo; hijos políticos, nietos, hermanos, sobrinos y demás familiares lo participan a Ud. con el más profundo dolor, suplicándole ruegue a Dios Nuestro Señor por el eterno descanso del alma del finado. Córdoba, el 12 de diciembre de 1965. El duelo se recibe hoy a las 11 horas, en la casa número 23 de la calle de Bahía de Margarita, Colonia Clemente, y se despide en el Panteón Dominicano de San Felipe. No se reparten esquelas.

esquelas   cartas impresas que dan noticias del fallecimiento
- *falleció   murió*
  finado   muerto

duelo   asistentes a los funerales
panteón   cementerio
seno   (breast; here: a faithful follower)
- *hijos políticos   hijos por casamiento*

JOYA 5   EJERCICIOS GENERALES

1 Escriba en forma de reportaje para un periódico sobre un suceso actual de interés mundial.
2 Escriba un artículo en el cual Ud. describe una boda o una fiesta de interés social.
3 Escriba un ensayo para un periódico comentando sobre la influencia del turismo en la economía de un país.

Joya seis

La oratoria
y su poder

Las palabras son poderosas. Cuando las pronuncia un orador hábil, son armas formidables que puedan informar, enseñar o interpretar; complacer, satisfacer o encolerizar; convencer, persuadir o disuadir.

encolerizar hacer furioso

El arte de la oratoria fue fundado por los griegos, quienes establecieron un sistema detallado de reglas para el orador. Más tarde el arte fue adoptado por los romanos, y los sabios Quintiliano y Cicerón embellecieron las reglas. Con la llegada del cristianismo, el orador político fue reemplazado por el predicador. A través de los años el arte de la oratoria ha sido empleado por los hombres de acción en cualquier oficio, y muchos se han distinguido con el «don de hablar.»

De gran importancia en la oratoria es el lenguaje lleno de poder y elegancia, acomodado a los sentimientos y entendimientos de la humanidad. Básicamente, el orador trata algún asunto importante con lenguaje digno y elevado. La validez de sus argumentos, la organización de los datos, el estilo, la recitación y la personalidad del orador son todos factores en su efectividad.

Aunque sea la elocuencia oral que es el verdadero poder del orador, muchos discursos han pasado a la literatura para la inspiración y el aprecio del lector. A continuación aparecen tres discursos pronunciados en alguna ocasión especial.

La hermosa España

JOSE MARIA SALAVERRIA

De linaje vasco, José María Salaverría (1873–1940) viajó mucho por la hermosa España, «un bello trozo del mundo» como dice él. Con el lenguaje del poeta y la elocuencia del orador, Salaverría inspira amor por la patria en la selección que sigue.

¿Has pensado bien, muchacho, en lo que significa tu Patria? ¿Conoces bastante a España? Cuanto más te dediques a estudiarla y comprenderla, la amarás con un cariño más profundo. Es necesario que nuestro corazón se halle henchido del sentimiento de la Patria.

España es un bello trozo del mundo, ilustre por su historia y por la hermosura de su cielo. Desde los tiempos más remotos fue codiciada por las gentes, y los extranjeros le daban nombres bonitos y agradables, como a una tierra bendita.

España, en efecto, parece una síntesis del mundo: todas las cosas buenas y deseables están contenidas en la península Ibérica, que forma un puente entre la Europa central y el continente africano. El mar la rodea en toda su extensión, y los altivos Pirineos forman una frontera natural, inexpugnable y perfectamente marcada, para que nadie pueda albergar ninguna duda respecto a la independencia de nuestra amada nación.

El mar Mediterráneo, célebre por sus ondas azules y la poesía de sus horizontes, baña suavemente las fecundas y graciosas riberas de Levante; el grande y sublime Atlántico bordea la península, como si

* *codiciada   deseada*

síntesis   suma y compendio

inexpugnable   impregnable, invencible
albergar   dar hospedaje

quisiera señalar constantemente a España la ruta de América, eje de nuestro porvenir; por último, sobre la costa brava del Norte, agita sus espumas el mar Cantábrico, símbolo de la altivez y la bravura nacionales.

Rodeada por el mar en su mayor extensión y embellecida con los mejores regalos de la Providencia, España lo contiene todo y es una de las naciones más completas del mundo. Todos los productos florecen en su suelo, desde los frutos de la Europa Central, hasta los de los países tórridos. De los bosques de hayas y de las praderas suaves del Cantábrico, se pasa a los campos de Castilla, donde la mies y la viña ofrecen el blanco pan y el ardiente vino; las riberas de Levante están perfumadas por la flor poética de los espesos naranjales; en Andalucía crece el insuperable olivo, pastan los famosos corceles no igualados, y la caña de azúcar adorna algunas vegas con su delicia tropical.

Pero si el hombre con su industria abre la corteza de la tierra halla los metales más ricos y variados: carbón, hierro, plata, azogue, cobre, plomo.

Y presidiendo estas venturas, la Naturaleza ha puesto en España el sol más claro y brillante, que los poetas extranjeros han cantado tantas veces con entusiasmo y envidia. Los climas del mundo están representados en España, lo mismo las nieblas melancólicas como la brillantez del espacio luminoso, la nieve eterna como las playas rumorosas de temperatura paradisíaca. De este modo puede asegurarse que la unión de tanta variedad forma un conjunto perfecto y una síntesis verdadera del mundo, y por consiguiente el español debe estar orgulloso de serlo y contento de su Patria, y amarla por encima de todas las cosas.

eje (axis)
- *espumas (foam, spray)*
- *altivez orgullo*
- *bravura valentía*
- *embellecida hecha hermosa*
- *florecen se producen*
  hayas (beech trees)
  praderas prados grandes
  mies grano
- *naranjales (orange groves)*
- *insuperable inmejorable*
  vegas tierra llana y fértil
  corteza (crust, bark)
- *carbón (coal)*
  azogue (quicksilver)
- *plomo (lead)*
  presidiendo dirigiendo
- *nieblas (fog, clouds)*
  brillantez brillo
  paradisíaca relativo al paraíso
- *orgulloso lleno de orgullo*

Paisaje, Gredos, Avila

Spanish National Tourist Office

*Laguna, Gredos,
Avila*

Spanish National Tourist Office

PREGUNTAS

1   ¿Qué es España?
2   ¿Qué forma España?
3   ¿Qué forman los Pirineos?
4   ¿Qué hace el mar Mediterráneo?
5   ¿Qué señala el Atlántico?
6   ¿Qué simboliza el agitado Cantábrico?
7   ¿Por qué dice Salaverría que es una de las naciones más completas del mundo?
8   ¿Cuáles son los contrastes de la naturaleza que existen en España?
9   Si Ud. oyera este discurso, ¿quisiera Ud. hacer un viaje a España? ¿Por qué?

ESTUDIO DE PALABRAS

Dediques: dedicar, dedicación, dedicatoria

1   Cuanto más te dediques a estudiar a España, más la amarás.
2   Quiere dedicar su discurso a las bellezas de España.
3   Es una dedicación digna de una nación tan bella.
4   No había ninguna dedicatoria en el libro.

Embellecida: embellecer, embellecimiento

1   España está embellecida con los mejores regalos de la Providencia: el mar claro, el cielo azul y las montañas verdes.

*Paisaje, Garrucha,
Almería*

Spanish National Tourist Office

2 Un país tan bonito, no lo pueden embellecer más.
3 El embellecimiento del país es obra de la naturaleza.

Entusiasmo: entusiasmar, entusiasta, entusiástico

1 El habla con entusiasmo de las bellezas de España.
2 Cuando habla de su país, puede entusiasmar a todos.
3 Se nota en seguida que es entusiasta de España.
4 Se pone entusiástico cuando habla de España.

EJERCICIO DE VOCABULARIO

*Haga una lista de tres palabras relacionadas con cada una de las
siguientes.*

1 codiciado   2 espumas   3 nieblas   4 orgulloso

EJERCICIOS CREATIVOS

1 Escriba lo que Ud. ha aprendido de la geografía de España por medio
de este discurso.
2 Prepare una selección para ser pronunciada en una ocasión solemne.
Describa a su patria con ternura y dignidad como ha hecho Salaverría.
3 En contraste con el estilo del ejercicio anterior, prepare una charla
menos poética titulada «Visiten a los Estados Unidos.»

En defensa de la abolición de la esclavitud

EMILIO CASTELAR

Nadie le ha superado a Emilio Castelar (1832–1899) como artista de la palabra. Es el orador español más conocido y elogiado. Es difícil juzgarlo al leer sus discursos porque se pierden los gestos, la voz apremiante y la presencia magnética del hombre. Pero se ha preservado en quince volúmenes de discursos la elocuencia del hombre quien llegó a ser presidente de la República. Sigue un fragmento del discurso pronunciado el 20 de julio de 1870 en defensa de la abolición de la esclavitud.

No quiero hacer elegías, no quiero conmover vuestros corazones; yo sé muy bien que los corazones de los legisladores suelen ser corazones de piedra. La esclavitud antigua tenía una fuente, al fin heroica, que era la guerra. La esclavitud moderna, la esclavitud contemporánea, tiene una fuente cenagosa que se llama la trata. ¿Comprendéis un crimen mayor? ¿Creéis que hay en el mundo algo más horrible, algo más espantoso, más abominable que el negrero? El monstruo marino que pasa bajo la quilla de su barco, el tiburón que le sigue husmeando la carne, tienen más conciencia que aquel hombre. Llega a la costa, coge su alijo, lo encierra, aglomerándolo, embutiéndolo en el vientre de aquel horroroso barco, ataúd flotante de gentes vivas. Cuando un crucero le persigue, aligera su carga, arrojando la mitad al Océano. Allí los pobres negros no comen ni beben bastante, porque el sustento y la bebida es cara, y su infame raptor necesita ganancia, mucha ganancia. Bajo los chasquidos del látigo se unen los ayes del alma con las inmundicias de los cuerpos. El negrero les muerde las carnes con la fusta, y el recuerdo de la patria ausente, la nostalgia, les muerde con el dolor los corazones.

El año 1866 un buque negrero iba perseguido por un buque crucero. Llegó a un islote, cerca de las playas cubanas, y arrojó 180 negros. El buque negrero y el crucero dejaron la isla. ¿Sabéis qué sucedió? Los pobres negros no podían poner los pies en la tierra esponjosa, no podían ni siquiera extenderse para descansar; aquélla era una verdadera cruz de espinas. Todos murieron de hambre.

¿Cuál sería el espanto, señores Diputados, cuál sería el horror de su agonía? No tenían qué comer, y para beber no tenían más que agua

- **esclavitud** estado de ser esclavo
- **apremiante** urgente
- **fuente** (source)
- **cenagosa** (muddy)
- **trata** comercio de esclavos africanos
- **negrero** el que comercia con esclavos africanos
- **quilla** (keel)
- **husmeando** rastreando con el olfato
- **alijo** contrabando
- **aglomerándolo** poniendo uno encima de otro
- **embutiéndolo** llenándolo (el barco)
- **crucero** buque que guarda la costa
- **aligera** quita una parte del peso
- **sustento** comida
- **raptor** el que roba humanos
- **chasquidos** ruidos que hace el látigo
- **látigo** (whip)
- **ayes** gritos de dolor
- **inmundicias** suciedad
- **fusta** látigo
- **islote** isla pequeña y peñascosa
- **esponjosa** (spongy)
- **diputados** representantes

del mar, no tan amarga como la cólera de los hombres. Murieron unos sobre otros. ¡Imaginaos el dolor de los últimos supervivientes! Quizá un hermano vio morir a su hermano; quizá un hijo a su padre; quizá, ¡qué horror! un padre a su hijo. Quizá alguno mordió por hambre carne de su carne, bebió sangre de su sangre, buscando en las venas algún líquido con que apagar su sed. Y, señores Diputados, ¿aun temeréis que nuestras leyes perturben las digestiones de los negreros, cuando tantos crímenes no han perturbado sus conciencias?

Seguid, seguid ese calvario. Buscad el negro en la sociedad. ¿Puede haber sociedad donde se publican y se leen estos anuncios? ¿Les daría a leer estos periódicos de Cuba el señor ministro de Ultramar a sus hijos? No puedo creerlo, no se los daría. Dicen: «Se venden dos yeguas de tiro, dos yeguas del Canadá; dos negras, hija y madre; las yeguas juntas o separadas; las negras, la hija y la madre, separadas o juntas.» La pobre negra que ha engendrado a su hijo en el dolor mortal, que lo ha parido en el dolor físico, cuando ese hijo puede consolarla, una carta de juego, una bola de billar deciden de su suerte. Se juegan las negras y muchas veces gana uno la madre y el otro la hija, y el juego separa lo que han unido Dios y la naturaleza. Cuando vemos esto buscamos sin encontrarlo, ¡ay! la justicia humana y la justicia divina. El cielo y la conciencia nos parecen vacíos. El negro nace con la marca en la espalda; crece como bestias para el servicio y el regalo de otro; trabaja sin recoger el fruto de su trabajo; sólo es feliz cuando duerme si sueña que es libre, y sólo es libre en el día de su muerte.

Señores, Napoleón quiso poner sobre el altar y el trono restaurados dos ofrendas, y horrorizaos, puso la restauración de la trata con la restauración de la esclavitud. Cuando Louverture vio las naves francesas y supo que iban a cazar negros para encerrarlos en los ingenios y arrebatarles su libertad y su familia, se levantó y exclamó: «¡Hijos míos, la libertad que habíamos recibido de Dios, viene Francia a quitárnosla! Es nuestra propiedad, y no consentiremos que se nos despoje de ella. Defendeos, destruíd las ciudades, talad las cosechas, incendiad los bosques, envenenad las fuentes, para que sepa el mundo un día que el ejército que vino a quitarnos la libertad, vino también a traer en su lugar el infierno.»

¿Qué haríais vosotros? No sois hombres si no hicieseis lo mismo, tratándose de vuestras mujeres, de vuestros hijos y de vuestros hermanos; de vuestro derecho a la honra, a la vida, a la dignidad. ¿Así se vuelve a encerrar el esclavo libre? ¿Qué significan si no los nombres de Daoiz y Velarde? ¿Qué significa si no Gerona y Zaragoza?

¡Ah, señores Diputados! Acordaos de que la esclavitud moderna, acordaos de que la esclavitud contemporánea es mucho más horrible que la esclavitud antigua. Al cabo, los antiguos la fundaban en una razón metafísica, en la inferioridad de ciertas clases. Para Aristóteles los hijos eran una línea, los padres otra línea y los esclavos otra línea del triángulo que se llamaba familia. Platón, más humano y más cono-

supervivientes (survivors)

calvario sufrimiento moral
• ultramar al otro lado del mar

ha parido ha dado a luz
• una carta de juego (a playing card)
una bola de billar (a billiard ball)

ingenios (sugar mills)

se nos despoje de ella que nos la quiten
talad destruid (destruyan)
envenenad (poison)

• inferioridad calidad de inferior

Emilio Castelar   MAS, *Barcelona*

cedor de las ideas universales, admitía, sin embargo, ciertas clases condenadas a eterna esclavitud. Allí, especialmente en Roma, la esclavitud tenía una parte horrible, la parte de aquellos esclavos cazados en los bosques, conducidos a Roma, comprados en la puerta de los templos y alimentados para que luego fueran a derramar su sangre en la arena del circo. Pero el esclavo era escultor, pintor, arquitecto, músico, maestro, y de esta manera influía en Roma. Puede decirse que en los tiempos de Tácito, Roma era una ciudad de esclavos. Yo os pregunto: ¿Qué esclavo de los nuestros se llama Terencio; qué esclavo de los nuestros se llama Horacio, hijo de un liberto; qué esclavo de los nuestros se llama Epícteto, el cual educó el alma más grande y más noble de la Roma cesárea, el alma de Marco Aurelio? Vuestros esclavos son todo indignidad, todo brutalidad como la piedra del molino, como el mulo, como burro: un instrumento de riqueza, un instrumento de vil trabajo.

. . .

Yo observo que hay en esta Cámara, lo digo para concluir, algunos sacerdotes. Yo creo, señores Diputados, que los sacerdotes han venido aquí para algo más, para mucho más que pedir la resurrección de la Monarquía y la continuación de la intolerancia religiosa. Yo no disputaré, no quiero entrar en eso, ni es de este sitio, ni es de esta ocasión; yo no disputaré sobre si el cristianismo abolió o no abolió la esclavitud. Yo diré solamente que llevamos diecinueve siglos de cristianismo y diecinueve siglos de predicar la libertad, la igualdad, la fraternidad evangélica, y todavía existen esclavos; y sólo existen en el Brasil y en España. Yo sé más, señores Diputados, yo sé más: yo sé que apenas llevamos un siglo de revolución, y en todos los pueblos revolucionarios, en Francia, en Inglaterra, en los Estados Unidos, ya no hay esclavos. ¡Diecinueve siglos de cristianismo y aun hay esclavos en los pueblos no revolucionarios!

Yo dejo esto a vuestra consideración, a vuestro pensamiento. Sin embargo, el cristianismo, o no es nada o es la religión del esclavo. El Mesianismo fue la esperanza de un pueblo criado en la servidumbre; Moisés nació bajo el látigo de los Faraones en Egipto; Cristo es un vencido en Roma, hijo de un artesano, pobre, que no tiene patria, ni donde reclinar su cabeza; sus primeros discípulos fueron vencidos como él; los primeros mártires fueron esclavos, y su doctrina llevó el consuelo a las almas oprimidas, prometiéndoles cambiar las argollas de la tierra por una corona de estrellas en el cielo. La cruz, la cúspide de la sociedad moderna, fue lo más abyecto: el patíbulo del esclavo en la sociedad antigua. Pero, señores Diputados, yo no participo, no puedo, la conciencia nos impone las ideas, y no somos libres para evadirnos de ellas, yo no participo de toda la fe, de todas las creencias, de todas las ideas que tienen los sacerdotes de esta Cámara. Sin embargo, si yo fuera sacerdote, si yo tuviese la alta honra de pertenecer a esa elevada clase, yo en el más sublime de los misterios religiosos, teniendo vuestra

- *alimentados   que han comido bien*

liberto   hombre que ya no es esclavo
- *educó   enseñó*
  cesárea   de César
- *molino   (mill)*
- *vil   infame, bajo*

- *resurrección   acción de dar vida a un muerto*
- *disputaré   debatiré, discutiré*
- *abolió   suprimió, anuló*
- *predicar   pronunciar un sermón, manifestar*
- *igualdad   estado de ser igual a otro*
  Mesianismo   enseñanzas de Cristo, el Mesías
- *reclinar   inclinar una cosa sobre otra*
- *discípulos   seguidores, estudiantes*
  argollas   anillos de hierro usados para sujetar los esclavos
  cúspide   cumbre puntiaguda de las montañas
  abyecto   abatido, bajo
  patíbulo   lugar donde se ejecuta la sentencia de muerte
  evadirnos   escaparnos, eludirnos
- *Cámara   salón de diputados en el Congreso*

fe, me diría: el Criador se redujo a nosotros, aquellas manos que cincelaron los mundos, fueron taladradas por el clavo vil de la servidumbre; aquellos labios que infundieron la vida, fueron helados por el soplo de la muerte; El, que condensó las aguas, tuvo sed; El, que creó la luz, sintió las tinieblas sobre sus ojos; su redención fue por este gusano, por este vil gusano de la tierra que se llama hombre, y, sin embargo, la sangre de sus llagas ha sido infecunda, porque todavía en esta tierra, donde yo levanto la hostia, hay hombres sin familia, sin conciencia, sin dignidad, instrumentos más que seres responsables, cosas más que personas; levantaos esclavos, porqué tenéis patria, porque habéis hallado vuestra redención, porque allende los cielos hay algo más que el abismo, hay Dios; y vosotros, huid negreros, huid de la cólera celeste, porque vosotros, al reducir al hombre a servidumbre, herís la libertad, herís la igualdad, herís la fraternidad, borráis las promesas evangélicas selladas con la sangre divina del Calvario.

cincelaron *labraron con cincel en piedra o metal (chiseled)*

taladradas *penetradas*

- **clavo** *(nail)*

infundieron *comunicaron*

- **soplo** *respiración*

- **llagas** *heridas que no cierran, úlceras*

hostia *pan que se hace para la misa*

- **abismo** *gran profundidad*

borráis *anuláis*

PREGUNTAS

1 ¿Qué es la trata?
2 ¿Quién es el negrero?
3 ¿Cómo capturan los negreros a los esclavos?
4 ¿Qué hace el negrero cuando le persigue un crucero?
5 ¿Qué les pasó a algunos esclavos en un islote cerca de Cuba?
6 ¿A quiénes les pronuncia este discurso Castelar?
7 ¿Con qué compara Castelar la amarga agua del mar?
8 ¿Cómo trata de agitar las emociones de los Diputados, Castelar?
9 ¿Qué significa: «El juego separa lo que han unido Dios y la naturaleza»?
10 En una frase, ¿cómo describe Castelar la vida de un esclavo negro?
11 ¿Cómo compara Castelar la esclavitud moderna con la romana?
12 Según Castelar, ¿qué predica el cristianismo?
13 ¿Qué hacen los negreros al reducir el hombre a la servidumbre?

ESTUDIO DE PALABRAS

Esclavos: esclavizar, esclavitud

1 Los esclavos no son dueños de sí mismos; viven bajo el yugo de otro sin derecho ninguno.
2 Los negreros querían esclavizar a pueblos enteros.
3 La esclavitud es insoportable en cualquier sociedad.

Condenados: condenar, condenable, condenación

1 Los esclavos estaban condenados a una vida de animales.
2 Ningún hombre tiene el derecho de condenar a otro a la esclavitud.
3 Las acciones y empresas de los negreros son condenables.
4 Sujetar a uno y quitarle su libertad es una condenación injusta.

Complete las siguientes oraciones con una palabra apropiada.

1 Quitarle todos los derechos a un hombre es una _____ injusta.
2 Quitarle la libertad a un hombre y ponerle bajo el yugo de otro es _____ al hombre.
3 Cualquier acción maliciosa es _____.
4 Una persona que depende completamente de otra que la ha comprado es un _____.
5 Pronunciar sentencia contra una persona es _____ a la persona.

EJERCICIOS CREATIVOS

1 Anótense los varios argumentos que expone Castelar en defensa de la abolición de la esclavitud. ¿Qué opina Ud. de sus argumentos?
2 Para concluir su discurso, Castelar acude a la sicología. ¿Qué opina Ud. de esta técnica? ¿Cuál sería su propósito?

Discurso en el undécimo aniversario de la fundación del Estado Libre Asociado de Puerto Rico

LUIS MUÑOZ MARIN

Muñoz Marín nació en Puerto Rico en 1898. En 1938 organizó el Partido Democrático Popular. Llegó a ser el primer gobernador de Puerto Rico elegido por puertorriqueños, en 1948. Sirvió como gobernador hasta 1965. Aquí tenemos un discurso pronunciado por él, el 25 de julio de 1963 en San Juan, para el undécimo aniversario de la fundación del Estado Libre Asociado de Puerto Rico.

Este es un día de rededicación al esfuerzo que hace el pueblo de Puerto Rico en el uso de sus poderes como Estado Libre Asociado para seguir creando la buena civilización que con cada año que pasa merece más el respeto de su entendimiento y el afecto de su corazón. Todos

los puertorriqueños, aun aquellos que quisieran cambiarlo por otro status, tenemos el deber de perfeccionar el Estado Libre Asociado, de profundizar su sentido, de ensanchar la libertad que conlleva para todos los puertorriqueños juntos y para cada puertorriqueño en su propia vida individual. Todos tenemos el deber de afianzar su unión con los Estados Unidos, que es parte esencial del concepto de Estado Libre Asociado. Este es un status de libertad. No es un status de coacción. Su permanencia ha de durar lo que la firme voluntad del pueblo de Puerto Rico en sostenerlo y perfeccionarlo.

conlleva (helps)

• *coacción   coerción*

Las palabras generosas y justas que acaba de pronunciar nuestro huésped, el senador Fulbright, autoridad máxima en el Senado de los Estados Unidos sobre las relaciones de Estados Unidos con el mundo, son de gran elocuencia sobre lo que significa el Estado Libre Asociado. En Puerto Rico se han alcanzado y en muchos casos sobrepasado las metas que para toda la América Latina fijaron los gobiernos americanos al crear la Alianza para el Progreso. Puerto Rico, con su gran escasez de recursos naturales, con la limitación de su territorio y la densidad de su población, sobrepasa en el vigor de su desenvolvimiento económico, no solamente a cada país de la América Latina, sino que también a Estados Unidos mismo. Este progreso lo desarrolla Puerto Rico, no dentro de la teoría de un status político, sino dentro *del hecho y la realidad* de un status político que existe y que es parte integrante, es carne, hueso y espíritu del progreso económico y de la justicia social que toda América observa en Puerto Rico.

• *metas (goals)*

desenvolvimiento desarrollo

Es bueno que en este día señalemos lo que es el Estado Libre Asociado, no en el lenguaje de juristas, sino en el lenguaje del profundo y sencillo entendimiento de nuestro pueblo. El hombre sencillo de Puerto Rico cuando se pregunta a sí mismo, ¿Qué es el Estado Libre Asociado? se contesta con hondo sentido de realidad: «*El Estado Libre Asociado no es una teoría que se me describe y se me propone; el Estado Libre Asociado es lo que estoy viviendo en mi carne y en mi espíritu en cada día de mi vida; es lo que estoy viviendo y sintiendo en mi trabajo, en mi esperanza, en el desenvolvimiento del porvenir de mis hijos; el Estado Libre Asociado es esto y nada menos que esto.*» Al pueblo de Puerto Rico se le propone que sustituya esto con teorías de status político. Y cuando el puertorriqueño se pregunte, ¿Qué debe ser el perfeccionamiento del Estado Libre Asociado? le señalo su contestación igualmente honda y sencilla: «El perfeccionamiento del Estado Libre Asociado es esto mismo que estoy viendo y viviendo de día en día, de progreso en progreso, de mejora en mejora, de esperanza concebida en esperanza realizada y en esperanza mayor proyectada al porvenir.» El perfeccionamiento del Estado Libre Asociado es esto mismo y dos cosas más: (1) la aclaración, más allá de toda duda, de que esto que se ve y se vive será permanente mientras el pueblo de Puerto Rico siga viviéndolo como lo está viviendo y siga queriéndolo como lo quiere, y (2) que la autoridad del pueblo de Puerto Rico sobre su propia vida, dentro de su unión con los Estados Unidos sea, por acuerdo entre dos partes con igual dignidad, la que el pueblo de Puerto Rico y el Congreso de Estados Unidos consideren buenas y justas para ambos.

● *aclaración   explicación*

En el momento en que nuestro pueblo iba a votar sobre la Ley 600, ley de Constitución y Convenio, en junio de 1951, le decía yo estas palabras a los electores ya camino de las urnas: «Puerto Rico no renuncia a su derecho de proponer aquellas modificaciones al Estatuto de Relaciones Federales que estimare necesarias para su perfeccionamiento. Tampoco renuncia el pueblo de Puerto Rico su derecho a proponer la sustitución de esas relaciones por cualesquiera otras (o sea por cualquier otro status político) que el pueblo resolviera favorecer.»

● *urnas   (ballet boxes)*

Estas palabras de 1951 hacen contacto a través de once años con la Resolución Conjunta de nuestra Legislatura aprobada prácticamente por unanimidad en diciembre de 1962 proponiéndole al Congreso de Estados Unidos un método democrático de actuar sobre el status político de Puerto Rico. Es a base de esta resolución que está ahora a la consideración del Congreso un proyecto cuyo punto fundamental, según señalé en las vistas públicas, es la creación de una comisión en la que esté adecuadamente representado Puerto Rico, para que haga un estudio a profundidad de todo lo concerniente al status político de Puerto Rico y ponga este estudio con sus recomendaciones a disposición del Congreso de Estados Unidos y del pueblo de Puerto Rico. Creo que esta comisión, si el Congreso la crea, pondrá todo el debate sobre el status político de Puerto Rico en un plano racional y de honradez intelectual, sacándolo de los niveles de extrema superficialidad a que algunos de los debatientes del tema han hecho descender su discusión. Será un gran paso fundamental e ilustre, en la historia del pueblo de Estados Unidos y de su Congreso y en la trayectoria ejemplarizante del pueblo de Puerto Rico en su unión con los Estados Unidos y en su espíritu fraternal hacia todos los pueblos del hemisferio americano.

Un gran líder de la democracia en América, el expresidente de Costa Rica, don José Figueres, se ha expresado de Puerto Rico y su destino en altos términos que deben enorgullecer tanto a Puerto Rico como a Estados Unidos en la función creadora que la historia les depara. He aquí, para terminar, las palabras de don José Figueres:

depara presenta

«Los puertorriqueños vuelan más alto de lo que imaginábamos. Han alcanzado antes que otros pueblos nuestros la verdadera independencia, la del ser humano. Como nación forman parte ahora de la independencia de los Estados Unidos. Como gente pensante, aspiran a formar parte de la independencia del Nuevo Mundo. Todo el heroísmo de que es capaz el ser humano lo están empleando los puertorriqueños en una doble empresa: la de alcanzar en su propio país la abundancia y la cultura, mediante un esfuerzo a largo plazo, cuesta arriba, siempre cuesta arriba, y la de desdoblarse hacia América y hacer que se entiendan, y se junten en Puerto Rico, los dos grandes pueblos del Nuevo Mundo, que hablan lenguas distintas y vibran a tonos espirituales diferentes. Puerto Rico es hoy una oportunidad histórica sin precedentes. Es el principio de la integración americana.»

PREGUNTAS

1 ¿Qué es lo que merece el respeto y el afecto del pueblo puertorriqueño?
2 Según el discurso, ¿quién es la autoridad más importante en el Senado norteamericano sobre las relaciones de los EE.UU. con los otros países?
3 ¿A qué países sobrepasa Puerto Rico en el vigor de su desenvolvimiento económico?
4 ¿Cuál es la postura de Muñoz Marín ante el Estado Libre Asociado, a favor, en contra o qué?
5 ¿Puede Puerto Rico cambiar su status si quiere?
6 ¿Para qué sirven las urnas de las que habla Muñoz Marín?
7 ¿Qué quiere Muñoz Marín que haga la comisión que él propone?
8 ¿Cuál es la nacionalidad de don José Figueres?
9 Según Figueres, ¿cuál es la independencia que han alcanzado los puertorriqueños?
10 ¿En qué doble empresa están empleando los puertorriqueños su heroísmo?
11 ¿A qué dos pueblos se refiere Figueres cuando habla de «la integración americana»?

ESTUDIO DE PALABRAS

Enorgullecer: orgulloso, orgullo

1   El progreso que ha hecho Puerto Rico debe enorgullecer a todo puertorriqueño.
2   Los puertorriqueños están orgullosos del progreso que han hecho en la última década.
3   Los puertorriqueños sienten orgullo por el desarrollo que ha alcanzado su isla.

Perfeccionar: perfecto, perfección, perfeccionamiento

1   El gobernador les explica a los puertorriqueños su deber de perfeccionar el Estado Libre Asociado: de hacerlo más perfecto.
2   Nada es perfecto; siempre podemos mejorar.
3   La perfección es difícil de alcanzar, pero siempre debemos intentar alcanzarla.
4   El perfeccionamiento del Estado Libre Asociado debe ser la meta de todo puertorriqueño.

EJERCICIO DE VOCABULARIO

Dé otras dos palabras relacionadas con cada una de las siguientes.

1   asociado   2   alcanzado   3   permanencia   4   escasez

EJERCICIOS CREATIVOS

1   ¿Cuál es el propósito de Muñoz Marín al pronunciar este discurso?
2   ¿Cuáles son las opiniones de Muñoz Marín en cuanto a las relaciones entre Puerto Rico y los Estados Unidos?
3   Prepare un informe sobre la historia de Puerto Rico. ¿Qué importancia tienen las siguientes fechas: 1898, 1938, 1946, 1948, 1950, 1951? ¿Qué es *Operation Bootstrap?* ¿Qué significa el Estado Libre Asociado? ¿Qué derechos tienen los puertorriqueños siendo ciudadanos de un estado asociado?

JOYA 6   EJERCICIOS GENERALES

1   Prepare un discurso en el cual Ud. trata de persuadir al público a aceptar el punto de vista que tiene Ud. sobre cualquier asunto actual.
2   Prepare un discurso en el cual Ud. describe al público algo bonito que Ud. ha visto. Trate Ud. de entusiasmar al público.

Joya siete

La poesía
y la emoción

De todos los géneros literarios, la poesía es tal vez el más difícil de definir porque tiene tantas formas, evoca tantas imágenes, expresa tantos sentimientos y despierta tantas emociones. En esencia, una obra poética es una composición en verso. El autor escoge sus palabras con precisión y exactitud, las emplea en ciertos patrones de verso, de sonido y de pensamiento y, como decía Unamuno, «desnuda en palabras rítmicas el alma.»

patrones (patterns)

La poesía despierta la imaginación del lector y le permite partir de las experiencias del autor o reconstruir situaciones a base de su propia experiencia vital.

RODRIGO DIAZ DE VIVAR

Llamado comunmente el Cid campeador
el mas famoso Guerrero de España.
Nació en Burgos; y murió en Valencia
en 1099.

Jos.ᵉ Lopez Enguid.ᵗᵉ dibuxó.

Vicente Lopez Enguid.ᵗᵉ grab.

Grabado de Rodrigo Díaz de Vivar,
Imprenta Real, 1791   The Hispanic Society of America

El cantar de mío Cid

El cantar de mío Cid es el poema épico de la literatura española. Compuesto por el año 1140, el autor es anónimo. El poema canta las hazañas de El Cid, el héroe nacional de España, en sus luchas contra los árabes.

La despedida de El Cid

El Cid a doña Ximena   ívala abraçar
doña Ximena al Cid   la mano va a besar
llorando de los ojos,   que non sabe qué se far.
E él a las niñas   tornólas a catar:
«A Dios vos acomiendo   e al padre spirital;
agora nos partimos   Dios sabe el ajuntar.»
Llorando de los ojos   que non vidiestes atal,
assis parten unos d'otros,   commo la uña de la carne.

En lenguaje más moderno dice:

El Cid a doña Jimena   la iba a abrazar
doña Jimena al Cid   la mano va a besar
llorando de los ojos,   que no sabe qué hacer.
Y él a las niñas   las tornó a mirar:
«A Dios os encomiendo   y al padre espiritual,
ahora nos partimos   Dios sabe el ajuntar.»
Llorando de los ojos   como no viste jamás
así parten unos de otros   como la uña de la carne.

tornó   volvió a mirarlas

ajuntar   cuando nos veremos

La entrada en Valencia

Adeliñó mío Cid	con ellas a alcaçar,
allá las subió	en el más alto logar.
Ojos vellidos	catan a todas partes,
miran Valencia	como yace la ciudad,
e del otra parte	a ojo han el mar.
Miran la huerta,	espesa e grand,
e todas las otras cosas	que eran de solaz;
alçan las manos	por a Dios rogar,
desta ganancia	como es buena e grand
mío Cid e sus compañas,	tan a gran sabor están.

adeliñó acercó
alcaçar alcázar
logar lugar
catan miran
del de la
solaz placer, descanso
alçan alzan, levantan
desta de esta
a gran sabor muy a gusto

PREGUNTAS

1 ¿De quiénes se despide El Cid?
2 ¿Cómo se llama la mujer de El Cid?
3 ¿Qué les dice El Cid a sus hijas?
4 ¿Cómo está El Cid?
5 Cuando vuelve a Valencia, ¿adónde va El Cid con su familia?
6 ¿Qué miran?
7 ¿A quién alzan las manos? ¿Para qué?
8 ¿Cuál es la ganancia de El Cid?

Monumento a El Cid

Spanish National Tourist Office

«El Cid presentando a su padre, la cabeza del conde Lozano» por
Juan Vicens Cots, 1864, Universidad, Facultad de Ciencias, Barcelona   MAS, Barcelona

EJERCICIOS DE VOCABULARIO

Complete las siguientes oraciones con una palabra apropiada.

1 El Cid estaba _____ tanto que las lágrimas salían de los ojos.
2 El Cid _____ a sus hijas al padre espiritual.
3 El Cid _____ a su mujer y ella le _____ a él.
4 El Cid _____ al alcázar con su familia.

Busque en el poema una palabra o expresión equivalente.

1 va a darle un beso   2   un jardín de mucha vegetación
3 nos vamos   4   pedir   5   la cima   6   lo ganado

EJERCICIOS CREATIVOS

1 En un párrafo describa los elementos humanos que encontramos en
   estos versos de *El Cid*.
2 Si Ud. ha leído *Beowulf*, la épica inglesa, haga una comparación entre
   Beowulf y El Cid en cuanto a los elementos personales.
3 ¿Cuál es la oración que mejor demuestra la tristeza de El Cid?
4 Escriba un párrafo corto en el cual Ud. demuestra la tristeza de una
   familia que tiene que separarse por un período indefinido.

El libro de buen amor

JUAN RUIZ, ARCIPRESTE DE HITA

Se sabe muy poco de la vida de Juan Ruiz (1283–1351). Es cierto que pasó unos trece años en la cárcel y que fue allí donde produjo la mayoría de su obra. En sus poesías ataca los vicios de su época con un fuerte humor satírico.

I

Ejemplo de la propiedad que el dinero ha

Mucho hace el dinero, mucho es de amar;
al torpe hace bueno y hombre de prestar,
hace correr al cojo y al mudo hablar;
el que no tiene manos, dineros quier' tomar.

prestar   valor
● *cojo   el que no puede
   caminar bien*

Sea un hombre necio y rudo labrador
los dineros le hacen hidalgo y sabidor,
cuanto más algo tiene, tanto es de más valor;
el que no ha dineros, no es de sí señor.

necio   tonto

*no es de sí señor   no es
   dueño de sí mismo*

Yo vi allá en Roma, do es la santidad,
que todos al dinero hacíanle humildad,
gran honra le hacían con gran solemnidad:
todos a él se humillan como a la majestad.

Hacía muchos priores, obispos y abades,
arzobispos, doctores, patriarcas, potestades;
a muchos clérigos necios dábales dignidades;
hacía verdad mentiras y mentiras verdades.

El dinero quebranta las cadenas dañosas,
tira cepos y grillos, prisiones peligrosas;
al que no da dineros, échanle las esposas:
por todo el mundo hace cosas maravillosas.

quebranta   rompe
*cepos y grillos   (stocks
   and shackles)*
● *esposas   (handcuffs)*

Vi hacer maravillas a do él mucho usaba:
muchos merecían muerte, que la vida les daba,

otros eran sin culpa, que luego los mataba:
muchas almas perdía, muchas almas salvaba.

Hace perder al pobre su casa y su viña;
sus muebles y raíces todo lo desaliña,
por todo el mundo cunde su sarna y su tiña,
do el dinero juzga, allí el ojo guiña.

El hace caballeros de necios aldeanos,
condes y ricos-hombres de algunos villanos.
Con el dinero andan todos hombres lozanos,
cuantos son en el mundo le besan hoy las manos.

desaliña (upset)
su sarna y su tiña (itch and ringworm)
guiña (winks, looks away)

PREGUNTAS

1 ¿Qué le hace al torpe el dinero?
2 ¿Qué le hace al cojo?
3 ¿Qué le hace al mudo?
4 ¿Qué le pasa a un hombre necio cuando tiene dinero?
5 ¿Qué hacían todos en Roma?
6 ¿Qué significa: «El dinero quebranta las cadenas dañosas»?
7 ¿Qué significa: «Do el dinero juzga, allí el ojo guiña»?

EJERCICIOS DE VOCABULARIO

Complete las siguientes oraciones con una palabra apropiada.

1 El que no puede andar bien es _____.
2 El que no puede hablar es _____.
3 El que sabe mucho es _____.
4 Lo que no es verdad, es _____.
5 Para juntarle las manos a un prisionero, le ponen _____.

Escriba el sustantivo que corresponda a cada uno de los siguientes adjetivos.

1 santo	2 humilde	3 solemne	4 majestuoso
5 digno	6 dañoso	7 peligroso	8 maravilloso

EJERCICIOS CREATIVOS

1 ¿Qué opina Ud. de las ideas de Juan Ruiz en cuanto al dinero?
2 ¿Hubiera podido escribir tal poesía en el siglo XX?

Las coplas

JORGE MANRIQUE

Jorge Manrique (1440–1478) escribió unas coplas en honor de su padre. En ellas compara a su padre, don Rodrigo Manrique, con muchas figuras ilustres de la historia. También presenta unas ideas interesantes sobre la vida y la muerte.

A la muerte del maestre de Santiago don Rodrigo Manrique, su padre

Recuerde el alma dormida,
avive el seso y despierte
contemplando
cómo se pasa la vida,
cómo se viene la muerte
tan callando:
cuán presto se va el placer,   *presto rápido*
cómo después de acordado
da dolor,
cómo a nuestro parecer
cualquiera tiempo pasado
fue mejor.

Y pues vemos lo presente
cómo en un punto es ido
y acabado,
si juzgamos sabiamente,
daremos lo no venido
por pasado.

No se engañe nadie, no,
pensando que ha de durar
lo que espera
más que duró lo que vio,
porque todo ha de pasar
por tal manera.

Nuestras vidas son los ríos
que van a dar en la mar,
que es el morir:
allí van los señoríos
derechos a se acabar   *se acabar   acabarse*
y consumir;
allí los ríos caudales   *caudales   grandes, de*
allí los otros medianos   *mucha agua*
y más chicos:
allegados, son iguales
los que viven por sus manos
y los ricos.

Este mundo es el camino
para el otro, qu'es morada   *morada   (dwelling)*
sin pesar;
mas cumple tener buen tino   *tino   (judgment, skill)*
para andar esta jornada
sin errar.
Partimos cuando nacemos,
andamos mientras vivimos,
y llegamos
al tiempo que fenecemos;   *fenecemos   terminamos,*
así que cuando morimos   *morimos*
descansamos.

Este mundo bueno fue
si bien usásemos de él
como debemos,
porque, según nuestra fe,
es para ganar aquél
que atendemos.
Y aun el Hijo de Dios.
para subirnos al cielo,
descendió
a nacer acá entre nos   *nos   nosotros*
y vivir en este suelo
do murió.

Ved de cuán poco valor
son las cosas tras que andamos
y corremos:
que en este mundo traidor
aun primero que muramos
las perdemos.
D'ellas deshace la edad,
d'ellas casos desastrados
que acaecen
d'ellas por su calidad,
en los más altos estrados
desfallecen.

desastrados infelices,
   desgraciados
acaecen ocurren

desfallecen (faint away)

Decidme: la hermosura,
la gentil frescura y tez
de la cara,
la color y la blancura,
cuando viene la vejez,
¿cuál se para?
Las mañas y ligereza
y la fuerza corporal
de juventud,
todo se torna graveza
cuando llega al arrabal
de senectud.

mañas habilidades

• *arrabal barrio o sitio*
  fuera de la población
senectud vejez

Habla la muerte al padre

Diciendo: «Buen caballero,
dejad al mundo engañoso
y su halago;
muestre su esfuerzo famoso
vuestro corazón de acero
en este trago;
y pues de vida y salud
hiciste tan poca cuenta
por la fama,
esfuércese la virtud
para sufrir esta afrenta
que os llama.

halago (flattery, de-
  light)

«El vivir que es perdurable
no se gana con estados
mundanales,
ni con vida deleitable
en que moran los pecados
infernales;

deleitable (delectable)
moran viven

mas los buenos religiosos
gánanlo en oraciones
y con lloros;
los caballeros famosos,
con trabajos y aflicciones
contra moros.

«Y, pues, vos, claro varón,
tanta sangre derramastes   *derramastes derra-*
de paganos,   *maste*
esperad el galardón
que en este mundo ganastes   *ganastes   ganaste*
por las manos:
y con esta confianza
y con la fe tan entera
que tenéis,
partid con buena esperanza
que esta otra vida tercera
ganaréis.»

Responde el maestre

«No gastemos tiempo ya
en esta vida mezquina   • *mezquina   pobre*
por tal modo,
que mi voluntad está
conforme con la divina
para todo;
y consiento en mi morir
con voluntad placentera,
clara, pura,
que querer hombre vivir
cuando Dios quiere que muera
es locura.»

Cabo

Así con tal entender
todos sentidos humanos
conservados,
cercado de su mujer,
de hijos y de hermanos
y criados,
dio el alma a quien se la dio
(el cual la ponga en el cielo
y en su gloria),
y aunque la vida murió,
nos dejó harto consuelo   *harto   bastante*
su memoria.

PREGUNTAS

1 ¿Cómo se va el placer?
2 ¿Cómo parece cualquier tiempo pasado?
3 ¿Cómo se va el presente?
4 ¿Cómo pasará todo en el futuro?
5 ¿Con qué compara Manrique nuestras vidas?
6 ¿Adónde van todos los ríos?
7 ¿Qué simboliza el mar?
8 ¿Qué simboliza el encuentro de todos los ríos en el mar?
9 ¿Qué es este mundo?
10 ¿Cuál es el viaje que hace cada hombre?
11 Según Manrique, ¿cuál es el ideal de todos?
12 ¿Por qué dice Manrique que este mundo es traidor?
13 ¿Qué hace la vejez?
14 ¿Por qué quiere la muerte que el padre muestre su esfuerzo?
15 ¿Cómo se había ilustrado el padre de Manrique durante su vida?
16 ¿Qué ganará ahora el padre?
17 ¿Qué contesta el padre de Manrique a la muerte?
18 ¿Qué le da consuelo a la familia de don Rodrigo Manrique?

EJERCICIOS DE VOCABULARIO

Busque en **Las coplas** *de Jorge Manrique las palabras cuyas definiciones se encuentran abajo.*

1 que engaña   2 terminado   3 salimos   4 la senectud
5 meditando   6 haga un esfuerzo   7 hombres importantes
8 bajó   9 la belleza   10 rápido   11 del mundo
12 ordinaria   13 del infierno   14 agradable

Busque el antónimo de las siguientes palabras.

1 olvida   2 honesto, sincero   3 distintos   4 la vida
5 perder   6 la vejez   7 fieles   8 alejado de

EJERCICIOS CREATIVOS

1 Describa el viaje que tiene que hacer cada hombre. Al final de este viaje, ¿cómo somos todos? ¿Qué opina Ud.? ¿Tienen importancia o valor las ideas de Manrique en el siglo XX? ¿Por qué?
2 ¿Qué influencias de la Edad Media encontramos en las ideas expresadas por Manrique?

Romance de Abenámar

Las dos literaturas que se distinguen por sus romances son la inglesa y la española. En cualquier estudio cronológico de las letras castellanas, los romances pertenecen al Renacimiento. Sin embargo, una gran cantidad de ellos fueron compuestos mucho antes. Los romances fueron destinados a ser contados oralmente y no leídos. Aquí tenemos un ejemplo de un romance fronterizo. Los romances fronterizos tienen como tema un episodio árabe. Como sucede con la mayoría de los romances, el autor es anónimo.

— ¡Abenámar, Abenámar,
moro de la morería,
el día que tú naciste
grandes señales había!   ● *señales*   *signos*
Estaba la mar en calma,
la luna estaba crecida:
moro que en tal signo nace
no debe decir mentira. —
Allí respondiera el moro,
bien oiréis lo que decía:

Patio cordobés

Spanish National Tourist Office

Torre de oro, Sevilla

— Yo te lo diré, señor,
aunque me cueste la vida,
porque soy hijo de un moro
y una cristiana cautiva;
siendo yo niño y muchacho,
mi madre me lo decía:
que mentira no dijese,
que era grande villanía;
por tanto, pregunta, rey,
que la verdad te diría.
— Yo te agradezco, Abenámar,
aquesa tu cortesía.   *aquesa aquella*
¿Qué castillos son aquéllos?
¡Altos son y relucían!
— El Alhambra era, señor,
y la otra la Mezquita:
los otros los Alixares,
labrados a Maravilla.
El moro que los labraba
cien doblas ganaba al día,   *doblas una moneda*
y el día que no los labra,   *antigua*
otras tantas se perdía.
El otro es Generalife,
huerta que par no tenía;
el otro Torres Bermejas,
castillo de gran valía. —

Allí habló el rey don Juan,
bien oiréis lo que decía:
— Si tú quisieses, Granada,
contigo me casaría;
daréte en arras y dote   *arras*   (pledges)
a Córdoba y a Sevilla.   • *dote*   (dowry)
— Casada soy, rey don Juan,
casada soy, que no viuda;
el moro que a mí me tiene
muy grande bien me quería.

PREGUNTAS

1 ¿Cómo se llama el moro?
2 ¿Qué había el día que nació?
3 ¿Cuáles eran las señales?
4 ¿Qué significaban?
5 ¿Quiénes eran los padres de Abenámar?
6 ¿Qué le decía su madre?
7 ¿Qué quiere saber el rey don Juan?
8 ¿Cuáles son los castillos que él ve?
9 ¿Qué tiene el Generalife?
10 ¿Qué le dijo el rey a Granada?
11 ¿Por qué diría tal cosa a una ciudad? ¿Qué simboliza?
12 ¿Qué contesta Granada? ¿Qué significa la contestación?

EJERCICIO DE VOCABULARIO

Sustituya por las palabras en letra bastardilla otras de igual significación.

1 *moro* de la morería   2   no debe decir *mentira*
3 yo te lo *diré*, señor   4   y una cristiana *cautiva*
5 ¿Qué *castillos* son aquéllos?   6   labrados *a maravilla*
7 *huerta* que par no tenía   8   huerta que *par* no tenía
9 castillo de gran *valía*

EJERCICIO CREATIVO

1 Escriba un informe sobre la influencia de los árabes en Granada. In-
cluya los siguientes detalles: (a) los monumentos de los árabes,
(b) las fechas de la ocupación árabe, (c) la expulsión de los árabes,
(d) Boabdil.

Soneto a Cristo crucificado

El siguiente soneto es anónimo. Sin embargo, se le atribuye entre a otros a San Juan de la Cruz, autor místico (1542–1591). Los místicos escribían poemas de tema religioso. El fin del místico era unir su propia alma con la del Creador.

No me mueve, mi Dios, para quererte
el cielo que me tienes prometido,
ni me mueve el infierno tan temido
para dejar por eso de ofenderte.

Tú me mueves, Señor, muéveme el verte
clavado en una cruz y escarnecido,
muéveme ver tu cuerpo tan herido,
muévenme tus afrentas y tu muerte.

Muévenme, en fin, tu amor, y en tal manera
que aunque no hubiera cielo, yo te amara,
y aunque no hubiera infierno, te temiera.

No me tienes que dar porque te quiera,
pues aunque lo que espero no esperara,
lo mismo que te quiero, te quisiera.

- *clavado*   (nailed)
  escarnecido   (ridiculed)

PREGUNTAS

1   ¿A quién habla el autor?
2   ¿Le mueve al autor el cielo para amar a Dios?
3   ¿Le mueve el temor al infierno?
4   ¿Qué le mueve?
5   ¿Amaría él a Dios si no hubiera cielo?
6   ¿Le temería a Dios si no hubiera infierno?
7   ¿Qué espera el autor?
8   Aunque no lo esperara, ¿querría él igual a Dios?

EJERCICIO DE VOCABULARIO

Complete las siguientes oraciones con una palabra apropiada.

1 El que es bueno en esta vida va _____.
2 El que es malo en esta vida va _____.
3 Las dificultades que encuentra uno son _____.
4 Jesús estuvo _____ en una cruz.
5 Muchos _____ el infierno.
6 El infierno es un lugar _____.
7 Hacerle una afrenta a una persona es _____ a la persona.

EJERCICIO CREATIVO

1 En unos párrafos explique por qué Ud. es una persona religiosa o no religiosa.

Las rimas

GUSTAVO ADOLFO BECQUER

Las rimas de Gustavo Adolfo Bécquer (1816–1871) están entre los versos más populares en español. En tono menor, con vocabulario sencillo y natural, reflejan la angustia del autor que había sufrido en la vida tantos dolores personales y desilusiones románticas.

XXI

¿Qué es poesía? dices mientras clavas
en mi pupila tu pupila azul.
¿Qué es poesía? ¿Y tú me lo preguntas?
Poesía . . . eres tú.

XXXVIII

Los suspiros son aire y van al aire.
Las lágrimas son agua, y van al mar.
Dime, mujer: cuando el amor se olvida,
    ¿sabes tú dónde va?

LIII

Volverán las oscuras golondrinas
en tu balcón sus nidos a colgar,
y otra vez con el ala a tus cristales
    jugando llamarán.

Pero aquellas que el vuelo refrenaban
tu hermosura y mi dicha al contemplar,
aquellas que aprendieron nuestros nombres...,
    ésas... ¡No volverán!

Volverán las tupidas madreselvas
de tu jardín las tapias a escalar,
y otra vez a la tarde, aun más hermosas,
    sus flores abrirán.

Pero aquéllas cuajadas de rocío,
cuyas gotas mirábamos temblar
y caer, como lágrimas del día...
    ésas..., ¡no volverán!

- *golondrinas*   *(swallows)*

refrenaban   *detenían*

tupidas madreselvas
  (thick honeysuckle)
tapias   *(garden walls)*

cuajadas de rocío
  (filled with dewdrops)

Volverán del amor en tus oídos
las palabras ardientes a sonar;
tu corazón de su profundo sueño
tal vez despertará.

Pero mudo y absorto y de rodillas,
como se adora a Dios ante su altar.
Como yo te he querido . . . desengáñate,
así no te querrán.

PREGUNTAS

1 ¿Qué es poesía?
2 ¿Qué son los suspiros?
3 ¿Qué son las lágrimas?
4 ¿Qué será el amor?
5 ¿Habrá relación entre los suspiros, las lágrimas y el amor?
6 Al volver las oscuras golondrinas, ¿qué harán?
7 ¿Cuáles de las golondrinas no volverán?
8 Al volver las madreselvas, ¿qué harán?
9 ¿Volverán las flores cuajadas de rocío?
10 ¿Quién habla en este poema, el joven enamorado o ella?
11 ¿Todavía están enamorados?
12 ¿Cómo quería el chico a su novia?
13 ¿Encontrará ella otro amor como el de él?

EJERCICIO DE VOCABULARIO

Complete las siguientes oraciones con una palabra apropiada.

1 La _____ es una parte importante del ojo.
2 Amar fuertemente es _____.
3 Los muros alrededor de un jardín son _____.
4 Los pájaros viven en un _____.
5 La belleza es sinónimo de _____.
6 El que no puede hablar es _____.
7 Uno se pone _____ _____ para rezar.
8 Los pajaritos jugaban delante de los _____ de las ventanas.

EJERCICIOS CREATIVOS

1 Exprese en sus propias palabras la idea de cada una de las poesías.
2 En unas palabras describa la pintura que Ud. ve al leer *Volverán las oscuras golondrinas, Rima LIII.*
3 Una de estas rimas es algo pesimista. Identifíquela y explique en qué consiste el pesimismo.

Canción del pirata

JOSE DE ESPRONCEDA

Espronceda (1810–1842) es un poeta romántico que tuvo una vida
tempestuosa e impetuosa. Fue un rebelde ardiente, tomando parte en
varias revoluciones y expatriándose dos veces. El vigor, el espíritu libre
y la visión poética del autor se pueden ver en el estribillo de la *Canción del pirata,* una de sus poesías más conocidas.

● *expatriándose* aban-
   donando su patria

Con diez cañones por banda,
viento en popa, a toda vela,
no corta el mar, sino vuela
un velero bergantín;
bajel pirata que llaman
por su bravura *El Temido,*
en todo el mar conocido
del uno al otro confín.

La luna en el mar riela,
en la lona gime el viento,
y alza en blando movimiento
olas de plata y azul;
y va el capitán pirata,
cantando alegre en la popa,
Asia a un lado; al otro Europa,
y allá en su frente, Estambul.

por banda   (on the side)

*velero   embarcación de
   vela*
bajel   buque

confín   límite, horizonte

riela   (twinkles)
lona   (sailcloth, canvas)
● *gime   (moans)*

— Navega, velero mío,
     sin temor;
que ni enemigo navío,
ni tormenta, ni bonanza,
tu rumbo a torcer, alcanza,
ni a sujetar tu valor.

navío   buque

bonanza   (calm)

     Veinte presas
     hemos hecho
     a despecho
     del inglés,
     y han rendido
     sus pendones
     cien naciones
     a mis pies.

presas   prisioneros

*a despecho de   a pesar
de*

pendones   (banners)

Que es mi barco mi tesoro,
que es mi Dios la libertad,
mi ley, la fuerza del viento,
mi única patria, la mar.

Allá muevan feroz guerra
     ciegos reyes
por un palmo más de tierra,
que yo tengo aquí por mío
cuanto abarca el mar bravío,
a quien nadie impuso leyes.

bravío   (fierce)

     Y no hay playa,
     sea cualquiera,
     ni bandera
     de esplendor,
     que no sienta
     mi derecho,
     y dé pecho
     a mi valor.

dé pecho   (pay tribute)

Que es mi barco mi tesoro. . . .

A la voz de «¡Barco viene!»
     es de ver
cómo vira y se previene
a todo trapo a escapar;
que yo soy el rey del mar;
y mi furia es temer.

vira   (veers)

En las presas
yo divido
lo cogido
por igual;
sólo quiero
por riqueza
la belleza
sin rival.

Que es mi barco mi tesoro. . . .

¡Sentenciado estoy a muerte!
No me abandone la suerte,
y al mismo me condena
colgaré de alguna antena,
quizá en su propio navío.

Y si caigo,
¿qué es la vida?
Por perdida
ya la di,
cuando el yugo
del esclavo,
como un bravo,
sacudí.

Que es mi barco mi tesoro. . . .

Son mi música mejor
    aquilones;
el estrépito y temblor
de los cables sacudidos,
del negro mar los bramidos
y el rugir de mis cañones

aquilones   vientos del norte

• *bramidos   (roars)*
• *rugir   (to roar)*

y del trueno
al son violento,
y del viento
al rebramar,
yo me duermo
sosegado,
arrullado
por el mar.

• *rebramar   (to bellow loudly)*

Que es mi barco mi tesoro,
que es mi Dios la libertad;
mi ley, la fuerza del viento;
mi única patria, la mar.

PREGUNTAS

1 ¿Cómo va el velero bergantín?
2 ¿Por qué llaman al barco *El Temido*?
3 ¿Dónde es conocido?
4 ¿Adónde va el capitán?
5 ¿Qué puede sujetar el valor del capitán?
6 Para él, ¿qué es su barco?
7 ¿Cuál es su Dios?
8 ¿Cuál es su ley?
9 ¿Cuál es su patria?
10 ¿Qué opina el autor de las guerras? ¿Por qué?
11 ¿Cómo se sabe que él es el rey del mar?
12 ¿Cuál es la riqueza que quiere el pirata?
13 ¿Le tiene miedo a la muerte? ¿Por qué?
14 Para él, ¿qué es la vida?
15 ¿Cuál es su música predilecta?
16 ¿Cómo duerme el pirata?

EJERCICIOS DE VOCABULARIO

Haga una lista de palabras presentadas en este poema que tengan algo que ver con el mar o con un barco.

En el poema, busque palabras relacionadas con las siguientes.

1 temer   2 libre   3 navegación   4 espléndido
5 prender   6 nacional   7 escape   8 bello
9 furor   10 perder   11 sonar   12 rico

Busque sinónimos de las siguientes palabras.

1 levanta   2 miedo   3 feliz   4 límite   5 ondas
6 tempestad   7 dirección   8 países   9 huir   10 pulcritud

EJERCICIOS CREATIVOS

1 Este poema indica un espíritu intranquilo y rebelde. Dé ejemplos de la rebeldía.
2 El gran ideal de los románticos es la libertad. ¿Cuáles son los símbolos con que Espronceda representa este ideal?
3 ¿Cómo se manifiesta el espíritu de rebeldía en nuestra sociedad contemporánea?
4 ¿Cuál es el cuadro que Ud. ve al leer este poema?

El viaje definitivo

JUAN RAMON JIMENEZ

Juan Ramón Jiménez (1881–1958) es un autor que ocupa un lugar destacado entre las figuras literarias recientes. En 1956 ganó el premio Nobel de Literatura. Tal vez es su obra maestra *Platero y yo*, escrita en prosa caprichosa, la que le ha dado mayor fama, pero también es conocido por su bellísima poesía. Jiménez es un poeta de intimidad. Sus poemas, exclusivamente líricos, son sentimentales y nostálgicos. *El viaje definitivo* es la expresión de una sensibilidad sumamente melancólica y conmovedora.

Y yo me iré. Y se quedarán los pájaros cantando;
y se quedará mi huerto, con su verde árbol,
y con su pozo blanco.

- *pozo*   (well)

Todas las tardes el cielo será azul y plácido;
y tocarán, como esta tarde están tocando,
las campanas del campanario.

- *plácido*   tranquilo
- *campanario*   torre de la iglesia en que se colocan las campanas

Se morirán aquellos que me amaron;
y el pueblo se hará nuevo cada año;
y en rincón de aquél mi huerto florido y encalado,
mi espíritu errará, nostálgico.

encalado   pintado de blanco
- *errará*   andará vagando

Y yo me iré; y estaré solo, sin hogar, sin árbol
verde, sin pozo blanco,
sin cielo azul y plácido. . . .
Y se quedarán los pájaros cantando.

PREGUNTAS

1   ¿Cuál es el viaje definitivo?
2   Al irse Jiménez, ¿qué se quedará?
3   ¿Por qué se hará nuevo el pueblo?
4   ¿Dónde errará el espíritu del poeta?

«Juan Ramón Jiménez» **por Joaquín Sorolla y Bastida**   *The Hispanic Society of America*

Sustituya por las palabras en letra bastardilla otras de igual significación.

1 El cielo será azul y *tranquilo*.
2 Yo *saldré*.
3 Se morirán aquellos que me *quisieron*.
4 Estaré solo, sin *casa*.
5 Se quedará mi *jardín*, con su verde árbol.

EJERCICIOS CREATIVOS

1 Explique el significado del título.
2 ¿Cuáles serían los sentimientos que motivaron al poeta?
3 Señale la importancia de la naturaleza en el poema.

Felipe IV

MANUEL MACHADO

Manuel Machado (1874–1947) nació en Sevilla. Su poesía no nace de una vida interior como la de Juan Ramón Jiménez. Le influyen más estímulos externos. Sus poesías son muy descriptivas.

Nadie más cortesano ni pulido
que nuestro rey Felipe, que Dios guarde,
siempre de negro hasta los pies vestido.

Es pálida su tez, como la tarde,
cansado el oro de su pelo undoso
y de sus ojos, el azul, cobarde.

undoso   ondulado
(wavy)

Sobre su augusto pecho generoso
ni joyeles perturban ni cadenas
el negro terciopelo silencioso.

Y en vez de cetro real, sostiene apenas,
con desmayo galán, un guante de ante
la blanca mano de azuladas venas.

● *con desmayo galán*
  (with courtly ease)
● *ante*   *(suede)*

«Felipe IV»
por Diego Rodríguez
de Silva y Velázquez,
The Metropolitan
Museum of Art,
New York

The Metropolitan Museum of Art,
Bequest of Benjamin Altman, 1913

1 ¿De qué color se vestía Felipe IV?
2 ¿Cómo era su tez?
3 ¿Cómo era su pelo?
4 ¿De qué color eran sus ojos?
5 ¿Llevaba joyas?
6 ¿Qué adornaba su pecho?
7 ¿Qué tenía en vez de cetro real?
8 ¿Qué caracterizaban sus manos?

EJERCICIO DE VOCABULARIO

¿Cómo expresa el poeta las siguientes ideas?

1 El rey tenía el pelo rubio.
2 No tenía la piel morena.
3 Se vestía completamente de negro.
4 Era un hombre cortés.
5 Tenía venas de color azul.

EJERCICIO CREATIVO

1 En seguida se nota en este poema la detallada descripción. Imagínese hablando con un pintor que va a hacer un cuadro de Felipe IV. Explíquele lo que tiene que pintar.

Prendimiento de Antoñito el Camborio, en el camino de Sevilla

FEDERICO GARCIA LORCA

Uno de los poetas españoles más conocidos y de mayor universalidad del siglo XX es Federico García Lorca. Nacido en Granada en 1899, es su amor por Granada y Andalucía la fuente de su inspiración. En su poesía se destacan la gracia y la belleza. Es el *Romancero gitano*, publicado en 1928, la que le trajo mayor fama. Su trágica muerte, el 19 de agosto de 1936, durante la guerra civil española conmovió al mundo entero.

Antonio Torres Heredia,
hijo y nieto de Camborio,
con una vara de mimbre
va a Sevilla a ver los toros.
Moreno de verde luna,
anda despacio y garboso.
Sus empavonados bucles
le brillan entre los ojos.
A la mitad del camino
cortó limones redondos
y los fue tirando al agua,
hasta que la puso de oro,
y a la mitad del camino,
bajo las ramas de un olmo,
guardia civil caminera
lo llevó codo con codo.

El día se va despacio,
la tarde colgada de un hombro
dando una larga torera
sobre el mar y los arroyos.

*una vara de mimbre (a
   reed stick)*

• *garboso (graceful)
empavonados bucles
   (shiny curls)*

*codo con codo (elbow
   to elbow)*

torera un pase taurino
• *los arroyos (winding
   brooks)*

Guardia Civil

Las aceitunas aguardan
la noche de Capricornio,
y una corta brisa ecuestre
salta los montes de plomo.

la noche de Capricornio
la noche más larga
• **plomo** *(lead)*

Antonio Torres Heredia,
hijo y nieto de Camborio
viene sin vara de mimbre
entre los cinco tricornios.
Antonio, ¿quién eres tú?...
si te llamaras Camborio
hubieras hecho una fuente
de sangre, con cinco chorros.
Ni eres hijo de nadie
ni tú legítimo Camborio.
Se acabaron los gitanos
que iban por el monte solos,
están los viejos cuchillos
tiritando bajo el polvo.

chorros *(spurts)*

tiritando *(shivering)*

A las nueve de la noche
lo llevan al calabozo   *calabozo*   *(cell)*
mientras los guardias civiles
beben limonada, todos.
Y a las nueve de la noche
le cierran el calabozo
mientras el cielo reluce   *grupa*   *(flanks)*
como la grupa de un potro.   • *potro*   *(colt)*

PREGUNTAS

1 ¿Cómo se llama el gitano?
2 ¿Adónde va?
3 ¿Qué lleva en la mano?
4 ¿Para qué va a Sevilla?
5 ¿Cómo es la piel del gitano?
6 ¿Cómo anda?
7 ¿Qué tiene en la frente?
8 ¿Qué cortó en el camino?
9 ¿Dónde los tiró?
10 ¿Cómo se puso el agua?
11 ¿Quién llevó al gitano?
12 ¿Cómo va el día?
13 ¿Cómo va la tarde?
14 ¿Qué esperan las aceitunas?
15 ¿Cómo viene ahora Antoñito?
16 ¿Por qué no puede ser él ningún Camborio?
17 ¿Qué les está pasando a los gitanos?
18 ¿Adónde llevan a Antonio?
19 ¿Qué beben los guardias?
20 ¿Dónde encierran al prisionero?

EJERCICIO DE VOCABULARIO

¿Cómo expresa el poeta las siguientes ideas?

1 Antoñito anda con garbo.
2 El agua tuvo un color amarillo.
3 Una noche muy larga.
4 Los montes tienen un color gris.
5 Antoñito venía entre los guardias.
6 No están usando los cuchillos.
7 Los guardias lo ponen en la cárcel.

*«Una escena andaluza»
por Valeriano
Domínguez Bécquer*

The Hispanic Society of America

EJERCICIOS CREATIVOS

1 ¿Qué nos dice García Lorca sobre el aspecto físico de Antoñito?
2 ¿Qué significado tiene para Ud. la escena de Antoñito con los limones?
3 ¿Cuál es el contexto en que Lorca describe la marcha del día?
4 ¿Quién estará hablando con Antonio en la tercera estrofa? Según el que habla, ¿cómo han cambiado los gitanos?
5 ¿Cómo reacciona Ud. ante el hecho de que los guardias civiles beban limonada?

Al partir

GERTRUDIS GOMEZ DE AVELLANEDA

Gertrudis Gómez de Avellaneda (1814–1873) nació en Puerto Príncipe,
Cuba. Empezó a componer versos cuando era muy joven. Su padre
siempre quería volver a España pero su madre nunca consintió. Con
la muerte del padre, la madre se casó con un coronel español quien la
convenció de regresar a España. Al salir de Cuba en 1836, Gertrudis
compuso este soneto.

¡Perla del mar! ¡Estrella de Occidente!
¡Hermosa Cuba! Tu brillante cielo
la noche cubre con su opaco velo   *velo (veil)*
como cubre el dolor mi triste frente.

¡Voy a partir! . . . La chusma diligente   *chusma la tripulación,*
para arrancarme del nativo suelo   *gente baja*
las velas iza. Y pronto a su desvelo   *iza levanta (velas o*
la brisa acude de tu zona ardiente.   *banderas)*
      desvelo descubri-
              miento
¡Adiós, patria feliz, edén querido!   *impela empuja*
¡Doquier que el hado en su furor me impela,   *halagará agradará*
tu dulce nombre halagará mi oído!

¡Adiós! . . . ¡Ya cruje la turgente vela. . .   *turgente (swollen)*
el ancla se alza . . . el buque, estremecido,   • *ancla (anchor)*
las olas corta y silencioso vuela!

PREGUNTAS

1 ¿Por qué escribió este soneto Gertrudis Gómez de Avellaneda?
2 ¿Qué es la perla del mar y la estrella de Occidente?
3 ¿Cómo es el cielo de Cuba?
4 ¿Qué parte del día es? ¿Cómo lo sabemos?
5 ¿Cómo está la autora? ¿Cómo nos lo indica?
6 ¿Qué hace la tripulación?
7 ¿De dónde viene la brisa?
8 ¿Qué causará el nombre de Cuba para siempre en la poetisa?

EJERCICIO DE VOCABULARIO

Busque en el soneto las palabras cuyas definiciones se encuentran abajo.

1 agradará   2   perteneciente al lugar de nacimiento
3 que tiene mucha luz, es claro   4   el barco   5   una piedra preciosa
6 oscuro   7   viene   8   paraíso   9   amado
10 la tierra   11   sin ruido   12   ira
13 la que se usa para que no se mueva un barco

EJERCICIOS CREATIVOS

1 ¿Qué sensación le causa a Ud. la última estrofa de este soneto?
2 Si Gertrudis Gómez de Avellaneda fuera contemporánea nuestra, ¿sería probable que escribiera semejante soneto?

«La Habana» por Pedro Ribera   The Hispanic Society of America

Martín Fierro

JOSE HERNANDEZ

La fama del argentino José Hernández (1834–1894) se basa principalmente en su poesía gauchesca. En su juventud Hernández pasó mucho tiempo en las estancias de la provincia de Buenos Aires. Allí, observó, aprendió y llegó a entender las tradiciones y los pensamientos de los gauchos. Sus experiencias fueron traducidas en dos poemas épicos: *Martín Fierro* (1872) y *La vuelta de Martín Fierro* (1878).

El primero comprende trece cantos que relatan la vida doméstica de Martín Fierro y su conscripción en el ejército. Después de tres años de vida militar, Martín Fierro desierta y vuelve a casa. Se da cuenta de que su esposa lo ha dejado por otro y que sus hijos han desaparecido. Furioso, se hace bandido y va a vivir con los indios. Entrelazados con las aventuras del protagonista hay innumerables moralizaciones y preceptos gauchescos.

- *conscripción   reclutimiento de soldados, entrada en el servicio militar*
- *desierta   abandona, huye*
- *bandido   ladrón*
- *entrelazados   (interlaced)*

VIII

Otra vez en un boliche
estaba haciendo la tarde;
cayó un gaucho que hacía alarde
de guapo y de peliador.
A la llegada metió
el pingo hasta la ramada,
y yo, sin decirle nada,
me quedé en el mostrador.

Era un terne de aquel pago
que nadie lo reprendía,
que sus enriedos tenía
con el señor comendante;
y como era protegido
andaba muy entonao,
y a cualquiera desgraciao'
lo llevaba por delante.

boliche   juego de bolos
hacía alarde   (boasted)
de guapo y de peliador   (peleador)   de ser valiente y luchador
pingo   caballo corredor
ramada   enramada, protección del sol
terne   valentón (bully)
pago   distrito (Arg.)
reprendía   (censured)
enriedos   enredos, conspiración
comendante   comandante
entonao   entonado, arrogante
desgraciao   desgraciado

¡Ah, pobre! si el mismo creíba
que la vida le sobraba.
Ninguno diría que andaba
aguaitándole la muerte.
Pero ansí pasa en el mundo,
es ansí la triste vida;
pa todos está escondida
la güena o la mala suerte.

Se tiró al suelo; al dentrar
le dio un empellón a un vasco,
y me alargó medio frasco,
diciendo: «Beba cuñao.»
«Por su hermana, contesté,
que por la mía no hay cuidao.»

«¡Ah, gaucho!» me respondió;
«¿de qué pago será crioyo?
¿Lo andará buscando el hoyo?
¿Deberá tener güen cuero?
Pero ande bala este toro
no bala ningún ternero.»

Y ya salimos trenzaos,
porque el hombre no era lerdo;
mas como el tino no pierdo
y soy medio ligerón,
le dejé mostrando el sebo
de un revés con el facón.

Y como con la justicia
no andaba bien por allí,
cuando pataliar lo vi
y el pulpero pegó el grito,
yo pa el palenque salí,
como haciéndome chiquito.

Monté y me encomendé a Dios,
rumbiando para otro pago;

creíba   creía

*andaba aguaitándole
    estaba espiándole*

pa   para (Arg.)
güena   buena

empellón   empujón
• *frasco   botella (flask)*
cuñao   cuñado
cuidao   cuidado
crioyo   criollo, nativo
*hoyo   lugar para el en-
    tierro, hueco*
*ande bala este toro
    (where this bull bel-
    lows)*
*no bala ningún ternero
    (there's no room for a
    calf to bleat)*
*trenzaos   trenzados,
    unidos en lucha*
*no era lerdo   no era
    pesado ni lento*
tino   habilidad
*soy medio ligerón   (I'm
    kind of fast)*
*sebo   grasa; aquí: úsese
    tripas*
facón   navaja
*pataliar   patalear, dar
    fuertes golpes con los
    pies*
*pulpero   dueño de la
    tienda*
palenque   (stockade)
*haciéndome chiquito
    tratando de parecer
    inocente*
*rumbiando   yendo con
    rumbo*

que el gaucho que llaman vago
no puede tener querencia
y así de estrago en estrago
vive llorando la ausencia.

El anda siempre juyendo,
siempre pobre y perseguido;
no tiene cueva ni nido,
como si juera maldito;
porque el ser gaucho. . . ¡barajo!
el ser gaucho es un delito.

Es como el patio de posta:
lo larga éste, aquél lo toma;
nunca se acaba la broma.
Dende chico se parece
al arbolito que crece
desamparao en la loma.

L'echan la agua del bautismo
aquel que nació en la selva:
«Busca madre que te envuelva,»
le dice el fraile, y lo larga,
y dentra a cruzar el mundo
como burro con la carga.

Y se cría viviendo al viento
como oveja sin trasquila,
mientras su padre en las filas
anda sirviendo al Gobierno.
Aunque tirite en invierno,
naide le ampara ni asila.

Le llaman gaucho mamao
si lo pillan divertido,
y que es mal entretenido
si en un baile lo sorprienden;
hace mal si se defiende,
y si no, se ve. . . fundido.

querencia lugar favo-
  rito para descansar
de estrago en estrago
  (from bad to worse)

juyendo huyendo

juera fuera
¡barajo! exclamación de
  disgusto

dende desde

la el (vicio de dicción)
«Busca madre que te
  envuelva.» «Busca
  quien se haga cargo
  de ti.»
dentra comienza

sin trasquila (without
  being shorn, i.e.,
  without a flock or
  fold)
● *en las filas en el servi-*
  cio militar
tirite tiemble de frío

gaucho mamao
  (drunken sot of a
  gaucho)

fundido terminado, i.e.,
  muerto

No tiene hijos ni mujer,
ni amigos, ni protectores;
pues todos son sus señores,
sin que ninguno le ampare.
Tiene la suerte del güey,
¿y dónde irá el güey que no are?

el güey que no are   el
buey que no trabaja
(stray bullock)

Su casa es el pajonal,
su guarida es el desierto;
y si de hambre medio muerto
le echa el lazo a algún mamón,
lo persiguen como a un plaito
porque es un gaucho ladrón.

pajonal   (haystack)

mamón   cochinillo
plaito   pleito

Y si de un golpe por ay
lo dan güelta panza arriba,
no hay un alma compasiva
que le rece una oración;
tal vez como cimarrón
en una cueva lo tiran.

por ay   por allí
güelta   vuelta

cimarrón   esclavo que
se escapó

El nada gana en la paz
y es el primero en la guerra;
no le perdonan si yerra,
que no saben perdonar,
porque el gaucho en esta tierra
sólo sirve pa votar.

Para él son los calabozos,
para él las duras prisiones,
en su boca no hay razones
aunque la razón le sobre;
que son campanas de palo
las razones de los pobres.

calabozos   celdas de las
cárceles

campanas de palo   sin
valor

Si uno aguanta, es gaucho bruto;
si no aguanta, es gaucho malo.
¡Déle azote, déle palo!
Porque es lo que él necesita.
De todo el que nació gaucho
ésta es la suerte maldita.

• *aguanta   tolera*

Déle azote.   (Whip
him.)

Vamos, suerte; vamos juntos,
desde que juntos nacimos;
y ya que juntos vivimos
sin podernos dividir,
yo abriré con mi cuchillo
el camino pa seguir.

PREGUNTAS

1   ¿Qué aires se daba el gaucho recién llegado?
2   ¿Por qué tenía tanta confianza?
3   ¿Se sabe lo que le va a pasar a uno?
4   ¿Era el gaucho cuñado de Martín Fierro?
5   ¿Por qué se pelearon los dos?
6   ¿Quién ganó?
7   ¿Para dónde salió Martín?
8   ¿Qué no puede tener un gaucho vago?
9   ¿Cómo anda siempre?
10 ¿Qué es lo que no tiene?
11 ¿Qué le dice el fraile al gaucho cuando le bautiza?
12 ¿Qué significa: «Todos son sus señores, sin que ninguno le ampare»?
13 ¿Qué es la casa del gaucho?
14 ¿Qué significa: «En su boca no hay razones aunque la razón le sobre»?
15 ¿Cuál es la suerte maldita del que es nacido gaucho?

EJERCICIO DE VOCABULARIO

Emplee las siguientes palabras en una oración.

1 enredos   2 desgraciado   3 frasco   4 cuñado
5 encomendarse   6 perseguido   7 la broma   8 pillar
9 amparar   10 aguantar   11 azote

EJERCICIOS CREATIVOS

1   Haga una lista de los acontecimientos de este poema en orden cronológico.
2   En un párrafo, escriba las ideas filosóficas del gaucho presentadas en el poema.
3   Haga una lista de las costumbres gauchescas presentadas en el poema.
4   El autor le pide al hombre culto justicia para los gauchos. ¿Cuáles son algunas de las injusticias sociales que sufría el gaucho que menciona el autor?

Versos sencillos

JOSE MARTI

José Martí (1853–1895), el gran libertador de Cuba, es conocido también como gran poeta. En sus versos se notan en seguida la espontaneidad, la sencillez y la simplicidad.

I

Yo soy un hombre sincero
de donde crece la palma;
y antes de morirme, quiero
echar mis versos del alma.

Yo vengo de todas partes,
y hacia todas partes voy;
arte soy entre las artes;
en los montes, monte soy.

Si dicen que del joyero
tome la joya mejor,
tomo a un amigo sincero
y pongo a un lado el amor.

Todo es hermoso y constante,
todo es música y razón,
y todo, como el diamante,
antes que luz es carbón.

XXXIX

Cultivo una rosa blanca,
en julio como en enero,
para el amigo sincero
que me da su mano franca.
Y para el cruel que me arranca
el corazón con que vivo,
cardo ni ortiga cultivo:
cultivo la rosa blanca.

cardo   *(thistle)*
ortiga *(stinging nettle)*

PREGUNTAS

1   ¿Quién será el hombre sincero?
2   ¿De dónde es?
3   ¿Qué quiere hacer?
4   ¿Qué significa: «Yo vengo de todas partes»?
5   Según Martí, ¿cuál es la mejor joya?
6   ¿Cuál es el significado de: «Todo, como el diamante, antes que luz es carbón»?
7   ¿Qué cultiva Martí para un amigo sincero?
8   ¿Qué cultiva para quien le haya ofendido?

EJERCICIO DE VOCABULARIO

Escriba el sustantivo que corresponda a cada uno de los siguientes adjetivos.

1   sincero   2   hermoso   3   musical   4   blanca
5   franca   6   cruel

EJERCICIO CREATIVO

1   En unas frases, analice cada uno de los versos de Martí.

La higuera

JUANA DE IBARBOUROU

Como dice Juana de Ibarbourou (1895–   ), poetisa uruguaya, la higuera es un árbol de poca belleza. Es áspera, fea y tiene ramas torcidas. Aun su fruto, según los refranes, es de poco valor (no darle a uno un higo de una cosa, equivale a no hacer caso de ella). Sin embargo, en el poema que sigue, la higuera tiene un alma sensible. . . tan sensible como la de la poetisa que la inmortalizó en sus versos. La poesía de Juana de Ibarbourou se caracteriza por frases originales, una sinceridad extraordinaria y una sensibilidad poco común para la atracción de la naturaleza.

- *higuera*   *(fig tree)*
- *torcidas*   *no rectas*

Porque es áspera y fea,
porque todas sus ramas son grises,
yo le tengo piedad a la higuera.

En mi quinta hay cien árboles bellos:
ciruelos redondos,
limoneros rectos,
y naranjos de brotes lustrosos.

quinta   casa de campo

En las primaveras,
todos ellos se cubren de flores
en torno a la higuera.

Y la pobre parece tan triste
con sus gajos torcidos que nunca
de apretados capullos se visten. . . .

Por eso,
cada vez que yo paso a su lado
digo, procurando
hacer dulce y alegre mi acento:
— Es la higuera el más bello
de los árboles todos del huerto.

Si ella escucha,
si comprende el idioma en que hablo,
¡qué dulzura tan honda hará nido
en su alma sensible de árbol!

Y tal vez, a la noche,
cuando el viento abanique su copa,
embriagada de gozo le cuente:
— Hoy a mí me dijeron hermosa.

gajos ramas de un
árbol
capullos botones de
una flor o planta

copa (treetop)

PREGUNTAS

1   ¿Por qué le tiene piedad a la higuera?
2   ¿Qué árboles hay en su jardín?
3   ¿Qué tienen todos ellos en la primavera?
4   ¿Por qué parece tan triste la higuera?
5   ¿Qué dice la poetisa al pasar junto a la higuera?
6   ¿Qué diría la higuera si comprendiera el idioma de la poetisa?

EJERCICIO DE VOCABULARIO

Escriba el adjetivo que corresponde a los siguientes sustantivos.

1   aspereza   2   piedad   3   belleza   4   redondez
5   tristeza   6   dulzura   7   alegría   8   rectitud

EJERCICIOS CREATIVOS

1   En este poema, ¿qué simboliza la higuera?
2   ¿Cómo se puede aplicar la idea de este poema a la vida?

Yo soy aquél

RUBEN DARIO

Rubén Darío (1867–1916), cuyo verdadero nombre era Félix Rubén García Sarmiento, nació en una pequeña aldea de Nicaragua. Abandonado por sus padres a los ocho meses de edad, fue recogido por una tía. Pasó su vida viajando por muchos países de Europa y América sin echar raíces en ninguno.

Su poesía, en prosa y en verso, se caracteriza por su estilo original y por la belleza exquisita de la forma. Se considera el líder del modernismo y el príncipe de los poetas del Nuevo Mundo.

Yo soy aquel que ayer no más decía
el verso azul y la canción profana,
en cuya noche un ruiseñor había
que era alondra de luz por la mañana.

el verso azul obra de Darío
la canción profana obra de Darío
- *ruiseñor* (nightingale)
alondra (lark)

El dueño fui de mi jardín de sueño,
lleno de rosas y de cisnes vagos;
el dueño de las tórtolas, el dueño
de góndolas y liras en los lagos;

tórtolas (turtle-doves)

y muy siglo diez y ocho, y muy antiguo
y muy moderno; audaz, cosmopolita;
con Hugo fuerte y con Verlaine ambiguo,
y una sed de ilusiones infinita.

Yo supe de dolor desde mi infancia;
mi juventud. . . ¿fue juventud la mía?
sus rosas aun me dejan su fragancia
una fragancia de melancolía. . . .

Potro sin freno se lanzó mi instinto;
mi juventud montó potro sin freno;
iba embriagada y con puñal al cinto;
si no cayó, fue porque Dios es bueno.

sin freno (without bridle)

En mi jardín se vio una estatua bella;
se juzgó mármol y era carne viva;
un alma joven habitaba en ella,
sentimental, sensible, sensitiva

y tímida ante el mundo, de manera
que, encerrada en silencio, no salía
sino cuando en la dulce primavera
era la hora de la melodía. . . .

Como la Galatea gongorina
me encantó la marquesa verliniana;
y así, pintaba a la pasión divina
una sensual hiperestesia humana;

hiperestesia   sensibili-
dad exagerada

todo ansia, todo ardor, sensación pura
y vigor natural; y sin falsía,
y sin comedia y sin literatura. . . :
si hay un alma sincera, ésa es la mía.

La torre de marfil tentó mi anhelo;
quise encerrarme dentro de mí mismo,
y tuve hambre de espacio y sed de cielo
desde las sombras de mi propio abismo.

anhelo   deseo fuerte,
ansia

Como la esponja que la sal satura
en el jugo del mar, fue el dulce y tierno
corazón mío, henchido de amargura
por el mundo, la carne y el infierno.

Mas, por gracia de Dios, en mi conciencia
el Bien supo elegir la mejor parte;
y si hubo áspera hiel en mi existencia;
melificó toda acritud el Arte.

melificó   hizo suave y
dulce

Mi intelecto libré de pensar bajo;
bañó el agua castalia el alma mía,
peregrinó mi corazón y trajo
de la sagrada selva la harmonía.

Vida, luz y verdad: tal triple llama
produce la interior llama infinita;
el Arte puro, como Cristo, exclama
Ego sum lux et veritas et vita.

Ego sum lux et veritas
et vita. Soy la luz, la
verdad y la vida.

Y la vida es misterio, la luz ciega
y la verdad inaccesible asombra;
la adusta perfección jamás se entrega,
y el secreto ideal muere en la sombra.

Por eso ser sincero es ser potente:
de desnuda que está brilla la estrella;
el agua dice el alma de la fuente,
en la voz de cristal que fluye de ella.

Tal fue mi intento: hacer del alma pura
mía una estrella, una fuente sonora,
con el horror de la literatura
y loco de crepúsculo y de aurora.

Del crepúsculo azul, que de la pauta   *pauta*   *norma, ejemplo*
que los celestes éxtasis inspira,
bruma y tono menor — ¡toda la flauta!
y Aurora, hija del Sol — ¡toda la lira!

Pasó una piedra que lanzó una honda;   *honda*   *(slingshot)*
pasó una flecha que aguzó un violento: *aguzó*   *(sharpened)*
la piedra de la honda fue a la onda,
y la flecha del odio fuese al viento.

La virtud está en ser tranquilo y fuerte;
con el fuego interior todo se abrasa;
se triunfa del rencor y de la muerte,
y hacia Belén. . . ¡la caravana pasa!

PREGUNTAS

1 En este poema, ¿a quién se refiere el poeta?
2 ¿De qué estaba lleno su jardín de sueño?
3 ¿Qué simbolizarán las rosas y los cisnes?
4 ¿De quiénes ha sacado influencia el poeta?
5 ¿Desde cuándo supo de dolor?
6 ¿Qué fragancia le dejan al poeta las rosas de su juventud?
7 ¿Cómo fue la juventud del poeta?
8 ¿Por qué eligió el camino bueno?
9 ¿Qué vio en su jardín?
10 ¿Quién será la estatua?
11 ¿De qué tenía hambre el poeta? ¿Qué simboliza?
12 ¿Cómo fue su corazón?
13 ¿Qué le ayudó mucho al poeta?
14 ¿Qué siempre buscaba el poeta?
15 ¿Qué es la vida? ¿Por qué?
16 ¿Cuál fue el intento del poeta?
17 Según el poeta, ¿en dónde está la virtud?

Rubén Darío, 1915   The Hispanic Society of America

EJERCICIO DE VOCABULARIO

Busque en el poema palabras relacionadas con las escritas debajo y use cada una en una oración.

doloroso — dolor
El infeliz tenía una cara dolorosa.
Las malas circunstancias de su infancia le causaron dolor.

1 amargo	2 antigüedad	3 saturación	4 junto	5 elección
6 ansiedad	7 sentimiento	8 soñar	9 tentación	
10 ambigüedad	11 ternura	12 infantil	13 aspereza	
14 existir	15 intelectual	16 peregrinación	17 asombroso	
18 potencia	19 intentar	20 triunfante		

EJERCICIOS CREATIVOS

1 ¿Qué significado tendrán las siguientes ideas del poeta? (a) El dueño fui de mi jardín de sueño. (b) Potro sin freno se lanzó mi instinto, mi juventud montó potro sin freno. (c) La torre de marfil tentó mi anhelo; quise encerrarme dentro de mí mismo. (d) Tuve hambre de espacio y sed de cielo. (e) Como la esponja que la sal satura en el jugo del mar, fue el dulce y tierno corazón mío. (f) Mi intelecto libré de pensar bajo. (g) Peregrinó mi corazón y trajo de la sagrada selva la harmonía.

2 ¿Qué simbolizarán las siguientes expresiones? (a) los cisnes vagos, (b) las liras en los lagos, (c) potro sin freno, (d) la estatua bella, (e) la dulce primavera, (f) la torre de marfil, (g) áspera hiel, (h) el agua castalia, (i) el arte puro, (j) una piedra que lanzó una honda, (k) la piedra que fue a la onda, (l) la flecha que fue al viento, (m) la caravana.

3 Escriba su interpretación de cada estrofa del poema. ¿Qué ha aprendido Ud. del poeta al leer este poema?

Lo fatal

RUBEN DARIO

Dichoso el árbol, que es apenas sensitivo
y más la piedra dura, porque ésa ya no siente,
pues no hay dolor más grande que el dolor de ser vivo,
ni mayor pesadumbre que la vida consciente.

Ser, y no saber nada, y ser sin rumbo cierto,
y el temor de no haber sido, y un futuro terror. . . ,
y el espanto seguro de estar mañana muerto,
y sufrir por la vida y por la sombra y por

lo que no conocemos y apenas sospechamos,
y la carne que tienta con sus frescos racimos,
y la tumba, que aguarda con sus fúnebres ramos,
y no saber adónde vamos,
¡ni de dónde venimos. . . !

PREGUNTAS

1 ¿Por qué tienen suerte el árbol y la piedra?
2 ¿Cuál es el dolor más grande?
3 ¿Cuál es el futuro terror?
4 ¿Cuál es el tema de esta poesía?

EJERCICIOS DE VOCABULARIO

Busque el opuesto de las siguientes palabras.

1 pasado   2 gozo   3 suave   4 dudoso   5 muerto

Busque un sinónimo de las siguientes palabras.

1 sufrimiento   2 cierto   3 dirección   4 el sepulcro
5 lúgubre   6 espera

EJERCICIOS CREATIVOS

1 ¿Cuál es la idea principal de esta poesía?
2 ¿Puede un hombre religioso escribir tal poesía? Dé sus opiniones.

Ofertorio

AMADO NERVO

Amado Nervo (1870–1919), poeta lírico mexicano, fue huérfano desde su niñez. Estudió en el Seminario de Jacona, pero dejó la vida eclesiástica antes de hacerse diácono, para dedicarse a la bohemia y a las letras. Pasó una gran parte de su vida en Madrid, París, Buenos Aires y Montevideo. Fue en Montevideo donde murió.

Un hombre triste, pasó mucho tiempo contemplando la naturaleza y el destino humano.

> Dios mío, yo te ofrezco mi dolor:
> ¡es todo lo que puedo ya ofrecerte!
> Tú me diste un amor, un solo amor,
> ¡un gran amor!
> Me lo robó la muerte
> ... y no me queda más que mi dolor.
> Acéptalo, Señor:
> ¡es todo lo que puedo ya ofrecerte!

PREGUNTAS

1 ¿A quién habla el poeta?
2 ¿Qué le ofrece a Dios?
3 ¿Por qué no le puede ofrecer otra cosa?

En paz

> Muy cerca de mi ocaso, yo te bendigo, Vida,   *ocaso* (decline)
> porque nunca me diste ni esperanza fallida
> ni trabajos injustos, ni pena inmerecida;

porque veo al final de mi rudo camino
que yo fui el arquitecto de mi propio destino;
que si extraje las mieles o la hiel de las cosas,
fue porque en ellas puse hiel o mieles sabrosas:
cuando planté rosales, coseché siempre rosas.

. . . Cierto, a mis lozanías va a seguir el invierno: *lozanías   vigor, robustez*
¡mas tú no me dijiste que mayo fuese eterno!
Hallé sin duda largas las noches de mis penas;
mas no me prometiste tú sólo noches buenas;
y en cambio tuve algunas santamente serenas. . . .

Amé, fui amado, el sol acarició mi faz.
¡Vida, nada me debes! ¡Vida, estamos en paz!

PREGUNTAS

1   ¿A quién habla el poeta?
2   ¿Qué ve al final de su camino el poeta?
3   ¿Qué simbolizan la miel y la hiel?
4   ¿Cuál fue el resultado de lo que hizo el poeta?
5   ¿Qué significa «mayo no fuese eterno»?
6   ¿Cómo eran las noches del poeta?
7   ¿Por qué están en paz la vida y el poeta?

EJERCICIO DE VOCABULARIO

Exprese las siguientes ideas empleando palabras distintas.

1   el final de la vida   2   algo que no merecía
3   algo que no es justo   4   lo que me ha pasado   5   sin fin
6   no me hiciste ninguna promesa   7   calmas, tranquilas   8   cara

EJERCICIOS CREATIVOS

1   Escriba las dos poesías en forma de carta: una a Dios y otra a la vida.
2   Haga una comparación entre *En paz* de Amado Nervo y *Lo fatal* de
    Rubén Darío.

El hermano ausente en la cena de Pascua

ABRAHAM VALDELOMAR

Nacido en el Perú, Abraham Valdelomar (1888–1919) pasó una temporada en Francia y en Italia. Desgraciadamente, murió a los 31 años, antes de llegar a su madurez. Es una de las figuras más interesantes de las letras peruanas, pero hasta ahora su obra ha sido muy poco estudiada.

Incluimos aquí una poesía que se publicó en Balnearios, Lima, Perú, el 24 de octubre de 1915.

La misma mesa antigua y holgada, de nogal,　　*holgada　cómoda*
y sobre ella la misma blancura del mantel　　*nogal　(walnut)*
y los cuadros de caza de anónimo pincel　　*pincel　(fig.) pintor*
y la oscura alacena, todo, todo está igual. . . .　　*alacena　armario*

Hay un sitio vacío en la mesa hacia el cual
mi madre tiende a veces su mirada de miel
y se musita el nombre del ausente; pero él　　*musita　dice en voz baja*
hoy no vendrá a sentarse en la mesa pascual.

La misma criada pone, sin dejarse sentir,
la suculenta vianda y el plácido manjar;　　*vianda　comida*
pero no hay la alegría y el afán de reír　　*manjar　plato*

que animaran antaño la cena familiar;　　• *antaño　en el pasado*
y mi madre que acaso algo quiere decir,
ve el lugar del ausente y se pone a llorar. . . .

1 ¿Cómo es la mesa?
2 ¿Qué hay sobre ella?
3 ¿Cómo está todo?
4 ¿Qué hay en la mesa?
5 ¿Qué hace la madre?
6 ¿Qué falta esta vez en la cena familiar?
7 ¿Cómo expresa la madre su angustia al ver el lugar del ausente?
8 ¿Quién es el ausente?

EJERCICIO DE VOCABULARIO

Complete las siguientes oraciones.

1 La madre mira hacia el sitio vacío; la madre da _____ hacia el sitio vacío.
2 El mantel es muy blanco; se nota _____ del mantel.
3 No se sabe quien lo pintó; es de _____ pincel.
4 No hay nadie sentado allí; el sitio está _____.
5 Nadie tiene ganas de reír; nadie tiene _____ de reír.
6 La madre empieza a llorar; la madre _____ a llorar.

EJERCICIOS CREATIVOS

1 En forma de prosa, describa todo lo que nos presenta Valdelomar en esta poesía.
2 En un párrafo, describa la tristeza de una madre cuyo hijo va a ingresar en el servicio militar.

Voy a hablar de la esperanza

CESAR VALLEJO

César Vallejo nació en un pequeño pueblo andino del norte del Perú, hijo de un español y de una india. Se crió en un ambiente pobre de mineros y agricultores, lo cual produjo en él hondo pesimismo y tristeza. Para escapar de su pasado, viajó por Francia, Rusia y España. Murió en París el 15 de abril de 1938.

Yo no sufro este dolor como César Vallejo.

Yo no me duelo ahora como artista, como
hombre ni como simple ser vivo siquiera.

Yo no sufro este dolor como católico,
como mahometano ni como ateo. Hoy sufro
solamente. Si no me llamase César Vallejo,
también sufriría este mismo dolor.
Si no fuese artista, también lo sufriría.
Si no fuese hombre ni ser vivo siquiera,
también lo sufriría. Si no fuese católico,
ateo ni mahometano, también lo sufriría.

• *ateo* *(atheist)*

Hoy sufro desde más abajo. Hoy sufro
solamente.

Me duelo ahora sin explicaciones.
Mi dolor es tan hondo, que no tuvo causa
ni carece de causa. ¿Qué sería su causa?
¿Dónde está aquello tan importante, que
dejase de ser su causa? ¿A qué ha nacido
este dolor, por sí mismo?

Mi dolor es del viento del norte y del
viento del sur, como esos huevos neutros
que algunas aves raras ponen del viento.

Si hubiera muerto mi novia, mi dolor
sería igual. Si me hubieran cortado el
cuello de raíz, mi dolor sería igual.
Si la vida fuese, en fin, de otro modo,
mi dolor sería igual. Hoy sufro solamente.

Miro el dolor del hambriento y veo que su hambre
anda tan lejos de mi sufrimiento, que de quedarme
ayuno hasta morir, saldría siempre de mi tumba una
brizna de yerba al menos. ¡Lo mismo el enamorado!
¡Qué sangre la suya más engendrada, para la mía sin
fuente ni consumo!

ayuno sin comer
brizna de yerba (blade
of grass)

Yo creía hasta ahora que todas las cosas del universo
eran, inevitablemente, padres o hijos. Pero he aquí que
mi dolor de hoy no es padre ni hijo. Le falta espalda
para anochecer, tanto como le sobra pecho para amanecer
y si lo pusiesen en la estancia oscura, no daría luz y si
lo pusiesen en una estancia luminosa, no echaría sombra.

Hoy sufro, suceda lo que suceda. Hoy sufro, solamente.

PREGUNTAS

1 ¿Qué sufre César Vallejo?
2 ¿Lo sufriría si no fuera César Vallejo?
3 ¿De dónde viene este dolor?
4 ¿Qué significa «hoy sufro solamente»?

EJERCICIO DE VOCABULARIO

Busque en el poema una palabra relacionada con cada una de las siguientes.

1 sufrimiento   2 morir   3 vida   4 doler
5 carecimiento   6 igualdad   7 amor   8 ensangrentado
9 hambre   10 consumir   11 iluminar   12 noche

EJERCICIO CREATIVO

1 ¿Qué relación puede tener el título con el dolor que sufre Vallejo?

JOYA 7   EJERCICIOS GENERALES

1 En muchas de las poesías, los autores discuten el tema de la vida y la muerte: escoja a dos poetas y compare sus ideas sobre este tema.
2 En unas de las poesías, encontramos una profunda tristeza. ¿Cuál de las poesías le pareció a Ud. la más triste? ¿Por qué?
3 Hay muchos tipos de amor. Muchos de los poetas que hemos leído tratan del amor (ejemplo: el amor maternal). Discuta los distintos tipos de amor presentados en las poesías leídas. Dé ejemplos.
4 ¿Cuál es el poeta que le gustó más? ¿Por qué?
5 Algunas de las poesías nos presentan una autobiografía del autor. ¿Cuál de las poesías le parece a Ud. más autobiográfica? ¿Por qué?
6 La poesía generalmente evoca emociones. ¿Qué emociones le provocaron a Ud. las siguientes poesías y por qué?   (a) *Al partir* — Avellaneda; (b) *El hermano ausente en la cena de Pascua* — Valdelomar; (c) *Martín Fierro* — Hernández; (d) *Antoñito el Camborio* — García Lorca.
7 Muchas poesías son muy descriptivas. ¿Cuál le pareció más descriptiva? ¿Por qué?

El drama
y la acción

MARCO LITERARIO

El drama es una forma de expresión literaria que pasa del dramaturgo al público por medio de actores. Generalmente tiene la forma de una representación teatral, pero también se transmite al cine, a la radio, a la televisión o a los impresos.

La palabra *drama* procede del griego *drao* y nació con los sacerdotes y poetas del mundo antiguo. Su objetivo es divertir e instruir, y desde el principio, el drama ha reflejado la vida, las costumbres y los pensamientos del hombre.

La estructura del drama ha cambiado mucho con los siglos. Antiguamente un coro interpretaba la acción para el público. Los discursos de los actores eran largos y sermoneadores, muchas veces escritos en verso. Hoy día el diálogo es de conversación, corto y animado.

Las dos grandes clases de composición teatral son la tragedia y la comedia. El primer término se aplica, de una manera general, a toda obra dramática que representa una acción solemne y que termina casi siempre con una catástrofe. El término *comedia* se refiere a la representación de una pieza que refleja los aspectos jocosos y ridículos de la vida cotidiana y que termina casi siempre alegremente. Puede ser alta comedia, que tiene caracterizaciones finas y diálogos brillantes, o puede ser farsa o sainete, que saca su humor de situaciones imposibles y personajes ridículos. Después de estos dos grandes géneros, se cuentan la ópera (drama musical), la zarzuela y el entremés.

- *discursos series de palabras que expresan un pensamiento*
  sermoneadores como un sermón
- *pieza obra dramática (o musical)*
- *jocosos alegres y divertidos*
- *sainete pieza dramática pequeña y de asunto jocoso*
- *zarzuela obra dramática en que alternativamente se declama y se canta*
- *entremés pieza dramática jocosa de un solo acto*

Don Juan Tenorio

JOSE ZORRILLA

José Zorrilla (1817–1893), poeta lírico y dramático español, es uno de los escritores más populares del siglo diecinueve. Su popularidad surge de dos fuentes: sus versos llenos de colorido que cantan las glorias de España y principalmente su comedia *Don Juan Tenorio* (1844). En esta obra, inspirada en el drama de Tirso de Molina, *El burlador de Sevilla,* Zorrilla reencarna para nosotros el inmortal don Juan, personaje con quien todo hombre quisiera identificarse. La combinación de los elementos religiosos y las aventuras románticas es tan atractiva al sentimiento español que el *Tenorio* sigue aumentando en popularidad año tras año. Se representa en los principales teatros del mundo de habla española durante los primeros días del mes de noviembre, conmemorando el Día de Todos los Santos.

reencarna   hace vivir

Aparecen en el drama los siguientes personajes: don Juan, el gran amante; don Luis Mejía, amigo de don Juan; doña Inés, novicia en el convento; don Gonzalo de Ulloa, padre de doña Inés; doña Ana, novia de don Luis; Brígida, la dueña de doña Inés.

PARTE PRIMERA

ACTO I

Libertinaje y escándalo

La acción tiene lugar en Sevilla por el año de 1545. Es noche de carnaval. Están en un mesón varios hombres con antifaz. Don Juan Tenorio, don Luis Mejía y otros amigos discuten una apuesta hecha ya hace un año entre don Juan y don Luis. Querían ver cuál podría hacer más daño en un año. De una manera exagerada narran sus infamias. Al no poder escoger al triunfante, don Juan apuesta que le quitará la novia a don Luis, el cual debe casarse el día próximo, y que robará a doña Inés, una novicia del convento. Un disfrazado, sentado en un rincón, declara que matará a doña Inés antes de dejar a don Juan burlarse de ella. Es el padre de Inés, don Gonzalo. Otro disfrazado denuncia a don Juan por ser un malvado. Es el padre de don Juan, quien le deshereda.

ACTO II

Destreza

Exterior de la casa de doña Ana, novia de don Luis. Este la advierte
del peligro. Los amigos de don Juan lo toman preso. Don Juan soborna
a la criada de doña Ana para que le permita entrar en la casa a las
diez. Le paga también a Brígida, la dueña de doña Inés. Esta le arregla
una entrevista con doña Inés en el convento para las nueve.

ACTO III

Profanación

La abadesa habla con doña Inés. Su padre quiere que tome sus votos
cuanto antes. Cuando está a solas, entra Brígida con un horario obse-
quiado por don Juan, dentro del cual hay una carta apasionada.
Aparece don Juan. Doña Inés se desmaya. Don Juan se la lleva del
convento.

Al mismo tiempo llega don Gonzalo al convento. Habla con la
abadesa y ve la carta que había caído al suelo al desmayarse su hija.
Le entra pánico. El Comendador va en busca de doña Inés y don Juan.

ACTO IV

El diablo a las puertas del cielo

Escena III

*Quinta de don Juan, sobre el
Guadalquivir cerca de Sevilla.*

Don Juan	¿Adónde vais, doña Inés?
Doña Inés	Dejadme salir, don Juan.
Don Juan	¿Que os deje salir?
Brígida	Señor, sabiendo ya el accidente del fuego, estará impaciente por su hija el Comendador.
Don Juan	¡El fuego! ¡Ah! No os dé cuidado por don Gonzalo, que ya

dormir tranquilo le hará
el mensaje que le he enviado.

Doña Inés   ¿Le habéis dicho. . .?

Don Juan   Que os hallabais
bajo mi amparo segura,   • *amparo   protección*
y el aura del campo pura   *aura   brisa gentil*
libre por fin respirabais.
(Vase Brígida.)
Cálmate, pues, vida mía;
reposa aquí, y un momento
olvida de tu convento
la triste cárcel sombría.
¡Ah! ¿No es cierto, ángel de amor,
que en esta apartada orilla
más pura la luna brilla
y se respira mejor?
Esta aura que vaga llena
de los sencillos olores
de las campesinas flores
que brota esa orilla amena;
esa agua limpia y serena
que atraviesa sin temor
la barca del pescador
que espera cantando el día,
¿no es cierto, paloma mía,   • *paloma (dove)*
que están respirando amor?
Esa armonía que el viento
recoge entre esos millares   • *millares miles*
de floridos olivares,   • *olivares sitios planta-*
que agita con manso aliento;   *dos de olivos (olive*
ese dulcísimo acento   *groves)*
con que trina el ruiseñor   *trina el ruiseñor (the*
de sus copas morador,   *nightingale trills)*
llamando al cercano día,   *morador habitante*
¿no es verdad, gacela mía,   • *cercano que está cerca*
que están respirando amor?   *gacela antílope pe-*
Y estas palabras que están   *queño*
filtrando insensiblemente   *filtrando (filtering)*
tu corazón ya pendiente
de los labios de don Juan,
y cuyas ideas van
inflamando en su interior   *inflamando quemando*
un fuego germinador   *germinador (germinat-*
no encendido todavía,   *ing)*

*José **Zorrilla*** MAS, *Barcelona*

¿no es verdad, estrella mía,
que están respirando amor?
Y esas dos líquidas perlas
que se desprenden tranquilas
de tus radiantes pupilas
convidándome a beberlas,

- *convidándome invitándome*

evaporarse a no verlas
de sí mismas al calor,
y ese encendido color
que en tu semblante no había,

- *semblante cara*

¿no es verdad, hermosa mía,
que están respirando amor?
¡Oh! Sí, bellísima Inés,
espejo y luz de mis ojos,
escucharme sin enojos
como lo haces, amor es,
mira aquí a tus plantas, pues,

plantas pies
rigor severidad

todo el altivo rigor
de este corazón traidor
que rendirse no creía,
adorando, vida mía,
la esclavitud de tu amor.

Doña Inés   Callad, por Dios, ¡oh! don Juan,
que no podré resistir
mucho tiempo, sin morir,
tan nunca sentido afán.

- *afán ansiedad*

¡Ah! Callad, por compasión;
que, oyéndoos, me parece
que mi cerebro enloquece
y se arde mi corazón.
¡Ah! Me habéis dado a beber
un filtro infernal sin duda,
que a rendiros os ayuda
la virtud de la mujer.

filtro bebida que tiene fama de poder conciliar el amor de una persona (en hechicería)

Tal vez poseéis, don Juan,
un misterioso amuleto,
que a vos me atrae en secreto
como irresistible imán.

amuleto cualquier objeto portátil a que se atribuye virtud sobrenatural para alejar daño o peligro

Tal vez Satán puso en vos
su vista fascinadora,
su palabra seductora,
y el amor que negó a Dios.

- *fascinadora que fascina*
- *seductora que engaña con arte y maña*

¿Y qué he de hacer, ¡ay de mí!
sino caer en vuestros brazos,
si el corazón en pedazos

me vais robando de aquí?
No, don Juan; en poder mío
resistirte no está ya;
yo voy a ti, como va
sorbido al mar ese río.
Tu presencia me enajena,
tus palabras me alucinan,
y tus ojos me fascinan,
y tu aliento me envenena.
¡Don Juan! ¡Don Juan! Yo lo imploro
de tu hidalga compasión:
o arráncame el corazón,
o ámame, porque te adoro.

sorbido   *tragado o ab-*
   sorto
enajena   *extasía, quita*
   la razón
alucinan   *fascinan*

Don Juan   ¡Alma mía! Esa palabra
cambia de modo mi ser,
que alcanzo que puede hacer
hasta que el Edén se me abra.
No es, doña Inés, Satanás
quien pone este amor en mí;
es Dios, que quiere por ti
ganarme para *El* quizá.
No; el amor que hoy se atesora
en mi corazón mortal,
no es un amor terrenal
como el que sentí hasta ahora;
no es esa chispa fugaz
que cualquier ráfaga apaga;
es incendio que se traga
cuanto ve, inmenso, voraz.
Desecha, pues, tu inquietud,
bellísima doña Inés,
porque me siento a tus pies
capaz aun de la virtud.
Sí; iré mi orgullo a postrar
ante el buen Comendador,
y, o habrá de darme tu amor,
o me tendrá que matar.

• *atesora*   *guarda*
• *mortal*   *humano*
terrenal   *del mundo*

ráfaga   *movimiento vio-*
   lento del viento

desecha   *aparta*

postrar   *arrodillarme*

Doña Inés   ¡Don Juan de mi corazón!

Don Juan   ¡Silencio! ¿Habéis escuchado?

Doña Inés   ¿Qué?

Don Juan   Sí; una barca ha atracado
debajo de ese balcón.

Un hombre embozado de ella
salta. . . . Brígida, al momento
(*Entra Brígida.*)
pasad a esotro aposento,
y perdonad, Inés bella,
si solo me importa estar.

Doña Inés   ¿Tardarás?

Don Juan   Poco ha de ser.

Doña Inés   A mi padre hemos de ver.

Don Juan   Sí; en cuanto empiece a clarear.   *clarear   amanecer*
Adiós.

Escena IX

Don Gonzalo   ¿Adónde está ese traidor?

Don Juan   Aquí está, Comendador.

Don Gonzalo   ¿De rodillas?

Don Juan   Y a tus pies.

Don Gonzalo   Vil eres hasta en tus crímenes.

Don Juan   Anciano, la lengua ten,
y escúchame un solo instante.

Don Gonzalo   ¿Qué puede en tu lengua haber
que borre lo que tu mano
escribió en este papel?
¡Ir a sorprender, ¡infame!   • *infame   que carece de*
la cándida sencillez   *honra*
de quien no pudo el veneno
de esas letras precaver!   *precaver   prevenir un*
¡Derramar en su alma virgen   *riesgo*
traidoramente la hiel   *hiel   (bitterness)*
en que rebosa la tuya,   *rebosa   abunda*
seca de virtud y fe!   *enlodar de mis timbres*
¡Proponerse así enlodar   *la alta prez   destruir*
de mis timbres la alta prez,   *mi prestigio*
como si fuera un harapo   *harapo   persona muy*
que desecha un mercader!   *despreciable*

¿Ese es el valor, Tenorio,
de que blasonas? ¿Esa es
la proverbial osadía
que te da al vulgo a temer?
¿Con viejos y con doncellas
la muestras...? ¿Y para qué?
¡Vive Dios! Para venir
sus plantas así a lamer,
mostrándote a un tiempo ajeno
de valor y de honradez.

blasonas   (brag)

al vulgo   *al populacho*

● *ajeno*   *que pertenece a*
otro
● *honradez*   *sentido de*
honor

Don Juan   ¡Comendador!

Don Gonzalo   ¡Miserable!
Tú has robado a mi hija Inés
de su convento, y yo vengo
por tu vida o por mi bien.

Don Juan   Jamás delante de un hombre
mi alta cerviz incliné,
ni he suplicado jamás
ni a mi padre, ni a mi rey.
Y pues conservo a tus plantas
la postura en que me ves,
considera, don Gonzalo,
que razón debo tener.

jamás ... mi ... cerviz
incliné   nunca ... he
bajado la cabeza

● *conservo   mantengo*

Don Gonzalo   Lo que tienes es pavor
de mi justicia.

Don Juan   ¡Pardiez!
Oyeme, Comendador,
o tenerme no sabré,
y seré quien siempre he sido,
no queriéndolo ahora ser.

¡Pardiez!   ¡Por Dios!

Don Gonzalo   ¡Vive Dios!

Don Juan   Comendador,
yo idolatro a doña Inés,
persuadido de que el cielo
me la quiso conceder
para enderezar mis pasos
por el sendero del bien.
No amé la hermosura en ella,
ni sus gracias adoré;
lo que adoro es la virtud,

don Gonzalo, en doña Inés.
Lo que justicias ni obispos
no pudieron de mí hacer
con cárceles y sermones,
lo pudo su candidez.
Su amor me torna en otro hombre,
regenerando mi ser,
y ella puede hacer un ángel
de quien un demonio fue.
Escucha, pues, don Gonzalo,
lo que te puede ofrecer
el audaz don Juan Tenorio
de rodillas a tus pies.
Yo seré esclavo de tu hija;
en tu casa viviré;
tú gobernarás mi hacienda
diciéndome *esto ha de ser*.
El tiempo que señalares,
en reclusión estaré;
cuantas pruebas exigieres
de mi audacia o mi altivez,
del modo que me ordenares,
con sumisión te daré.
Y cuando estime tu juicio
que la pueda merecer,
yo la daré un buen esposo,
y ella me dará el Edén.

*regenerando renovando
    moralmente*

*reclusión   encierro
exigieres demandares*

• *sumisión   obediencia*

Don Gonzalo   Basta, don Juan; no sé cómo
me he podido contener,
oyendo tan torpes pruebas
de tu infame avilantez.
Don Juan, tú eres un cobarde
cuando en la ocasión te ves,
y no hay bajeza a que no oses
como te saque con bien.

avilantez   insolencia

• *bajeza   acción vil*

Don Juan   ¡Don Gonzalo!

Don Gonzalo   Y me avergüenzo
de mirarte así a mis pies,
lo que apostabas por fuerza
suplicando por merced.

• *apostabas   (were
    gambling, betting)*

Don Juan   Todo así se satisface,
don Gonzalo, de una vez.

Don Gonzalo	¡Nunca! ¡Nunca! ¿Tú su esposo? Primero la mataré. Ea, entregádmela al punto, o, sin poderme valer, en esa postura vil el pecho te cruzaré.
Don Juan	Míralo bien, don Gonzalo; que vas a hacerme perder con ella hasta la esperanza de mi salvación tal vez.
Don Gonzalo	¿Y qué tengo yo, don Juan, con tu salvación que ver?
Don Juan	¡Comendador, que me pierdes!
Don Gonzalo	¡Mi hija!
Don Juan	Considera bien que por cuantos medios pude te quise satisfacer; y que con armas al cinto tus denuestos toleré, proponiéndote la paz de rodillas a tus pies.

denuestos injurias graves

Escena X

Don Juan, don Gonzalo y don Luis,
soltando una carcajada de burla.

Don Luis	Muy bien, don Juan.
Don Juan	¡Vive Dios!
Don Gonzalo	¿Quién es ese hombre?
Don Luis	Un testigo de su miedo, y un amigo, Comendador, para vos.
Don Juan	¡Don Luis!
Don Luis	Ya he visto bastante, don Juan, para conocer cuál uso puedes hacer

de tu valor arrogante;
y quien hiere por detrás
y se humilla en la ocasión,
es tan vil como el ladrón
que roba y huye.

Don Juan   ¿Esto más?

Don Luis   Y pues la ira soberana
de Dios junta, como ves,
al padre de doña Inés
y al vengador de doña Ana,   • *vengador*   *el que venga*
mira el fin que aquí te espera
cuando a igual tiempo te alcanza
aquí dentro su venganza
y la justicia allá fuera.

Don Gonzalo   ¡Oh! Ahora comprendo.... ¿Sois vos
el que...?

Don Luis   Soy don Luis Mejía,
a quien a tiempo os envía
por vuestra venganza Dios.

Don Juan   ¡Basta, pues, de tal suplicio!
Si con hacienda y honor
ni os muestro ni doy valor
a mi franco sacrificio,
y la leal solicitud
con que ofrezco cuanto puedo
tomáis, vive Dios, por miedo,
y os mofáis de mi virtud,   *os mofáis*   *te burlas*
os acepto el que me dais
plazo breve y perentorio,   *perentorio*   *decisivo*
para mostrarme el Tenorio
de cuyo valor dudáis.

Don Luis   Sea, y cae a nuestros pies
digno al menos de esa fama,
que por tan bravo te aclama....   • *aclama*   *proclama*

Don Juan   Y venza el infierno, pues.
Ulloa, pues mi alma así
vuelves a hundir en el vicio,
cuando Dios me llame a juicio,
tú responderás por mí.   *le da un pistoletazo*   *le*
(*Le da un pistoletazo.*)   *tira con pistola*

Don Gonzalo	*(Cayendo.)*
	¡Asesino!

Don Juan	*(A don Luis.)*

Y tú, insensato,
que me llamas vil ladrón,
di en prueba de tu razón
que cara a cara te mato.
(Riñen y le da una estocada.)

Don Luis	*(Cayendo.)*
	¡Jesús!

Don Juan

Tarde tu fe ciega
acude al cielo, Mejía,
y no fue por culpa mía,
pero la justicia llega,
y a fe que ha de ver quién soy.

Ciutti	*(Dentro.)*
	¡Don Juan!

Don Juan	*(Asomándose al balcón.)*

¿Quién es?

Ciutti *(Dentro.)* Por aquí;
salvaos.

Don Juan ¿Hay paso?

Ciutti Sí;
arrojaos.

Don Juan Allá voy.
Llamé al cielo, y no me oyó;
y pues sus puertas me cierra,
de mis pasos en la tierra
responda el cielo, y no yo.

*Se arroja por el balcón, y se le oye
caer en el agua del río, al mismo
tiempo que el ruido de los remos*   ● *remos*   *(oars)*
*muestra la rapidez del barco en que
parte; se oyen golpes en las puertas
de la habitación; poco después
entra la justicia, soldados, etc.*

Escena XI

<table>
<tr><td>*Alguacil 1°*</td><td>El tiro ha sonado aquí.</td><td>*alguacil   ministro inferior de justicia (constable)*</td></tr>
<tr><td>*Alguacil 2°*</td><td>Aun hay humo.</td><td></td></tr>
<tr><td>*Alguacil 1°*</td><td>¡Santo Dios!
Aquí hay un cadáver.</td><td></td></tr>
<tr><td>*Alguacil 2°*</td><td>Dos.</td><td></td></tr>
<tr><td>*Alguacil 1°*</td><td>¿Y el matador?</td><td></td></tr>
<tr><td>*Alguacil 2°*</td><td>Por allí.</td><td></td></tr>
</table>

Abren el cuarto en que están doña Inés y Brígida, y las sacan a la escena; doña Inés reconoce el cadáver de su padre.

<table>
<tr><td>*Alguacil 1°*</td><td>¡Dos mujeres!</td><td></td></tr>
<tr><td>*Doña Inés*</td><td>¡Ah! !Qué horror!
¡Padre mío!</td><td></td></tr>
<tr><td>*Alguacil 1°*</td><td>¡Es su hija!</td><td></td></tr>
<tr><td>*Brígida*</td><td>Sí.</td><td></td></tr>
<tr><td>*Doña Inés*</td><td>¡Ay! ¿Dó estás, don Juan, que aquí me olvidas en tal dolor?</td><td>*dó   dónde*</td></tr>
<tr><td>*Alguacil 1°*</td><td>El le asesinó.</td><td></td></tr>
<tr><td>*Doña Inés*</td><td>¡Dios mío!
¿Me guardabas esto más?</td><td></td></tr>
<tr><td>*Alguacil 2°*</td><td>Por aquí ese Satanás
se arrojó sin duda al río.</td><td></td></tr>
<tr><td>*Alguacil 1°*</td><td>Miradlos. . . . A bordo están
del bergantín calabrés.</td><td>*calabrés   de Calabria, Italia*</td></tr>
<tr><td>*Todos*</td><td>Justicia por doña Inés.</td><td></td></tr>
<tr><td>*Doña Inés*</td><td>Pero no contra don Juan.</td><td></td></tr>
</table>

PARTE SEGUNDA

ACTO I

La sombra de doña Inés

Panteón de la familia de Tenorio. El teatro representa un magnífico cementerio, hermoseado a manera de jardín. En primer término, aislados y de bulto, los sepulcros de don Gonzalo de Ulloa, de doña Inés y de don Luis Mejía, sobre los cuales se ven sus estatuas de piedra. El sepulcro de don Gonzalo a la derecha, y su estatua de rodillas; el de don Luis a la izquierda, y su estatua también de rodillas; el de doña Inés en el centro, y su estatua de pie. En segundo término otros dos sepulcros en la forma que convenga; y en tercer término, y en puesto elevado, el sepulcro y estatua del fundador, don Diego Tenorio, en cuya figura remata la perspectiva de los sepulcros. Una pared llena de nichos y lápidas circuye el cuadro hacia el horizonte. Dos llorones a cada lado de la tumba de doña Inés, dispuestos a servir de la manera que a su tiempo exige el juego escénico. Cipreses y flores de todas clases embellecen la decoración, que no debe tener nada de horrible. La acción se supone en una tranquila noche de verano y alumbrada por una clarísima luna.

Don Juan entra en el cementerio. Habla con el escultor que acaba de terminar unas estatuas. Este le explica a don Juan que el sitio que hoy ocupa el cementerio fue antes el palacio de don Diego, el padre de don Juan. Lo había convertido en cementerio para las víctimas de su hijo. Por medio del escultor don Juan se da cuenta de que ha muerto doña Inés. Murió de tristeza al volver al convento abandonada por don Juan. El escultor descubre la identidad de don Juan. Considerándolo loco, le tiene miedo. Le entrega las llaves del cementerio y se va.

Don Juan piensa en su pasado y en su amor por doña Inés. Aparece la sombra de doña Inés y le explica a don Juan que le espera en su sepultura. Don Juan se queda atónito.

Aparecen unos de sus amigos y don Juan los invita a cenar. Invita también a la estatua de don Gonzalo.

- *sepulcros   tumbas*

remata la perspectiva termina la vista
una pared llena de nichos y lápidas (a wall covered with niches and engraved stones)
circuye   rodea
llorones   (weeping willows)
cipreses   (cypress trees)

ACTO II

La estatua de don Gonzalo

Escena II

El comedor de don Juan.
La mesa está puesta para los presentes. También hay un sitio

	para don Gonzalo. Durante la cena entra la estatua de don Gonzalo.
Centellas	¡Jesús!
Avellaneda	¡Dios mío!
Don Juan	¡Qué es esto!
Avellaneda	Yo desfallezco. *(Cae desvanecido.)*
Centellas	Yo expiro. *(Cae lo mismo.)*
Don Juan	¡Es realidad, o delirio! Es su figura. . . , su gesto.
Estatua de don Gonzalo	¿Por qué te causa pavor quien convidado a tu mesa viene por ti?
Don Juan	¡Dios! ¿No es esa la voz del Comendador?
Estatua	Siempre supuse que aquí no me habíais de esperar.
Don Juan	Mientes, porque hice arrimar esa silla para ti. Llega, pues, para que veas que, aunque dudé en un extremo de sorpresa, no te temo, aunque el mismo Ulloa seas.
Estatua	¿Aun lo dudas?
Don Juan	No lo sé.
Estatua	Pon, si quieres, hombre impío, tu mano en el mármol frío de mi estatua.
Don Juan	¿Para qué?

- *yo desfallezco   me desmayo*
- *desvanecido   sin sentido*

- *impío   profano, sin religión ni piedad*

Me basta oírlo de ti;
cenemos, pues; mas te advierto. . . .

Estatua ¿Qué?

Don Juan   Que si no eres el muerto,
lo vas a salir de aquí.
(A Centellas y a Avellaneda.)
¡Eh! Alzad.

Estatua   No pienses, no,
que se levanten, don Juan,
porque en sí no volverán
hasta que me ausente yo.
Que la divina clemencia
del Señor para contigo,
no requiere más testigo
que tu juicio y tu conciencia.
Al sacrílego convite
que me has hecho en el panteón,
para alumbrar tu razón
Dios asistir me permite.
Y heme que vengo en su nombre
a enseñarte la verdad;
y es: que hay una eternidad
tras de la vida del hombre.
Que numerados están
los días que has de vivir,
y que tienes que morir
mañana mismo, don Juan.
Mas como esto que a tus ojos
está pasando, supones
ser del alma aberraciones
y de la aprensión antojos;
Dios, en su santa clemencia,
te concede todavía
un plazo hasta el nuevo día
para ordenar tu conciencia.
Y su justicia infinita
porque conozcas mejor,
espero de tu valor
que me pagues la visita.
¿Irás, don Juan?

Don Juan   Iré, sí;
mas me quiero convencer

en sí no volverán   *no volverán en sí*

• *clemencia*   *virtud que modera el rigor de la justicia*

sacrílego   *el que comete sacrilegios*

• *eternidad*   *vida del alma después de la muerte*

aberraciones   *equivocaciones del juicio*
aprensión   *idea infundada o extraña, miedo, temor*

	de lo vago de tu ser
	antes que salgas de aquí.
	(Coge una pistola.)

Estatua	Tu necio orgullo delira,
	don Juan; los hierros más gruesos
	y los muros más espesos
	se abren a mi paso; mira.
	(Desaparece la estatua sumiéndose
	por la pared.)

sumiéndose (being swallowed up)

Escena III

Don Juan	¡Cielos! ¡Su esencia se trueca
	el muro hasta penetrar,
	cual mancha de agua que seca
	el ardor canicular!
	¿No me dijo: «El mármol toca
	de mi estatua»? ¿Cómo, pues,
	se desvanece una roca?
	¡Imposible! Ilusión es.
	Acaso su antiguo dueño
	mis cubas envenenó,
	y el licor tan vano ensueño
	en mi mente levantó.
	Mas si éstas que sombras creo
	espíritus reales son,
	que por celestial empleo
	llaman a mi corazón,
	entonces, para que iguale
	su penitencia don Juan
	con sus delitos, ¿qué vale
	el plazo ruin que le dan...?
	¡Dios me da tan sólo un día...!
	Si fuese Dios en verdad,
	a más distancia pondría
	su aviso a mi eternidad.
	«Piensa bien que al lado tuyo
	me tendrás...,» dijo de Inés
	la sombra; y si bien arguyo,
	pues no la veo, sueño es.

canicular período de intenso calor

cubas recipientes grandes para el vino

• *vano inútil, fútil*

plazo ruin (vile terms)

arguyo (argüir) pongo argumentos contra

transparéntase se hace visible la figura transparente

Transparéntase en la pared la sombra de doña Inés.

Misericordia de Dios y apoteosis del amor

Escena II

Panteón de la familia Tenorio como estaba en el primer acto, pero ahora las estatuas de doña Inés y el Comendador no están en su lugar. Don Juan entra aturdido y con la mente trastornada a causa del desafío y los encuentros con los fantasmas. Llama al sepulcro de don Gonzalo, quien le invita a don Juan a cenar con él y los esqueletos de víctimas de don Juan. La cena es grotesca y horrible comparada con la servida en casa de don Juan. En vez de flores hay un arreglo de culebras, huesos y fuego. La comida se compone de un plato de cenizas y una copa de fuego.

Estatua de don Gonzalo   Aquí me tienes, don Juan,
y he aquí que vienen conmigo
los que tu eterno castigo   *reclamando   deman-*
de Dios reclamando están.   *dando*

Don Juan   ¡Jesús!

Estatua   ¿Y de qué te alteras   *¿de qué te alteras?*
si nada hay que a ti te asombre,   *¿por qué te inquietas?*
y para hacerte eres hombre   *¿para hacerte eres hom-*
platos con sus calaveras?   *bre platos con sus ca-*
                                   laveras? (aren't you
                                   man enough to use
                                   their skulls for dishes?)

Don Juan   ¡Ay de mí!

Estatua   ¿Qué? ¿El corazón   *¿El corazón te desmaya?*
te desmaya?   *¿Se pone débil tu co-*
                                    razón?

Don Juan   No lo sé;
concibo que me engañe;
¡no son sueños..., ellos son!
(Mirando a los espectros.)
Pavor jamás conocido
el alma fiera me asalta,
y aunque el valor no me falta,
me va faltando el sentido.

Estatua	Eso es, don Juan, que se va concluyendo tu existencia, y el plazo de tu sentencia fatal ha llegado ya.
Don Juan	¡Qué dices!
Estatua	Lo que hace poco que doña Inés te avisó, lo que te he avisado yo, y lo que olvidaste loco. Mas el festín que me has dado debo volverte; y así, llega, don Juan, que yo aquí cubierto te he preparado.
Don Juan	¿Y qué es lo que ahí me das?
Estatua	Aquí fuego, allí ceniza.
Don Juan	El cabello se me eriza.
Estatua	Te doy lo que tú serás.
Don Juan	¡Fuego y ceniza he de ser!
Estatua	Cual los que ves en redor; en eso para el valor, la juventud y el poder.
Don Juan	Ceniza, bien; ¡pero fuego. . . !
Estatua	El de la ira omnipotente, do arderás eternamente por tu desenfreno ciego.
Don Juan	¿Conque hay otra vida más y otro mundo que el de aquí? ¿Conque es verdad, ¡ay de mí! lo que no creí jamás? ¡Fatal verdad que me hiela la sangre en el corazón! ¡Verdad que mi perdición solamente me revela! ¿Y ese reló?
Estatua	Es la medida de tu tiempo.

● *festín   fiesta pequeña o
banquete*

en redor   (all around)

● *omnipotente   toda
poderosa
desenfreno   acción de
entregarse completa-
mente a los vicios*

● *hiela (helar)   (freezes)*

reló (reloj)   (hourglass)

*«El burlador de Sevilla
o don Juan
y el Comendador»
por Francisco de Goya*

MAS, Barcelona

Don Juan	¿Expira ya?
Estatua	Sí: en cada grano se va un instante de tu vida.
Don Juan	¿Y esos me quedan no más?
Estatua	Sí.
Don Juan	¡Injusto Dios! Tu poder me haces ahora conocer, cuando tiempo no me das de arrepentirme.
Estatua	Don Juan, un punto de contrición da a un alma la salvación, y ese punto aun te lo dan.

• *arrepentirme (to re-
    pent)*

*contrición dolor y pesar
    por haber ofendido a
    Dios*

Don Juan	¡Imposible! ¡En un momento borrar treinta años malditos de crímenes y delitos!	
Estatua	Aprovéchale con tiento, *(Tocan a muerto.)* porque el plazo va a expirar, y las campanas doblando por ti están, y están cavando la fosa en que te han de echar. *Se oye a lo lejos el oficio de difuntos.*	*con tiento con pruden- cia* *están cavando la fosa (they are digging the grave)*
Don Juan	¿Conque por mí doblan?	
Estatua	Sí.	
Don Juan	¿Y esos cantos funerales?	
Estatua	Los salmos penitenciales, que están cantando por ti. *Se ve pasar por la izquierda luz de hachones, y rezan dentro.*	*los salmos penitenciales (the psalms of repen- tance)* *hachones (large torches)*
Don Juan	¿Y aquel entierro que pasa?	
Estatua	Es el tuyo.	
Don Juan	¡Muerto yo!	
Estatua	El capitán te mató a la puerta de tu casa.	
Don Juan	Tarde la luz de la fe penetra en mi corazón, pues crímenes mi razón a su luz tan sólo ve. Los ve..., y con horrible afán, porque al ver su multitud, ve a Dios en su plenitud de su ira contra don Juan. ¡Ah! Por doquiera que fui la razón atropellé,	• *plenitud abundancia*

la virtud escarnecí
y a la justicia burlé.
Y emponzoñé cuanto vi,
y a las cabañas bajé,
y a los palacios subí,
y los claustros escalé;
y pues tal mi vida fue,
no, no hay perdón para mí.
(A los fantasmas.)
¡Mas ahí estáis todavía
con quietud tan pertinaz!
Dejadme morir en paz,
a solas con mi agonía.
Mas con esa horrenda calma,
¿qué me auguráis, sombras fieras?
¿Qué esperáis de mí?

escarnecí   hice burla

*emponzoñé   hice co-
rrupto*

• *claustros   conventos*

pertinaz   obstinado

• *horrenda   horrible*
auguráis   anunciáis

Estatua   Que mueras
para llevarse tu alma.
Y adiós, don Juan; ya tu vida
toca a su fin; y pues vano
todo fue, dame la mano
en señal de despedida.

Don Juan   ¿Muéstrasme ahora amistad?

Estatua   Sí; que injusto fui contigo,
y Dios me manda tu amigo
volver a la eternidad.

Don Juan   Toma, pues.

Estatua   Ahora, don Juan,
pues desperdicias también
el momento que te dan,
conmigo al infierno ven.

• *desperdicias   usas mal*

Don Juan   ¡Aparta, piedra fingida!
Suelta, suéltame esa mano,
que aun queda el último grano
en el reló de mi vida.
Suéltala, que si es verdad
que un punto de contrición
da a un alma la salvación
de toda una eternidad,
yo, santo Dios, creo en ti;

si es mi maldad inaudita,
tu piedad es infinita. . . .
¡Señor, ten piedad de mí!

*inaudita   muy extraor-
dinaria*

Estatua   Ya es tarde.

*Don Juan se hinca de rodillas, tendiendo
al cielo la mano que le deja libre la
estatua. Las sombras, esqueletos, etc.,
van a abalanzarse sobre él, en cuyo
momento se abre la tumba de doña Inés
y aparece ésta. Doña Inés toma la mano
que don Juan tiende al cielo.*

Escena III

Doña Inés   No; heme ya aquí,
don Juan; mi mano asegura
esta mano que a la altura
tendió tu contrito afán,
y Dios perdona a don Juan
al pie de mi sepultura.

• *contrito   penitente*

Don Juan   ¡Dios clemente! ¡Doña Inés!

Doña Inés   Fantasmas, desvaneceos:
su fe nos salva. . . , volveos
a vuestros sepulcros, pues.
La voluntad de Dios es;
de mi alma con la amargura
purifiqué su alma impura,
y Dios concedió a mi afán
la salvación de don Juan
al pie de la sepultura.

*desvaneceos   desapa-
rézcanse, escóndanse*

• *purifiqué   hice pura*
• *impura   la que no es
pura*

Don Juan   ¡Inés de mi corazón!

Doña Inés   Yo mi alma he dado por ti,
y Dios te otorga por mí
tu dudosa salvación.
Misterio es que en comprensión
no cabe de criatura,
y sólo en vida más pura
los justos comprenderán
que el amor salvó a don Juan
al pie de la sepultura.

Cesad, cantos funerales;
(Cesa la música y salmodia.)
callad, mortuorias campanas;
(Dejan de tocar a muerto.)
ocupad, sombras livianas,
vuestras urnas sepulcrales;
*(Vuelven los esqueletos a sus tumbas,
que se cierran.)*
volved a los pedestales,
animadas esculturas;
(Vuelven las estatuas a sus lugares.)
y las celestes venturas
en que los justos están
empiecen para don Juan
en las mismas sepulturas.

*Las flores se abren y dan paso a
varios angelitos, que rodean a doña
Inés y a don Juan, derramando sobre
ellos flores y perfumes, y al son de una
música dulce y lejana se ilumina el
teatro con luz de aurora. Doña Inés
cae sobre un lecho de flores, que
quedará a la vista, en lugar de su
tumba, que desaparece.*

Escena última

Don Juan   ¡Clemente Dios, gloria a ti!
Mañana a los sevillanos
aterrará el creer que a manos
de mis víctimas caí.
Mas es justo; quede aquí
al universo notorio
que, pues me abre el purgatorio
un punto de penitencia,
es el Dios de la clemencia
el Dios de don Juan Tenorio.

*Cae don Juan a los pies de doña Inés,
y mueren ambos. De sus bocas salen
sus almas, representadas en dos
brillantes llamas, que se pierden en
el espacio al son de la música. Cae
el telón.*

salmodia   *canto de los salmos*
• *mortuorias*   *para el muerto*
livianas   *que pesan poco*

• *clemente*   *compasivo*
• *sevillanos*   *naturales de Sevilla*

• *notorio*   *bien conocido*

• *penitencia*   *dolor por haber ofendido*

PREGUNTAS

Parte Primera, Acto IV, Escena III

1 ¿Cómo es el carácter de don Juan?
2 Según don Juan, ¿cuáles son las cosas que están respirando amor?
3 ¿Qué influencia ejercía este hombre en doña Inés? ¿Por qué?
4 ¿Cómo explica don Juan que no es Satanás quien pone en él este amor?

Acto IV, Escena IX

5 ¿Cómo se pone don Juan al hablar con don Gonzalo?
6 ¿De qué manera le habla don Gonzalo?
7 Según don Juan, ¿qué adora él en doña Inés? ¿Por qué la ama tanto?
8 ¿Qué hará don Juan para poder tener a doña Inés?
9 ¿Cree Ud. que don Juan es sincero?
10 Si es sincero, ¿puede convencer a don Gonzalo?
11 Según don Juan, ¿qué va a perder si no tiene a doña Inés?

Acto IV, Escena X

12 Al entrar don Luis, ¿qué acusaciones hace?
13 ¿Qué significa: «La ira soberana de Dios junta, como ves, al padre de doña Inés con el vengador de doña Ana»?
14 ¿Cómo mata don Juan a don Gonzalo y a don Luis?
15 ¿Qué dice al matar a don Gonzalo?
16 ¿Cómo escapa don Juan?

Acto IV, Escena XI

17 ¿Cómo da prueba de su amor doña Inés en la escena con los alguaciles?

Parte Segunda, Acto II, Escena II

18 ¿Cómo se ponen todos cuando entra el Comendador?
19 ¿Para qué viene don Gonzalo?
20 ¿Cuál es la verdad que quiere enseñarle a don Juan?
21 ¿Qué noticias le trae don Gonzalo?
22 ¿Irá don Juan con el Comendador?
23 ¿Por qué coge don Juan la pistola?

Acto II, Escena III

24 ¿Qué palabras de doña Inés recuerda don Juan?

Acto III, Escena II

25 ¿Qué están reclamando los que están sepultados en el cementerio? ¿Por qué?
26 ¿A qué invita don Gonzalo a don Juan?
27 ¿Qué le da?
28 ¿Qué significan la ceniza y el fuego?

29 ¿En qué cree don Juan por primera vez?
30 ¿Qué indica el reloj?
31 ¿Qué dice don Juan de su vida?
32 ¿Qué confirma don Juan en sus últimos momentos?

Acto III, Escena III

33 ¿Qué le ha salvado a don Juan? ¿Cómo?

ESTUDIO DE PALABRAS

Seductor: seducir, seducción, seductivo

1 Don Juan es un famoso seductor.
2 Don Juan no quería seducir a doña Inés. Estaba verdaderamente enamorado de ella.
3 Don Juan se dedicó a la seducción de muchas mujeres.
4 Tenía un carácter seductivo.

Capaz: capacidad, capacitar

1 Don Juan era capaz de seducir a cualquier mujer.
2 Tenía la capacidad de seducir a cualquiera.
3 Don Juan puede capacitar para ser el amante más conocido. No tiene
   rival.

Eternidad: eterno, eternizar

1 Aunque no ha tenido fama de ser fiel, don Juan amará a doña Inés por
   la eternidad.
2 El amor que tiene por doña Inés es eterno, no es nada pasajero.
3 Don Juan quería eternizar su amor por doña Inés.

EJERCICIO DE VOCABULARIO

Escoja la palabra que no está relacionada con las otras en cada uno de los siguientes grupos.

1 sabiendo, saber, sabido, sabor, sabidor
2 cuidado, ciudad, cuidar, cuidadoso
3 enloquecer, loco, enloquecido, enlazar, enloquecedor
4 convidando, convidar, convenir, convidado
5 sombrío, sombra, sombrerera, sombrear
6 mortal, moral, mortalizar, mortalmente
7 terrenal, tierra, terror, terreno
8 vulgo, vulgar, vulcanizar, vulgaridad, vulgarizar
9 bajeza, bahía, bajar, bajo, bajera
10 remos, remar, ramas, remador, remada

EJERCICIO DE COMPRENSION

Complete estas oraciones seleccionando las ideas expresadas a continuación de ellas.

1 Don Juan no quería que doña Inés . . .
2 Al principio don Juan no comprendió . . .
3 Doña Inés cree que don Juan tiene . . .
4 Don Juan, perdidamente enamorado de doña Inés, quería . . .
5 Don Gonzalo se burló de . . .
6 A pesar de la severidad del Comendador, don Juan . . .
7 La virtud de la doncella . . .
8 Don Gonzalo muere de . . . y don Luis de . . .
9 Ciutti le manda a don Juan . . .
10 El panteón parece . . .
11 Don Juan creyó que deliraba . . .
12 Don Juan no puede creer que . . .
13 En los últimos momentos de vida . . .
14 Doña Inés manda que . . .
15 El protagonista quiere que . . .

a que el Comendador le permitiera casarse con su hija o que le matara.
b le ha regenerado convirtiéndole de un degenerado en un ser deseoso de ser virtuoso.
c que el entierro sea para él.
d un pistoletazo; una estocada.
e todo el mundo sepa que él cree en Dios.
f se fuera de su finca.
g la petición del amante y negó las virtudes que éste profesó.
h trató de mantener su compostura, quedándose arrodillado en señal de sumisión.
i un jardín embellecido de llorones, cipreses y flores en vez de un lugar lóbrego o espantoso.
j se pone contrito y confiesa su creencia en Dios a quien le pide piedad.
k lo que quería decir tocante al fuego.
l que se arroje por la ventana al barco que le espera abajo.
m algún poder misterioso que la atrae inefablemente.
n los fantasmas vuelvan a sus sepulcros porque la fe de don Juan los salva.
o al ver la estatua desaparecer, como por encanto, por la pared.

EJERCICIOS CREATIVOS

1 Interprete estas citas y explique cómo se relacionan para desarrollar el tema básico del drama. Después escriba un párrafo en que Ud. expresa el tema.

Don Juan	. . . Mira aquí a tus plantas, pues todo el altivo rigor de este corazón traidor que rendirse no creía adorando, vida mía, la esclavitud de tu amor.
Don Juan	No es, doña Inés, Satanás quien pone este amor en mí, es Dios, que quiere por ti ganarme para *El* quizás.
Don Juan	Comendador, yo idolatro a doña Inés persuadido de que el cielo me la quiso conceder para enderezar mis pasos por el sendero del bien.
Don Gonzalo	Al sacrílego convite que me has hecho en el panteón, para alumbrar tu razón Dios asistir me permite. Y heme que vengo en su nombre a enseñarte la verdad; y es: que hay una eternidad.
Don Juan	¿Conque hay otra vida más y otro mundo que el de aquí? ¿Conque es verdad, ¡ay de mí! lo que no creí jamás? *(La mano de la estatua del Comendador le toma la mano a don Juan para conducirlo al infierno.)*
Don Juan	Suéltala, que si es verdad que un punto de contrición da a un alma la salvación de toda una eternidad, yo, Santo Dios, creo en ti.
La estatua de doña Inés	. . . Mi mano asegura esta mano que a la altura tendió tu contrito afán, y Dios perdona a don Juan al pie de mi sepultura.

2 Analice el carácter de don Juan. ¿Cómo ha cambiado? ¿Por qué? ¿Es posible que un hombre cambie de tal manera?

Fuenteovejuna

LOPE DE VEGA CARPIO

La producción literaria de Lope de Vega (1562–1635) abarca todos los géneros, pero en ella sobresalen sus obras dramáticas. Entre las más conocidas comedias podemos citar *Fuenteovejuna*. Basada en un hecho histórico, *Fuenteovejuna* relata la rebelión de un pueblo entero contra el despotismo del Comendador, un noble feudal que comete toda clase de abusos. Cansados de su tiranía, los habitantes de Fuenteovejuna acaban por asesinar al Comendador. Cuando el juez pesquisidor manda atormentar a varios labradores para determinar el culpable, no consigue otra respuesta que ésta:

> — ¿Quién mató al Comendador?
> — Fuenteovejuna, Señor.
> — ¿Y quién es Fuenteovejuna?
> — ¡Todos a una!

- **hecho** *evento*
- **entero** *completo*
  Comendador *comandante de una orden militar (aquí: el que gobierna por el rey)*
  juez pesquisidor *oficial que investiga la causa de una muerte*
- **el culpable** *el que tiene la culpa, el responsable*

A continuación aparecen tres escenas de la obra. En la primera, Laurencia, una labradora, habla a varios aldeanos, acusándolos de cobardía e incitándolos a la rebelión. En la segunda, el pueblo ya está dispuesto a matar al tirano Fernán Gómez. En la tercera, varios habitantes de Fuenteovejuna están «ensayando sus respuestas» para el momento cuando tengan que aparecer delante del juez pesquisidor.

Los personajes que aparecen en las tres escenas son: Laurencia, labradora; Esteban, alcalde de Fuenteovejuna y padre de Laurencia; Juan Rojo, Barrildo, Mengo y Frondoso, labradores; Pascuala y Jacinta, labradoras.

ACTO III

Escena II

Sala del consejo en Fuenteovejuna.
Sale Laurencia, desmelenada.

Laurencia	Dejadme entrar, que bien puedo,
	en consejo de los hombres;
	que bien puede una mujer,
	si no a dar voto, a dar voces.
	¿Conocéisme?
Esteban	¡Santo Cielo! ¿No es mi hija?
Juan Rojo	¿No conoces a Laurencia?
Laurencia	Vengo tal,
	que mi diferencia os pone
	en contingencia quién soy.
Esteban	¡Hija mía!
Laurencia	No me nombres tu hija.
Esteban	¿Por qué, mis ojos?
	¿Por qué?
Laurencia	Por muchas razones,
	y sean las principales:
	porque dejas que me roben
	tiranos sin que me vengues,
	traidores sin que me cobres.
	Aun no era yo de Frondoso,
	para que digas que tome,
	como marido, venganza;
	que aquí por tu cuenta corre;
	que en tanto que de las bodas
	no haya llegado la noche,
	del padre, y no del marido,
	la obligación presupone;
	que en tanto que no me entregan
	una joya, aunque la compre,
	no han de correr por mi cuenta
	las guardas ni los ladrones.
	Llevóme de vuestros ojos
	a su casa Fernán Gómez:

desmelenada con el
pelo desarreglado

contingencia cosa que
puede suceder

cobres (rescue)

presupone supone
previamente

la oveja al lobo dejáis
como cobardes pastores.
¿Qué dagas no vi en mi pecho?
¡Qué desatinos enormes,
qué palabras, qué amenazas,
y qué delitos atroces,
por rendir mi castidad
a sus apetitos torpes!
Mis cabellos, ¿no lo dicen?
Las señales de los golpes,
¿no se ven aquí, y la sangre?
¿Vosotros sois hombres nobles?
¿Vosotros padres y deudos?
¿Vosotros, que no se os rompen
las entrañas de dolor,
de verme en tantos dolores?
Ovejas sois, bien lo dice
de Fuenteovejuna el nombre.
Dadme unas armas a mí,
pues sois piedras, pues sois bronces,
pues sois jaspes, pues sois tigres. . .
tigres no, porque feroces
siguen quien roba sus hijos,
matando los cazadores
antes que entren por el mar
y por sus ondas se arrojen.
Liebres cobardes nacisteis;
bárbaros sois, no españoles.
Gallinas, ¡vuestras mujeres
sufrís que otros hombres gocen!
Poneos ruecas en la cinta.
¿Para qué os ceñís estoques?
¡Vive Dios, que he de trazar
que solas mujeres cobren
la honra destos tiranos,
la sangre destos traidores,
y que os han de tirar piedras,
hilanderas, maricones,
amujerados, cobardes,
y que mañana os adornen
nuestras tocas y basquiñas,
solimanes y colores!
A Frondoso quiere ya,
sin sentencia, sin pregones,
colgar el Comendador
del almena de una torre;

desatinos   locuras
• amenazas   (threats)

castidad   pureza
• torpes   lascivos, desho-
    nestos, que carecen de
    habilidad
• señales   marcas

deudos   parientes
¿os rompen las entra-
    ñas?   (doesn't it break
    your heart?)

jaspes   piedras preciosas
liebres   hares
ruecas   instrumentos que
    sirven para hilar
cinta   en el cinto
trazar   señalar (to point
    out)
hilanderas   personas que
    se dedican a hilar
    (spinners)
maricones   cobardes y
    afeminados
amujerados   afeminados
tocas   prendas sueltas
    para la cabeza
    (scarves)
basquiñas   faldas
solimanes   (preparation
    used by women to re-
    move spots from their
    faces)
• pregones   publicación
    que se hace en voz
    alta y en público
almena   diente o corta-
    dura que se hacía en
    los muros de las anti-
    guas fortalezas

Grabado de Lope de Vega Carpio,
Imprenta Real, 1791

de todos hará lo mismo;
y yo me huelgo, medio-hombres,
porque quede sin mujeres
esta villa honrada, y torne
aquel siglo de amazonas,
eterno espanto del orbe.

huelgo me alegro
porque para que
amazonas mujeres altas
*   y varoniles*
orbe mundo

Esteban Yo, hija, no soy de aquellos
que permiten que los nombres
con esos títulos viles.
Iré solo, si se pone
todo el mundo contra mí.

• *viles corruptos*

Juan Rojo Y yo, por más que me asombre
la grandeza del contrario.

Regidor Muramos todos.

Barrildo Descoge
un lienzo al viento en un palo,
y mueran estos inormes.

Regidor (alderman)
muramos todos vamos
*   a morir juntos*
descoge un lienzo suelta
*   una bandera*
inormes monstruos

Juan Rojo ¿Qué orden pensáis tener?

Mengo Ir a matarle sin orden.
Juntad el pueblo a una voz;
que todos están conformes
en que los tiranos mueran.

Esteban Tomad espadas, lanzones,
ballestas, chuzos y palos.

lanzones lanzas grandes
ballestas máquinas an-
*   tiguas de guerra para*
*   arrojar piedras, etc.*
chuzos especies de
*   lanza*

Mengo ¡Los reyes nuestros señores
vivan!

Todos ¡Vivan muchos años!

Mengo ¡Mueran tiranos traidores!

Todos ¡Traidores tiranos mueran!
(Vanse todos los hombres.)

Laurencia Caminad, que el cielo os oye.
(Gritando.)
¡Ah mujeres de la villa!
¡Acudid, por que se cobre
vuestro honor, acudid todas!

Escena VI

Salen Esteban, Frondoso, Juan Rojo,
Mengo, Barrildo y otros labradores, todos
armados. El Comendador, Flores, Ortuño,
Cimbranos.

Esteban   Ya el tirano y los cómplices miramos.
       ¡Fuenteovejuna, los tiranos mueran!

Comendador   Pueblo, esperad.

Todos   Agravios nunca esperan.

Comendador   Decídmelos a mí, que iré pagando
       a fe de caballero esos errores.

Todos   ¡Fuenteovejuna! ¡Viva el rey Fernando!
       ¡Mueran malos cristianos y traidores!

Comendador   ¿No me queréis oír? Yo estoy hablando,   *señor*   *amo*
       yo soy vuestro señor.

Todos   Nuestros señores
       son los Reyes Católicos.

Comendador   Espera.

Todos   ¡Fuenteovejuna, Fernán Gómez muera!
       (Vanse y salen las mujeres armadas.)

Laurencia   Parad en este puesto de esperanzas,
       soldados atrevidos, no mujeres.

Pascuala   ¿Los que mujeres son en las venganzas,
       en él beban su sangre, es bien que esperes?

Jacinta   Su cuerpo recojamos en las lanzas.

Pascuala   Todos son de esos mismos pareceres.

Esteban   *(Dentro.)*
       ¡Muere, traidor Comendador!

Comendador   *(Dentro.)*
       Ya muero.
       ¡Piedad, Señor, que en tu clemencia espero!

Escena X

Saca un escudo Juan Rojo con las
armas reales.

Regidor   Ya las armas han llegado.

Esteban   Mostrá las armas acá.

Juan Rojo   ¿Adónde se han de poner?

Regidor   Aquí, en el Ayuntamiento.

Esteban   ¡Bravo escudo!

Barrildo   ¡Qué contento!

Frondoso   Ya comienza a amanecer,
con este sol, nuestro día.

Esteban   ¡Vivan Castilla y León,
y las barras de Aragón,
y muera la tiranía!
Advertid, Fuenteovejuna,
a las palabras de un viejo;
que el admitir su consejo
no ha dañado vez ninguna.
Los reyes han de querer
averiguar este caso,
y más tan cerca del paso
y jornada que han de hacer.
Concertaos todos a una
en lo que habéis de decir.

barras (stripes, of the
flag)

Frondoso   ¿Qué es tu consejo?

Esteban   Morir
diciendo *Fuenteovejuna,*
y a nadie saquen de aquí.

Frondoso   Es el camino derecho.
Fuenteovejuna lo ha hecho.

Esteban   ¿Queréis responder así?

Todos   Sí.

Esteban	Ahora pues, yo quiero ser ahora el pesquisidor, para ensayarnos mejor en lo que habemos de hacer. Sea Mengo el que esté puesto en el tormento.
Mengo	¿No hallaste otro más flaco?
Esteban	¿Pensaste que era de veras?
Mengo	Di presto.
Esteban	¿Quién mató al Comendador?
Mengo	Fuenteovejuna lo hizo.
Esteban	Perro, ¿si te martirizo?
Mengo	Aunque me matéis, Señor.
Esteban	Confiesa, ladrón.
Mengo	Confieso.
Esteban	Pues, ¿quién fue?
Mengo	Fuenteovejuna.
Esteban	Dadle otra vuelta.
Mengo	Es ninguna.
Esteban	Cagajón para el proceso. *Sale el otro Regidor.*
Regidor	¿Qué hacéis desta suerte aquí?
Frondoso	¿Qué ha sucedido, Cuadrado?
Regidor	Pesquisidor ha llegado.
Esteban	Echá todos por ahí.
Regidor	Con él viene un capitán.

martirizo atormento

*cagajón expresión
vulgar*
• *proceso (trial)*

| Esteban | Venga el diablo: ya sabéis |
| | lo que responder tenéis. |

Regidor	El pueblo prendiendo van,	*el pueblo prendiendo*
	sin dejar alma ninguna.	*van van arrestando a*
		todo el pueblo

Esteban	Que no hay que tener temor.
	¿Quién mató al Comendador,
	Mengo?

| Mengo | ¿Quién? Fuenteovejuna. |

Vanse.

PREGUNTAS

Acto III, Escena II

1 ¿Cómo entra Laurencia?
2 ¿Por qué no la conocen en seguida?
3 ¿Quién es su padre?
4 ¿Por qué quiere Laurencia ser oída?
5 ¿De qué quiere ella vengarse?
6 ¿Qué significa: «La oveja al lobo dejáis»?
7 ¿Por qué habla de tal manera a los hombres?
8 ¿Qué deciden hacer los hombres?

Acto III, Escena VI

9   ¿Con quiénes se encuentran los labradores?
10 ¿Cómo se llama el Comendador?
11 ¿Qué quiere hacer el Comendador?
12 ¿Quién mata al Comendador?

Acto III, Escena X

13 ¿Cuál es el consejo que les da a todos Esteban? ¿Por qué?
14 ¿Qué ensayan todos?
15 ¿Qué anuncia el otro Regidor?

ESTUDIO DE PALABRAS

Amenazar: amenazas, amenazador

1 El Comendador pudo amenazar a las mujeres hasta que escogió a Laurencia.
2 Las amenazas del Comendador causaban temor entre las mujeres.

3 Los hombres no se dieron cuenta de las acciones amenazadoras del Comendador, hasta que Laurencia les informó.

Ensayar: ensayo

1 Los labradores querían ensayar lo que harían cuando llegara el pesquisidor.
2 Tuvieron un ensayo. Todos practicaron la famosa oración: «Fuenteovejuna lo hizo.»

EJERCICIO DE VOCABULARIO

¿Cómo expresa Lope de Vega las siguientes ideas?

1 Sale Laurencia *con el pelo desarreglado.*
2 Si no a dar voto, *a gritar.*
3 No me *llames* tu hija.
4 Para que digas que tome, como *esposo,* venganza.
5 ¡Qué *locuras* enormes!
6 ¡Y qué delitos *horribles*!
7 Este *pueblo* honrado.
8 *Andad,* que el cielo os oye.
9 *Id en socorro* todas.
10 *Detened* en este pueblo de esperanzas.
11 No *ha hecho daño* ninguna vez.
12 ¿Queréis *contestar* aquí?
13 Perro, si te *mato como mártir.*
14 ¿Qué *ha pasado*?
15 Que no hay que tener *miedo.*

EJERCICIO DE COMPRENSION

Termine estas oraciones según la acción del drama.

1 Al principio los humildes aldeanos aguantaban la tiranía del Comendador, pero . . .
2 Laurencia reprocha a su padre porque él . . .
3 Ella acusa a los demás hombres de . . .
4 Ahora el Comendador les pide que . . .
5 Laurencia incita a los hombres . . .
6 Como no tienen armas de fuego, . . .
7 El Comendador les pide que . . .
8 Los aldeanos celebran . . .
9 Para estar seguros de ser resolutos y firmes, deciden . . .
10 Al llegar el pesquisidor y el capitán, todos . . .

EJERCICIO CREATIVO

1 Escriba un resumen de las tres escenas que Ud. ha leído de *Fuenteovejuna.*

La vida es sueño

PEDRO CALDERON DE LA BARCA

Como su contemporáneo Lope de Vega, Pedro Calderón de la Barca
(1600–1681) es un dramaturgo muy prolífico. Es el mejor representante
del teatro barroco español. Escribió unas doscientas obras teatrales
entre las cuales se encuentran dramas trágicos, comedias de capa y
espada, autos sacramentales, zarzuelas mitológicas, sainetes, entre-
meses, comedias religiosas, filosóficas e históricas. En la mayoría de
estas obras, aparecen las ideas y los temas de todos los dramaturgos
del Siglo de Oro . . . es decir, el sentimiento del honor, el patriotismo,
la intriga, la religión . . . lo popular y lo costumbrista. Pero Calderón
también ha creado personajes más profundos, más filosóficos y más
intelectuales. Segismundo, en *La vida es sueño,* es el mejor ejemplo.
Llena de soliloquios, imágenes barrocas y metáforas, la obra trata de si
los hombres son libres para forjar su destino, o si tienen que cumplir
una fortuna predeterminada.

El protagonista de *La vida es sueño* es Segismundo, hijo del rey
Basilio de Polonia. Desde niño, Segismundo ha estado encerrado en
una fortaleza, sin ningún contacto con el mundo, porque la astrología
ha pronosticado que será un monstruo y vencerá al rey. Sin embargo,
después de muchos años el rey Basilio le da la libertad para probar su
carácter. Lo lleva a la corte después de haberle dado un narcótico. Al
despertar Segismundo se encuentra en el palacio tratado como príncipe. Desgraciadamente, muestra sus instintos brutales y comete varios
abusos. En un momento de rabia, arroja por el balcón a un criado.
Narcotizándolo de nuevo, el rey lo vuelve a encerrar. Segismundo, confundido al despertar en la torre, cree que todo ha sido un sueño:

> ¿Qué es la vida? Un frenesí.
> ¿Qué es la vida? Una ilusión,
> una sombra, una ficción,
> y el mayor bien es pequeño;
> que toda la vida es sueño,
> y los sueños, sueños son.

Por fin, el pueblo se subleva en favor de Segismundo y lo libra de la
torre donde está encarcelado. Vence a su padre, confirmándose los
augurios, pero se porta generosamente con él, y gracias a la experiencia
pasada, cambia su carácter y se conduce como un caballero.

Los personajes que aparecen en el drama son: Basilio, rey de Polonia; Segismundo, príncipe e hijo del rey; Astolfo, el duque de
Moscovia, y Estrella, la Infanta, ambos sobrinos del rey; Clotaldo, ayo
de Segismundo; Rosaura (hija de Clotaldo), que viene a Polonia en
busca de Astolfo, creyendo que su padre murió hace años; Clarín,
gracioso, criado que acompaña a Rosaura.

JORNADA I

Escena II

*Rosaura, vestida de hombre y en
compañía de Clarín, va a la corte de
Polonia. Se encuentran perdidos en un
monte. Al ver una torre alumbrada se
dirigen hacia ella a pedir hospedaje.
Al acercarse a la torre, oyen una voz
lamentosa y el ruido de prisiones
(cadenas).*

Segismundo	(*Dentro.*) ¡Ay mísero de mí! ¡Ay infelice!
Rosaura	¡Qué triste voz escucho! Con nuevas penas y tormentos lucho.
Clarín	Yo con nuevos temores.
Rosaura	Clarín . . .
Clarín	Señora . . .
Rosaura	Huyamos los rigores desta encantada torre.
Clarín	Yo aun no tengo ánimo para huir, cuando a eso vengo.
Rosaura	¿No es breve luz aquella caduca exhalación, pálida estrella, que en trémulos desmayos, pulsando ardores y latiendo rayos, hace más tenebrosa la oscura habitación con luz dudosa? Sí, pues a sus reflejos puede determinar (aunque de lejos) una prisión oscura,

● *mísero   miserable*

caduca   débil, vieja

y porque más me asombre,
que es de un vivo cadáver sepultura,
en el traje de fiera yace un hombre
de prisiones cargado,
y sólo de una luz acompañado.
Pues huir no podemos,
desde aquí sus desdichas escuchemos:
sepamos lo que dice.

*Abrense las hojas de la puerta y descúbrese
Segismundo con una cadena y vestido de
pieles. Hay luz en la torre.*

• *cadena   (chain)*

Segismundo   ¡Ay mísero de mí! ¡Ay infelice!
Apurar, cielos, pretendo,
ya que me tratáis así,
qué delito cometí
contra vosotros naciendo;
aunque si nací, ya entiendo
qué delito he cometido.
Bastante causa ha tenido
vuestra justicia y rigor,
pues el delito mayor
del hombre es haber nacido.

Sólo quisiera saber
para apurar mis desvelos
(dejando a una parte, cielos,
el delito de nacer),
¿qué más os pude ofender
para castigarme más?
¿No nacieron los demás?
Pues si los demás nacieron,
¿qué privilegios tuvieron
que yo no gocé jamás?

apurar   purificar

Nace el ave, y con las galas
que le dan belleza suma,
apenas es flor de pluma
o ramillete con alas,
cuando las etéreas salas
corta con velocidad,
negándose a la piedad
del nido que deja en calma.
¿Y teniendo yo más alma,
tengo menos libertad?

• *ramillete   (bouquet)*
las etéreas salas   el cielo

Nace el bruto, y con la piel
que dibujan manchas bellas,
apenas signo es de estrellas
(gracias al docto pincel),
cuando atrevido y cruel
la humana necesidad
le enseña a tener crueldad,
monstruo de su laberinto.
¿Y yo, con mejor instinto,
tengo menos libertad?

Nace el pez, que no respira,
aborto de ovas y lamas,
y apenas bajel de escamas
sobre las ondas se mira,
cuando a todas partes gira,
midiendo la inmensidad
de tanta capacidad
como le da el centro frío.
¿Y yo, con más albedrío,
tengo menos libertad?

Nace el arroyo, culebra
que entre flores se desata,
y apenas, sierpe de plata,
entre las flores se quiebra,
cuando músico celebra
de las flores la piedad,
que le da la majestad
del campo abierto a su huida.

- *docto   educado*

laberinto   confusión

aborto   monstruo
ovas   huevos
lamas   (slime)

- *albedrío   (free will)*

sierpe   serpiente

¿Y teniendo yo más vida,
tengo menos libertad?

En llegando a esta pasión,
un volcán, un Etna hecho,
quisiera arrancar del pecho
pedazos del corazón.
¿Qué ley, justicia o razón
negar a los hombres sabe
privilegio tan süave,
exención tan principal,
que Dios le ha dado a un cristal,
a un pez, a un bruto y a un ave?

*volcán   montaña en
erupción*

Rosaura   Temor y piedad en mí
sus razones han causado.

Segismundo ¿Quién mis voces ha escuchado?
¿Es Clotaldo?

Clarín   *(Aparte a su ama.)*
                    Di que sí.

Rosaura   No es sino un triste, ¡ay de mí!
que en estas bóvedas frías
oyó tus melancolías.

*bóvedas   techos de
forma cilíndrica*

Segismundo Pues muerte aquí te daré;
porque no sepas que sé
(Asela.)
que sabes flaquezas mías.

*porque   para que
ásela   la ase, la coge
flaquezas   debilidades,
faltas de vigor y
fuerzas*

Sólo porque me has oído,
entre mis membrudos brazos
te tengo de hacer pedazos.

membrudos   fuertes

Clarín   Yo soy sordo, y no he podido
escucharte.

Rosaura   Si has nacido
humano, baste el postrarme
a tus pies para librarme.

Segismundo Tu voz pudo enternecerme,
tu presencia suspenderme
y tu respeto turbarme.

*enternecerme   moverme
a ternura
suspenderme   causar
admiración*

¿Quién eres? Que aunque yo aquí
tan poco del mundo sé,
que cuna y sepulcro fue
esta torre para mí;
y aunque desde que nací
— si esto es nacer — sólo advierto
este rústico desierto
donde miserable vivo,
siendo un esqueleto vivo,
siendo un animado muerto;

y aunque nunca vi ni hablé
sino a un hombre solamente
que aquí mis desdichas siente,
por quien las noticias sé
de cielo y tierra, y aunque
aquí, porque más te asombres
y monstruo humano me nombres,
entre asombros y quimeras,   • *quimeras   cosas imagi-*
soy un hombre de las fieras   *narias*
y una fiera de los hombres;

y aunque en desdichas tan graves   • *desdichas   miserias, des-*
la política he estudiado,   *gracias*
de los brutos enseñado,
advertido de las aves,
y de los astros süaves,
los círculos he medido;
tú sólo, tú has suspendido
la pasión a mis enojos,   • *enojos   iras*
la suspensión a mis ojos,
la admiración a mi oído.

Con cada vez que te veo
nueva admiración me das
y cuando te miro más,
aun más mirarte deseo.
Ojos hidrópicos creo   *ojos hidrópicos   ojos de*
que mis ojos deben ser,   *que salen mucha agua*
pues cuando es muerte el beber,
beben más, y desta suerte,
viendo que el ver me da muerte,
estoy muriendo por ver.

Pero véate yo y muera;
que no sé, rendido ya,

D. PEDRO CALDERON DE LA BARCA,
Caballero del orn. de Santiago, Capellan de Honor
de S. M. y de Reyes Nuevos en Toledo, Poeta
Comico en quien compitió la invencion ingeniosa, con
la urbanidad, y belleza del Lenguage. Nació en
Madrid añ. 1601, y murió alli á los 81. de su edad.

D.R. Ximeno lo dibº   D.M. Brandi lo grabº

Grabado de Pedro Calderón de la Barca,
Imprenta Real, 1791   The Hispanic Society of America

si el verte muerte me da,
el no verte qué me diera.
Fuera más que muerte fiera,
ira, rabia y dolor fuerte;
fuera muerte; desta suerte
su rigor he ponderado,
pues dar vida a un desdichado
es dar a un dichoso muerte.

Rosaura   Con asombro de mirarte,
con admiración de oírte,
ni sé qué pueda decirte,
ni qué pueda preguntarte:
sólo diré que a esta parte
hoy el cielo me ha guiado
para haberme consolado,
si consuelo puede ser
del que es desdichado, ver
otro que es más desdichado.

Cuentan de un sabio, que un día
tan pobre y mísero estaba,
que sólo se sustentaba
de unas hierbas que cogía.
¿Habrá otro — entre sí decía —
más pobre y triste que yo?
Y cuando el rostro volvió,
halló la respuesta viendo
que iba otro sabio cogiendo
las hojas que él arrojó.

● *se sustentaba se mantenía vivo, se alimentaba*

Quejoso de la fortuna
yo en este mundo vivía,
y cuando entre mí decía:
«¿Habrá otra persona alguna
de suerte más importuna?»
piadoso me has respondido;
pues volviendo en mi sentido,
hallo que las penas mías,
para hacerlas tú alegrías
las hubieras recogido.

● *quejoso que queja frecuentemente*

Y por si acaso mis penas
pueden en algo aliviarte,
óyelas atento y toma
las que de ellas me sobraren.

● *aliviarte ayudarte, mejorarte*

Escena VI

Basilio   En aqueste, pues, del sol
ya frenesí, ya delirio,
nació Segismundo, dando
de su condición indicios,
pues dio la muerte a su madre,
con cuya fiereza dijo:
Hombre soy, pues que ya empiezo
a pagar mal beneficios.
Yo, acudiendo a mis estudios,
en ellos y en todo miro
que Segismundo sería
el hombre más atrevido,
el príncipe más cruel
y el monarca más impío,
por quien su reino vendría
a ser parcial, y diviso,
escuela de las traiciones
y academia de los vicios;
y él, de su furor llevado,
entre asombros y delitos,
había de poner en mí
las plantas, y yo rendido
a sus pies me había de ver:
(¡con qué vergüenza lo digo!)
siendo alfombra de sus plantas
las canas del rostro mío.
¿Quién no da crédito al daño,
y más al daño que ha visto
en su estudio, donde hace
el amor propio su oficio?
Pues dando crédito yo
a los hados que adivinos
me pronosticaban daños
en fatales vaticinios,
determiné de encerrar
la fiera que había nacido,
por ver si el sabio tenía
en las estrellas dominio.
Publicóse que el infante
nació muerto y prevenido,
hice labrar una torre
entre las peñas y riscos
de esos montes, donde apenas
la luz ha hallado camino.

*a los hados que adivinos
me pronosticaban
(to the destiny that
fortune tellers pre-
dicted)*
vaticinios   pronósticos

Por defenderle la entrada,
sus rústicos obeliscos,
las graves penas y leyes,
que con públicos edictos
declararon que ninguno
entrase a un vedado sitio   *vedado   prohibido*
del monte, se ocasionaron
de las causas que os he dicho.
Allí Segismundo vive,
mísero, pobre y cautivo,
adonde sólo Clotaldo
le ha hablado, tratado y visto.
Este le ha enseñado ciencias;
éste en la ley le ha instruído
católica, siendo sólo
de sus miserias testigo.
Aquí hay tres cosas: la una,
que yo, Polonia, os estimo
tanto, que os quiero librar
de la opresión y servicio
de un rey tirano, porque
no fuera, señor benigno
el que a su patria y su imperio
dejara en tanto peligro.
La otra es considerar
que si a mi sangre le quito
el derecho que le dieron,
humano fuero y divino,
no es cristiana caridad,
pues ninguna ley ha dicho
que por preservar yo a otro
de tirano y de atrevido
pueda yo serlo, supuesto
que si es tirano mi hijo,
por que él delitos no haga,
venga yo a hacer los delitos.
Es la última y tercera
el ver cuánto yerro ha sido
dar crédito fácilmente
a los sucesos previstos;
pues aunque su inclinación
le dicte sus precipicios,
quizá no le vencerán:
porque el hado más esquivo,
la inclinación más violenta,
el planeta más impío,

sólo el albedrío inclinan,
no fuerzan el albedrío.
Y así, entre una y otra causa,
vacilante y discursivo,
previne un remedio tal
que os suspenda los sentidos.
Yo he de ponerle mañana,
sin que él sepa que es mi hijo
y rey vuestro, a Segismundo
(que aquéste su nombre ha sido)
en mi dosel, en mi silla,   *dosel   (dais)*
y, en fin, en el lugar mío,
donde os gobierne y os mande
y donde todos rendidos
la obediencia le juréis;
pues con aquesto consigo
tres cosas, con que respondo
a las otras tres que he dicho.
Es la primera, que siendo
prudente, cuerdo y benigno,   *cuerdo   juicioso*
desmintiendo en todo el hado   *desmintiendo   (belying,*
que dél tantas cosas dijo,   * contradicting)*
gozaréis del natural   *dél   de él (licencia*
príncipe vuestro, que ha sido   * poética)*
cortesano de unos montes
y de sus fieras vecino.
Es la segunda, que si él,
soberbio, osado, atrevido
y cruel, con rienda suelta
corre el campo de sus vicios,
habré yo piadoso entonces
con mi obligación cumplido;
y luego en desposeerle
haré como rey invicto,
siendo el volverle a la cárcel
no crueldad, sino castigo.
Es la tercera, que siendo
el príncipe como os digo,
por lo que os amo, vasallos,
os daré reyes más dignos
de la corona y el cetro;
pues serán mis dos sobrinos,
que junto en uno el derecho
de los dos, y convenido
con la fe del matrimonio,
tendrán lo que han merecido.

Esto como rey os mando,
esto como padre os pido,
esto como sabio os ruego,
esto como anciano os digo;
y si el Séneca español,
que era humilde esclavo, dijo,
de su república, un rey,
como esclavo os lo suplico.

Astolfo   Si a mí el responder me toca
como el que en efecto ha sido
aquí el más interesado,
en nombre de todos digo
que Segismundo parezca,
pues le basta ser tu hijo.

Todos   Danos al príncipe nuestro
que ya por rey le pedimos.

Basilio   Vasallos, esa fineza
os agradezco y estimo.
Acompañad a sus cuartos
a los dos atlantes míos,   atlantes   hombres
que mañana le veréis.   fuertes

Todos   ¡Viva el grande rey Basilio!

JORNADA II

Escena III

*En la corte de Polonia. Músicos
cantando, y criados dándole
ropas a Segismundo, quien está
ahora en el palacio.*

Segismundo   ¡Válgame el cielo, qué veo!
¡Válgame el cielo, qué miro!
Con poco espanto lo admiro,
con mucha duda lo creo.

¿Yo en palacios suntüosos?   • suntüosos magníficos,
¿Yo entre telas y brocados?   ricos y costosos
¿Yo cercado de criados   brocados (brocades)
tan lucidos y briosos?   • cercado rodeado
                              • briosos que tienen
                                espíritu

¿Yo despertar de dormir
en lecho tan excelente?
¿Yo en medio de tanta gente
que me sirva de vestir?

Decir que sueño es engaño:
bien sé que despierto estoy.
¿Yo Segismundo no soy?
Dadme, cielos, desengaño.

Decidme, ¿qué pudo ser
esto que a mi fantasía
sucedió mientras dormía,
que aquí me he llegado a ver?

Pero sea lo que fuere,
¿quién me mete en discurrir?
Dejarme quiero servir,
y venga lo que viniere.

Criado 1º	(Aparte al Criado 2º y a Clarín.) ¡Qué melancólico está!
Criado 2º	¿Pues a quién le sucediera esto, que no lo estuviera?
Clarín	A mí.
Criado 2º	Llega a hablarle ya.
Criado 1º	(A Segismundo.) ¿Volverán a cantar?
Segismundo	No, no quiero que canten más.
Criado 1º	Como tan suspenso estás quise divertirte.
Segismundo	Yo no tengo de divertir con sus voces mis pesares; las músicas militares sólo he gustado de oír.
Clotaldo	Vuestra Alteza, gran señor, me dé su mano a besar, que el primero os ha de dar esta obediencia mi honor.

• *suspenso   pendiente de*
  alguna resolución
  (astounded)

Segismundo   (Aparte.)
Clotaldo es: ¿pues cómo así,
quien en prisión me maltrata,
con tal respeto me trata?
¿Qué es lo que pasa por mí?

Clotaldo   Con la grande confusión
que el nuevo estado te da,
mil dudas padecerá
el discurso y la razón;

pero ya librarte quiero
de todas, si puede ser,
porque has, Señor, de saber
que eres príncipe heredero

de Polonia. Si has estado
retirado y escondido,
por obedecer ha sido
a la inclemencia del hado,

que mil tragedias consiente
a este imperio, cuando en él
el soberano laurel
corone tu augusta frente.

Mas fiando a tu atención
que vencerás las estrellas,
porque es posible vencellas
un magnánimo varón,

a palacio te han traído
de la torre en que vivías,
mientras al sueño tenías
el espíritu rendido.

Tu padre, el rey mi señor,
vendrá a verte y dél sabrás,
Segismundo, lo demás.

Segismundo   Pues vil, infame, traidor,

¿qué tengo más que saber,
después de saber quién soy,
para mostrar desde hoy
mi soberbia y mi poder?

*inclemencia   rigor
(harshness)*
*hado   destino inevitable
(fate)*

consiente   permite

vencellas   vencerlas
• *magnánimo   generoso*
• *varón   hombre de res-
peto, persona del
sexo masculino*

¿Cómo a tu patria le has hecho
tal traición, que me ocultaste
a mí, pues que me negaste
contra razón y derecho
este estado?

Clotaldo   ¡Ay de mí triste!

Segismundo   Traidor fuiste con la ley,   • *lisonjero persona que*
lisonjero con el rey,   *dice cosas que agradan*
y cruel conmigo fuiste;   *aunque no sean la ver-*
                                                   dad, adulador

y así el rey, la ley y yo,
entre desdichas tan fieras,
te condenan a que mueras
a mis manos.

Criado 2º   Señor. . . .

Segismundo   No
me estorbe nadie, que es vana
diligencia: ¡y vive Dios!   *diligencia   negocio*
si os ponéis delante vos
que os eche por la ventana.

Criado 2º   Huye, Clotaldo.

Clotaldo   ¡Ay de ti,
qué soberbia vas mostrando,
sin saber que estás soñando!
(*Vase.*)

Criado 2º   Advierte. . . .

Segismundo   Aparta de aquí.

Criado 2º   Que a su rey obedeció.

Segismundo   En lo que no es justa ley
no ha de obedecer al rey,
y su príncipe era yo.
                                       Que estáis mal con vos
                                       sospecho, pues me
Criado 2º   El no debió examinar   *dais que replicar. (I*
si era bien hecho o malhecho.   *suspect that you are*
                                       unhappy with your-
Segismundo   Que estáis mal con vos sospecho,   *self since you insist on*
pues me dais que replicar.   *answering me.)*

Clotaldo	Dice el príncipe muy bien,
	y vos hicisteis muy mal.
Criado 2º	¿Quién os dio licencia igual?
Clarín	Yo me la he tomado.
Segismundo	¿Quién
	eres tú, di?
Clarín	Entremetido
	y deste oficio soy jefe,
	porque soy el mequetrefe
	mayor que se ha conocido.
Segismundo	Tú sólo en tan nuevos mundos
	me has agradado.
Clarín	Señor,
	soy un grande agradador
	de todos los Segismundos.

*mequetrefe entreme-
tido, bullicioso*

Escena XVIII

*Por su mala conducta devuelven a
Segismundo a la torre. Como al
principio, está vestido de pieles y
encadenado, echado en el suelo.*

Basilio	Clotaldo.
Clotaldo	¡Señor! ¿así
	viene Vuestra Majestad?
Basilio	La necia curiosidad
	de ver lo que pasa aquí
	a Segismundo (¡ay de mí!)
	deste modo me ha traído.
Clotaldo	Mírale allí reducido
	a su miserable estado.
Basilio	¡Ay, Príncipe desdichado
	y en triste punto nacido!

*en triste punto nacido
(refers to the omens at
Segismundo's birth)*

		dispertarle	despertarle

Llega a dispertarle ya,
que fuerza y vigor perdió
con el opio que bebió.

Clotaldo   Inquieto, Señor, está
y hablando.

Basilio   ¿Qué soñará
ahora? Escuchemos pues.

Segismundo   *(Entre sueños.)*
Piadoso príncipe es
el que castiga tiranos:
Clotaldo muera a mis manos.
Mi padre bese mis pies.

Clotaldo   Con la muerte me amenaza.

Basilio   A mí con rigor y afrenta.

Clotaldo   Quitarme la vida intenta.

Basilio   Rendirme a sus plantas traza.

Segismundo   *(Entre sueños.)*
Salga a la anchurosa plaza
del gran teatro del mundo
este valor sin segundo,
porque mi venganza cuadre,
vean triunfar de su padre
al príncipe Segismundo.
(Despierta.)

Mas ¡ay de mí! ¿Dónde estoy?

anchurosa   muy espa-
ciosa

Basilio   Pues a mí no me ha de ver
(A Clotaldo.)
ya sabes lo que has de hacer.
Desde allí a escucharle voy.
(Retírese.)

Segismundo   ¿Soy yo, por ventura? ¿Soy
el que preso y aherrojado
llegué a verme en tal estado?
¿No sois mi sepulcro vos,
torre? Sí. ¿Válgame Dios!
¡Qué de cosas he soñado!

aherrojado   preso en
cadenas

Sanlúcar de Barrameda, Cádiz

Clotaldo	(*Aparte.*)
	A mí me toca llegar,
	a hacer la deshecha ahora. —
	¿Es ya de dispertar hora?
Segismundo	Sí, hora es ya de dispertar.
Clotaldo	¿Todo el día te has de estar
	durmiendo? ¿Desde que yo
	al águila que voló
	con tardo vuelo seguí,
	y te quedaste tú aquí,
	nunca has dispertado?

a hacer la deshecha   a disimular

Segismundo No,	
ni aun agora he dispertado;	
que según, Clotaldo, entiendo,	
todavía estoy durmiendo,	
y no estoy muy engañado;	
porque si ha sido soñado	
lo que vi palpable y cierto,	*palpable evidente*
lo que veo será incierto,	
y no es mucho que rendido,	
pues veo estando dormido,	
que sueñe estando despierto.	

Clotaldo Lo que soñaste me di.	*Lo que soñaste me di.*
	Dime lo que soñaste.

Segismundo Supuesto que sueño fue,	
no diré lo que soñé;	
lo que vi, Clotaldo, sí.	
Yo disperté, yo me vi	
(¡qué crueldad tan lisonjera!)	
en un lecho, que pudiera	
con matices y colores	
ser el catre de las flores	*catre camilla*
que tejió la primavera.	*tejió (wove)*

Aquí mil nobles, rendidos
a mis pies, nombre me dieron
de su príncipe, y sirvieron
galas, joyas y vestidos.
La calma de mis sentidos
tú trocaste en alegría
diciendo la dicha mía,
que, aunque estoy de esta manera,
príncipe en Polonia era.

Clotaldo Buenas albricias tendría.	*albricias enhorabuena*

Segismundo   No muy buenas; por traidor,
con pecho atrevido y fuerte,
dos veces te daba muerte.

Clotaldo   ¿Para mí tanto rigor?

Segismundo   De todos era señor,
sólo a una mujer amaba
y de todos me vengaba.
Que fue verdad, creo yo,

en que todo se acabó,
y esto solo no se acaba.

Vase el rey.

Clotaldo   *(Aparte.)*
Enternecido se ha ido
el rey de haberle escuchado. —
Como habíamos hablado
de aquella águila, dormido,
tu sueño imperios han sido;
mas, en sueños, fuera bien
honrar entonces a quien
te crió en tantos empeños,
Segismundo, que aun en sueños
no se pierde el hacer bien.
(Vase.)

Escena XIX

Segismundo   Es verdad; pues reprimamos
esta fiera condición,
esta furia, esta ambición,
por si alguna vez soñamos;
y sí haremos, pues estamos
en mundo tan singular,
que el vivir sólo es soñar;
y la experiencia me enseña
que el hombre que vive sueña
lo que es hasta dispertar.

Sueña el rey que es rey, y vive
con este engaño mandando,
disponiendo y gobernando;
y este aplauso, que recibe
prestado, en el viento escribe,
y en cenizas le convierte
la muerte (¡desdicha fuerte!),
¿que hay quien intente reinar
viendo que ha de dispertar
en el sueño de la muerte?

Sueña el rico en su riqueza,
que más cuidados le ofrece;
sueña el pobre que padece
su miseria y su pobreza,

sueña el que a medrar empieza,　　　*medrar　prosperar*
sueña el que afana y pretende,
sueña el que agravia y ofende,
y en el mundo, en conclusión,
todos sueñan lo que son,
aunque ninguno lo entiende.

Yo sueño que estoy aquí
destas prisiones cargado,
y soñé que en otro estado
más lisonjero me vi.
¿Qué es la vida? Un frenesí.　　　*frenesí　delirio furioso*
¿Qué es la vida? Una ilusión,
una sombra, una ficción,
y el mayor bien es pequeño,
que toda la vida es sueño
y los sueños, sueños son.

JORNADA III

Escena III

*La misma decoración de la primera
jornada en la torre. Los soldados
llegan a la torre.*

Soldado 1º　Gran príncipe Segismundo
(que las señas que traemos
tuyas son, aunque por fe
te aclamamos señor nuestro),
tu padre, el gran rey Basilio,
temeroso que los cielos
cumplan un hado, que dice
que ha de verse a tus pies puesto,
vencido de ti, pretende
quitarte acción y derecho
y dárselo a Astolfo, duque
de Moscovia. Para esto
juntó su corte, y el vulgo,
penetrando ya, y sabiendo
que tiene rey natural,
no quiere que un extranjero
venga a mandarle. Y así,
haciendo noble desprecio

de la inclemencia del hado,
te ha buscado donde preso
vives, para que asistido
de sus armas, y saliendo
desta torre a restaurar
tu imperial corona y cetro,
se la quites a un tirano.
Sal, pues, que en ese desierto
ejército numeroso
de bandidos y plebeyos
te aclama: la libertad
te espera; oye sus acentos.

Voces   (*Dentro.*)

Segismundo ¿Otra vez, ¡qué es esto, cielos!
queréis que sueñe grandezas,
que ha de deshacer el tiempo?
¿Otra vez queréis que vea
entre sombras y bosquejos
la majestad y la pompa
desvanecida del viento?
¿Otra vez queréis que toque
el desengaño o el riesgo
a que el humano poder
nace humilde y vive atento?
Pues no ha de ser, no ha de ser
mirarme otra vez sujeto
a mi fortuna; y pues sé
que toda esta vida es sueño,
idos, sombras, que fingís
hoy a mis sentidos muertos
cuerpo y voz, siendo verdad
que ni tenéis voz ni cuerpo;
que no quiero majestades
fingidas, pompas no quiero
fantásticas, ilusiones
que al soplo menos ligero
del aura han de deshacerse,
bien como el florido almendro,
que por madrugar sus flores,
sin aviso y sin consejo,
al primer soplo se apagan,
marchitando y desluciendo
de sus rosados capillos
belleza, luz y ornamento.

Ya os conozco, ya os conozco,
y sé que os pasa lo mesmo
con cualquiera que se duerme;
para mí no hay fingimientos,   • *fingimientos* *simula-*
que, desengañado ya,   *ciones, engaños*
sé bien que *la vida es sueño.*

Soldado 2° Si piensas que te engañamos,
vuelve a esos montes soberbios
los ojos, para que veas
la gente que aguarda en ellos
para obedecerte.

Segismundo   Ya
otra vez vi aquesto mesmo
tan clara y distintamente
como ahora lo estoy viendo,
y fue sueño.

Soldado 2°   Cosas grandes,
siempre, gran señor, trajeron
anuncios, y esto sería
si lo soñaste primero.

Segismundo Dices bien, anuncio fue;
y acaso que fuese cierto,
pues que la vida es tan corta,
soñemos, alma, soñemos
otra vez; pero ha de ser
con atención y consejo
de que hemos de dispertar
deste gusto al mejor tiempo;
que llevándolo sabido
será el desengaño menos,
que es hacer burla del daño
adelantarle el consejo.
Y con esta prevención   • *prevención* *preparación*
de que cuando fuese cierto
es todo el poder prestado
y ha de volverse a su dueño,
atrevámonos a todo.
Vasallos, yo os agradezco
la lealtad; en mí lleváis
quien os libre osado y diestro   • *osado y diestro* *(boldly*
de extranjera esclavitud.   *and skillfully)*
Tocad el arma, que presto
veréis mi inmenso valor.

Contra mi padre pretendo
tomar armas y sacar
verdaderos a los cielos.
Presto he de verle a mis plantas. . . .
(Aparte.)
Mas si antes desto dispierto,
¿no será bien no decirlo
supuesto que no he de hacerlo?

Todos   ¡Viva Segismundo, viva!

Escena IV

Clotaldo   ¿Qué alboroto es éste, cielos?   • *alboroto   ruido causado*
                                                          por varias personas

Segismundo Clotaldo.

Clotaldo   Señor . . . .
                (Aparte.)   En mí
                su rigor prueba.

Clarín   (Aparte.)   Yo apuesto   *despeña   arroja desde*
                que le despeña del monte.   *un precipicio*
                (Vase.)

Clotaldo   A tus reales plantas llego,
                ya sé que a morir.

Segismundo   Levanta,
                levanta, padre, del suelo,
                que tú has de ser norte y guía
                de quien fíe mis aciertos;   *quien fíe   a quien haga*
                que ya sé que mi crianza   *confianza*
                a tu mucha lealtad debo.   *aciertos   (successes)*
                Dame los brazos.   • *crianza   (rearing)*

Clotaldo   ¿Qué dices?

Segismundo Que estoy soñando, y que quiero
                obrar bien, pues no se pierde
                el hacer bien aun en sueños.

Clotaldo   Pues, Señor, si el obrar bien
                es ya tu blasón, es cierto
                que no te ofenda el que yo
                hoy solicite lo mesmo.

¡A tu padre has de hacer guerra!
Yo aconsejarte no puedo
contra mi rey ni valerte.
A tus plantas estoy puesto,
dame la muerte.

Segismundo   ¡Villano,
traidor, ingrato!
(Aparte.)   Mas, ¡cielos!
el reportarme conviene,   *reportarme   moderarme*
que aun no sé si estoy despierto. —
Clotaldo, vuestro valor
os envidio y agradezco.
Idos a servir al rey,
que en el campo nos veremos.
Vosotros, tocad el arma.

Clotaldo   Mil veces tus plantas beso.
(Vase.)

Segismundo   A reinar, fortuna, vamos;
no me dispiertes, si duermo,
y si es verdad, no me aduermas.
Mas sea verdad o sueño,
obrar bien es lo que importa;
si fuere verdad, por serlo;
si no, por ganar amigos
para cuando despertemos.

Vanse tocando cajas.   *cajas   tambores (drums)*

PREGUNTAS

Jornada I, Escena II

1 ¿Dónde está Segismundo?
2 ¿Dónde están Rosaura y Clarín?
3 ¿Qué ven?
4 ¿Qué oyen?
5 Al ver la torre, ¿qué quiere hacer Rosaura?
6 ¿Por qué no pueden huir?
7 ¿Cómo describe ella la torre?
8 ¿Cómo encuentran a Segismundo?
9 ¿Qué se pregunta Segismundo?
10 ¿Cuál es la comparación que hace Segismundo entre sí mismo y el ave?
11 ¿Entre sí y el bruto?

12 ¿Entre sí y el pez?
13 ¿Entre sí y el arroyo?
14 ¿Qué causan en Rosaura las lamentaciones de Segismundo?
15 ¿Qué quiere hacer Segismundo al descubrir a Rosaura? ¿Por qué?
16 Según Segismundo, ¿qué fue la torre para él?
17 ¿Por qué dice Segismundo que es un hombre de las fieras y una fiera de los hombres?
18 ¿Qué le da Rosaura a Segismundo?
19 ¿Cuál es el consuelo que le da Segismundo a Rosaura, si puede ser consuelo?

Jornada I, Escena VI

20 ¿Por qué dice Basilio que ha encerrado a Segismundo?
21 ¿Qué había publicado para que nadie lo supiera?
22 ¿Cuáles son las «tres cosas» que presenta Basilio a los que están presentes?
23 ¿Cuáles son las tres proposiciones que ofrece Basilio para aliviar sus dudas?

Jornada II, Escena III

24 ¿Por qué está tan asombrado Segismundo?
25 ¿Cómo trata Segismundo a los criados?
26 ¿Qué dice para sí Segismundo en cuanto a Clotaldo?
27 ¿Qué le explica Clotaldo?
28 ¿Quién vendrá a ver a Segismundo?
29 ¿Cómo le contesta Segismundo a Clotaldo?

Jornada II, Escena XVIII

30 ¿Por qué ha ido a la torre Basilio?
31 ¿Cómo está Segismundo?
32 ¿Qué dice entre sueños?
33 ¿Qué está empezando a dudar Segismundo?
34 ¿Qué falsedad le dice Clotaldo?
35 ¿Le dirá a Clotaldo lo que soñó? ¿Qué le dirá?
36 ¿Qué ha visto?

Jornada II, Escena XIX

37 Según Segismundo, ¿qué es el vivir?
38 ¿Qué le enseña la experiencia?
39 ¿Qué había soñado él?

Jornada III, Escena III

40 ¿A quién ha escogido rey de Polonia, Basilio?
41 ¿Por qué han buscado a Segismundo los soldados?
42 ¿Qué cree Segismundo que son los soldados? ¿Por qué?
43 ¿Cómo trata el soldado de convencer a Segismundo?
44 ¿Qué dice Segismundo al aceptar?

Jornada III, Escena IV

45 Al tener su libertad, ¿cómo trata Segismundo a Clotaldo? ¿Por qué?
46 ¿Por qué le dice Clotaldo «dame la muerte»?
47 ¿Cómo va a obrar Segismundo?

ESTUDIO DE PALABRAS

Consolar: consolarse, consolación (consuelo), consolador

1 Las condiciones miserables en que vivía el infeliz Segismundo podían consolar a la desdichada Rosaura.
2 Cualquier infeliz puede consolarse al ver las malas condiciones de otro.
3 La desdichada Rosaura encontró consolación (consuelo) al ver al pobre Segismundo. Es decir, si consuelo puede ser.
4 El infeliz siempre busca algo consolador para animarse.

Aviso: avisar, avisado

1 Segismundo no sabía de antemano que vendrían los soldados. No le habían mandado ningún aviso.
2 No querían avisarle; querían llegar sin que él lo supiera.
3 Segismundo se demostró más avisado (prudente) de lo que había imaginado Basilio.

Aliviar: alivio, aliviado

1 Las penas de Segismundo podían aliviar las de Rosaura. Es que las de ella no parecían tan serias comparadas con las de él.
2 Las penas de Segismundo le sirvieron de alivio a Rosaura.
3 Rosaura se sintió aliviada al ver a Segismundo.

EJERCICIO DE VOCABULARIO

Escriba dos palabras relacionadas con cada una de las siguientes.

1 contrariedad   2 curiosidad   3 flaquezas   4 habitación
5 castigar   6 gozar   7 sabio   8 restaurar

EJERCICIOS CREATIVOS

1 Algunas características del teatro de Calderón son (a) una técnica elaborada y trabajada, (b) la alegoría, (c) lirismo perfecto en los versos, (d) soliloquios. Dé ejemplos de estas características.
2 Un tema importante de su obra es el conflicto entre la predestinación y el libre albedrío. ¿Cómo desarrolla este tema en *La vida es sueño*? ¿Cuál triunfa?
3 Analice el desarrollo del carácter de Segismundo.
4 Hay un proverbio árabe que dice: «No tenía zapatos y me quejaba hasta ver un hombre que no tenía pies.» ¿Cómo expresa Rosaura la misma idea?
5 Aprenda de memoria el famoso soliloquio que empieza: «¿Qué es la vida?»
6 Dé su interpretación de este soliloquio.
7 Prepare una crítica de esta obra. Considere el tema y el estilo.

Mañana de sol

SERAFIN Y JOAQUIN ALVAREZ QUINTERO

Porque colaboran tan cuidadosamente es casi imposible separar los hermanos Quintero ... Serafín (1871–1938) y Joaquín (1873–1944). Mencionar sus nombres es recordar el *género chico,* porque en esta categoría son maestros. Han escrito muchas piezas en un acto ... sainetes, juguetes cómicos, pasos de comedia ... en donde el tema es insignificante, pero el diálogo y los detalles cómicos tienen mucha gracia y toda la sal de la tierra andaluza. Entre estas obras maestras en miniatura se destaca *Mañana de sol* (1905).

Los personajes que aparecen son: doña Laura, una vieja; Petra, la criada de doña Laura; don Gonzalo, un viejo; Juanito, el criado de don Gonzalo.

Lugar apartado de un paseo público, en Madrid. Un banco a la izquierda del actor. Es una mañana de otoño templada y alegre. Doña Laura y Petra salen por la derecha. Doña Laura es una viejecita setentona, muy pulcra, de cabellos muy blancos y manos muy finas y bien cuidadas. Aunque está en la edad de chochear, no chochea. Se apoya de una mano en una sombrilla, y de la otra en el brazo de Petra, su criada.

- **templada**   no hace ni frío ni calor
- **setentona**   de setenta años
- **pulcra**   limpia, bien arreglada, bonita
- **chochear**   conducta de un viejo que tiene debilitadas sus facultades mentales

Doña Laura   Ya llegamos.... Gracias a Dios. Temí que nos hubieran quitado el sitio. Hace una mañanita tan templada....

Petra   Pica el sol.

Doña Laura   A ti, que tienes veinte años. *(Siéntase en el banco.)* ¡Ay! ... Hoy me he cansado más que otros días. *(Pausa. Observando a Petra, que parece impaciente.)* Vete, si quieres, a charlar con tu guarda.

Petra   Señora, el guarda no es mío; es del jardín.

Doña Laura   Es más tuyo que del jardín. Anda en su busca, pero no te alejes.

Petra   Está allí esperándome.

Doña Laura Diez minutos de conversación, y aquí en seguida.

Petra Bueno, señora.

Doña Laura *(Deteniéndola.)* Pero escucha.

Petra ¿Qué quiere Ud.?

Doña Laura ¡Que te llevas las miguitas de pan!

> • **miguitas** *pedacitos finos*

Petra Es verdad; ni sé dónde tengo la cabeza.

Doña Laura En la escarapela del guarda.

> **escarapela** *adorno que identifica el regimiento de un soldado o la autoridad de un policía*

Petra Tome Ud. *(Le da un cartucho de papel pequeñito y se va por la izquierda.)*

Doña Laura Anda con Dios. *(Mirando hacia los árboles de la derecha.)* Ya están llegando los tunantes. ¡Cómo me han cogido la hora! *(Se levanta, va hacia la derecha y arroja adentro, en tres puñaditos, las migas de pan.)* Estas, para los más atrevidos. . . . Estas, para los más glotones. . . . Y éstas, para los más granujas, que son los más chicos. . . . Je. . . . *(Vuelve a su banco y desde él observa complacida el festín de los pájaros.)* Pero, hombre, que siempre has de bajar tú el primero. Porque eres el mismo: te conozco. Cabeza gorda, boqueras grandes. . . . Igual a mi administrador. Ya baja otro. Y otro. Ahora dos juntos. Ahora tres. Ese chico va a llegar hasta aquí. Bien;

> • **tunantes** *pícaros, bribones*
> • **puñaditos** *porciones de algo que caben en el puño o en la mano*
> **granujas** *pícaros, vagabundos*
>
> **boqueras** *(large and drooping corners of the mouth)*

muy bien: aquél coge su miga y se va a una rama a comérsela. Es un filósofo. Pero, ¡qué nube! ¿De dónde salen tantos? Se conoce que ha corrido la voz. . . . Je, je. . . . Gorrión habrá que venga desde la Guindalera. Je, je. . . . Vaya, no pelearse que hay para todos. Mañana traigo más.

Salen Don Gonzalo y Juanito por la izquierda del foro. Don Gonzalo es un viejo contemporáneo de doña Laura, un poco cascarrabias. Al andar arrastra los pies. Viene de mal temple, del brazo de Juanito, su criado.

Guindalera *suburbio de Madrid*

● **foro** *(stage)*
cascarrabias *de mal humor*
de mal temple *de mal humor*
● **vagos** *los que no trabajan*

Don Gonzalo Vagos, más que vagos. . . . Más valía que estuvieran diciendo misa. . . .

Juanito Aquí se puede Ud. sentar: no hay más que una señora.

Doña Laura vuelve la cabeza y escucha el diálogo.

Don Gonzalo No me da la gana, Juanito. Yo quiero un banco solo.

Juanito ¡No lo hay!

Don Gonzalo ¡Es que aquél es mío!

Juanito Pero si se han sentado tres curas. . . .

Don Gonzalo ¡Pues que se levanten! . . . ¿Se levantan, Juanito?

Juanito ¡Qué se han de levantar! Allí están de charla.

Don Gonzalo Como si los hubieran pegado al banco. . . . No, si cuando los curas cogen un sitio. . ., ¡cualquiera los echa! Ven por aquí, Juanito, ven por aquí. (*Se encamina hacia la derecha resueltamente. Juanito lo sigue.*)

cualquiera los echa *difícil es sacarlos de donde están*

Doña Laura (*Indignada.*) ¡Hombre de Dios!

Don Gonzalo (*Volviéndose.*) ¿Es a mí?

Doña Laura Sí, señor; a Ud.

Don Gonzalo ¿Qué pasa?

Doña Laura ¡Que me ha espantado Ud. los gorriones, que estaban comiendo miguitas de pan!

● **gorriones** *(sparrows)*

Don Gonzalo	¿Y yo qué tengo que ver con los gorriones?
Doña Laura	¡Tengo yo!
Don Gonzalo	¡El paseo es público!
Doña Laura	Entonces no se queje Ud. de que le quiten el asiento los curas.
Don Gonzalo	Señora, no estamos presentados. No sé por qué se toma Ud. la libertad de dirigirme la palabra. Sígueme, Juanito. *(Se van los dos por la derecha.)*
Doña Laura	¡El demonio del viejo! No hay como llegar a cierta edad para ponerse impertinente. *(Pausa.)* Me alegro; le han quitado aquel banco también. ¡Anda! para que me espante los pajaritos. Está furioso.... Sí, sí; busca, busca. Como no te sientes en el sombrero.... ¡Pobrecillo! Se limpia el sudor.... Ya viene, ya viene.... Con los pies levanta más polvo que un coche.
Don Gonzalo	*(Saliendo por donde se fue y encaminándose a la izquierda.)* ¡Se habrán ido los curas, Juanito?
Juanito	No sueñe Ud. con eso, señor. Allí siguen.
Don Gonzalo	¡Por vida! ... *(Mirando a todas partes perplejo.)* Este Ayuntamiento, que no pone más bancos para estas mañanas de sol.... Nada, que me tengo que conformar con el de la vieja. *(Siéntase al otro extremo que doña Laura, y la mira con indignación.)* Buenos días.
Doña Laura	¡Hola! ¿Ud. por aquí?
Don Gonzalo	Insisto en que no estamos presentados.
Doña Laura	Como me saluda Ud., le contesto.
Don Gonzalo	A los buenos días se contesta con los buenos días, que es lo que ha debido Ud. hacer.
Doña Laura	También Ud. ha debido pedirme permiso para sentarse en este banco, que es mío.
Don Gonzalo	Aquí no hay bancos de nadie.

• *no se queje* (don't complain)

• *demonio* como el diablo

• *ayuntamiento* gobierno municipal

«Serafín y Joaquín Alvarez Quintero» por José María López Mezquita

Doña Laura	Pues Ud. decía que el de los curas era suyo.
Don Gonzalo	Bueno, bueno, bueno... se concluyó. *(Entre dientes.)* Vieja chocha.... Podía estar haciendo calceta....
Doña Laura	No gruña Ud. porque no me voy.
Don Gonzalo	*(Sacudiéndose las botas con el pañuelo.)* Si regaran un poco más, tampoco perderíamos nada.
Doña Laura	Ocurrencia es: limpiarse las botas con el pañuelo de la nariz.
Don Gonzalo	¿Eh?
Doña Laura	¿Se sonará Ud. con un cepillo?
Don Gonzalo	¿Eh? Pero, señora, ¿con qué derecho? ...
Doña Laura	Con el de vecindad.
Don Gonzalo	*(Cortando por lo sano.)* Mira, Juanito, dame el libro; que no tengo ganas de oír más tonteras.
Doña Laura	Es Ud. muy amable.
Don Gonzalo	Si no fuera Ud. tan entrometida....
Doña Laura	Tengo el defecto de decir todo lo que pienso.
Don Gonzalo	Y el de hablar más de lo que conviene. Dame el libro, Juanito.
Juanito	Vaya, señor. *(Saca del bolsillo un libro y se lo entrega. Paseando luego por el foro, se aleja hacia la derecha y desaparece.)*
	Don Gonzalo, mirando a doña Laura siempre con rabia, se pone unas gafas prehistóricas, saca una gran lente, y con el auxilio de toda esa cristalería se dispone a leer.
Doña Laura	Creí que iba Ud. a sacar ahora un telescopio.
Don Gonzalo	¡Oiga Ud.!
Doña Laura	Debe Ud. de tener muy buena vista.

vieja chocha (doddering old woman)
haciendo calceta tejiendo medias

se sonará (I wonder if you blow your nose)

cortando por lo sano no insistir en un asunto que puede traer discordia

• *entrometida una que se mete donde no la llaman*

• *gafas anteojos*

Don Gonzalo	Como cuatro veces mejor que Ud.	
Doña Laura	Ya, ya se conoce.	
Don Gonzalo	Algunas liebres y algunas perdices lo pudieran atestiguar.	*liebres especie de conejos (hares)* *perdices (partridges)* • *atestiguar dar testimonio*
Doña Laura	¿Es Ud. cazador?	
Don Gonzalo	Lo he sido. . . . Y aun. . . . aun. . . .	
Doña Laura	¿Ah, sí?	
Don Gonzalo	Sí, señora. Todos los domingos, ¿sabe Ud.? cojo mi escopeta y mi perro, ¿sabe Ud.? y me voy a una finca de mi propiedad, cerca de Aravaca. . . a matar el tiempo, ¿sabe Ud.?	
Doña Laura	Sí; como no mate Ud. el tiempo. . . , ¡lo que es otra cosa!	*como no mate Ud. el tiempo creo que es todo lo que puede matar*
Don Gonzalo	¿Conque no? Ya le enseñaría yo a Ud. una cabeza de jabalí que tengo en mi despacho.	*¿Conque no? ¿No lo cree Ud.?* *jabalí (wild boar)*
Doña Laura	¡Toma! y yo a Ud. una piel de tigre que tengo en mi sala. ¡Vaya un argumento!	
Don Gonzalo	Bien está, señora. Déjeme Ud. leer. No estoy por darle a Ud. más palique.	*darle a Ud. más palique continuar la conversación*
Doña Laura	Pues con callar, hace Ud. su gusto.	
Don Gonzalo	Antes voy a tomar un polvito. *(Saca una caja de rapé.)* De esto sí le doy. ¿Quiere Ud.?	*rapé (snuff)*
Doña Laura	Según. ¿Es fino?	
Don Gonzalo	No lo hay mejor. Le agradará.	
Doña Laura	A mí me descarga mucho la cabeza.	• *descarga (clears)*
Don Gonzalo	Y a mí.	
Doña Laura	¿Ud. estornuda?	• *estornuda (sneeze)*
Don Gonzalo	Sí, señora: tres veces.	
Doña Laura	Hombre, y yo otras tres: ¡qué casualidad!	

Después de tomar cada uno su polvito, aguardan los estornudos, y estornudan alternativamente.

Doña Laura	¡Ah . . . chis!
Don Gonzalo	¡Ah . . . chis!
Doña Laura	¡Ah . . . chis!
Don Gonzalo	¡Ah . . . chis!
Doña Laura	¡Ah . . . chis!
Don Gonzalo	¡Ah . . . chis!
Doña Laura	¡Jesús!
Don Gonzalo	Gracias. Buen provechito.
Doña Laura	Igualmente. (Nos ha reconciliado el rapé.)
Don Gonzalo	Ahora me va Ud. a dispensar que lea en voz alta.
Doña Laura	Lea Ud. como guste: no me incomoda.
Don Gonzalo	*(Leyendo.)* «Todo en amor es triste; mas, triste y todo, es lo mejor que existe.» De Campoamor; es de Campoamor.
Doña Laura	¡Ah!
Don Gonzalo	*(Leyendo.)* «Las niñas de las madres que amé tanto, me besan ya como se besa a un santo.» Estas son humoradas.
Doña Laura	Humoradas, sí.
Don Gonzalo	Prefiero las doloras.
Doña Laura	Y yo.
Don Gonzalo	También hay algunas en este tomo. *(Busca las doloras y lee.)* Escuche Ud. ésta: «Pasan veinte años: vuelve él. . . .»

humoradas *pequeños poemas humorosos*
las doloras *poemas tristes*

Monumento a los hermanos Alvarez Quintero, El Retiro, Madrid

Doña Laura No sé qué me da verlo a Ud. leer con tantos cristales. . . .

Don Gonzalo ¿Pero es que Ud., por ventura, lee sin gafas?

Doña Laura ¡Claro!

Don Gonzalo ¿A su edad? . . . Me permito dudarlo.

Doña Laura Déme Ud. el libro. *(Lo toma de mano de don Gonzalo y lee.)*

no sé qué me da   no puedo decirle qué impresión me causa

«Pasan veinte años: vuelve él,
y al verse, exclaman él y ella:
(— ¡Santo Dios! ¿y éste es aquél? . . .)
(— ¡Dios mío! ¿y ésta es aquélla? . . .)»
(Le devuelve el libro.)

Don Gonzalo   En efecto: tiene Ud. una vista envidiable.

Doña Laura   (¡Como que me sé los versos de memoria!)

Don Gonzalo   Yo soy muy aficionado a los buenos versos. . . . Mucho.
Y hasta los compuse en mi mocedad.

• *mocedad   juventud*

Doña Laura   ¿Buenos?

Don Gonzalo   De todo había. Fui amigo de Espronceda, de Zorrilla,
de Bécquer. . . . A Zorrilla lo conocí en América.

Doña Laura   ¿Ha estado Ud. en América?

Don Gonzalo   Varias veces. La primera vez fui de seis años.

Doña Laura   ¿Lo llevaría a Ud. Colón en una carabela?

Don Gonzalo   *(Riéndose.)* No tanto, no tanto. . . . Viejo soy, pero no
conocí a los Reyes Católicos. . . .

Doña Laura   Je, je . . . .

Don Gonzalo   También fui gran amigo de éste: de Campoamor. En
Valencia nos conocimos. . . . Yo soy valenciano.

Doña Laura   ¿Sí?

Don Gonzalo   Allí me crié; allí pasé mi primera juventud. . . . ¿Conoce
Ud. aquello?

Doña Laura   Sí, señor. Cercana a Valencia, a dos o tres leguas de
camino, había una finca que si aun existe se acordará de
mí. Pasé en ella algunas temporadas. De esto hace
muchos años; muchos. Estaba próxima al mar, oculta
entre naranjos y limoneros . . . le decían. . . ¿cómo le
decían? . . . Maricela.

Don Gonzalo   ¿Maricela?

Doña Laura   Maricela. ¿Le suena a Ud. el nombre?

Don Gonzalo	¡Ya lo creo! Como que si yo no estoy trascordado . . . con los años se va la cabeza . . . allí vivió la mujer más preciosa que nunca he visto. ¡Y ya he visto algunas en mi vida! . . . Deje Ud., deje Ud. . . . Su nombre era Laura. El apellido no lo recuerdo. . . . *(Haciendo memoria.)* Laura . . . Laura . . . ¡Laura Llorente!
Doña Laura	Laura Llorente. . . .
Don Gonzalo	¿Qué? *(Se miran con atracción misteriosa.)*
Doña Laura	Nada. . . . Me está Ud. recordando a mi mejor amiga.
Don Gonzalo	¡Es casualidad!
Doña Laura	Sí que es peregrina casualidad. La «Niña de Plata.»
Don Gonzalo	La «Niña de Plata.». . . . Así le decían los huertanos y los pescadores. ¿Querrá Ud. creer que la veo ahora mismo, como si la tuviera presente, en aquella ventana de las campanillas azules? . . . ¿Se acuerda Ud. de aquella ventana?
Doña Laura	Me acuerdo. Era la de su cuarto. Me acuerdo.
Don Gonzalo	En ella se pasaba horas enteras. . . . En mis tiempos, digo.
Doña Laura	*(Suspirando.)* Y en los míos también.
Don Gonzalo	Era ideal, ideal. . . . Blanca como la nieve. . . . Los cabellos muy negros. . . . Los ojos muy negros y muy dulces. . . . De su frente parecía que brotaba luz. . . . Su cuerpo era fino, esbelto, de curvas muy suaves. . . . «¡Qué formas de belleza soberana modela Dios en la escultura humana!» Era un sueño, era un sueño.
Doña Laura	(¡Si supieras que la tienes al lado, ya verías lo que los sueños valen!) Yo la quise de veras, muy de veras. Fue muy desgraciada. Tuvo unos amores muy tristes.
Don Gonzalo	Muy tristes. *(Se miran de nuevo.)*
Doña Laura	¿Ud. lo sabe?

como que si yo no estoy trascordado si no he perdido la memoria

deje Ud. déjeme pensar

huertanos habitantes de ciertas comarcas como la «huerta de Valencia»

• *soberana* superior

Parque del Retiro, Madrid

MAS, *Barcelona*

Don Gonzalo   Sí.

Doña Laura   (¡Qué cosas hace Dios! Este hombre es aquél.)

Don Gonzalo   Precisamente el enamorado galán, si es que nos referimos los dos al mismo caso. . . .

Doña Laura   ¿Al del duelo?

Don Gonzalo	Justo: al del duelo. El enamorado galán era ... era un pariente mío, un muchacho de toda mi predilección.
Doña Laura	Ya, vamos, ya. Un pariente.... A mí me contó ella en una de sus últimas cartas, la historia de aquellos amores, verdaderamente románticos.
Don Gonzalo	Platónicos. No se hablaron nunca.
Doña Laura	El, su pariente de Ud., pasaba todas las mañanas a caballo por la veredilla de los rosales, y arrojaba a la ventana un ramo de flores, que ella cogía.
Don Gonzalo	Y luego, a la tarde, volvía a pasar el gallardo jinete, y recogía un ramo de flores que ella le echaba. ¿No es esto?
Doña Laura	Eso es. A ella querían casarla con un comerciante ... un cualquiera, sin más títulos que el de enamorado.
Don Gonzalo	Y una noche que mi pariente rondaba la finca para oírla cantar, se presentó de improviso aquel hombre.
Doña Laura	Y le provocó.
Don Gonzalo	Y se enzarzaron.
Doña Laura	Y hubo desafío.
Don Gonzalo	Al amanecer: en la playa. Y allí se quedó malamente herido el provocador. Mi pariente tuvo que esconderse primero, y luego que huir.
Doña Laura	Conoce Ud. al dedillo la historia.
Don Gonzalo	Y Ud. también.
Doña Laura	Ya le he dicho a Ud. que ella me la contó.
Don Gonzalo	Y mi pariente a mí.... (Esta mujer es Laura.... ¡Qué cosas hace Dios!)
Doña Laura	(No sospecha quién soy: ¿para qué decírselo? Que conserve aquella ilusión....)
Don Gonzalo	(No presume que habla con el galán.... ¡Qué ha de presumirlo! ... Callaré.) (Pausa.)

de toda mi predilección
a quien prefería

veredilla sendero

rondaba paseaba de noche
de improviso de repente

se enzarzaron pelearon

conoce Ud. al dedillo
conoce perfectamente

Doña Laura	¿Y fue Ud., acaso, quien le aconsejó a su pariente que no volviera a pensar en Laura? (¡Anda con ésa!)
Don Gonzalo	¿Yo? ¡Pero si mi pariente no la olvidó un segundo!
Doña Laura	Pues, ¿cómo se explica su conducta?
Don Gonzalo	¿Ud. sabe? ... Mire Ud., señora: el muchacho se refugió primero en mi casa, temeroso de las consecuencias del duelo con aquel hombre, muy querido allá; luego se trasladó a Sevilla; después vino a Madrid.... Le escribió a Laura, ¡qué sé yo el número de cartas! algunas en verso, me consta.... Pero sin duda las debieron de interceptar los padres de ella, porque Laura no contestó. ... Gonzalo, entonces, desesperado, desengañado, se incorporó al ejército de Africa, y allí, en una trinchera, encontró la muerte, abrazado a la bandera española y repitiendo el nombre de su amor: Laura ... Laura ... Laura.
Doña Laura	(¡Qué embustero!)
Don Gonzalo	(No me he podido matar de un modo más gallardo.)
Doña Laura	¿Sentiría Ud. a par del alma esa desgracia?
Don Gonzalo	Igual que si se tratase de mi persona. En cambio, la ingrata, quién sabe si estaría a los dos meses cazando mariposas en su jardín, indiferente a todo....
Doña Laura	Ah, no, señor; no, señor....
Don Gonzalo	Pues es condición de mujeres....
Dóña Laura	Pues aunque sea condición de mujeres, la «Niña de Plata» no era así. Mi amiga esperó noticias un día, y otro, y otro ... y un mes, y un año ... y la carta no llegaba nunca. Una tarde, a la puesta del sol, con el primer lucero de la noche, se la vio salir resuelta camino de la playa ... de aquella playa donde el predilecto de su corazón se jugó la vida. Escribió su nombre en la arena, el nombre de él, y se sentó luego en una roca, fija la mirada en el horizonte.... Las olas murmuraban su monólogo eterno ... e iban poco a poco cubriendo la roca en que estaba la niña.... ¿Quiere Ud. saber más? ... Acabó de subir la marea ... y la arrastró consigo....

trinchera *(trench)*

*a par del alma profun-
damente*

● *mariposas (butterflies)*

lucero estrella

● *marea movimiento al-
ternativo y diario de
las aguas del mar*

Don Gonzalo ¡Jesús!

Doña Laura Cuentan los pescadores de la playa, que en mucho tiempo no pudieron borrar las olas aquel nombre escrito en la arena. (¡A mí no me ganas tú a finales poéticos!)

Don Gonzalo (¡Miente más que yo!) *(Pausa.)*

Doña Laura ¡Pobre Laura!

Don Gonzalo ¡Pobre Gonzalo!

Doña Laura (¡Yo no le digo que a los dos años me casé con un fabricante de cervezas!)

Teatro Liceo, Barcelona MAS, Barcelona

Don Gonzalo	(¡Yo no le digo que a los tres meses me largué a París con una bailarina!)	*me largué me fui*
Doña Laura	Pero, ¿ha visto Ud. cómo nos ha unido la casualidad, y cómo una aventura añeja ha hecho que hablemos lo mismo que si fuéramos amigos antiguos?	*añeja vieja de tiempos pasados*
Don Gonzalo	Y eso que empezamos riñendo.	
Doña Laura	Porque Ud. me espantó los gorriones.	
Don Gonzalo	Venía muy mal templado.	
Doña Laura	Ya, ya lo vi. ¿Va Ud. a volver mañana?	
Don Gonzalo	Si hace sol, desde luego. Y no sólo no espantaré los gorriones, sino que también les traeré miguitas....	• *desde luego por supuesto*
Doña Laura	Muchas gracias, señor.... Son buena gente; se lo merecen todo. Por cierto que no sé dónde anda mi chica.... *(Se levanta.)* ¿Qué hora será ya?	
Don Gonzalo	*(Levantándose.)* Cerca de las doce. También ese bribón de Juanito.... *(Va hacia la derecha.)*	
Doña Laura	*(Desde la izquierda del foro, mirando hacia dentro.)* Allí la diviso con su guarda.... *(Hace señas con la mano para que se acerque.)*	
Don Gonzalo	*(Contemplando, mientras, a la señora.)* (No ... no me descubro.... Estoy hecho un mamarracho tan grande. ... Me recuerde siempre al mozo que pasaba al galope y le echaba las flores a la ventana de las campanillas azules....)	*mamarracho figura grotesca*
Doña Laura	¡Qué trabajo le ha costado despedirse! Ya viene.	
Don Gonzalo	Juanito, en cambio.... ¿Dónde estará Juanito? Se habrá engolfado con alguna niñera. *(Mirando hacia la derecha primero, y haciendo señas como doña Laura después.)* Diablo de muchacho.	*habrá engolfado estará*
Doña Laura	*(Contemplando al viejo.)* (No ... no me descubro. Estoy hecha una estantigua.... Vale más que recuerde siempre a la niña de los ojos negros, que le arrojaba las flores cuando pasaba por la veredilla de los rosales....)	*estoy hecha una estantigua (I look like a fright)*

Juanito sale por la derecha y Petra por la izquierda. Petra trae un manojo de violetas.

Doña Laura Vamos, mujer; creí que no llegabas nunca.

Don Gonzalo Pero, Juanito, ¡por Dios! que son las tantas. . . .

Petra Estas violetas me ha dado mi novio para Ud.

Doña Laura Mira qué fino. . . . Las agradezco mucho. . . . *(Al cogerlas se le caen dos o tres al suelo.)* Son muy hermosas. . . .

Don Gonzalo *(Despidiéndose.)* Pues, señora mía, yo he tenido un honor muy grande . . . un placer inmenso. . . .

Doña Laura *(Lo mismo.)* Y yo una verdadera satisfacción. . . .

Don Gonzalo ¿Hasta mañana?

Doña Laura Hasta mañana.

Don Gonzalo Si hace sol. . . .

Doña Laura Si hace sol. . . . ¿Irá Ud. a su banco?

Don Gonzalo No, señora; que vendré a éste.

Doña Laura Este banco es muy de Ud. *(Se ríen.)*

Don Gonzalo Y repito que traeré miga para los gorriones. . . . *(Vuelven a reírse.)*

Doña Laura Hasta mañana.

Don Gonzalo Hasta mañana.

Doña Laura se encamina con Petra hacia la derecha. Don Gonzalo, antes de irse con Juanito hacia la izquierda, tembloroso y con gran esfuerzo se agacha a coger las violetas caídas. Doña Laura vuelve naturalmente el rostro y lo ve.

Juanito ¿Qué hace Ud., señor?

Don Gonzalo Espera, hombre, espera. . . .

Doña Laura   (No me cabe duda: es él. . . .)

Don Gonzalo   (Estoy en lo firme: es ella. . . .) *(Después de hacerse un nuevo saludo de despedida.)*

Doña Laura   (¡Santo Dios! ¿y éste es aquél? . . .)

Don Gonzalo   (¡Dios mío! ¿y ésta es aquélla? . . .)

Se van, apoyado cada uno en el brazo de su servidor y volviendo la cara sonrientes, como si él pasara por la veredilla de los rosales y ella estuviera en la ventana de las campanillas azules.

PREGUNTAS

1   ¿Dónde tiene lugar la acción?
2   ¿Quiénes entran?
3   ¿Por qué está un poco distraída Petra?
4   Al salir Petra, ¿qué hace doña Laura?
5   ¿Quiénes salen?
6   ¿Cómo es el carácter de don Gonzalo?
7   ¿Por qué no quiere sentarse don Gonzalo?
8   ¿Por qué le empieza a hablar doña Laura?
9   ¿Qué critica don Gonzalo?
10   Por fin, ¿dónde se sienta él?
11   ¿Por qué no quiere hablar con doña Laura?
12   ¿Cuáles son unas «tonteras» que le dice doña Laura?
13   ¿Qué dicen los dos de la caza?
14   ¿Por qué estornudan?
15   ¿Por qué puede leer los versos sin gafas doña Laura?
16   ¿Dónde había viajado don Gonzalo?
17   ¿De dónde era?
18   ¿Qué finca describe doña Laura?
19   ¿Quién vivía allí?
20   ¿Quién era Laura Llorente, según doña Laura?
21   ¿Cómo era Laura Llorente?
22   ¿Cuál es el episodio que discuten los dos?
23   ¿De qué empiezan a darse cuenta?
24   ¿Se revelan el secreto?
25   Según don Gonzalo, ¿qué había hecho su pariente después del duelo? ¿Cómo encontró la muerte?

26 Según doña Laura, ¿qué había pasado a la chica?
27 ¿Qué había hecho ella en realidad?
28 ¿Qué había hecho él en realidad?
29 ¿Cuándo se verán de nuevo? ¿Qué traerá don Gonzalo?
30 ¿Por qué cree don Gonzalo que ella no lo había reconocido? ¿Y qué cree ella?
31 ¿Cómo salen los dos?

ESTUDIO DE PALABRAS

Charlar: charla, de charla, charlatán

1 Al principio don Gonzalo no quería charlar con ella, porque nadie se la había presentado.
2 La charla que tuvieron resultó muy divertida.
3 Pasaron un rato de charla.
4 ¡Qué charlatán! Siempre está hablando de algo.

Entrometida: entrometerse

1 ¡Qué entrometida es ella! Siempre se mete en los asuntos de otro.
2 La viejecita siempre quiere entrometerse en los asuntos de otro.

Envidiable: envidiar, envidia, envidioso

1 Para don Gonzalo, doña Laura tenía una vista envidiable. El también quisiera poder leer sin gafas.
2 El no tenía nada que envidiar. Ella tampoco podía ver sin gafas.
3 Nadie respeta la envidia en el carácter de otro.
4 Es una persona envidiosa: nunca está satisfecho con lo que tiene.

EJERCICIO DE VOCABULARIO

Emplee las siguientes expresiones un una oración.

1 en busca de   2   no sé dónde tengo la cabeza   3   ver con
4 soñar con   5   tener el defecto   6   al dedillo   7   ¡que sé yo!
8 desde luego

EJERCICIOS CREATIVOS

1 Escriba un resumen de la comedia.
2 Note los incidentes cómicos de la obra.
3 Note los incidentes nostálgicos de la obra.
4 ¿A Ud. le gustó el humor de esta obra? ¿Por qué sí o por qué no?

Corona de sombra

RODOLFO USIGLI

Varios años de revolución y de guerra en México, a mediados del siglo diecinueve, habían costado caro. Como resultado, el presidente Benito Juárez se vio obligado a suspender pagos de deudas extranjeras. El emperador francés Napoleón III se aprovechó del momento para enviar tropas a México y establecer una monarquía bajo el mando del archiduque Maximiliano de Austria. La oposición del pueblo mexicano y la fuerte protestación del gobierno de los Estados Unidos (*Monroe Doctrine*) trajeron como resultado el retiro de las tropas francesas. Maximiliano se vio abandonado, sin protección y sin poder. Su ambiciosa mujer Carlota fue a Europa a buscar ayuda, pero sin éxito. Maximiliano fue capturado y ejecutado.

Esta época dramática en la historia de México, sirve de fondo para la obra *Corona de sombra*, escrita por el dramaturgo mexicano Rodolfo Usigli (1905–   ). Usigli ha trabajado para crear un teatro puramente mexicano, combinando lo tradicional con nuevos temas y técnicas. Sus obras, ricas en ironía y penetración sicológica, incluyen *El apóstol* (1931), *Otra primavera* (1938), *Corona de sombra* (1943), *El gesticulador* (1944) y *La exposición* (1960).

En las tres escenas ejemplares se presentan los siguientes personajes históricos: Maximiliano (1832–1867), emperador de México (1864–1867); Carlota Amalia (1840–1927), su esposa, emperatriz de México (1864–1867); François Achille Bazaine (1811–1888), mariscal de Francia; Tomás Mejía (1815–1867), general mexicano; José Luis Blasio, secretario del emperador Maximiliano; Antonio de Labastida (1816–1891), arzobispo de México; el padre Augustus Fischer; Miguel Miramón (1832–1867), general mexicano; un capitán.

ACTO II

Escena I

El telón se levanta sobre el salón derecha, mientras el de la izquierda permanece en la oscuridad. Maximiliano y Carlota descienden del trono. Bazaine está de pie, cerca de la puerta divisoria.

Mejía, Blasio y Labastida componen otro grupo, a poca distancia del cual está, a la derecha, el padre Fischer.

Maximiliano He satisfecho al fin vuestro deseo, Mariscal. Tenéis el apoyo de ese decreto. Procurad serviros de él con moderación, os lo encarezco.

Bazaine Vuestra Majestad sabe que el decreto era necesario. No es cuestión de regatear ahora.

Carlota Su Majestad el Emperador no es un mercader ni el Imperio de México es un mercado, señor Mariscal. Se os recomienda moderación, eso es todo.

Bazaine Permitidme, señora, que pregunte a Su Majestad el Emperador por qué firmó el decreto si no estaba convencido de que no había medio mejor de acabar con la canalla.

Mejía hace un movimiento. Maximiliano se vuelve a él y lo contiene con una señal.

Maximiliano Ocurre, Mariscal, que esa canalla es parte de mi pueblo, al que vos parecéis despreciar.

Bazaine ¿Quiere Vuestra Majestad que admire a gentes desharrapadas que se alimentan de maíz, de chile y de pulque? Yo pertenezco a una nación civilizada y superior, como Vuestras Majestades.

Carlota Es cosa que a veces podría ponerse en duda, señor Mariscal. ¿No casasteis con una mexicana?

Bazaine Como mujer, aunque extraordinaria, Vuestra Majestad pierde de vista ciertas cosas, señora.

Esta vez Mejía lleva la mano al puño de la espada y adelanta un paso.

Maximiliano Basta, señor Mariscal. Todo lo que os pido es que conservéis mi recomendación en la memoria. Habláis de los alimentos del pueblo, pero olvidáis dos que son esenciales: el amor y la fe. Yo vine a traer esos alimentos al pueblo de México, no la muerte. *(Se vuelve a Labastida.)* Su Ilustrísima comparte mi opinión sin duda.

mariscal *oficial superior*
● **decreto** *resolución del jefe de un estado*
encarezco *recomiendo*

canalla *gente baja*

● **despreciar** *no respetar ni estimar*

desharrapadas *vestidas de ropa muy usada*

Labastida	Señor, Jesucristo mismo tuvo que blandir el látigo para arrojar del templo a los mercaderes. Vuestra Majestad ha sacrificado, por razones de Estado, a muchos conservadores leales, en cambio. Lo que es necesario es necesario.

blandir   mover con movimiento trémulo

Bazaine	Eso es lo que nos separa a los militares de las gentes de iglesia: ellos hacen política, nosotros no. Ellos creen en el amor y en el látigo; nosotros creemos en el temor y en la muerte. Todo gobierno tiene dos caras, señor, y una de ellas es la muerte.
Maximiliano	No mi gobierno, señor Mariscal.
Bazaine	En ese caso, anule Vuestra Majestad su decreto. Yo dudo mucho que sin una garantía de seguridad por parte de vuestro gobierno consienta el emperador Napoleón en dejar más tiempo a sus soldados en México.

• *anule   cancele*

Carlota	¿Pretendéis dar órdenes o amenazar a Su Majestad, señor Mariscal?
Bazaine	(Con impaciencia.) Lo que pretendo, señora, es que Su Majestad haga frente a la verdad de las cosas. Pero Su Majestad es un poeta y cree en el amor. Excusadme por hablar libremente: soy un soldado y no un cortesano. Como soldado, encuentro vergonzoso el pillaje del populacho, la amenaza de la emboscada contra mis soldados, que son como hijos míos, que son la flor de Francia: valientes y galantes. Me importa la vida de mis soldados, no la de los pelados de México.

• *populacho   gente común, pueblo*

pelados   los de la clase baja y sin dinero

Maximiliano	Os serviréis retiraros y esperar mis órdenes, señor Mariscal.

Bazaine hace un saludo.

Mejía	(Temblando de cólera.) Si Vuestras Majestades me dan su graciosa venia para retirarme....

venia   permiso

Tiene los ojos en alto y la mano en la espada. Bazaine se vuelve a mirarlo. Todos comprenden la inminencia del choque.

• *choque   encuentro violento*

Maximiliano	Quedaos, general, os lo ruego. *(Mejía hace un movimiento.)* Os lo mando.
	Pero la tensión persiste un momento aun. Mejía y Bazaine se miden lentamente de pies a cabeza.
Bazaine	*(Sonriendo, a media voz.) Mais regardez-moi donc le petit Indien.*
Maximiliano	*(Conteniendo a Mejía.)* Mariscal, voy a.....
Padre Fischer	*(Interponiéndose.)* Con perdón de Vuestra Majestad, desearía hacer algunas preguntas al señor Mariscal antes de que se retire.
Maximiliano	Podéis hacerlo, Padre.
	Bazaine, que tenía la mano en el picaporte, la baja y espera sin acercarse. Mejía se retira junto a Blasio y Labastida. Carlota se acerca a Maximiliano.
Padre Fischer	¿No estimáis acaso, señor Mariscal, que el decreto de Su Majestad, grave como es, encierra un espíritu de cordialidad hacia el emperador Napoleón y hacia el ejército francés?
Bazaine	Así parece, en principio.
Padre Fischer	Entonces, ¿por qué no dais prueba de un espíritu análogo acatando el deseo de moderación que os ha expresado Su Majestad? Aun así, haríais menos de lo que ha hecho el Emperador.
Bazaine	Yo no soy político, padre Fischer. Entiendo lo que queréis decir, sin embargo: debería plegarme en apariencia al deseo de Su Majestad y hacer después lo que me pareciera mejor, ¿no es eso?
Padre Fischer	*(Descubierto.)* Interpretáis mal mis palabras, señor Mariscal. No añadiré nada. Yo no soy un traidor.
Bazaine	Si insinuáis que yo....
Carlota	Había yo entendido que el señor Mariscal se retiraba.

Glosas marginales:

mais regardez-moi donc le petit Indien qué pretensiones tiene el indio

picaporte (door-handle, latch)

● *cordialidad* amistad

● *análogo* semejante *acatando* respetando

plegarme someterme

interpretáis mal entendéis mal

Bazaine *(Asiendo el toro por los cuernos.)* Ya sé, señora, que en vuestra opinión no soy más que una bestia. *(Carlota se vuelve a otra parte.)* Mi elemento es la fuerza, no la política. Soy abierto y franco cuando me conviene, y ahora me conviene. Mis maneras son pésimas, pero mi visión es clara. El imperio estaba perdido sin ese decreto, que no es más que una declaración de ley marcial, normal en tiempos de guerra. El imperio estará perdido si lo mitigamos ahora. Lo único que siento es que Su Majestad lo haya promulgado tan tarde. Unos cuantos colgados hace un año, y estaríamos mucho mejor ahora. El único resultado de la indecisión del Emperador es que ahora tendremos que colgar unos cuantos miles más.

si lo mitigamos   si lo tratamos con menos severidad
• promulgado   decretado

Maximiliano Creía yo que vuestro ejército se batía, Mariscal, y que se batía por la gloria.

Bazaine No contra fantasmas que no luchan a campo abierto, señor, y la gloria es una cosa muy relativa si no está bien dorada.

Maximiliano Se ha pagado a vuestros soldados, ¿o no?

Bazaine Con algún retraso, sí. Hasta ahora.

• con algún retraso, sí   sí, pero un poco tarde

Maximiliano ¿Creéis que he cerrado voluntariamente los ojos ante el pillaje innecesario de vuestro ejército? No, señor Mariscal. Tengo que esperar por fuerza el momento oportuno para ponerle fin. Pero le pondré fin.

Bazaine Con mi bestial franqueza diré a Vuestra Majestad que no hay que impedir que los soldados se diviertan. Para algo se juegan la vida, ¡qué diablo! si Su Majestad la Emperatriz me permite jurar. No os aconsejo que reprimáis a mis soldados, sire. Sabéis de sobra que sin ellos vuestro imperio no duraría un día más. Seamos francos.

Carlota Seamos francos, sí. ¿Pretendéis acaso gobernar a México en nombre del emperador de Francia, imponernos vuestra ley?

Bazaine Señora, yo tengo mis órdenes y las cumplo.

Maximiliano	¿Ordenes de quién?
Bazaine	De Napoleón III, señor.
Mejía	Permitidme deciros, Mariscal, que el único que puede daros órdenes en México es el emperador Maximiliano.
Bazaine	Para eso sería preciso que tuviera yo la dudosa fortuna de ser mexicano, General.
Mejía	Retiraréis esas palabras.
	Bazaine ríe entre dientes.
Maximiliano	¡Señores! ¿Qué significa todo esto? Si no podéis conteneros en nuestra presencia....

Grabado de Maximiliano y Carlota entrando en la Ciudad de México *Mexican National Tourist Council*

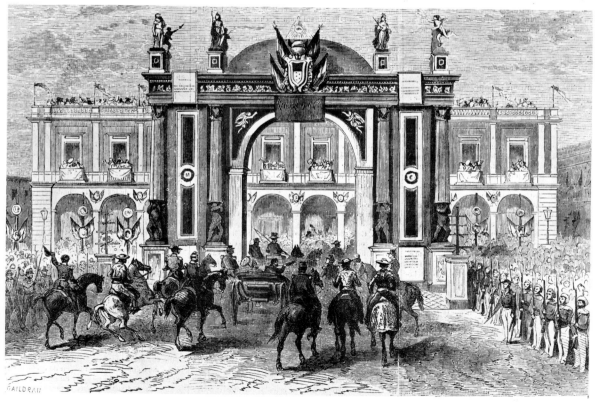

Mejía   Pido humildemente perdón a Sus Majestades. Yo también soy soldado, pero creo en la gloria, en la devoción y en el heroísmo. Si el ejército francés se retirara, como lo insinúa el Mariscal, aquí estaríamos nosotros, señor, para morir por vos, para que nuestra muerte diera vida al imperio.

Bazaine   Yo no pienso morir por nadie, aunque mate por Vuestra Majestad.

Mejía   *(A Maximiliano.)* Y he pensado que me gustaría, señor, encontrarme con el Mariscal y su ejército en mi pueblo y en mi sierra.

Labastida   Majestad.... *(Maximiliano le hace seña de que hable.)* Señor Mariscal, creo que nos hemos salido del punto. Yo comprendo los nobles escrúpulos del Emperador. Son los escrúpulos de un alma cristiana; pero creo que no hay que exagerarlos. Toda causa tiene sus mártires y sus víctimas; los del otro partido son siempre los traidores. Quizá esta nueva actitud del Emperador cambie la penosa impresión que subsiste en el ánimo de Su Santidad Pío IX, y traiga nuevamente al gobierno a los leales conservadores. Mi impresión es que la índole tan drástica del decreto impondrá el orden y el respeto a la ley que Vuestra Majestad necesita para gobernar en paz, y que es una garantía contra los facciosos juaristas, enemigos de su propio país. Por una parte, veo sólo efectos benéficos en lo moral, y por la otra creo que se derramará muy poca sangre — la estrictamente necesaria — gracias a la amplitud misma del decreto.

Bazaine   No se hace una tortilla sin romper los huevos, señor. Lo que me maravilla, Ilustrísima, es que la iglesia siempre se las arregla para tener razón.

Labastida   La iglesia es infalible, señor Mariscal, gracias a Su Santidad Pío IX. *(Se acerca a Maximiliano.)* Tranquilizad vuestra conciencia, Majestad, con la idea de que un poco de sangre juarista no agotará a México, en tanto que el triunfo de Juárez sería la destrucción y la muerte del país. Y meditad en mi consejo, os lo ruego. *(Va a Carlota.)*

escrúpulos   incertidumbres hacia lo que debe hacer

• *subsiste   existe*

índole   condición, calidad

facciosos juaristas miembros del partido de Juárez que son difíciles de controlar
benéficos   buenos
• *amplitud   extensión*

• *tortilla   (omelet)*

• *infalible   incapaz de cometer errores*

• *agotará   hará débil*

Señora, en vuestras manos está el devolver la paz al ánimo de Su Majestad el Emperador con vuestro inteligente y dulce apoyo y con vuestra clarísima visión de las cosas.

Maximiliano   Agradezco a Su Ilustrísima este consuelo — es el de la iglesia.

Labastida palidece, va a añadir algo más, pero se contiene. Da su anillo a besar a Carlota y a Maximiliano, en vez de hablar, y sale sonriendo ante esta pequeña venganza.

- **palidece**   se pone pálido

Bazaine   En todo caso, señor, me permitiré indicar a Vuestra Majestad que escribiré sobre esta entrevista al emperador Napoleón.

Maximiliano   Os ruego que lo hagáis, señor Mariscal. Quizá el mismo correo pueda llevarle mi versión personal de las cosas. *(Bazaine se inclina ligeramente ante los monarcas y sale. Carlota se acerca al trono en cuyo brazo se apoya. Allí permanece, de pie, mirando al vacío, durante la escena siguiente.)* Padre Fischer, os ruego que penséis en una manera de poner fin a esta situación.

- **los monarcas**   el emperador y la emperatriz
- **vacío**   espacio

Mejía   Si Vuestra Majestad me diera permiso, yo tendría mucho gusto en pedir su espada al mariscal Bazaine.

Maximiliano   No, General. Hay que evitar la desunión en nuestras filas.

- **desunión**   discordia

Padre Fischer   Aunque el Mariscal me ha ofendido, autoríceme Vuestra Majestad para conversar con él en privado. Parece como si la presencia de la Emperatriz y la vuestra propia, sire, lo exasperaran siempre. Procede groseramente por no sé qué sentimiento de humillación, porque cree que así se pone a la altura. Es una especie de.... No encuentro la palabra precisa. *(Piensa.)* Creo que no la hay. En todo caso, Majestad, no hay que precipitar la enemistad de Francia. El Mariscal es un hombre con intereses humanos. Permitidme....

- **groseramente**   de manera vulgar
- **humillación**   rebajar el orgullo, afrenta
  se pone a la altura   se iguala
- **enemistad**   odio entre dos o más personas

Maximiliano   *(Cansado.)* Habladle, Padre. Gracias. *(El padre*

Fischer sale después de saludar.) General Mejía, sois un hombre leal.

Mejía Gracias, señor. Quisiera poder hacer algo más. Quizá si enviáramos a Napoleón un embajador de confianza, un hombre hábil. . . .

> • *hábil* *capaz, inteligente*

Maximiliano Se necesitaría vuestra lealtad. . . .

Mejía *(Sonriendo.)* El indio es cazurro y es valiente, pero no es diplomático.

> *cazurro insociable, de pocas palabras*

Maximiliano *(Pensativo.)* De confianza. . . . Gracias otra vez, General. *(Mejía se inclina y va hacia la puerta.)* Blasio. *(Blasio se acerca.)* Hoy no trabajaremos en mis memorias. *(Blasio se inclina y se dirige a la puerta.)* Y, Blasio. . . . *(Blasio se vuelve. Maximiliano duda.)*

Blasio ¿Sí, Majestad?

Maximiliano Y omitiremos esta conversación de ellas. Id, amigos míos.

Blasio Comprendo, sire.

Mejía *(Desde la puerta.)* Majestad, permitidme desafiar al Mariscal entonces. No puedo soportar su insolencia para con el Emperador.

> • *para con hacia*

Maximiliano No, Mejía, reservad vuestra vida y vuestro valor para el imperio. *(Mejía suspira, se inclina y sale. Blasio lo imita. Una vez solos, Maximiliano y Carlota se miran. El va hacia ella.)* ¿He hecho bien? ¿He hecho mal, Carlota mía? Los mexicanos me odiarán cuando yo quería que me amaran. ¡Oh, si sólo me atreviera yo a deshacer lo hecho! Pero me siento inerte, perdido en un bosque de voces que me dan vértigo. Nadie me dice la verdad. Sí, quizá Bazaine.

Carlota Ese bajo animal.

Maximiliano ¿He hecho bien? ¿He hecho mal, Carlota? Dímelo tú — necesito oírlo de tus labios. Tu voz es la única que suena clara y limpia en mí. ¡Dímelo!

Carlota Has hecho lo que tenías que hacer, Max. Para gobernar, para conservar un imperio, hay que hacer esas cosas. No me preocupa tanto eso como la insolencia desbocada de ese cargador, soldado de fortuna, detestable palurdo. Ya sabía yo que Napoleón no haría bien las cosas, pero nunca creí que nos infligiera la humillación de este hombre repulsivo y vil.

Maximiliano ¿Por qué hablas así, Carla, por qué?

Carlota Detesto a Bazaine — me estremezco a su sola presencia, como si estuviera cubierto de escamas o de gusanos.

Maximiliano Pero yo he hecho lo que tenía que hacer, dices. Y yo no lo sé y no sé cuándo sabré si eso es verdad. No traía más que amor, no buscaba más que amor. Ahora encuentro muerte.

Carlota La muerte es la otra cara del amor también, Max. Era preciso defendernos. Tu amor lo han pagado con odio y con sangre. ¿No te das cuenta? Nos matarían si pudieran.

Maximiliano Cuando llegamos aquí, aun antes de llegar, cuando el nombre de México, sonaba mágicamente en mis oídos, sentí que había habido un error original en mi vida — que no pertenecía yo a Europa, sino a México. El aire transparente, el cielo azul, las nubes increíbles me envolvieron, y me di cuenta de que era yo mexicano, de que no podía yo ser más que mexicano. Y ahora se matará en mi nombre — quizá por eso. «Por orden de Maximiliano matarás.» «Por orden de Maximiliano serás muerto.» Me siento extranjero por primera vez y es horrible, Carlota. Mejía hablaba de un embajador de confianza. Y yo busqué entonces mi confianza de antes y no la encontré ya en mi alma. Estamos solos, Carlota, entre gentes que sólo matarán o morirán por nosotros.

Carlota Yo siento esa soledad como tú — más que tú. Me mato trabajando para olvidar que a ti te han amado las mujeres.

desbocada acostumbrada a decir palabras ofensivas e indecentes, descarada
cargador (message bearer)
palurdo rústico
nos infligiera nos impusiera

escamas (fish scales)

● **soledad** falta de compañía

Maximiliano	Carlota, ¿cómo puedes ahora...?
Carlota	No siento celos, Max — no hablo por eso. He dejado de ser mujer para no ser ya más que emperatriz. Es lo único que me queda.
Maximiliano	¿No me amas ya?
Carlota	Me acuerdo siempre de nuestra primera noche en México, cuando nos fuimos cogidos de la mano a caminar por el bosque — nuestra última noche de amantes. Ese recuerdo llena mi vida de mujer y te amo siempre. Pero el poder ha cubierto mi cuerpo como una enredadera, y no me deja salir ya, y si me moviera yo, me estrangularía. No puedo perder el poder. Tenemos que hacer algo, Max. Napoleón nos ahoga con la mano de ese insolente Bazaine con algún objeto. Cuando nos haya hecho sentir toda su fuerza, nos pedirá algo, y si no se lo damos se llevará su ejército y nos dejará solos y perdidos aquí. Hay que impedir eso de algún modo.
Maximiliano	¿Qué piensas tú?
Carlota	Tu familia no quiere mucho a Napoleón desde Solferino. Si explotas eso con habilidad, Austria puede ayudarnos.
Maximiliano	Tienes razón, Escribiré a Francisco-José, a mi madre. Pero tú sabes que mi familia....
Carlota	No vas a explotar ahora sentimientos de familia, Max, sino a tocar resortes políticos, a crear interés. Tampoco a Bismarck le gusta Napoleón — lo detesta y lo teme, y lo ve crecer con inquietud. Estoy segura de que haría cualquier cosa contra él. Pero hay que ser hábiles. Yo recurriré a Leopoldo, aunque no es muy fuerte ni muy rico. ¡Si mi padre viviera aun! Pero no caeremos, Max. No caeremos. Yo haré lo que sea.
Maximiliano	¿Pero, no es aquí más bien donde habría que buscar apoyo y voluntades? Ni los austríacos, ni los alemanes ni los belgas nos darían tanta ayuda como un gesto de Juárez.

- *explotar   usar en provecho propio*
- *resortes   medios de que se vale uno para lograr un fin*
- *con inquietud   con ansiedad*

voluntades   personas de buena voluntad
- *los belgas   los de Bélgica*

Carlota	El indio errante, el presidente sin república, que nos mata soldados en el Norte. No, Max. Ese es el peor enemigo.
Maximiliano	¡Quién sabe! Carlota... he vuelto a escribirle.
Carlota	¿A quién?
Maximiliano	A Juárez. Lo haría yo primer ministro y gobernaríamos bien los dos.
Carlota	¡Estás loco, Max! Has perdido el sentido de todo. El imperio es para ti y para mí, nada más. Seríamos los esclavos de Juárez. Lo destruiremos, te lo juro. Podemos... eso es. Mandemos a alguien que acabe con él.
Maximiliano	(*Dolorosamente.*) ¡Carlota!
Carlota	¿Qué es un asesinato político para salvar un imperio? ¡Max, Max! Vuelve en ti, piensa en la lucha. ¿O prefieres abdicar, convertirte en el hazmerreír de Europa y de América, en la burla de tu madre y de tu hermano; ir, destronado, de ciudad en ciudad, para que todo el mundo nos tenga compasión y nos evite? No puedes pensarlo siquiera.
Maximiliano	No lo he pensado, Carlota. Pero he pensado en morir: sería la única forma de salvar mi causa.
Carlota	¿En morir? (*Muy pausada, con voz blanca.*) Yo tendría que morir contigo entonces. No me da miedo. (*Reacciona.*) Pero es otra forma de abdicar, otra forma de huir, Maximiliano.
Maximiliano	Tienes razón.
Carlota	No tenemos un hijo que dé su vida a la causa por la que tú darías tu muerte. (*Maximiliano pasea pensativo. Carlota se sienta en el trono y reflexiona.*) Victoria es demasiado codiciosa y no nos quiere; pero con los ingleses siempre se puede tratar de negocios. Sería buena enviar a alguien, ofrecer alguna concesión.... (*Maximiliano, de pie junto a la mesa, no responde.*) Max ... (*El se vuelve lentamente.*) ¿En qué piensas?

- *hazmerreír   objeto de la burla y la risa, persona ridícula*
- *destronado   sacado del trono*

con voz blanca   con voz débil

Victoria   reina de Inglaterra
- *codiciosa   avarienta*

Maximiliano	En ti y en mí. Hablamos de política, hacemos combinaciones, reñimos, como si el poder nos separara.
Carlota	No digas eso, ¡por favor! Ven aquí, Max. *(El se acerca al trono. Ella le toma las manos.)* Esta crisis pasará pronto, y cuando haya pasado nos reuniremos otra vez como antes, como lo que éramos.
Maximiliano	*(Con una apagada sonrisa.)* ¿Una cita en el bosque mientras el imperio arde?
Carlota	*(Suavemente.)* Eso es, Max. Una cita en el bosque, dentro de muy poco tiempo. Ahora hay que luchar, eso es todo — y hay que desconfiar — y hay que matar.

Maximiliano se deja caer en las gradas del trono y se cubre la cara con las manos.

Maximiliano	«¡Por orden del Emperador!»

Carlota baja del trono, se sienta a su lado en las gradas y le acaricia los cabellos.

Carlota	¡Niño! *(Lo abraza.)*

Maximiliano solloza. Las luces de las velas se extinguen, una a una, sobre las pobres figuras silenciosas y confundidas en las gradas del trono.

● **se extinguen** *se apagan, se agotan*

Escena II

En la oscuridad se escucha:

Voz de Carlota	Entonces vino la última noche. Luces. ¿Dónde están las luces? La última noche.

Se enciende una bujía en el salón izquierda. Es el boudoir de Carlota. Hay un secrétaire, un sillón, una otomana y cortinas. Es una doncella quien enciende las luces. Permanece de espaldas mien-

bujía *vela*

otomana *especie de sofá*

tras lo hace y sale por la segunda puerta izquierda, apartando la cortina. Se oye afuera, por la primera puerta:

Voz de Maximiliano   Carlota. ¡Carlota!

Maximiliano entreabre la puerta y entra. Se acerca al secrétaire y toma un sobre cerrado que hay en él. Lo mira pensativamente y lo deja otra vez en el mueble. Pasea, pensativo. Va al fondo y llama de nuevo.

Maximiliano   ¡Carlota! ¿Estás allí?

Voz de Carlota   ¿Eres tú? Un instante, Max.

Maximiliano   Te lo ruego.

Maximiliano se abandona en la otomana. Tiene aspecto de gran fatiga. Su voz es opaca. Carlota entra al cabo de un momento, cubierta con un chal o una manteleta.

chal paño de seda o lana que sirve de abrigo o adorno
manteleta paño de seda o lana que sirve de abrigo o adorno

Carlota   ¿Qué ocurre, Max?

Maximiliano   Es preciso que hablemos cuanto antes con Bazaine. *(Carlota hace un gesto negativo, lleno de desdén.)* Es preciso, Carlota. Tiene algo malo para nosotros. ¿Me permites que lo haga entrar aquí?

Carlota   ¿Aquí? ¡Oh, no, Max, por favor!

Maximiliano   Es preciso que nadie nos oiga, te lo suplico.

Carlota   *(Dominándose.)* Bien, si es necesario.... *(Va al secrétaire y toma de él el sobre.)* Max... escribo otra vez a mi hermano Leopoldo.

Maximiliano   Gracias, Carlota. *(Se dirige a la primera puerta izquierda y llama.)* Pasad, señor Mariscal. *(Bazaine entra. Su saludo a Carlota es más profundo, pero parece más irónico esta vez.)* Os escuchamos.

Bazaine   Nadie podrá oírnos, ¿no es cierto? *(Maximiliano no contesta.)* ¿No nos oirá nadie, Majestad?

Maximiliano	Podéis hablar libremente.
Bazaine	(*Después de una pausa deliberada.*) Y bien, tengo noticias importantes para Vuestras Majestades — noticias de Francia. (*Se detiene deliberadamente, Maximiliano permanece inconmovible, Carlota espera sin moverse.*) He recibido orden del emperador Napoleón de partir con mis tropas.

Carlota se yergue; Maximiliano sonríe.

Maximiliano	¿Y para eso tanto misterio, Mariscal? Hace mucho que esperaba oír esa noticia. Veo que Napoleón se ha acordado al fin de nosotros. . . .
Carlota	(*Interrumpiéndolo.*) En la única forma en que podía acordarse.
Maximiliano	¿Habéis esparcido ya tan misteriosa noticia en el palacio, señor Mariscal?
Bazaine	Hasta el momento nadie sabe nada fuera de nosotros, sire.
Maximiliano	En ese caso debéis de tener algo más que decirnos.
Bazaine	Vuestra Majestad ha acertado.

Espera la pregunta, que no viene. Maximiliano se pule dos o tres veces las uñas de la mano derecha en la palma de la izquierda. Bazaine espera, sonriendo. Carlota lo mira y se adelanta hacia él.

Carlota	¿Qué es lo que pide Napoleón ahora?
Bazaine	Como sea, señora, no podrá negarse que sois una mujer práctica. Señora, el imperio se hunde sin remedio. Lo que os dije cuando Su Majestad firmó el decreto empieza a realizarse.
Maximiliano	Olvidáis, señor Mariscal, que asegurasteis entonces que ese decreto nos salvaría.
Bazaine	Vuestra Majestad me recomendó moderación.
Carlota	Si no estuvierais ante el emperador de México, a

inconmovible   sin con-
moverse

se yergue   se pone or-
gullosa y altiva, se
levanta

	quien debéis respeto, Mariscal, creería que estáis jugando a no sé que siniestro juego.
Maximiliano	Las pruebas de vuestra moderación me son bien conocidas, señor Mariscal. Decid pronto lo que tengáis que decir.
Bazaine	Si mis soldados dejan el país, señor, las hordas de Juárez no tardarán en tomar la capital. Pero antes de que eso ocurra, las turbas de descamisados y de hambrientos asaltarán el palacio y el castillo, y las vidas de Vuestras Majestades se encontrarán en un serio peligro.
Maximiliano	¿No pensáis que nos hacéis sentir miedo?
Bazaine	Conozco el valor personal de Vuestras Majestades. Sin duda que sabréis hacer frente al peligro, pero eso no os salvará. Sabéis de sobra que vuestros soldados no sirven. Y no hablo de Miramón, de Mejía o de Márquez, sino del ejército, que no cuenta, porque en este país parece que no hay más que generales. Si salváis la vida, señor, tendréis que hacer frente a la deshonra, a la prisión; o podréis huir, y entonces — perdonad mi franqueza de soldado — tendréis que hacer frente al ridículo. Claro que yo, personalmente, os aconsejo que abdiquéis. Pienso que vale más un archiduque vivo que un emperador muerto. Pero yo no soy más que un plebeyo.
Carlota	Decid de una vez lo que pide Napoleón.
Bazaine	Ya he tenido el honor de poner a Vuestras Majestades al corriente de los deseos del Emperador. Un pedazo de tierra mexicana no vale los cientos de millones de francos que México cuesta a Francia, pero sí la vida y el triunfo de Vuestras Majestades.
Maximiliano	¿Cree Napoleón que conseguirá amenazándome lo que no consiguió con halagos, con trampas y mentiras? Conozco sus deseos y hace ya tiempo que veo sus intenciones con claridad. El glorioso ejército francés fracasó en sus propósitos en 1862, y Napoleón pensó entonces que podía mandar a

las turbas de descamisados y de hambrientos *las multitudes de gente pobre y con hambre*

• *franqueza sinceridad*

abdiquéis abandones el trono

• *halagos adulación (flattery)*

México, en calidad de agente de tierras, a un príncipe de Habsburgo.

Carlota Sacar las castañas con la mano del gato. *(A Maximiliano, graciosamente.)* Perdonad mi expresión, señor, pero no se puede hablar de Napoleón sin ser vulgar.

Maximiliano Decid a Napoleón, señor Mariscal, que se equivocó de hombre. Que mientras yo viva no tendrá un milímetro de tierra mexicana.

Bazaine Si ésa es la última palabra de Vuestra Majestad, me retiraré con mi ejército previo el pago de las soldadas vencidas, que Francia no tiene por qué pagar, señor.

Maximiliano No escapa a vuestra malicia, Mariscal, que estáis en México, y que el emperador de México tiene todavía la autoridad necesaria para pediros vuestra espada y someteros a un proceso.

Bazaine ¿Declararía Vuestra Majestad la guerra a Francia de ese modo? No tenéis dinero ni hombres, señor. Y si me pidierais mi espada, como decís, aparte de que yo no os la entregaría, no serían las hordas juaristas sino el ejército francés el que tomaría por asalto palacio y castillo.

Maximiliano Exceso de confianza. ¿No sabéis que vuestros hombres os detestan ya? No pueden admirar a un mariscal de Francia vencido siempre por hordas de facciosos. Y sería milagrosa cosa: si los franceses nos atacaran, México entero estaría de mi lado.

Bazaine Hagamos la prueba, señor.

Carlota Conocéis mal a Napoleón, Mariscal. No movería un dedo por un soldado de vuestra clase, que no ha sabido dominar una revuelta de descamisados mexicanos.

Bazaine *(Herido.)* Señora, Vuestra Majestad olvida que hice la guerra de la Crimea y que soy mariscal de Francia. Ya os dije una vez que tenía órdenes,

sacar las castañas con la mano del gato (let someone else do the dirty work)

previo el pago de las soldadas vencidas después de cobrar los sueldos ya debidos

• *malicia   mala intención*

	¿no es cierto? ¿Creéis que no hubiera podido hacer polvo a los facciosos y colgar a Juárez de un árbol hace mucho tiempo?	*hacer polvo vencer, conquistar, destruir*
Maximiliano	Vos lo decís.	
Bazaine	Pero Napoleón III es un gran político. Me dijo: «Ponedles el triunfo a la vista, pero no se lo deis si no es en cambio del engrandecimiento de Francia.» Me dijo: «Hacedles entrever la derrota, pero no la dejéis consumarse a menos que sea necesario para Francia.» Y ahora es necesario para Francia, Majestad.	• *engrandecimiento la acción de hacer más grande* • *entrever ver parcialmente* • *derrota vencimiento (defeat)* • *consumarse completarse*
Maximiliano	Pongo en duda eso, y añadiré algo más, Mariscal. Os diré que es difícil vencer a soldados que, como los de Juárez, defienden desesperadamente a su patria. Su valor os escapa porque no sois más que el invasor.	• *desesperadamente con desesperación*
Bazaine	¡Sire!	
Carlota	Eso es lo que yo sentía en su presencia, Maximiliano. El estremecimiento, la repulsión invencible de la traición.	• *estremecimiento acción de temblar*
Bazaine	Yo soy leal a mi Emperador.	
Carlota	Dejaréis de serlo un día, Mariscal. Lo presiento. Sois un hombre funesto. Traidor a uno, traidor a todos.	• *lo presiento lo preveo* *funesto lamentable, triste*
Bazaine	(*Colérico.*) ¡Señora!	
Maximiliano	(*Enérgicamente, con grandeza.*) Esperaréis mi venia, señor Mariscal, para proceder al retiro de vuestras tropas. Podéis retiraros ahora.	• *grandeza nobleza, majestad* • *retiro (withdrawal)*
Bazaine	Esa orden, señor, se opone con la que he recibido del emperador de Francia.	
Maximiliano	Sabed que el ejército que me envía Francisco-José llegará de un momento a otro. Servíos hacer vuestros arreglos y esperad mis noticias.	
Bazaine	(*Desmontado.*) ¿Un ejército austríaco? Pero eso sería la guerra con Francia, contra Napoleón.	*desmontado más humilde*

Maximiliano	Creíais saberlo todo, ¿no es verdad? como Napoleón creía dominarlo todo. La guerra contra él tenía que venir de todos modos, desencadenada por su ambición y por su hipocresía, y está muy lejos de ser el amo de Europa. *(Bazaine quiere hablar.)* Se os odia mucho en México, señor Mariscal: no publiquéis demasiado vuestra partida — podría atentarse contra vos.
Bazaine	¿Debo sentir miedo, Majestad?
Maximiliano	Recordad solamente que, para vos, vale más un mercenario vivo que un mariscal muerto.
Carlota	Buenas noches, señor Mariscal. *(Bazaine duda. Está tan furioso que podría matar. Con un esfuerzo, se inclina tiesamente ante Maximiliano, luego ante Carlota, y sale. Carlota corre hacia Maximiliano.)* ¡Estuviste magnífico, Max! ¿Es cierto, dime, es cierto?
Maximiliano	¿Qué?
Carlota	El ejército de tu hermano. ¿Viene en camino? ¿Llegará pronto?
Maximiliano	*(Lentamente, con amarga ironía.)* Cuando un monarca necesita apoyar su trono sobre bayonetas extranjeras, eso quiere decir que no cuenta con el amor de su pueblo. En un caso semejante, hay que abdicar o que morir.
Carlota	¿Qué es lo que dices?
Maximiliano	Repito, más o menos, las palabras de Francisco-José. Estamos perdidos, Carlota, abandonados por el mundo entero.
Carlota	¡No!
Maximiliano	Toda Europa odia a Napoleón, pero nadie se atreve aun contra él — ni los franceses. Tengo otros informes que me prueban que no valemos la pena para nadie allá. Si Austria nos enviara soldados — Bazaine lo dijo — sería la guerra con Francia; si Inglaterra nos prestara dinero, sería

• *desencadenada causada*

atentarse tratar de cometer un crimen

tiesamente rígidamente

en cambio de tierras, y yo no puedo vender la tierra de México. Además, eso sería la guerra con los Estados Unidos. Te digo que es el fin.

Carlota   ¡No, Max!

Maximiliano   Y ahora es tarde ya para buscar ayuda aquí, para atraer a Juárez o a Díaz a nuestro partido — o para destruirlos. ¡Y yo que sentía que mi destino era proteger, salvar a Juárez del odio de México! ¿Por qué salimos de Miramar, Carlota? Por un imperio. Por un espejismo de tres años, por un sueño. Y ahora no podemos irnos de aquí, porque eso sería peor que todo. Ni el ridículo ni la abdicación ni la cobardía de la fuga me detienen. Estoy clavado en esta tierra, y arrancarme de ella sería peor que morir, porque tiene algo virginal y terrible, porque en ella hay amor y hay odio verdaderos, vivos. Mejor morir en México que vivir en Europa como un archiduque de Strauss. Pero tú tienes que salvarte.

espejismo   ilusión óptica (mirage)

Carlota   ¡No, Max, no!

Maximiliano   Tenías razón tú, como siempre: aquí está nuestro destino.

Carlota   (*Creciendo como fuego mientras habla.*) Nuestro destino está aquí, Max, pero es otro. Eramos la pareja más hermosa y más feliz de Europa. Seremos los emperadores más felices del mundo. Max, yo iré a Europa.

Maximiliano   ¿Qué dices?

Carlota   Iré a Europa mañana mismo: sé que hay un barco. Veré a ese advenedizo Napoleón, lo obligaré a cumplir. Y si no quiere, veré a Bismarck y a Victoria; veré a tu hermano y a tu madre; veré a Pío IX; buscaré un concordato y una alianza, intrigaré; desencadenaré sobre Napoleón la furia y el aborrecimiento de toda Europa — interrumpiré el vals en que vive con los cañones de Alemania. Es fácil, Max, ¡es fácil! Les prometeré a todos el tesoro de México, y cuando seamos fuertes, cuando estemos seguros, ¡que vengan a reclamar su parte! Sabremos cómo recibirlos. Haré

advenedizo   extranjero

concordato   tratado sobre asuntos eclesiásticos que el gobierno de un estado hace con el Papa
intrigaré   (I will plot)
desencadenaré   desenfrenaré
• *aborrecimiento   odio*

*«El emperador
Maximiliano»
por Albert Graefle,
Castillo de Chapultepec*

Editorial México

luchar a Dios contra el diablo o al diablo contra Dios, pero venceremos. No perderemos nuestro imperio, Max, ¡te lo juro! Seré sutil y encantadora, tocaré todos los resortes, jugaré a todas las cartas. Mañana mismo, Max, mañana mismo. No tenemos tiempo. ¡No tenemos tiempo que perder! Triunfaremos: ¿no dices tú que el bueno es más fuerte que el malo?

Maximiliano   No, amor mío, no te irás. ¿Qué haría yo sin ti? Es preciso no perder la cabeza. Todavía hay mucho que intentar en México, y lo intentaré todo.

«La emperatriz Carlota»
por Albert Graefle,
Castillo de Chapultepec

Editorial México

Te ofrecí un imperio y he de conservártelo, y
México tendrá que abrir los ojos a mi amor.

Carlota   ¡Iluso, iluso, iluso! Nuestro mal no está en
México, está en Europa, en Francia. Nuestro mal
es Napoleón, y hay que acabar con él.

Maximiliano   ¡No te vayas, Carlota!

Carlota   Tú defenderás nuestro imperio aquí; yo lo defen-
deré allá. No podemos perder. *(Maximiliano se
levanta, pasea, reflexiona mientras Carlota habla.)*

iluso   engañado

Ya sé que aquí parece una locura, un sueño, pero lo mismo nos pareció el imperio cuando estábamos allá. Y no tomará mucho tiempo lograrlo. Si es preciso, provocaré una revolución en Francia — ¡yo, una princesa de Sajonia-Coburgo! Es fantástico, Max, te digo que es fantástico. Los Borbones siguen ambicionando el trono, y si ellos no quieren, allí están Thiers y Lamartine, Gambetta y Víctor Hugo. ¡Conspiraré con ellos y Napoleón caerá!

ambicionando *deseando ansiosamente*

Maximiliano   (*Suavemente.*) Carlota.

Carlota   (*Saliendo de su sueño de furia.*) ¿Sí?

Maximiliano   No digas locuras, amor mío.

Carlota   ¡Locuras! Ahora veo que no confías en mí. Te han dicho que eres débil y que yo te manejo a mi capricho. Te han dicho que el odio del pueblo no se dirige contra ti sino contra mí, que te impongo mi voluntad, que soy yo quien gobierna. Te lo han dicho, ¿no es cierto?

Maximiliano   Nadie sabe lo que hay entre nosotros.

Carlota   Hace mucho que lo sé, Max. Dicen que te dejo en libertad de amar a otras para que tú me dejes en libertad de gobernar. Soy ambiciosa y soy estéril, soy tu ángel malo. Te digo que lo sé todo.

estéril *no puedo tener hijos*

Maximiliano   Te prohibo que hables así, Carlota.

Carlota   No quieres que parezca que yo voy a servirte de agente en Europa, y prefieres que perezcamos aquí mientras Napoleón baila y festeja. Ya no tienes confianza en mí, Max. Me duele muy hondo, saber, sentir que desconfías de mí.

Maximiliano   No, amor mío, no es eso. Lo que hay entre tú y yo es sólo nuestro. Tengo miedo a que te forjes ilusiones excesivas, a que sufras una humillación en Europa. ¿No ves en la actitud de Bazaine un indicio claro de que Europa nos desprecia y no quiere nada con nosotros?

indicio *indicación*

Carlota   Bazaine es un servil y un traidor. No, Max, no me forjo ilusiones — no es imaginación ni es lo-

● *servil* *bajo*

cura. Sé que esa es la única forma de triunfar, y tienes que ayudarme. ¿O prefieres que nos quedemos aquí los dos, inertes, vencidos de antemano, y que caigamos como Luis XVI y María Antonieta?

Maximiliano   *(Reaccionando violentamente.)* No. Tienes razón, Carlota. Siempre tienes razón. Es preciso que partas. Confío en ti, y me devuelves mi esperanza.

Carlota   *(Dubitativa de pronto.)* ¿Estás seguro?

Maximiliano   Tienes razón, claro. Es lo que hay que hacer. Pero verás a Napoleón antes que a nadie. No sabemos si Bazaine ha estado jugando con cartas dobles. Si Napoleón duda o niega, verás a Su Santidad. Si el Papa aceptara el concordato. . . .

Carlota   *(Tiernamente.)* Y así dicen que soy yo la que gobierna. *(Seria de pronto.)* Max, ¿estás completamente seguro?

Maximiliano   *(Mintiendo.)* He pasado semanas preguntándome a quién podría yo enviar a Europa. Perdóname por no haber pensado antes en ti.

Carlota   Júrame que estás seguro, Max.

Maximiliano   ¿Es preciso? *(Ella asiente.)* En ese caso, te lo juro, amor mío.

Carlota   ¿Te cuidarás en mi ausencia? No quiero que te expongas demasiado en los combates.

Maximiliano   Me cuidaré por ti y por México.

Carlota   ¿Y me amarás un poco mientras esté ausente?

Maximiliano   Nunca he amado a nadie más que a ti.

Carlota   Entonces, esos devaneos de que te acusan. . . . Cuernavaca. . . .

Maximiliano   Carlota.

Carlota   Perdóname, no debí decir eso. Es vulgar y estúpido. Max, ¿sabes lo que siento?

Maximiliano   ¿Qué?

dubitativa   su manera indica duda

Su Santidad   (His Holiness)

• *tiernamente   con ternura*

devaneos   amoríos pasajeros, delirios

Carlota	Que ha llegado la hora de nuestra cita en el bosque. Ya no hay nada que nos separe — volvemos a estar tan cerca como al principio, mi amor. *(Maximiliano mira su reloj.)* ¿Qué pasa?
Maximiliano	Tengo dos o tres cosas urgentes — órdenes para mañana, instrucciones especiales para impedir que Bazaine desmoralice a nuestra gente con la noticia de su partida; el dinero para sus soldados. Tendrás que perdonarme, Carlota.
Carlota	No podría. Estaré esperándote, Max. Dentro de media hora, en el bosque.
Maximiliano	Dentro de media hora, amor mío. *(Besa la mano de Carlota, profundamente. Luego la atrae hacia él. Se miran a los ojos un momento.)* ¡Carlota!
Carlota	¿Por qué me miras así, Max? Tienes los ojos tan llenos de tristeza que me dan miedo. ¿Qué te pasa?
Maximiliano	*(Desprendiéndose.)* Media hora. ¿No es demasiado esperar? Carlota....
Carlota	¿Qué?
Maximiliano	No quería decírtelo. Tengo que dar órdenes de campaña a mis generales. La situación es grave. Quizá pasaré toda la noche en esto. Tú tienes que preparar tu viaje....
Carlota	Sí. Estamos condenados, ya lo sé.
Maximiliano	¡No lo digas así!
Carlota	Nos veremos en el bosque, Max; pero a mi regreso. Sólo entonces podremos volver a ser nosotros mismos.
Maximiliano	A tu regreso....
Carlota	En el bosque, Max.

Sale por el fondo, no sin volverse a dirigir una sonrisa melancólica a Maximiliano, que la sigue con la vista. Cuando ha desaparecido la figura de Carlota, Maximiliano toma el candelabro y sale por la segunda puerta izquierda.

• *desmoralice   quite el ánimo, desaliente*

desprendiéndose soltándose

ACTO III

Escena III

Salón derecha. La celda de Maximiliano en el Convento de Capuchinas, en Querétaro. Maximiliano aparece sentado ante una mesa; termina de escribir. Levanta y espacia la vista fuera del ventanillo de su celda y sonríe misteriosa y tristemente. Luego pliega con melancolía sus cartas. Un centinela abre la puerta de la celda y deja entrar a Miramón.

Maximiliano (*Sonriendo.*) Buenos días, general Miramón.

Miramón Buenos días, Majestad.

Maximiliano Es un amanecer bellísimo. Mirad aquellas nubes rojas, orladas de humo, que se vuelven luz poco a poco. Nunca vi amaneceres ni crepúsculos como los del cielo de México. ¿Habéis escrito a vuestra esposa, a vuestros hijos?

Miramón Sí, sire. Mejía hace otro tanto.

Maximiliano Pobre Mejía. Se aflige demasiado por mí. Por lo menos, podéis estar seguros de que vuestras cartas serán recibidas. Yo no sé si la Emperatriz podrá leer la mía. Las últimas noticias que tuve me hacen temer por su lucidez más que nunca. (*Se acerca a Miramón.*) Necesito haceros una confesión. (*El centinela abre una vez más la puerta. Entra Mejía, muy deprimido.*) Llegáis a tiempo, general Mejía. Quiero que los dos oigáis esta carta. No sé por qué, pero no pude resistir la tentación de escribir a mi hijo.

Mejía y Miramón ¡Señor! ¡Sire!

Maximiliano No. Al hijo que no tuve nunca. (*Toma un pliego de la mesa.*) Fantasía de poeta aficionado. ¿Qué importancia tiene? A todos los que van a morir se les otorga un último deseo. (*Despliega la carta.*) ¿Queréis fumar? (*Les tiende su purera, Mejía presenta el fuego y los tres encienden ritualmente sus cigarros puros.*) Echaré de menos el tabaco mexicano.

---

espacia la vista distrae la vista
- pliega dobla
- melancolía tristeza

orladas con los bordes decorados
- crepúsculos luz del amanecer, primera luz del día, aurora

- lucidez salud mental
- deprimido triste, abatido
- tentación impulso repentino que excita a hacer algo

- otorga concede
  purera recipiente para cigarros puros

Mejía	(Desesperadamente.) ¡Señor!
Maximiliano	¿Queréis que os lea mi carta? Es muy breve: «Hijo mío: Voy a morir por México. Morir es dulce rara vez; el hombre es tan absurdo que teme la muerte en vez de temer la vida, que es la fábrica de la muerte. He viajado por todos los mares, y muchas veces pensé que sería perfecto sumergirse en cualquiera de ellos y nada más. Pero ahora sé que el mar se parece demasiado a la vida, y que su única misión es conducir al hombre a la tierra, tal como la misión de la vida es llevar al hombre a la muerte. Pero ahora sé que el hombre debe regresar siempre a la tierra, y sé que es dulce morir por México porque en una tierra como la de México ninguna sangre es estéril. Te escribo sólo para decirte esto, y para decirte que cuides de tu muerte como yo he procurado cuidar de la mía, para que tu muerte sea la cima de tu amor y la coronación de tu vida.» Es todo. La carta del suicida.

• *fábrica   lugar donde se fabrica algo*

• *suicida   el que se mata a sí mismo*

Mejía	¡Majestad! *(Hay lágrimas en su voz.)*
Maximiliano	*(Quemando la carta y viéndola consumirse.)* Vamos, Mejía, vamos, amigo mío. Es el último derecho de la imaginación. No hay por qué afligirse.

• *afligirse   acongojarse*

Miramón	Nunca creí, señor, que el amor de Vuestra Majestad por México fuera tan profundo.
Maximiliano	Los hombres se conocen mal en la vida, general Miramón. Nosotros llevamos nuestra amistad a un raro extremo; por eso nos conocemos mejor. A propósito, tengo que pediros perdón.
Miramón	¿A mí, señor?
Maximiliano	No os conservé a mi lado todo el tiempo, como debí hacerlo.
Miramón	Perdonadme a mí, señor, por haberme opuesto a la abdicación.
Maximiliano	Eso nunca podré agradecéroslo bastante.
Mejía	No es justo, señor, ¡no es justo! Vos no debéis morir.

Maximiliano Todos debemos hacerlo, general Mejía. Cualquier día es igual a otro. Pero ved qué mañana, ved qué privilegio es morir aquí.

Mejía No me importa morir, Majestad. Soy indio y soy soldado, y nunca tomé parte en una batalla sin pensar que sería lo que Dios quisiera. Y todo lo que le pedía yo era que no me mataran dormido ni a traición. Pero vos no debéis morir. Hay tantos indios aquí, tantos traidores, tantas gentes malas — pero vos sois único.

Miramón Los republicanos piensan que los traidores somos nosotros, Mejía.

Mejía Lo he pensado, ¡lo he pensado mil veces! Sé que no es cierto.

Miramón Quizá seremos el borrón de la historia, pero la sinceridad de nuestras convicciones se prueba haciendo lo que vamos a hacer.

borrón mancha ignominiosa

Mejía ¡Pero no el Emperador! ¡El Emperador no puede morir!

Maximiliano Calmaos, Tomás — permitidme que os llame así — y dejadme deciros lo que veo con claridad ahora. Me contasteis un día vuestro sueño de la pirámide, general Miramón, y eso explicó para mí toda vuestra actitud. Vos, Tomás, veis en mí, en mi vieja sangre europea, en mi barba rubia, en mi piel blanca, algo que queréis para México. Yo os entiendo. No queréis que el indio desaparezca, pero no queréis que sea lo único que haya en este país, por un deseo cósmico, por una ambición de que un país tan grande y tan bello como éste pueda llegar a contener un día todo lo que el mundo puede ofrecer de bueno y de variado. Cuando pienso en la cabalgata loca que han sido estos tres años del imperio, me siento perdido ante un acertijo informe y terrible. Pero a veces la muerte es la única que da su forma verdadera a las cosas.

cósmico universal

acertijo especie de enigma para entretenerse en acertarlo

Miramón Os admiré siempre, pero nunca como ahora, Majestad.

Maximiliano	Llamadme Maximiliano, querido Miguel. En la casa de Austria prevalece una vieja tradición funeral. Cuando un emperador muere hay que llamar tres veces a la puerta de la iglesia. Desde adentro un cardenal pregunta quién es. Se le dice: «El Emperador nuestro señor,» y el cardenal contesta: «No lo conozco.» Se llama de nuevo, y el cardenal vuelve a preguntar quién llama; se dan los nombres, apellidos y títulos del difunto, y el cardenal responde: «No sé quién es.» Una tercera vez llaman desde afuera. Una tercera vez el cardenal pregunta. La voz de afuera dice: «Un pecador, nuestro hermano,» y da el nombre cristiano del muerto. Entonces se abre la puerta. Quien va a morir ahora es un pecador: vuestro hermano Maximiliano.
Miramón	Maximiliano, me tortura la idea de lo que va a ser de México. Mataros es un gran error político, a más de un crimen.
Maximiliano	Yo estoy tranquilo. Me hubiera agradado vivir y gobernar a mi manera, y si hubiéramos conseguido vencer a Juárez no lo habría yo hecho fusilar, lo habría salvado del odio de los mexicanos como Márquez y otros, para no destruir la parte de México que él representa.
Mejía	Vuestro valor me alienta, señor, Maximiliano.
Maximiliano	¿Mi valor? Toda mi vida fui un hombre débil con ideas fuertes. La llama que ardía en mí para mantener vivos mi espíritu y mi amor y mi deseo de bondad era Carlota. Ahora tengo miedo.
Miramón	¿Por qué, señor?
Maximiliano	Miedo de que mi muerte no tenga el valor que le atribuyo en mi impenitente deseo de soñar. Si mi muerte no sirviera para nada, sería un destino espantoso.
Mejía	No, México os quiere; pero los pueblos son perros bailarines que bailan al son que les tocan.
Maximiliano	Ojalá. Un poco de amor me vendría bien. Estoy

prevalece existe, se destaca
• *funeral* relativo al entierro

• *pecador* el que viola la ley divina

• *agradado* gustado

• *me alienta* me anima

• *son* música, ritmo

tranquilo excepto en dos puntos: me preocupa la suerte de mi Carlota, y me duele no entender el móvil que impulsó a López.

móvil *factor, causa*
● **impulsó** *empujó, incitó*

Miramón   Ese tlaxcalteca.

tlaxcalteca *persona de la provincia de Tlax-cala, México*

Mejía   Ese Judas.

Maximiliano   No digáis esa palabra, Miguel, ni vos esa otra, Tomás. Los tlaxcaltecas ayudaron a la primera mezcla que necesitaba México. Y decir Judas es pura soberbia. Yo no soy Cristo.

● **mezcla** *unión de las dos razas*

Mejía   Os crucifican, Maximiliano, os crucifican entre los dos traidores.

Maximiliano   Sería demasiada vanidad, Tomás, pensar que nuestros nombres vivirán tanto y que resonarán en el mundo por los siglos de los siglos. No. El hombre muere a veces a semejanza de Cristo, porque está hecho a semejanza de Dios. Pero hay que ser humildes.

● **vanidad** *deseo de os-tentación*

Se escuchan, afuera, una llamada de atención y un redoble de tambores. Se abre la puerta y entra un capitán.

Capitán   Sírvanse Uds. seguirme.

Maximiliano   Estamos a sus órdenes, Capitán. ¿Puedo poner en sus manos estas cartas? *(El capitán las toma en silencio.)* Gracias. Pasad, Miguel; pasad, Tomás. Os sigo. *(Cuando Miramón va a salir, Maximiliano habla de nuevo.)* Miguel. . . . *(Miramón se vuelve.)* Soberbia — sería. . . sí, eso es. Miguel, López nos traicionó por soberbia, por vanidad. Ojalá este defecto no crezca más en México. *(Hace una seña amistosa. Miramón y Mejía salen. Maximiliano permanece un segundo más. Mira en torno suyo.)* Hasta muy pronto, Carla. Hasta muy pronto en el bosque.

● **seña** *movimiento, gesto*

Sale. Un silencio. La luz del sol se adentra en la celda, cuya puerta ha quedado abierta.

se adentra *entra*

Voz de Carlota   ¿Y luego?

Voz de Maximiliano	*(Lejana, pero distinta.)* Ocupad el centro, general Miramón. Os corresponde. Soldados de México: muero sin rencor hacia vosotros, que vais a cumplir vuestro deber. Muero con la conciencia tranquila, porque no fue la simple ambición de poder la que me trajo aquí, ni pesa sobre mí la sombra de un solo crimen deliberado. En mis peores momentos respeté e hice respetar la integridad de México. Permitid que os deje un recuerdo. Este anillo para vos, Capitán; este reloj, Sargento. Estas monedas con la efímera efigie de Maximiliano para vosotros, valientes soldados de México. *(Pausa.)* No. No nos vendaremos los ojos. Morir por México no es traicionarlo. Permitid que me aparte la barba y apuntad bien al pecho, os lo ruego. Adiós, Miguel. Adiós, Tomás.
Voz del Capitán	¡Escuadrón! ¡Preparen! ¡Apunten! ¡Fuego!
	Una descarga de fusilería.
Voz de Maximiliano	¡Hombre!

efímera   que dura un solo día, pasajera
efigie   representación

PREGUNTAS

Acto II, Escena I

1 Al levantarse el telón, ¿qué están discutiendo todos?
2 ¿A quiénes se refiere Bazaine cuando habla de la «canalla»?
3 ¿Qué opina Maximiliano de la canalla?
4 ¿Cuál es la nacionalidad de Bazaine?
5 ¿Para qué vino a México Maximiliano?
6 Según Bazaine, ¿cuál es una cara que tiene todo gobierno?
7 ¿Está de acuerdo Maximiliano?
8 ¿Por qué no dejará Napoleón a sus soldados en México?
9 ¿En qué tiene interés Bazaine? ¿En qué no tiene interés?
10 ¿Qué declara el decreto del cual hablan todos?
11 Según Bazaine, ¿cuál es el resultado de la indecisión del Emperador?
12 ¿Qué le pasaría al imperio si no fuera por los soldados de Bazaine?
13 ¿Por qué se enfada Carlota?
14 ¿De quién recibe sus órdenes Bazaine?
15 Según Mejía, ¿quién debe dar las órdenes?
16 ¿Qué opina Labastida del decreto?
17 ¿Qué opina Labastida de los juaristas?

18 ¿A quién va a escribir Bazaine? ¿De qué?
19 ¿Qué sugiere Mejía para poner fin a la situación?
20 ¿Por qué no está de acuerdo Maximiliano?
21 ¿Por qué va a hablar el padre Fischer con Bazaine?
22 ¿Qué le pregunta Maximiliano a Carlota?
23 ¿Qué significan las siguientes palabras de Maximiliano: «No traía más que amor, no buscaba más que amor. Ahora encuentro muerte»?
24 ¿Cómo se sintió Maximiliano al llegar a México?
25 ¿Cómo se siente ahora? ¿Por qué?
26 ¿Qué ha causado cambios en Carlota?
27 ¿Qué quiere impedir Carlota?
28 ¿Dónde quiere buscar ayuda Carlota?
29 ¿Qué sugiere Maximiliano?
30 ¿Qué ha ofrecido Maximiliano a Juárez?
31 ¿Qué quiere hacer Carlota?
32 Al terminar la primera escena, ¿por qué está tan triste Maximiliano?

Acto II, Escena II

33 ¿Con quién tienen que hablar Maximiliano y Carlota?
34 ¿Qué noticias trae Bazaine?
35 ¿Cómo reacciona Maximiliano ante las noticias?
36 Según Bazaine, ¿qué les pasará a Maximiliano y a Carlota en cuanto salgan las tropas francesas? ¿Por qué?
37 ¿Qué consejos da Bazaine?
38 ¿Qué quiere Maximiliano que le diga Bazaine a Napoleón?
39 ¿Cómo contesta Maximiliano a la insolencia de Bazaine?
40 Según Bazaine, ¿qué declararía Maximiliano si lo sometieran a un proceso?
41 ¿Por qué no están de acuerdo Maximiliano y Carlota?
42 Según Maximiliano, ¿quiénes van a llegar?
43 ¿Cómo sale Bazaine?
44 Al salir Bazaine, ¿por qué dice Maximiliano que están perdidos?
45 ¿Por qué no puede enviar soldados Austria?
46 ¿Por qué no puede Maximiliano pedir dinero a Inglaterra?
47 ¿Por qué no puede salir de México Maximiliano?
48 ¿Para qué irá a Europa Carlota?
49 ¿Cómo intentará Maximiliano encontrar la salvación?
50 ¿De qué se da cuenta Carlota?
51 ¿Por qué le da miedo a Maximiliano el viaje de Carlota?
52 Por fin, ¿en qué consiente Maximiliano?
53 ¿Qué hora ha llegado por fin?
54 ¿Por qué no se puede realizar la cita?
55 ¿Cuándo se verán?

Acto III, Escena III

56 Al abrir esta escena, ¿dónde está Maximiliano?
57 ¿Qué dice de los amaneceres?
58 ¿A qué le teme Maximiliano? ¿Por qué?
59 ¿Qué carta quiere leer el Emperador?
60 ¿Es verdad que él tenía un hijo?
61 ¿De qué habla en la carta? ¿Por qué muere?

62 ¿Por qué respetan tanto a Maximiliano, Mejía y Miramón?
63 ¿Qué tradición de la casa de Austria describe el Emperador?
64 ¿Qué habría hecho Maximiliano si hubiera capturado a Juárez?
65 Antes de salir con el capitán, ¿a quién habla Maximiliano?
66 ¿Por qué muere el Emperador con la conciencia tranquila?

ESTUDIO DE PALABRAS

Apoyo: apoyarse

1 Como no había otro recurso, Carlota salió para Francia a buscar el apoyo de Napoleón.
2 Encontrándose solo, Maximiliano tenía que apoyarse en alguien para buscar consolación.

Deprimido: deprimir, deprimente

1 Mejía se puso muy deprimido al pensar en la inminente muerte de su querido emperador.
2 Aunque se sintió tan triste, no quería deprimir a los otros.
3 La despedida entre Maximiliano y Carlota era una escena deprimente.

Codicioso: codicia, codiciar

1 Por la ansiedad de poder que tenía se le consideraba a Bazaine una persona codiciosa.
2 Carlota no pudo tolerar la codicia de Bazaine.
3 Codiciar la gloria de otro, es perder su confianza.

EJERCICIO DE VOCABULARIO

Dé los sustantivos que correspondan a los siguientes verbos. Emplee cada sustantivo en una oración.

1 regatear   2 mercadear   3 despreciar   4 alimentar
5 amenazar   6 interpretar   7 forzar   8 promulgar
9 jurar   10 causar   11 permitir   12 humillar   13 atrever

Cambie los siguientes sustantivos en adjetivos que les correspondan. Emplee cada adjetivo en una oración.

1 soledad   2 política   3 interés   4 compasión   5 codicia

EJERCICIO DE COMPRENSION

Todas las ideas siguientes son incorrectas. Corríjalas para concordar con el texto de la obra.

1 El Mariscal se considera igual al pueblo mexicano.
2 Maximiliano fue a México a poner fin a su rebeldía contra Francia.
3 Bazaine cree que Maximiliano puede continuar soñando como poeta.
4 El Mariscal se alegra de no haber declarado la ley marcial hace un año porque no fue colgado ningún rebelde.

5 Bazaine se da cuenta de que el verdadero emperador que gobierna en México es Maximiliano.
6 Si el ejército francés se retira, Mejía quiere abandonar el país.
7 Maximiliano da permiso a Mejía para desafiar al Mariscal.
8 A Carlota le gusta estar en compañía de Bazaine.
9 Carlota cree que Juárez podría ser amigo de ellos.
10 Si Maximiliano abdicara, todo Europa le respetaría.
11 Bazaine declara que si el emperador Maximiliano le pidiera su espada, el ejército francés se retiraría tranquilamente.
12 Maximiliano está cansado de México y quiere regresar a Europa.
13 El no quiere que Carlota vaya a Francia porque desconfía de ella.
14 En la carta que escribe Maximiliano al hijo que nunca tuvo, expresa su miedo de morir.
15 Maximiliano se presenta nervioso y débil para su ejecución.

EJERCICIOS CREATIVOS

1 ¿Cuál será el significado del título *Corona de sombra*?
2 Analice el carácter de los siguientes personajes: (a) Bazaine; (b) Maximiliano; (c) Carlota.
3 En los pasajes que hemos leído aprendemos que Carlota fue a Europa en busca de ayuda. Prepare un informe sobre la vida de Carlota.
4 Prepárese a criticar la obra en clase. Considere estas ideas: (a) El interés histórico del tema. (b) El estilo del autor. ¿Es realista o romántico? ¿Tiene rasgos nacionalistas? (c) La presentación y el desarrollo de los personajes principales. ¿Han sido desarrollados hasta parecer verdaderos, o le parecen falsos? Explique y dé ejemplos. (d) ¿Le gustó la obra? Exponga brevemente su opinión sobre la misma.

JOYA 8   EJERCICIOS GENERALES

1 De las obras leídas, ¿cuál es la más filosófica? ¿En qué sentido es filosófica? ¿Por qué?
2 ¿Cuál es la obra que trata de un problema social? ¿Cuál es el problema social?
3 ¿Cuál es la obra más histórica? ¿Cuál es el fondo histórico?
4 ¿Cuál es la obra que tiene como tema principal el amor? ¿Qué tipos de amor se presentan en la obra?
5 ¿Cuál es la obra más cómica? ¿Cuáles son los elementos cómicos?
6 De las obras leídas, ¿cuál es su predilecta? ¿Por qué?

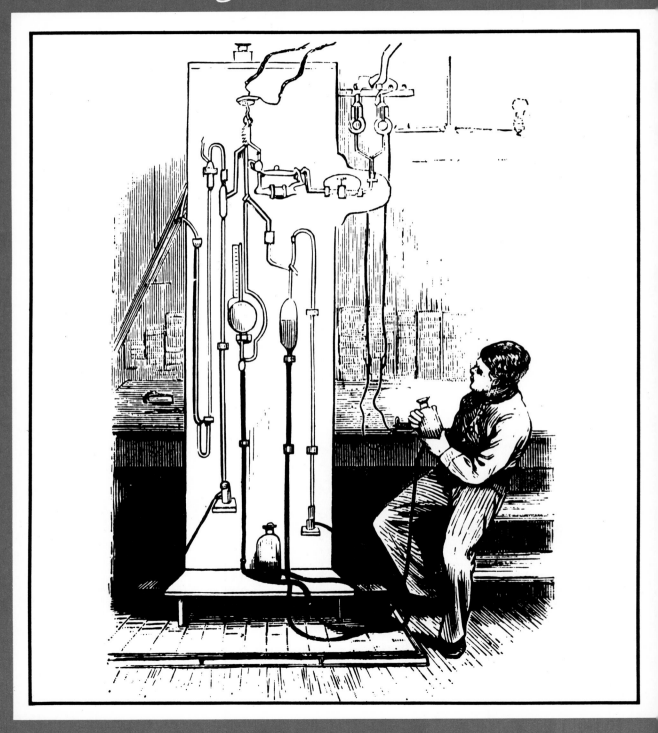

El ensayo y el pensamiento

El ensayo es una forma literaria muy flexible. Escribiendo en prosa, el autor expone una breve visión personal sobre diversos temas de libre elección. A veces, quiere sencillamente comunicar una experiencia propia. Puede ser una carta, una reminiscencia nostálgica, una semblanza o apuntes de viaje. Otras veces, el autor quiere manifestar ideas alrededor de un tema. El campo del ensayo es amplio: puede ser filosófico, científico, académico o de crítica. Acaso quiere persuadirnos a aceptar una tesis.

Tal vez el autor escribe de una manera seria; tal vez se está burlando y deja correr la imaginación y la fantasía. Todo lo necesario es que siga un pensamiento de algo, dé una conclusión y que, de camino, señale algunas ideas nuevas.

Ha sido costumbre clasificar los ensayos en dos grupos: los formales y los informales (familiares). En el ensayo formal, el autor considera el tema con profundidad, madurez y seriedad. Trata de instruir o convencer al lector. Por eso, su estilo es cuidadoso, selecto e impersonal. El ensayo informal es mucho más sencillo y superficial. El autor revela su personalidad escribiendo de una manera natural, íntima, humorística e imaginativa.

El mundo hispánico ha producido ensayistas muy destacados. Entre ellos se puede nombrar a Unamuno, Azorín, Ortega y Gasset, españoles, y Jorge Enrique Rodó, Alfonso Reyes, Pedro Henríquez Ureña, hispanoamericanos. Pero hoy día, el ensayo formal, así como el informal, va reemplazándose por el menos definido «artículo de revista.» Generalmente tales artículos son informativos, tratando de sucesos del día, lugares interesantes, personalidades, opiniones populares o creencias personales.

Por primera vez, las esmeraldas «posan» para las cámaras cinematográficas

ROBERTO ACEBES MEDINA

La esmeralda, con su color verde, es una joya que siempre ha tenido una atracción fascinante y misteriosa. Como otras piedras preciosas, tiene toda una historia de gentes que se enriquecieron con ellas, murieron asesinados o perdieron su fortuna. De las minas colombianas sale el noventa y cinco por ciento de la producción mundial de esta joya hermosa. El artículo que sigue apareció en la revista *Ya*, el 21 de febrero de 1963.

El viajero que llega a Bogotá se encuentra con una ciudad majestuosa y gentil de más de un millón de habitantes y un clima que recuerda el otoño europeo. Edificada en una meseta o sabana a 2.645 metros sobre el nivel del mar, ha cambiado su aspecto colonial sin perder su antigua cortesía castellana. Pocos años atrás, las gentes se reconocían en las calles y hacían tertulia en las esquinas mientras les limpiaban los zapatos. Hoy día todas ellas viven corriendo y ha surgido una urbe moderna que recupera el tiempo perdido.

El cerro de Monserrate, que sirve de telón de fondo a la capital, es un espléndido mirador, desde el cual se aprecia el maravilloso espectáculo de la ciudad y de la altiplanicie. Se asciende a aquél por un teleférico y un funicular. También el salto de Tequendama, con una bella catarata de 147 metros y cercano a la ciudad, sirve de atracción al turista.

posan   (pose)
- *cámaras*   aparatos fotográficos
- *cinematográficas*   relativas al cine
- *edificada*   construida
  sabana   un llano vasto
- *recupera*   recobra
  telón de fondo   (backdrop)
  mirador   lugar para observar la vista (el panorama)
  espectáculo   aquí: vista extraordinaria
  altiplanicie   meseta de mucha altura
- *teleférico*   (cable car)
- *funicular*   un tren que se mueve sobre rieles tirado por un cable
  salto   caída de agua
- *catarata*   cascada

Pero al turista lo que le entusiasma sobremanera son las esmeraldas que encuentra a precios muy asequibles en los escaparates de almacenes y joyerías, ya que Colombia alcanza el noventa y cinco por ciento de la producción mundial.

La producción de esmeraldas, cuyas minas están situadas en el departamento de Boyacá, ha sido en los últimos años, más o menos, de 17.000 quilates anuales. La esmeralda es joya preferida de las mujeres elegantes, y su valor se cotiza en los mercados internacionales según su pureza, llegando a pagarse a precios fabulosos.

Como las minas son propiedad de la nación, es en la capital de la República en donde tienen que hacerse los trámites para poder visitar esta región, que la mayoría de sus habitantes desconoce. Con ocasión de nuestro viaje a esa zona, con el objeto de filmar un documental, tuvimos que esperar varias semanas hasta lograr la consiguiente autorización.

Rodamos con suerte, ya que a muy pocas personas les permiten presenciar los lugares en donde se oculta tan precioso mineral. La esmeralda, con su color verde, ha tenido la misma trayectoria que otros minerales y metales preciosos. Toda una historia de gentes que se enriquecieron con ellos, murieron asesinados o perdieron su fortuna por no estar satisfechos con lo obtenido.

Desde los tiempos de la conquista española, la esmeralda fue conocida. Los indios de esa región, que se llamaban muzos, ostentaban en sus collares estas piedras. Pero como lo que buscaban los españoles era El Dorado y esta tribu tenía fama de gran ferocidad, no se entretuvieron en descubrir el valor de sus adornos. Fueron los norteamericanos los primeros en explotar las minas. En un libro, *Green Fire*, se relatan las peripecias que sufrían sus moradores por el peligro de los bandoleros, que siempre estaban avisados de cualquier envío que se hacía a la capital de tan preciosas gemas.

Hace unos años, basada en ese libro, se realizó una película interpretada por Grace Kelly y Stewart Granger. Las escenas de la mina se rodaron en Hollywood, ya que no les fue posible situar la acción en el sitio real de los sucesos, a pesar de que todo un equipo de técnicos y actores se desplazó a Colombia.

Para llegar a las minas de Muzo, ya que hay otras llamadas de Chivor, Somondoco y Coscuez, hay una carretera que nos conduce hasta el pie de la montaña en que se encuentra la mina. Poco tránsito hay por ahí, ya que los cerros aledaños son tan altos, escarpados e inaccesibles, que hoy día, después de cuatro centurias de civilización y de progreso, apenas se atreven a transitar por aquellas sendas gentes de a pie, humildes labriegos que allí nacieron, que en ellas tienen sus heredades y viven una existencia tranquila, sin preocuparse de la riqueza que pueden pisar sus sandalias.

Desde aquí, a lomos de mula, nos internamos por la montaña y quedamos admirados de la vegetación tropical que contemplan nuestros

sobremanera   excesivamente
asequibles   obtenibles, razonables

quilates   (carats)
● se cotiza   se anuncia el precio en los mercados o en la bolsa
trámites   permisos

filmar un documental (to film a documentary)
● rodamos   filmamos

● trayectoria   curso (camino)
con lo obtenido   con lo que sacaron de las minas
muzos   indios de aquella región de Colombia
● ostentaban   lucían (used to show off)
● ferocidad   crueldad, atrocidad
peripecias   (ups and downs)
bandoleros   bandidos

● tránsito   tráfico
aledaños   (bordering)
escarpados   (steep and craggy)
transitar   pasar
labriegos   labradores rústicos
nos internamos   penetramos bajo la superficie

ojos. Existe una extraña coincidencia, consistente en que los escarabajos y las mariposas tienen el tono de las esmeraldas.

Más adelante, dos soldados nos dan el alto y nos conducen hasta el
administrador, que gentilmente se pone a nuestras órdenes.

Las esmeraldas se encuentran en vetas que poco a poco se van
descubriendo con las erosiones del cerro. Cuando se descubre un filón,
se suspenden los trabajos de remoción de tierras y se llama a una persona especializada, por lo general un ingeniero, para sacar las esmeraldas en un bloque, que más tarde será reducido a los espacios en que
se nota el color verdoso de la gema.

En dicha separación intervienen tres personas: el ingeniero, un
celador y el encargado del Banco de la República, que tiene la misión
de guardar las esmeraldas en la caja de caudales. De todos modos y a
pesar de estos cuidados, hay veces que desaparecen algunas esmeraldas, y son muchos los relatos que sobre estas desapariciones se cuentan.
Entre ellos, la pérdida de una famosa esmeralda llamada «El Ultimo
Felibre,» que se envió a París a una exposición y nunca llegó a la
ciudad luz.

escarabajos (beetles)

filón veta
remoción acción y
efecto de remover

celador persona desti-
nada por la autoridad
para ejercer vigilancia

PREGUNTAS

1 ¿Cómo es la ciudad de Bogotá?
2 ¿Cómo ha cambiado la vida en Bogotá?
3 ¿Qué es el cerro de Monserrate?
4 ¿Qué más sirve de atracción turística?
5 ¿Dónde están las minas de esmeraldas?
6 ¿A quién pertenecen las minas?
7 ¿Por qué tuvieron que esperar para poder rodar un documental de las minas?
8 ¿Cuál es la «trayectoria» que han tenido las esmeraldas y otras joyas preciosas?
9 ¿Quiénes usaban esmeraldas en la época de la conquista?
10 ¿Por qué no habían explotado las minas de esmeraldas los españoles?
11 ¿De qué trata el libro *Green Fire*?
12 ¿Cómo se llega a las minas?
13 ¿Cómo es la gente que vive en la región de las minas?
14 ¿Cómo se van descubriendo las esmeraldas?
15 ¿Qué personas intervienen en la minería de las esmeraldas?

ESTUDIO DE PALABRAS

Joya: joyería, joyero

1 La esmeralda es una joya preciosa.
2 En Bogotá se encuentran muchas joyerías donde se venden esmeraldas.
3 Es el joyero el que trabaja en la joyería.

Rodar: rodaje

1   Van a rodar la película en Hollywood, no en Bogotá.
2   El rodaje de la película tendrá lugar en Hollywood.

Minas: minería, minero, minador

1   Las minas de esmeraldas se encuentran cerca de Bogotá.
2   La minería de esmeraldas es importante en Colombia.
3   El minero trabaja en las minas.
4   El minador es el ingeniero.

EJERCICIO DE VOCABULARIO

Complete las siguientes oraciones con una palabra apropiada.

1   El que viaja es _____.
2   Para llegar a Monserrate, hay que tomar _____.
3   En Bogotá se ven muchas esmeraldas en los _____ de almacenes.
4   Otra palabra que quiere decir tráfico es _____.
5   Poner el pie sobre la tierra es _____ la tierra.

EJERCICIOS CREATIVOS

1   Escriba acerca de lo que Ud. ha aprendido de la minería de esmeraldas.
2   Escriba acerca de lo que Ud. ha aprendido de Colombia.

Una peluquería americana

JULIO CAMBA

Julio Camba (1884–1962), conocido periodista y humorista, nació en Galicia. Viajó mucho por todo el mundo, y caricaturizó a los extranjeros así como a los españoles. Sus bosquejos literarios son imparciales, agudos pero divertidos. Entre sus volúmenes se cuentan *Alemania,* 1916; *Londres,* 1916; *Un año en el otro mundo* (los Estados Unidos), 1917; *La rana viajera,* 1920. En el ensayo que sigue nos da su impresión de una peluquería americana. (Las cosas han cambiado desde que Camba escribió este ensayo. Actualmente, muchas de las peluquerías de las grandes ciudades de España son más lujosas y elegantes que las americanas.)

- *peluquería   barbería*
- *caricaturizó   dio una idea exagerada de cosas o personas (muchas veces en dibujos)*
- *imparciales   objetivos*

No hay nada tan americano como una peluquería americana. ¡No, nada! . . . Ni los rascacielos americanos, ni las bebidas americanas, ni el reporterismo americano. . . . Una peluquería americana es algo mucho más enérgico, mucho más complicado, mucho más mecánico, mucho más rápido, mucho más caro y mucho más americano que todo eso.

Uno entra, e inmediatamente se encuentra atacado por dos o tres boxeadores que le despojan del sombrero, de la chaqueta, del chaleco, del cuello y de la corbata. El procedimiento es eficaz, pero demasiado violento.

— ¿Por qué me boxean Uds.? — dicen que dijo una vez un extranjero —. No es necesario. Yo no hago resistencia ninguna. . . .

Consumado el despojo, uno es conducido a una silla que en una fracción de segundo se convierte en cama de operaciones. Entonces un hombre, con una mano enorme, le coge a uno la cabeza como pudiera coger un melocotón, y poniéndole con la otra mano una navaja cerca del cuello, le pregunta:

— ¿Qué va a ser? ¿Afeitar? ¿Cortar el pelo? ¿Masaje facial? ¿Arreglar las uñas? ¿Limpiar las botas? ¿Masaje craneano? ¿*Champoing*? ¿Quinina?

Uno está completamente a la merced de aquel hombre y no puede negarle nada.

— Sí — va diciendo uno —. Lo que Ud. quiera. . . .

El hombre da ciertas órdenes, que nosotros no percibimos por qué previamente, y de un solo golpe de brocha, nos ha tapado los ojos y los oídos con una capa de jabón. Notamos que alguien nos trabaja en las manos, y adivinamos que es una manicura. Algún chico debe también de estarnos limpiando las botas. Mientras tanto, el peluquero nos somete a unos procedimientos científicos de tortura. . . . Ya estamos afeitados, y a la capa de jabón ha sucedido una capa de pomada. La mano enorme nos da masaje. Luego nos tapa la cara con una toalla caliente, que nos abrasa. En seguida la toalla caliente es substituida por una toalla empapada en agua fría. No podemos ver, hablar ni respirar. ¿Cuál será la intención de este hombre al someternos a temperaturas alternas? ¿No es ése un procedimiento que se usa para matar cierta clase de microbios?

Libres de la última toalla, podemos ver a la manicura que arregla nuestras uñas, al peluquero y al chico que limpia los zapatos. Todas nuestras extremidades están en manos ajenas. Numerosas personas trabajan por nuestra cuenta, y no deja de haber cierta satisfacción en pensar que uno le da de vivir a tanta gente.

— ¿No podría Ud. emplear conmigo a alguien más? — pregunta a veces un millonario.

En realidad, nosotros no hemos enumerado a todas las personas que nos sirven. Hay todavía un hombre, en un ángulo de la peluquería, dedicado a limpiar, planchar y cepillar nuestro sombrero. El sombrero

reporterismo la acción de reportar y escribir para los periódicos

- *chaqueta prenda exterior de vestir (jacket)*
- *chaleco prenda de vestir sin mangas (vest)*
- *eficaz (efficient)*

- *masaje facial (facial massage)*
  quinina (quinine)

brocha cepillo

- *peluquero barbero*

pomada mezcla de una substancia grasosa y otros ingredientes
abrasa quema

alternas opuestas

- *planchar y cepillar (to iron and brush)*

también recibe su correspondiente masaje. Es nuestra sexta extremidad, como si dijéramos.

Y nuestro suplicio continúa. Ahora estamos sometidos a una fuerte corriente eléctrica. El peluquero pasa por nuestra cara un aparato vibratorio, que nos hace el efecto de una máquina apisonadora. Ya tenemos las botas limpias. La manicura abandona nuestra mano derecha y se nos apodera de la izquierda, mientras el peluquero comienza a cortarnos el pelo. Y, en medio de todo, estas torturas no carecen de voluptuosidad.

Por fin, el suplicio termina. Es decir, todavía hay que pagar la cuenta.... Sacamos un fajo de billetes y los distribuimos entre la multitud.

Y todo esto, incluso el pago, que es lo que nos ha parecido más largo, no ha durado ni un cuarto de hora. Todo se ha hecho rápidamente y con mucha maquinaria. No hay duda de que una peluquería americana es la cosa más americana del mundo.

suplicio   *tortura*

apisonadora   *máquina que sirve para la construcción de caminos*

voluptuosidad   *placeres*

fajo   *(roll)*

PREGUNTAS

1 Según Camba, ¿qué le pasa a uno al entrar en una peluquería americana?
2 ¿Con qué compara Camba la silla que está en la peluquería?
3 ¿Por qué no puede ver el que quiere un corte de pelo?
4 ¿Cuáles son algunos procedimientos del peluquero?
5 ¿Quién es el que está en el rincón de la peluquería?
6 Antes de salir, ¿qué tiene que sacar el cliente? ¿Para qué?
7 ¿Cuánto tiempo tarda todo este proceso?

ESTUDIO DE PALABRAS

Jabón: *jabonarse, jabonaduras, jabonera*

1 Hay que usar jabón para lavarse.
2 El hombre tiene que jabonarse bien la cara antes de afeitarse.
3 Las jabonaduras son la espuma que hace el jabón.
4 Después de usar el jabón, hay que ponerlo en la jabonera.

Peluquería: *peluquero, pelo, peluca*

1 Hay que ir a la peluquería por un corte de pelo.
2 Es el peluquero el que corta el pelo.
3 Carlos tiene el pelo negro.
4 Como no tiene pelo, quería comprar una peluca.

EJERCICIO DE VOCABULARIO

Prepare una lista de palabras presentadas en el ensayo, que se pueden usar en la peluquería.

EJERCICIOS CREATIVOS

1 Prepare una lista de exageraciones encontradas en esta selección.
2 Escriba el ensayo en forma de comedia para ser representada.

Larra

JOSE MARTINEZ RUIZ

José Martínez Ruiz (1876–1966), cuyo seudónimo es Azorín, es un ensayista por excelencia. Por medio de sus colecciones de ensayos, podemos tener una hermosa visión de la España tradicional, sus pueblecitos y paisajes; de los hombres, los reyes y los santos; de la vida campesina, etc. Nos hace ver en el presente el alma de todo el pasado español. En el ensayo que sigue, Azorín nos presenta, dándonoslo a conocer un poquito, al español Mariano José de Larra, gran escritor satírico.

En el comedor de una fondita madrileña hay sentado, ante una mesa, un señor joven. El mantel no es muy blanco; se ven en su opaca blancura manchas antiguas de café. El mozo tiene una colilla pegada en los labios y acaba de sacar una cucharilla del bolsillo; al sacarla, se le han caído otras puntas de cigarro. La comida se desliza lentamente. De cuando en cuando, el señor joven golpea blandamente la mesa con el cabo del cuchillo. ¿Cómo es este señor? Sus ojos, anchos, relampaguean inteligencia; un tupé de negro pelo se yergue en su frente. Negro pelo, sedoso, encuadra su cara y baja hasta rematar en una punta aguda.

Hay algo en un ser humano que, desde el primer instante, nos habla de su temperamento y de su inteligencia. El porte de este caballero, sus ademanes, sus gestos, el tono de la voz cuando manda o requiere algo, nos atraen profundamente hacia su persona. Quisiéramos hablar con él, interrogarle, saber qué es lo que hace, cuáles son sus libros

* *fondita* taberna pequeña
colilla punta del cigarro que se tira

blandamente con suavedad
tupé (hair piece)
sedoso como seda

* *ademanes* gestos con las manos
* *interrogarle* preguntarle

predilectos. Pero observémosle a distancia. La comida ha terminado. Se pone en pie el comensal. Limpio, cuidado y elegante es su traje. Se marcha. ¿Ha hecho al salir, al desparramar la vista a postrera vez por la estancia, por la mezquina estancia, ha hecho, repetimos, un mohín de resignación y de desdén? En el alma de este hombre hay una fuerza nueva: todo el espíritu moderno de protesta y de rebeldía, de anhelo noble por una mejor España, está en esa imperceptible mueca. Si pudiéramos seguirlo, si pudiéramos acompañarle en un viaje que va a emprender próximamente a Portugal, veríamos que al poner el pie en la frontera, al considerar, por última vez, la tierra española, tiene también ese gesto de amargura que antes hemos visto en él.

¡Querido Larra, amado Larra! Al escribir estas pocas líneas tenemos la sensación de haberte conocido y haber departido contigo largamente. Hay memorias de hombres muertos ha largo tiempo, que tienen más realidad que muchos vivientes actuales. Larra es uno de los factores de nuestra vida mental. Su crítica ha suscitado anhelos políticos y modalidades artísticas del presente. Descubrámonos al paso de este joven de los ojos vivaces y de la barbita negra y sedosa. . . .

comensal   el que come
desparramar la vista   mirar enrededor
postrera   última
• mezquina   pobre
mohín   expresión
• mueca   visaje, expresión facial torcida

departido   conversado
ha largo tiempo   hace mucho tiempo
vivientes   los que viven
modalidades   comportamiento
vivaces   animados

PREGUNTAS

1   ¿Dónde está sentado el joven?
2   ¿Cómo es la fondita?
3   ¿Qué hace el joven?
4   ¿Cómo son sus ojos? ¿Y su pelo?
5   ¿Qué nos atrae hacia este joven?
6   ¿Cómo es su traje?
7   ¿Qué hace al salir de la fondita?
8   ¿Qué hay en este hombre?
9   ¿Cuál es su gran deseo?
10   ¿Adónde va?
11   ¿Quién es este joven?
12   ¿Está muerto o vivo Larra cuando escribe Azorín este ensayo?
13   ¿Por qué diría Azorín que Larra es uno de los factores de la vida mental de los españoles?

ESTUDIO DE PALABRAS

Manchas: manchado, manchar

1   El mantel tenía manchas de café.
2   El mantel no estaba limpio, estaba manchado de café y vino.
3   ¡Cuidado! Vas a manchar el mantel.

Grabado de una vista interior del Café Nuevo, Madrid, Siglo XIX

EJERCICIO DE VOCABULARIO

*Escriba una descripción de una persona, en la cual Ud. emplea
las siguientes palabras.*

1 joven   2 pelo   3 ojos   4 inteligencia
5 temperamento   6 ademanes   7 gestos   8 cara
9 mohín de resignación   10 amargura

EJERCICIOS CREATIVOS

1 Al leer este ensayo, ¿qué aprende Ud. de Larra?
2 Escriba un ensayo sobre una figura del pasado a quien Ud. estima por
sus valores humanos, sus talentos o conocimientos; o por su valor e
influencia sobre la historia.

La sonrisa

CONCHA SUAREZ DEL OTERO

La autora de este ensayo informal ha concentrado la atención de su obra en un solo detalle insignificante . . . la sonrisa. Su punto de vista personal es que los españoles no saben sonreír. Alega que si alguien abriera en España una academia para enseñar a sonreír, se haría rico.

Los americanos no saben estarse serios. Y los españoles, por lo general, no saben sonreír. Cuando lo hacen ponen una mueca trabajosa y dura que suena a postizo.

Cuando sonríe un alemán, las pocas veces que sonríe . . . porque el alemán poco sutil de suyo prefiere a la sonrisa la carcajada . . . nos parece un niño grande al que ha dicho su madre que de postre hay pasteles.

El inglés, como tiene la cara de palo o de goma, no sonríe bien porque la madera no es apta y la goma se estira demasiado.

La sonrisa del francés no está mal, pero es una sonrisa compuesta, con muchas cosas detrás.

Por eso cuando un español sonríe bien, cosa no frecuente por desgracia, se gana de sopetón y para siempre el calificativo de simpático, cosa que bien administrada es una verdadera bicoca.

Los españoles no saben sonreír. Pero saben en cambio, mejor que nadie, ponerse serios, reñir y hablar muy alto de la palabra y del honor.

Cuando un español «fetén» nos dice «no» hay que perder las esperanzas de salirnos con la nuestra, y si dice «no me da la gana,» que es lo suyo, tenemos que echarnos a temblar. Pero cuando un español sabe, por casualidad, sonreír, se deja atrás, pero que muy atrás, la festiva sonrisa americana, la pícara francesa y la brutota alemana. Y no digamos la sosa inglesa de goma o de palo, porque ésa no cuenta.

Si alguien abriera en España una academia para enseñar a sonreír se haría de oro. Se haría de oro si previamente supiera convencer a los españoles que sería un negocio para ellos hacerse dúctiles y sonrientes. Esta segunda parte, que habría de ser la primera, sería desde luego la más difícil. ¡Pero, oh, si se conseguía! Menuda mina.

Menuda mina si consiguieran convencer a los caballeros, y hasta a las damas españolas, que lo mejor para salir de una situación violenta o molesta es, casi siempre, una dúctil sonrisa. Que a la gentileza ajena se la premia mejor con un sonriente gesto de gratitud que con un ramo de flores (el ramo sin sonrisa sabemos todos que no vale para nada,

sonrisa *la acción de reír sin hacer ruido (smile)*

a postizo *falsa*

goma *(rubber)*
apta *buena*

de sopetón *de repente*
calificativo *calificación*
bicoca *cosa de poco valor*
un español «fetén» *un español de verdad, auténtico*
brutota *extremamente tosca*
sosa *a que le falta sal o gracia, insípida, aburrida*
se haría de oro *se haría rico*
dúctiles *acomodadizos*

pero no digamos lo mismo de la sonrisa sin ramo). Y que, hasta para castigar la grosería o la inesperada coz de nuestros prójimos poco selectos, lo mejor será siempre una leve sonrisa con su poco de conmiseración y hasta con su poco de desprecio, ya que somos humanos.

Si consiguen esto y ponen después el negocio en marcha, yo les garantizo un verdadero filón. Un filón de oro y de algo que vale infinitamente más: la satisfacción de haber contribuido a mejorar la raza.

Brindo esta idea, pues, a todos esos señores, que tanto abundan, a quienes les gustaría hacerse ricos de repente. La idea de la academia, naturalmente. Que se den prisa. La cosa está, como siempre, en ser los primeros.

coz   acción o palabra injuriosa, patada
- *prójimos   (fellow creatures)*
conmiseración   compasión

PREGUNTAS

1 ¿Cuál es la gran diferencia entre el americano y el español?
2 ¿Cómo es la sonrisa de un alemán?
3 ¿Cómo es la de un francés?
4 ¿Qué saben hacer los españoles?
5 ¿Por qué considera la autora que una sonrisa es importante?
6 Entre los efectos mencionados, ¿cuál en su opinión tiene más valor?

ESTUDIO DE PALABRAS

Serio: seriamente, seriedad

1 Según Concha Suárez del Otero, los españoles son más serios que los americanos.
2 Los españoles se portan seriamente.
3 El presidente siempre se porta con seriedad.

EJERCICIO DE VOCABULARIO

Cambie los siguientes verbos en sustantivos correspondientes.

1 sonreír   2 frecuentar   3 calificar   4 esperar
5 salir   6 valer   7 castigar
8 satisfacer   9 contribuir   10 abundar

EJERCICIO CREATIVO

1 ¿Cuál es el estilo de la autora: irónico, sarcástico o satírico? Defienda su opinión.

A la mujer mexicana

GABRIELA MISTRAL

Esta selección, escrita por Gabriela Mistral (1889–1957), rinde homenaje a la mujer mexicana. En ella, la divina Gabriela (como se suele llamar a la autora chilena) ve la esperanza de toda la raza. Con ternura y compasión canta las alabanzas del bello sexo.

Mujer mexicana: amamanta al niño en cuya carne y en cuyo espíritu se probará nuestra raza.

    Tu sangre, bien coloreada de soles, es rica; la delicadeza de tus líneas tiene concentrada la energía y engaña con su fragilidad. Tú fuiste hecha para dar los vencedores más intrépidos que necesita tu pueblo en su tremenda hora de peligro, organizadores obreros y campesinos.

    Tú estás sentada silenciosamente en el corredor de tu casa y esa quietud y ese silencio parecen languidez; pero en verdad hay más potencia en tus rodillas tranquilas que en un ejército que pasa, porque tal vez estás meciendo al héroe de tu pueblo.

    Cuando te cuenten, madre mexicana, de otras mujeres que sacuden la carga de la maternidad, que tus ojos ardan, porque para ti todavía la maternidad es el profundo orgullo.

    Cuando te digan, excitándote, de madres que no sufren como tú el desvelo junto a la cuna y no dan la vaciadura de su sangre en la leche amamantadora, oye con desprecio la invitación. Tú no has de renunciar a las mil noches de angustia junto a tu niño con fiebre, ni has de permitir que la boca de tu hijo beba la leche de un pecho mercenario. Tú amamantas y meces. Para buscar tus grandes modelos no volverás tus ojos hacia las mujeres locas del siglo, que danzan y se agitan en plazas y salones y apenas conocen al hijo que llevaron clavado en sus entrañas. Volverás los ojos a los modelos antiguos y eternos: las madres hebreas y las madres romanas.

    . . .

    Da alegría a tu hijo, que la alegría es la rojez en la sangre y templadura en los músculos. Canta con él las canciones dulcísimas de tu país; juega a su lado en la arena de los jardines y en el agua temblorosa de tu baño; llévale por el campo bajo la luz maravillosa de tu meseta.

    . . .

    Yo te amo, madre mexicana, hermana de la mía, que bordas exquisitamente y tejes la estera color de miel; que pintas la jícara coloreada y

---

amamanta (nurses)

• delicadeza estado de delicado

• quietud tranquilidad
• languidez estado de parecer cansado o débil
• potencia fuerza
• meciendo (rocking)
  sacuden rechazan con desdén
• cuna cama de niño
  vaciadura (last drop)

• mercenario (hired)

rojez rojo
templadura (degree of toughness)

estera (mat)
jícara (brightly painted wooden tray)

que cruzas el campo vestida de azul, como la mujer de la Biblia, para llevar el sustento del hijo o del esposo que riegan los maizales.

Nuestra raza se probará en tus hijos; en ellos hemos de salvarnos o de perecer. Dios les fijó la dura suerte de que la marejada del Norte rompa sobre tu pecho. Por eso cuando tus hijos luchan o cantan, los rostros del Sur se vuelven hacia acá, llenos de esperanza y de inquietud a la par.

Mujer mexicana: en tus rodillas se mece la raza entera, y no hay destino más grande y más tremendo que el tuyo en esta hora.

*maizales campos de
maíz*
marejada olas grandes

*a la par juntamente, a
un tiempo*

PREGUNTAS

1 ¿Cómo es la mujer mexicana?
2 ¿Para qué fue hecha?
3 ¿Por qué habrá más potencia en las rodillas de la madre que en un ejército?
4 Para la mujer mexicana, ¿qué es la maternidad?
5 Según Gabriela Mistral, ¿quiénes son las mujeres locas del siglo?
6 ¿Qué modelos seguirá la madre mexicana?
7 ¿Qué debe hacer la mujer mexicana con su hijo?
8 ¿Qué significa: «En tus rodillas se mece la raza entera»?

*Mujeres mexicanas
de la ciudad*

Mexican National Tourist Council

*Mujer mexicana
del campo*

Mexican National Tourist Council

ESTUDIO DE PALABRAS

Vencedores: vencer, invencible

1 La mujer mexicana fue hecha para dar los vencedores, los que conquistarán.
2 Sus hijos podrán vencer a cualquier enemigo.
3 Sus hijos son invencibles. Nadie los puede conquistar.

EJERCICIO DE PALABRAS

Emplee las siguientes palabras en oraciones originales.

1 languidez   2 fragilidad   3 mecer   4 sacudir
5 cuna   6 mercenario   7 perecer   8 a la par

EJERCICIOS CREATIVOS

1 ¿Cuál es la idea esencial de esta selección?
2 Escriba un ensayo en el cual Ud. presenta sus ideas sobre la importancia de la mujer.

El casarse pronto y mal

MARIANO JOSE DE LARRA

La gran preocupación de Larra (1809–1837) era el porvenir de España. Quería que España fuera un país moderno y progresivo. Sin embargo, el choque entre su ideal y la realidad causó en él hondo pesimismo. Periodista, Larra escribió artículos en los cuales iba al fondo mismo de la sicología española. En sus artículos satíricos encontramos un sarcasmo amargo. Larra se suicidó a los veintiocho años, un hombre completamente desilusionado por no haber podido realizar sus sueños.

Así como tengo aquel sobrino de quien [hablé en mi cuarto número], tenía otro no hace mucho tiempo, que en esto suele venir a parar el tener hermanos. Este era hijo de una mi hermana, la cual había recibido aquella educación que se daba en España no hace ningún siglo; es decir, que en casa se rezaba diariamente el rosario, se leía la vida del santo, se oía misa todos los días, se trabajaba los de labor, se paseaba sólo las tardes de los de guardar, se velaba hasta las diez, se estrenaba vestido el domingo de Ramos, [se cuidaba de que no anduviesen las niñas balconeando] y andaba siempre señor padre, que entonces no se llamaba *papá*, con la mano más besada que reliquia vieja, y registrando los rincones de la casa, temeroso de que la muchacha, ayudada de su cuyo, no hubiese nunca a las manos ningún libro de los prohibidos, ni menos aquellas novelas que, como solía decir, a pretexto de inclinar a la virtud, enseñan desnudo el vicio. No diremos que esta educación fuese mejor ni peor que la del día. Sólo sabemos que vinieron los franceses, y como aquella buena o mala educación no estribaba en mi hermana en principios ciertos, sino en la rutina y en la opresión doméstica de aquellos terribles padres del siglo pasado, no fue necesaria mucha comunicación con algunos oficiales de la guardia imperial para echar de ver que si aquel modo de vivir era sencillo y arreglado, no era, sin embargo, el más divertido. ¿Qué motivo habrá, efectivamente, que nos persuada que debemos en esta corta vida pasarlo mal, pudiendo pasarlo mejor? Aficionóse mi hermana de las costumbres francesas, y ya no fue el pan pan, ni el vino vino: casóse, y siguiendo en la famosa jornada de Vitoria la suerte del *tuerto Pepe Botellas*, que tenía dos ojos muy hermosos y nunca bebía vino, emigró a Francia.

Excusado es decir que adoptó mi hermana las ideas del siglo; pero como esta segunda educación tenía tan malos cimientos como la pri-

los de guardar *días festivos*
se velaba *no se acostaba*
se estrenaba vestido *se ponía un vestido nuevo*
balconeando *(fig.: flirting)*
cuyo *enamorado, galán*

estribaba *(supported)*

Pepe Botellas *José Bonaparte*

mera, y comoquiera que esta débil humanidad nunca sepa detenerse en el justo medio, pasó del Año Cristiano a Pigault Lebrun, y se dejó de misas y devociones, sin saber más ahora por qué las dejaba que antes por qué las tenía. Dijo que el muchacho se había de educar como convenía: que podría leer sin orden ni método cuanto libro le viniese a las manos, y qué sé yo qué más cosas decía de la ignorancia y del fanatismo, de las luces y de la ilustración, añadiendo que la religión era un convenio social en que sólo los tontos entraban de buena fe, y del cual el muchacho no necesitaba para mantenerse bueno: que *padre* y *madre* eran cosa de brutos, y que a *papá* y *mamá* se les debía tratar de *tú*, porque no hay amistad que iguale a la que une a los padres con los hijos (salvo algunos secretos que guardarán siempre los segundos de los primeros, y algunos soplamocos que darán siempre los primeros a los segundos): verdades todas que respeto tanto o más que las del siglo pasado, porque cada siglo tiene sus verdades, como cada hombre tiene su cara.

No es necesario decir que el muchacho, que se llamaba Augusto, porque ya han caducado los nombres de nuestro calendario, salió despreocupado, puesto que la despreocupación es la primera preocupación de este siglo.

Leyó, hacinó, confundió; fue superficial, vano, presumido, orgulloso, terco, y no dejó de tomarse más rienda de la que se le había dado. Murió, no sé a qué propósito, mi cuñado, y Augusto regresó a España con mi hermana, toda aturdida de ver lo brutos que estamos por acá todavía los que no hemos tenido como ella la dicha de emigrar, y trayéndonos entre otras cosas noticias ciertas de cómo no había Dios, porque eso se sabe en Francia de muy buena tinta. Por supuesto que no tenía el muchacho quince años y ya galleaba en las sociedades, y citaba, y se metía en cuestiones, y era hablador y raciocinador como todo muchacho bien educado; y fue el caso que oía hablar todos los días de aventuras escandalosas y de los amores de fulanito con la menganita, y le pareció, en resumidas cuentas, cosa precisa para hombrear, enamorarse.

Por su desgracia, acertó a gustar a una joven, personita muy bien educada también, la cual es verdad que no sabía gobernar una casa, pero se embaulaba en el cuerpo en sus ratos perdidos, que eran para ella todos los días, una novela sentimental, con la más desatinada afición que en el mundo jamás se ha visto. Tocaba su poco de piano y cantaba su poco de aria de vez en cuando, porque tenía una bonita voz de contralto. Hubo guiños y *apretones* desesperados de pies y manos, y varias epístolas recíprocamente copiadas de la Nueva Eloísa; y no hay más que decir sino que a los cuatro días se veían los dos inocentes por la ventanilla de la puerta y escurrían su correspondencia por las rendijas, sobornaban con el mejor fin del mundo a los criados, y por último, un su amigo, que debía de quererle muy mal, presentó al señorito en la casa. Para colmo de desgracia, él y ella, que habían dado

Pigault Lebrun   autor francés que escribió libros indecentes

soplamocos   (punches in the nose)

caducado   (fallen out of use)
• *despreocupación   (unconcern)*
hacinó   amontonó
• *presumido   (conceited)*
• *terco   (stubborn)*
• *aturdida   (stunned, dumbfounded)*
• *dicha   suerte*

raciocinador   el que puede raciocinar

menganita   (so and so)

se embaulaba   (packed into)

guiños   (winks)
apretones   (hugs)

escurrían   (trickled, slipped)
rendijas   (cracks)
sobornaban   (bribed)

Grabado de Mariano José de Larra   MAS, *Barcelona*

principio a sus amores porque no se dijese que vivían sin su trapillo, se llegaron a imaginar primero, y a creer después *a pies juntillas,* como se suele muy mal decir, que estaban verdadera y terriblemente enamorados.

¡Fatal credulidad! Los parientes, que previeron en qué podría venir a parar aquella inocente afición ya conocida, pusieron de su parte todos sus esfuerzos para cortar el mal; pero ya era tarde. Mi hermana, en medio de su despreocupación y de sus luces, nunca había podido desprenderse del todo de cierta afición a sus ejecutorias y blasones, porque hay que advertir dos cosas: primera, que hay despreocupados por este estilo, y segunda, que somos nobles, lo que equivale a decir que desde la más remota antigüedad nuestros abuelos no han trabajado para comer. Conservaba mi hermana este apego a la nobleza, aunque no conservaba bienes; y ésta es una de las razones por que estaba mi sobrinito destinado a morirse de hambre si no se le hacía meter la cabeza en alguna parte, porque eso de que hubiera aprendido un oficio, ¡oh! ¿qué hubieran dicho los parientes y la nación entera? Averiguóse, pues, que la niña no tenía un origen tan preclaro, ni más dote que su instrucción novelesca y sus *duettos,* fincas que no bastan para sostener el boato de unas personas de su clase. Averiguó también la parte contraria que el niño no tenía empleo, y dándosele un bledo de su nobleza, hubo aquello de decirle:

—Caballerito, ¿con qué objeto entra Ud. en mi casa?

—Quiero a Elenita — respondió mi sobrino.

—¿Y con qué fin, caballerito?

—Para casarme con ella.

—Pero no tiene Ud. empleo ni carrera.

—Eso es cuenta mía. . . .

—Sus padres de Ud. no consentirán. . . .

—Sí, señor; Ud. no conoce a mis papás.

—Perfectamente: mi hija será de Ud. en cuanto me traiga una prueba de que puede mantenerla y el permiso de sus padres; pero en el ínterin, si Ud. la quiere tanto, excuse por su mismo decoro sus visitas.

—Entiendo.

—Me alegro, caballerito.

Y quedó nuestro Orlando hecho una estatua, pero bien decidido a romper por todos los inconvenientes.

Bien quisiéramos que nuestra pluma, mejor cortada, se atreviese a trasladar al papel la escena de la niña con la mamá; pero diremos, en suma, que hubo prohibición de salir y de asomarse al balcón y de corresponder al mancebo; a todo lo cual la malva respondió con cuatro desvergüenzas acerca del libre albedrío y de la libertad de la hija para escoger marido, y no fueron bastantes a disuadirla las reflexiones acerca de la ninguna fortuna de su elegido. Todo era para ella tiranía y envidia que los papás tenían de sus amores y de su felicidad, concluyendo que en los matrimonios era lo primero el amor y que en cuanto

trapillo   poco dinero

boato   (ostentation)
dándosele un bledo
*   (not caring two hoots)*

a comer, ni eso hacía falta a los enamorados, porque en ninguna novela se dice que coman las Amandas y los Mortimers, ni nunca les habían de faltar unas sopas de ajo.

Poco más o menos fue la escena de Augusto con mi hermana, porque aunque no sea legítima consecuencia, también concluía de que los padres no deben tiranizar a los hijos, que los hijos no deben obedecer a los padres; insistía en que era independiente; que en cuanto a haberle criado y educado, nada le debía, pues lo había hecho por una obligación imprescindible, y a lo del ser que le había dado, menos, pues no se lo había dado por él, sino por las razones que dice nuestro Cadalso, entre otras lindezas sutilísimas de este jaez.

Pero insistieron también los padres, y después de haber intentado infructuosamente varios medios de seducción y rapto, no dudó nuestro paladín, en vista de la obstinación de las familias, en recurrir al medio en boga de sacar a la niña por el vicario. Púsose el plan en ejecución y a los quince días mi sobrino había reñido ya decididamente con su madre; había sido arrojado de su casa, privado de sus cortos alimentos, y Elena depositada en poder de una potencia neutral; pero, se entiende, de esta especie de neutralidad que se usa en el día; de suerte que nuestra Angélica y Medoro se veían más cada día, y se amaban más cada noche. Por fin amaneció el día feliz; otorgóse la demanda; un amigo prestó a mi sobrino algún dinero, uniéronse con el lazo conyugal, estableciéronse en su casa, y nunca hubo felicidad igual a la que aquellos buenos hijos disfrutaron mientras duraron los pesos duros del amigo.

Pero ¡oh dolor! pasó un mes y la niña no sabía más que acariciar a su Medoro, cantarle una aria, ir al teatro y bailar una mazurca; y Medoro no sabía más que disputar. Ello, sin embargo, el amor no alimenta, y era indispensable buscar recursos.

Mi sobrino salía de mañana a buscar dinero, cosa más difícil de encontrar de lo que parece, y la vergüenza de no poder llevar a su casa con qué dar de comer a su mujer, le detenía hasta la noche. Pasemos un velo sobre las escenas horribles de tan amarga posición. Mientras que Augusto pasa el día lejos de ella en sufrir humillaciones, la infeliz consorte gime luchando entre los celos y la rabia. Todavía se quieren; pero «en casa donde no hay harina todo es mohina»; las más inocentes expresiones se interpretan en la lengua del mal humor como ofensas mortales; el amor propio ofendido es el más seguro antídoto del amor, y las injurias acaban de apagar un resto de la antigua llama que amortiguada en ambos corazones ardía; se suceden unos a otros los reproches; y el infeliz Augusto insulta a la mujer que le ha sacrificado su familia y su suerte, echándole en cara aquella desobediencia a la cual no ha mucho tiempo él mismo la inducía. A los continuos reproches se sigue, en fin, el odio.

¡Oh, si hubiera quedado aquí el mal! Pero un resto de honor mal entendido que bulle en el pecho de mi sobrino, y que le impide prestarse para sustentar a su familia a ocupaciones groseras, no le impide

jaez tipo

paladín campeón

• *disfrutaron gozaron*

mohina disgusto

amortiguada (toned down)

bulle (boils)

precipitarse en el juego, y en todos los vicios y bajezas, en todos los peligros que son su consecuencia. Corramos de nuevo, corramos el velo sobre el cuadro a que dio la locura la primera pincelada, y apresurémonos a dar nosotros la última.

En este miserable estado pasan tres años y ya tres hijos más rollizos que sus padres alborotan la casa con sus juegos infantiles. Ya el himeneo y las privaciones han roto la venda que ofuscaba la vista de los infelices: aquella amabilidad de Elena es coquetería a los ojos de su esposo; su noble orgullo, insufrible altanería; su garrulidad divertida y graciosa, locuacidad insolente y cáustica; sus ojos brillantes se han marchitado, sus encantos están ajados, su talle perdió sus esbeltas formas, y ahora conoce que sus pies son grandes y sus manos feas; ninguna amabilidad, pues, para ella, ninguna consideración. Augusto no es a los ojos de su esposa aquel hombre amable y seductor, flexible y condescendiente; es un holgazán, un hombre sin ninguna habilidad, sin talento alguno, celoso y soberbio, déspota y no marido ... en fin, ¡cuánto más vale el amigo generoso de su esposo, que les presta dinero y les promete aun protección! ¡Qué movimiento en él! ¡Qué actividad! ¡Qué heroísmo! ¡Qué amabilidad! ¡Qué adivinar los pensamientos y prevenir los deseos! ¡Qué no permitir que ella trabaje en labores groseras! ¡Qué asiduidad y qué delicadeza en acompañarla los días enteros que Augusto la deja sola! ¡Qué interés, en fin, el que se toma cuando le descubre, por su bien, que su marido se distrae con otra...!

¡Oh poder de la calumnia y de la miseria! Aquella mujer que, si hubiera escogido un compañero que la hubiera podido sostener, hubiera sido acaso una Lucrecia, sucumbe por fin a la seducción y a la falaz esperanza de mejor suerte.

Una noche vuelve mi sobrino a su casa; sus hijos están solos.

— ¿Y mi mujer? ¿Y sus ropas?

Corre a casa de su amigo.

— ¿No está en Madrid? ¡Cielos! ¡Qué rayo de luz! ¿Será posible?

Vuela a la policía, se informa. Una joven de tales y tales señas con un supuesto hermano han salido en la diligencia para Cádiz. Reúne mi sobrino sus pocos muebles, los vende, toma un asiento en el primer carruaje, y hétele persiguiendo a los fugitivos. Pero le llevan mucha ventaja, y no es posible alcanzarlos hasta el mismo Cádiz. Llega; son las diez de la noche, corre a la fonda que le indican, pregunta, sube precipitadamente la escalera, le señalan un cuarto cerrado por dentro; llama; la voz que le responde le es harto conocida y resuena en su corazón; redobla los golpes; una persona desnuda levanta el pestillo. Augusto ya no es hombre: es un rayo que cae en la habitación. Un chillido agudo le convence de que le han conocido; asesta una pistola, de dos que trae, al seno de su amigo, y el seductor cae revolcándose en su sangre; persigue a su miserable esposa, pero una ventana inmediata se abre y la adúltera, poseída del terror y de la culpa, se arroja, sin reflexionar, en una altura de más de sesenta varas. El grito de la agonía le anuncia su última desgracia y la venganza más completa. Sale pre-

rollizos (fat, bouncy)

ofuscaba oscurecía, turbaba
• altanería (haughtiness)
garrulidad (chatting)
ajados (faded)

• harto bastante
• pestillo (latch)

asesta (shoots)
seno pecho

vara (approximately 1 yard)

cipitado del teatro del crimen, y encerrándose, antes de que le sorprendan, en su habitación, coge aceleradamente la pluma y apenas tiene tiempo para dictar a su madre la carta siguiente:

«Madre mía: Dentro de media hora no existiré; cuidad de mis hijos, y si queréis hacerlos verdaderamente despreocupados, empezad por instruirlos.... Que aprendan en el ejemplo de su padre a respetar lo que es peligroso despreciar sin tener antes más sabiduría. Si no les podéis dar otra cosa mejor, no les quitéis una religión consoladora. Que aprendan a domar sus pasiones y a respetar a aquéllos a quienes lo deben todo. Perdonadme mis faltas: harto castigado estoy de ellas con mi deshonra y mi crimen; harto cara pago mi falsa despreocupación. Perdonadme las lágrimas que os hago derramar. Adiós para siempre.»

Acabada esta carta, se oyó otra detonación que resonó en toda la fonda, y la catástrofe que le sucedió me privó para siempre de un sobrino, que, con el más bello corazón, se ha hecho desgraciado a sí y a cuantos le rodeaban.

No hace dos horas que mi desgraciada hermana, después de haber leído aquella carta, y llamándome, para mostrármela, postrada en su lecho, y entregada al más funesto delirio, ha sido desahuciada por los médicos.

desahuciada (considered hopeless)

«Hijo ... despreocupación ... boda ... religión ... infeliz ...» son las palabras que vagan errantes sobre sus labios moribundos. Y esta funesta impresión, que domina en mis sentidos tristemente, me ha impedido dar hoy a mis lectores otros artículos más joviales que para mejor ocasión les tengo reservados.

[Réstanos ahora saber si este artículo conviene a este país, y si el vulgo de lectores está en el caso de aprovecharse de esta triste anécdota. ¿Serán más bien las ideas contrarias a las funestas consecuencias que de este fatal acontecimiento se deducen las que deben propalarse? No lo sabemos. Sólo sabemos que muchos creen, por desgracia, que basta una ilustración superficial, cuatro chanzas de sociedad y una educación falsamente despreocupada para hacer feliz a una nación. Nosotros *declaramos* positivamente que nuestra intención al pintar los funestos efectos de la poca solidez de la instrucción de los jóvenes del día ha sido persuadir a todos los españoles que debemos tomar del extranjero lo bueno y no lo malo, lo que está al alcance de nuestras fuerzas y costumbres y no lo que les es superior todavía. Religión verdadera, bien entendida, virtudes, energía, amor al orden, aplicación a lo útil y menos desprecio de muchas cualidades buenas que nos distinguen aun de otras naciones, son en el día las cosas que más nos pueden aprovechar. Hasta ahora, una masa, que no es ciertamente la más numerosa, quiere marchar a la par de las más adelantadas de los países más civilizados. Pero esta masa que marcha de esta manera no ha seguido los mismos pasos que sus maestros. Sin robustez, sin aliento suficiente para poder seguir la marcha rápida de los países civilizados, se detiene ijadeando y se atrasa continuamente. Da de cuando en cuando una carrera para igualarse de nuevo, caminando a brincos,

propalarse (disclose, divulge)
chanzas (tomfoolery)

ijadeando moviendo las ijadas, falto de respiración (panting)

como haría quien saltase con los pies trabados, y semejante a un mal taquígrafo, que, no pudiendo seguir la viva voz, deja en el papel inmensas lagunas y no alcanza ni escribe nunca más que la última palabra. Esta masa, que se llama despreocupada en nuestro país, no es, pues, más que el eco, la última palabra de Francia no más. Para esta clase hemos escrito nuestro artículo; hemos pintado los resultados de esta despreocupación superficial de querer tomar simplemente los efectos, sin acordarse de que es preciso empezar por las causas; de intentar, en fin, subir la escalera a tramos. Subámosla tranquilos, escalón por escalón, si queremos llegar arriba.

trabados atados

— ¡Que otros van a llegar antes! — nos gritarán.

— ¿Qué mucho — les responderemos —, si también echaron a andar antes? Dejadlos que lleguen. Nosotros llegaremos después, pero llegaremos. Mas si nos rompemos en el salto la cabeza, ¿qué recurso nos quedará?

a tramos (by flights)

Deje, pues, esta masa la loca pretensión de ir a la par con quien tantas ventajas le lleva. Empiécese por el principio: educación, instrucción. Sobre estas grandes y sólidas bases se ha de levantar el edificio. Marche esa otra masa, esa inmensa mayoría que se sentó hace tres siglos. Deténgase, para dirigirla, la arrogante minoría a quien engaña su corazón y sus grandes deseos, y entonces habrá alguna remota vislumbre de esperanza.

vislumbre (glimpse)

Entretanto, nuestra misión es bien peligrosa. Los que pretenden marchar adelante y la echan de ilustrados, nos llamarán acaso del *orden del apagador,* a que nos gloriamos de no pertenecer, y los contrarios no estarán tampoco muy satisfechos de nosotros. Estos son los inconvenientes que tiene que arrostrar quien piensa marchar igualmente distante de los dos extremos. Allí está la razón, allí la verdad; pero allí el peligro. En fin, algún día haremos nuestra profesión de fe; en el entretanto, quisiéramos que nos hubieran entendido. ¿Lo conseguiremos? Dios sea con nosotros, y si no lo lográsemos, prometemos escribir otro día para todos.]

arrostrar resistir el peligro, hacer cara

PREGUNTAS

1 ¿Cómo pasaba el día la hermana de Larra?
2 ¿Cómo tenían que tratar los niños a su padre?
3 ¿Por qué registraban los padres los rincones de la casa?
4 ¿Quiénes vinieron a España?
5 ¿Qué aprendió la hermana?
6 ¿De qué se aficionó su hermana?
7 ¿Adónde emigró?
8 ¿Cómo cambió su hermana en Francia?

9   ¿Por qué dejaba de rezar?
10 ¿Cómo quería educar a sus hijos?
11 Para ella, ¿qué era la religión ahora?
12 ¿Cómo trataban los hijos a los padres?
13 ¿Cómo se llamaba el sobrino de Larra?
14 ¿Cómo era el sobrino?
15 ¿Por qué regresaron a España la hermana y el sobrino?
16 Al regresar a España, ¿qué decía la hermana?
17 Para ser hombre, ¿qué tenía que hacer el sobrino?
18 ¿Cómo era la joven de quien se enamoró?
19 Después de poco tiempo, ¿qué decidieron Augusto y la joven?
20 ¿Por qué estaba en contra del matrimonio la madre de Augusto?
21 ¿Por qué estaban en contra del matrimonio los padres de la chica?
22 ¿Cuándo consentiría en el matrimonio el padre de la joven?
23 ¿Qué prohibió la madre de la niña?
24 ¿Qué decía la niña a su madre?
25 ¿Cómo fue la escena de Augusto?
26 ¿Cómo consiguió el dinero Augusto para poder casarse?
27 ¿Cómo pasaron los primeros días los recién casados?
28 ¿Qué pasó después de un mes?
29 ¿Para qué salía por la mañana Augusto?
30 En fin, ¿en qué se convirtió el amor? ¿Por qué?
31 ¿Cuántos hijos tenían?
32 ¿Cómo considera Augusto a su mujer ahora?
33 ¿Cómo considera ella a Augusto?
34 ¿A qué sucumbe su mujer? ¿Con quién? ¿Por qué?
35 Un día al volver a casa, ¿qué descubre Augusto?
36 ¿Qué pasó en la fonda en Cádiz?
37 ¿Qué escribió Augusto a su madre?
38 Después de escribir la carta, ¿qué hizo?

ESTUDIO DE PALABRAS

Presumido: presumir, presunción

1 Augusto es un joven presumido. Siempre es muy afectado.
2 Siempre quiere presumir de ser algo que no es.
3 La presunción es un defecto de carácter.

Despreocupación: despreocupado

1 Se nota en seguida su despreocupación. Siempre da muestras de in-
   diferencia.
2 Anda muy despreocupado, como si no tuviera nada que hacer.

Consentir: consentimiento, consentido

1 Los padres no querían consentir en el matrimonio porque el joven no
   tenía empleo.
2 Los chicos insistieron tanto que por fin los padres dieron su consentimiento.
3 Después de casado, no fue ningún marido consentido. Nunca estaba
   satisfecho y se quejaba de todo.

Aturdido: aturdir, aturdimiento

1 Es una persona muy aturdida. Nunca piensa en lo que está haciendo.
2 Un cambio tan radical puede aturdir a cualquiera.
3 No puedes imaginar el aturdimiento de todos la noche que mató a su mujer.

EJERCICIO DE VOCABULARIO

Complete las siguientes oraciones con una palabra apropiada.

Los padres no querían _____ en el matrimonio de su hija. El chico con quien quería casarse era muy _____. Siempre tenía un aire afectado. También estaba _____. No le importaba nada. Los padres temían que su _____ no le permitiría encontrar empleo. Los padres le consideraban una persona _____. Hacía cualquier cosa sin pensar en las consecuencias. Sin embargo la hija insistió tanto que por fin sus padres dieron su _____.

EJERCICIOS CREATIVOS

1 En este artículo, ¿cómo critica Larra la educación?
2 ¿Qué motivo tenía Larra para relatar el episodio de su sobrino? ¿Qué quería señalarles a los españoles?
3 ¿Cómo critica Larra a la nobleza?
4 En la última parte del artículo, Larra presenta sus propias ideas sobre la situación. ¿Cuáles son los consejos que da a los españoles en cuanto a los aspectos siguientes: (a) la educación, (b) el contacto con el extranjero, (c) la religión, (d) el orden, (e) el justo medio, (f) la manera de progresar, (g) los efectos y las causas.
5 ¿Qué significado tiene el taquígrafo que, no pudiendo seguir la viva voz, nunca escribe más que la última palabra?
6 ¿Qué significa: «Subámosla tranquilos, escalón por escalón, si queremos llegar arriba»?
7 Larra escribió este artículo en 1832. Si viviera hoy día, ¿sería posible que escribiera tal artículo? ¿Por qué?
8 ¿Cuáles son algunos consejos que presenta Larra que seguirán teniendo algún valor para los jóvenes de hoy?

JOYA 9   EJERCICIOS GENERALES

1 Escriba un ensayo en el cual Ud. explica la influencia que ha tenido su madre en su vida.
2 Escriba un ensayo sobre la importancia de la educación.
3 Escriba un ensayo crítico sobre una novela que Ud. haya leído recientemente.
4 Escriba un ensayo informal en el cual Ud. se burla de una costumbre americana o extranjera.
5 Escriba un ensayo satírico sobre una figura política.

THE ADVENTURES OF
DON QUIXOTE

BY

MIGUEL DE CERVANTES SAAVEDRA

Translated

William Shakespeare

Romeo y Julieta
Otelo

Traducción

Quinta Edición

La traducción y su arte

Con los años, las actitudes hacia la traducción han sido diversas. Alguien ha dicho que, a lo más, la traducción es un eco. Otro la ha comparado con el revés de un tapiz de Turquía. Un antiguo proverbio italiano (*traduttori, traditori*) mantiene que los traductores son traidores, siempre falsos al genio del original. La mayoría está de acuerdo en que las traducciones aumentan los defectos de una obra y dañan sus bellezas.

Por definición, la traducción es el arte de verter una obra de una lengua a otra. Aunque sea importante conformar con el estilo original, muchos traductores se propasan. Algunos se esfuerzan por obtener una equivalencia estilística; otros sencillamente parafrasean; aun otros expurgan, adaptan o añaden notas copiosas. La traducción literaria nunca es cuestión de equivalencia «palabra por palabra.» El significado de un párrafo, con todas las asociaciones que tenía para su autor, tiene que ser comunicado. Si esto se hace, las oraciones probablemente tendrán una vaga semejanza con las del original.

Como ciertas obras exigen exactitud en la traducción, y otras se pueden satisfacer con adaptaciones, es fácil ver que la traducción es un verdadero arte ... un arte tan delicado, tan demandante, tan absorbente como la literatura misma.

Julius Caesar

WILLIAM SHAKESPEARE

Conocida por todos los estudiantes de habla inglesa es la famosa tragedia de William Shakespeare, *Julio César*. Después de leer el original en inglés, compárelo con las dos traducciones en español. La primera es de Carlos Navarro Lamarca y la segunda de Rafael Ballester Escalas.

ACT III

Scene II

Antony	For Brutus' sake, I am beholding to you. *(Goes into the pulpit.)*
Fourth Citizen	What does he say of Brutus?
Third Citizen	He says, for Brutus' sake, He finds himself beholding to us all.
Fourth Citizen	'T were best he speak no harm of Brutus here.
First Citizen	This Cæsar was a tyrant.
Third Citizen	Nay, that's certain: We are blessed that Rome is rid of him.
Second Citizen	Peace; Let us hear what Antony can say.
Antony	You gentle Romans, —
Citizens	Peace, ho! let us hear him.
Antony	Friends, Romans, countrymen, lend me yours ears; I come to bury Cæsar, not to praise him. The evil that men do lives after them; The good is oft interred with their bones; So let it be with Cæsar. The noble Brutus Hath told you Cæsar was ambitious: If it were so, it was a grievous fault. And grievously hath Cæsar answer'd it. Here, under leave of Brutus and the rest — For Brutus is an honourable man; So are they all, all honourable men — Come I to speak in Cæsar's funeral. He was my friend, faithful and just to me:

But Brutus says he was ambitious;
And Brutus is an honourable man.
He hath brought many captives home to Rome,
Whose ransoms did the general coffers fill:
Did this in Cæsar seem ambitious?
When that the poor have cried, Cæsar hath wept:
Ambition should be made of sterner stuff:
Yet Brutus says he was ambitious;
And Brutus is an honourable man.
You all did see that on the Lupercal
I thrice presented him a kingly crown,
Which he did thrice refuse: Was this ambition?
Yet Brutus says he was ambitious;
And, sure, he is an honourable man.
I speak not to disprove what Brutus spoke,
But here I am to speak what I do know.
You all did love him once, not without cause:
What cause withholds you then, to mourn for him?
O judgement! Thou art fled to brutish beasts,
And men have lost their reason. Bear with me;
My heart is in the coffin there with Cæsar,
And I must pause till it come back to me.

Julio César

ACTO III

Escena II

Antonio	En nombre de Bruto os doy las gracias.
Cuarto ciudadano	¿Qué dice de Bruto? (*Sube a la tribuna.*)
Tercer ciudadano	Dice que en su nombre se declara agradecido a todos nosotros.
Cuarto ciudadano	¡Hum! Lo mejor que puede hacer es no hablar aquí mal de Bruto.
Primer ciudadano	¡Este César era un tirano!
Tercer ciudadano	¡Sí, ciertamente! Verse libre de él es una bendición para Roma.

Segundo ciudadano	¡Silencio! ¡Oigamos lo que puede decirnos Antonio!
Antonio	¡Generosos romanos!
Todos	¡Silencio! ¡Eh! ¡Oigámosle!
Antonio	¡Amigos, romanos, conciudadanos, oídme! Vengo a sepultar a César y no a alabarle. El mal que los hombres hacen vive más allá de su muerte, el bien es a menudo enterrado con sus huesos. ¡Sea así con César! El noble Bruto os ha dicho que César era ambicioso. Si es cierto, grave fue su delito y lo ha pagado cruelmente. Con permiso de Bruto y de los demás, porque Bruto es un varón honrado y todos sus compañeros también lo son, vengo a hablar aquí en los funerales de César. Fue mi amigo, un amigo fiel y justo para mí; pero Bruto dice que era ambicioso, y Bruto es un hombre honrado. Trajo César muchos cautivos a Roma y llenó con sus rescates las arcas de la República. ¿Era esto ambición? Cuando los miserables gemían, César lloraba. La ambición está hecha con materia más dura. Sin embargo, Bruto dice que César era ambicioso, y Bruto es un hombre honrado. Todos visteis que en las Lupercales ofrecí tres veces a César una corona real y que la rehusó tres veces. ¿Era esto ambición? Sin embargo, Bruto dice que César era ambicioso, y Bruto es ciertamente un hombre honrado. No hablo para refutar las palabras de Bruto. Estoy aquí para decir lo que sé. Todos vosotros amasteis en un tiempo a César y no sin causa. ¿Qué os impide hoy llorar su muerte? ¡Oh, juicio, has huido a las bestias feroces y los humanos han perdido la razón! ¡Perdonadme un momento! Mi corazón está con César en este féretro y he de esperar hasta que vuelva a mi pecho.

ACTO III

Escena II

Antonio	En nombre de Bruto, os debo estar agradecido. *(Sube a la tribuna.)*
Cuarto ciudadano	¿Qué está diciendo de Bruto?

Tercer ciudadano	Dice que en nombre de Bruto se encuentra con que nos ha de estar agradecido a todos.
Cuarto ciudadano	¡Sería mejor que no viniese aquí a hablar mal de Bruto!
Primer ciudadano	Ese César era un tirano.
Tercer ciudadano	Sí, eso es cierto, y fue una bendición para Roma librarse de él.
Segundo ciudadano	Silencio. Oigamos lo que puede decir Antonio.
Antonio	Amables romanos.
Ciudadanos	¡Eh! ¡Silencio! Oigámosle.
Antonio	Amigos, romanos, compatriotas, prestadme oído. Vengo a enterrar a César, no a ensalzarle. El mal que hacen los hombres les sobrevive; el bien es a menudo sepultado con sus huesos. Sea así con César. El noble Bruto os ha dicho que César era ambicioso. Si era así, fue una falta grave, y gravemente la ha pagado. Aquí (con el permiso de Bruto y de los demás, porque Bruto es un hombre honrado y así son todos ellos, unos hombres honrados) vengo a hablar en el funeral de César. Era mi amigo, fiel y justo para·mí. Pero Bruto dice que era ambicioso, y Bruto es un hombre honrado. Había traído a Roma muchos cautivos cuyos rescates enriquecieron los cofres públicos. ¿Parecía esto ambición en César? Cuando se lamentaban los pobres, César lloraba. La ambición debería estar hecha de substancia más dura. Pero Bruto dice que era ambicioso, y Bruto es un hombre honrado. Todos vosotros visteis que, en las Lupercales, le presenté tres veces una corona real y tres veces la rechazó. ¿Era esto ambición? Sin embargo, Bruto dice que era ambicioso, y, sin duda es un hombre honrado. No hablo para desaprobar lo que Bruto dijo, pero estoy aquí para decir lo que sé. Todos vosotros le amasteis alguna vez y no sin motivo. ¿Qué motivo os detiene entonces para llorarle? Oh ¡raciocinio! ¿Te has refugiado entre las bestias irracionales mientras los hombres han perdido la razón! Permitidme una pausa. Mi corazón está en el féretro, aquí con César, y debo detenerme hasta que vuelva a mí.

El ingenioso hidalgo don Quijote de la Mancha

MIGUEL DE CERVANTES SAAVEDRA

Entre las más conocidas aventuras del inmortal don Quijote está la que refiere a los molinos de viento. Se relata en el capítulo ocho del famoso libro de Cervantes, *El ingenioso hidalgo don Quijote de la Mancha.* Después de leer el original, compárelo con las dos traducciones que siguen. La primera es la traducción de John Ormsby, y la segunda de Samuel Putnam.

VIII

Del buen suceso que el valeroso don Quijote tuvo en la espantable y jamás imaginada aventura de los molinos de viento, con otros sucesos dignos de felice recordación

En esto descubrieron treinta o cuarenta molinos de viento que hay en aquel campo; y así como don Quijote los vio, dijo a su escudero: La ventura va guiando nuestras cosas mejor de lo que acertáramos a desear; porque ves allí, amigo Sancho Panza, donde se descubren treinta o pocos más desaforados gigantes con quien pienso hacer batalla y quitarles a todos las vidas, con cuyos despojos comenzaremos a enriquecer; que ésta es buena guerra, y es gran servicio de Dios quitar tan mala simiente de sobre la faz de la tierra. ¿Qué gigantes? dijo Sancho Panza. Aquellos que allí ves, respondió su amo, de los brazos largos, que los suelen tener algunos de casi dos leguas. Mire vuestra merced, respondió Sancho, que aquellos que allí se parecen, no son gigantes, sino molinos de viento, y lo que en ellos parecen brazos son las aspas, que volteadas del viento hacen andar la piedra del molino. Bien parece, respondió don Quijote, que no estás cursado en esto de las aventuras: ellos son gigantes, y si tienes miedo, quítate de ahí y ponte en oración en el espacio que yo voy a entrar con ellos en fiera y desigual batalla. Y diciendo esto, dio de espuelas a su caballo Rocinante sin atender a las voces que su escudero Sancho le daba, advirtiéndole que sin duda alguna eran molinos de viento y no gigantes aquellos que iba a acometer. Pero él iba tan puesto en que eran gigantes, que ni oía las voces de su escudero Sancho, ni echaba de ver, aunque estaba ya bien cerca, lo que eran, antes iba diciendo en voces altas: Non fuyades, cobardes y viles criaturas, que un solo caballero es el que os acomete. Levantóse en esto un poco de viento, y las grandes aspas comenzaron a moverse, lo cual visto por don Quijote, dijo: Pues aunque mováis más brazos que los del gigante Briarco, me lo habéis de pagar. Y en diciendo esto, y encomendándose de todo corazón a su señora Dulcinea, pidiéndole que en tal trance le socorriese, bien cubierto de su rodela, con la lanza en el ristre, arremetió a todo el galope de Rocinante, y embistió con el primer molino que estaba delante, y dándole una lanzada en el aspa, la volvió el viento con tanta furia, que hizo la lanza pedazos, llevándose tras sí al caballo y al caballero, que fue rodando muy mal trecho por el campo. Acudió Sancho Panza a socorrerle a todo el correr de su asno, y cuando llegó, halló que no se podía menear: tal fue el golpe que dio con él Rocinante. ¡Válame Dios! dijo Sancho: ¿no le dije yo a vuestra merced que mirase bien lo que hacía, que no eran sino molinos de viento, y no lo podía ignorar sino quien llevase otros tales en la cabeza? Calla, amigo Sancho, respondió don Quijote, que las cosas de la guerra más que otras están sujetas a continua mudanza: cuanto más que yo pienso, y es así verdad, que aquel sabio Frestón, que me robó el aposento y los libros, ha vuelto estos gigantes en molinos por quitarme la gloria de su vencimiento: tal es la enemistad que me tiene; mas al cabo han de poder poco sus malas artes contra la bondad de mi espada. Dios lo haga como puede, respondió Sancho Panza, y ayudándole a levantar, tornó a subir sobre Rocinante, que medio despaldado estaba. Y hablando en la pasada aventura, siguieron el camino del Puerto Lápice, porque allí decía don Quijote que no era posible dejar de hallarse muchas y diversas aventuras, por ser lugar muy pasajero; sino que iba muy pesaroso por haberle faltado la lanza, y diciéndoselo a su escudero, le dijo: Yo me acuerdo haber leído que un caballero español, llamado Diego Pérez de Vargas, habiéndosele en una batalla roto la espada, desgajó de una encina un pesado ramo o tronco, y con él hizo tales cosas aquel día, y machacó tantos moros, que le quedó por sobrenombre Machuca, y así él como sus descendientes se llamaron desde aquel día en adelante Vargas y Machuca. Héte dicho esto, porque de la primera encina o roble que se me depare, pienso desgajar otro tronco tal y tan bueno como aquél, que me imagino y pienso hacer con

él tales hazañas, que tú te tengas por bien afortunado de haber merecido venir a verlas, y a ser testigo de cosas que apenas podrán ser
creídas. A la mano de Dios, dijo Sancho, yo lo creo todo así como
vuestra merced lo dice; pero enderécese un poco, que parece que va de
medio lado, y debe de ser del molimiento de la caída.

The Ingenious Gentleman Don Quixote of La Mancha

VIII

*Of the good fortune which the valiant
Don Quixote had in the terrible and
undreamt-of adventure of
the windmills, with other occurrences
worthy to be fitly recorded*

At this point they came in sight of thirty or forty windmills that there
are on that plain, and as soon as Don Quixote saw them he said to his
squire, "Fortune is arranging matters for us better than we could have
shaped our desires ourselves, for look there, friend Sancho Panza,
where thirty or more monstrous giants present themselves, all of whom
I mean to engage in battle and slay, and with whose spoils we shall
begin to make our fortunes; for this is righteous warfare, and it is
God's good service to sweep so evil a breed from off the face of the
earth."

"What giants?" said Sancho Panza.

"Those thou seest there," answered his master, "with the long arms,
and some have them well-nigh two leagues long."

"Look, your worship," said Sancho, "what we see there are not giants
but windmills, and what seem to be their arms are the sails that turned
by the wind make the millstone go."

"It is easy to see," replied Don Quixote, "that thou art not used to
this business of adventures; those are giants; and if thou art afraid,
away with thee out of this and betake thyself to prayer while I engage
them in fierce and unequal combat."

So saying, he gave the spur to his steed Rocinante, heedless of the cries his squire Sancho sent after him, warning him that most certainly they were windmills and not giants he was going to attack. He, however, was so positive they were giants that he neither heard the cries of Sancho, nor perceived, near as he was, what they were, but made at them shouting, "Fly not, cowards and vile beings, for it is a single knight that attacks you."

A slight breeze at this moment sprang up, and the great sails began to move, seeing which Don Quixote exclaimed, "Though ye flourish more arms than the giant Briareus, ye have to reckon with me."

So saying, and commending himself with all his heart to his lady Dulcinea, imploring her to support him in such a peril, with lance in rest and covered by his buckler, he charged at Rocinante's fullest gallop and fell upon the first mill that stood in front of him; but as he drove his lance-point into the sail the wind whirled it round with such force that it shivered the lance to pieces, sweeping with it horse and rider, who went rolling over on the plain, in a sorry plight. Sancho hastened to his assistance as fast as his ass could go, and when he reached him found him unable to move, with such a shock had Rocinante come down with him.

"God bless me!" said Sancho, "didn't I tell your worship to mind what you were about, for they were only windmills? And no one could have made any mistake about it but one who had something of the same kind in his head."

"Hush, friend Sancho," replied Don Quixote, "the fortunes of war more than any other are liable to frequent fluctuations; and moreover I think, and it is the truth, that that same sage Friston who carried off my study and books, has turned these giants into mills in order to rob me of the glory of vanquishing them, such is the enmity he bears me; but in the end his wicked arts will avail but little against my good sword."

"God order it as he may," said Sancho Panza, and helping him to rise got him up again on Rocinante, whose shoulder was half out; and then, discussing the late adventure, they followed the road to Puerto Lapice, for there, said Don Quixote, they could not fail to find adventures in abundance and variety, as it was a great thoroughfare. For all that, he was much grieved at the loss of his lance, and saying so to his squire, he added, "I remember having read how a Spanish knight, Diego Perez de Vargas by name, having broken his sword in battle, tore from an oak a ponderous bough or branch, and with it did such things that day, and pounded so many Moors, that he got the surname of Machuca, and he and his descendants from that day forth were called Vargas y Machuca. I mention this because from the first oak I see I mean to rend such another branch, large and stout like that, with which I am determined and resolved to do such deeds that thou mayest deem thyself very fortunate in being found worthy to come and see them, and be an eye-witness of things that will with difficulty be believed."

"Be that as God will," said Sancho; "I believe it all as your worship says it; but straighten yourself a little, for you seem all on one side, may be from the shaking of the fall."

VIII

Of the good fortune which the valorous Don Quixote had in the terrifying and never-before-imagined adventure of the windmills, along with other events that deserve to be suitably recorded

At this point they caught sight of thirty or forty windmills which were standing on the plain there, and no sooner had Don Quixote laid eyes upon them than he turned to his squire and said, "Fortune is guiding our affairs better than we could have wished; for you see there before you, friend Sancho Panza, some thirty or more lawless giants with whom I mean to do battle. I shall deprive them of their lives, and with the spoils from this encounter we shall begin to enrich ourselves; for this is righteous warfare, and it is a great service to God to remove so accursed a breed from the face of the earth."

"What giants?" said Sancho Panza.

"Those that you see there," replied his master, "those with the long arms some of which are as much as two leagues in length."

"But look, your Grace, those are not giants but windmills, and what appear to be arms are their wings which, when whirled in the breeze, cause the millstone to go."

"It is plain to be seen," said Don Quixote, "that you have had little experience in this matter of adventures. If you are afraid, go off to one side and say your prayers while I am engaging them in fierce, unequal combat."

Saying this, he gave spurs to his steed Rocinante, without paying any heed to Sancho's warning that these were truly windmills and not giants that he was riding forth to attack. Nor even when he was close upon them did he perceive what they really were, but shouted at the top of his lungs, "Do not seek to flee, cowards and vile creatures that you are, for it is but a single knight with whom you have to deal!"

At that moment a little wind came up and the big wings began turning.

"Though you flourish as many arms as did the giant Briareus," said Don Quixote when he perceived this, "you still have to answer to me."

He thereupon commended himself with all his heart to his lady Dulcinea, beseeching her to succor him in this peril; and, being well covered with his shield and with his lance at rest, he bore down upon them at a full gallop and fell upon the first mill that stood in his way, giving a thrust at the wing, which was whirling at such a speed that his lance was broken into bits and both horse and horseman went rolling over the plain, very much battered indeed. Sancho upon his donkey came hurrying to his master's assistance as fast as he could, but when he reached the spot, the knight was unable to move, so great was the shock with which he and Rocinante had hit the ground.

"God help us!" exclaimed Sancho, "did I not tell your Grace to look well, that those were nothing but windmills, a fact which no one could fail to see unless he had other mills of the same sort in his head?"

"Be quiet, friend Sancho," said Don Quixote. "Such are the fortunes of war, which more than any other are subject to constant change. What is more, when I come to think of it, I am sure that this must be the work of that magician Frestón, the one who robbed me of my study and my books, and who has thus changed the giants into windmills in order to deprive me of the glory of overcoming them, so great is the enmity that he bears me; but in the end his evil arts shall not prevail against this trusty sword of mine."

"May God's will be done," was Sancho Panza's response. And with the aid of his squire the knight was once more mounted on Rocinante, who stood there with one shoulder half out of joint. And so, speaking of the adventure that had just befallen them, they continued along the Puerto Lápice highway; for there, Don Quixote said, they could not fail to find many and varied adventures, this being a much traveled thoroughfare. The only thing was, the knight was exceedingly downcast over the loss of his lance.

"I remember," he said to his squire, "having read of a Spanish knight by the name of Diego Pérez de Vargas, who, having broken his sword in battle, tore from an oak a heavy bough or branch and with it did such feats of valor that day, and pounded so many Moors, that he came to be known as Machuca, and he and his descendants from that day forth have been called Vargas y Machuca. I tell you this because I too intend to provide myself with just such a bough as the one he wielded, and with it I propose to do such exploits that you shall deem yourself fortunate to have been found worthy to come with me and behold and witness things that are almost beyond belief."

"God's will be done," said Sancho. "I believe everything that your Grace says; but straighten yourself up in the saddle a little, for you seem to be slipping down on one side, owing, no doubt, to the shaking-up that you received in your fall."

The Rose of the Alhambra

WASHINGTON IRVING

En 1826 Washington Irving (1783–1859) se encontraba en España. Bajo los auspicios de la Embajada de los Estados Unidos trabajaba en un singular proyecto literario ... el de preparar una traducción al inglés del recién publicado libro, *Colección de los viajes y descubrimientos de Cristóbal Colón* (por Martín Fernández de Navarrete). Mientras investigaba y escribía, Irving se fascinó con todo lo español, sobre todo con la región cerca de Granada. Inspirado por las andanzas que realizó por la Alhambra y el encanto del folklore regional, escribió bosquejos y leyendas de sabor morisco-español. *La rosa de la Alhambra* pertenece a este grupo. La traducción al español es de José Méndez Herrera.

Ruyz de Alarcon was struck with these traces of female taste and elegance in a lonely, and, as he had supposed, deserted tower. They reminded him of the tales of enchanted halls, current in the Alhambra; and the tortoise-shell cat might be some spell-bound princess.

He knocked gently at the door—a beautiful face peeped out from a little window above, but was instantly withdrawn. He waited, expecting that the door would be opened; but he waited in vain: no footstep was to be heard within, all was silent. Had his senses deceived him, or was this beautiful apparition the fairy of the tower? He knocked again, and more loudly. After a little while, the beaming face once more peeped forth: it was that of a blooming damsel of fifteen.

The page immediately doffed his plumed bonnet, and entreated in the most courteous accents to be permitted to ascend the tower in pursuit of his falcon.

"I dare not open the door, *señor*," replied the little damsel blushing; "my aunt has forbidden it."

"I do beseech you, fair maid; it is the favourite falcon of the queen; I dare not return to the palace without it."

"Are you, then, one of the cavaliers of the court?"

"I am, fair maid; but I shall lose the queen's favour and my place if I lose this hawk."

"*Santa María!* It is against you cavaliers of the court that my aunt has charged me especially to bar the door."

"Against wicked cavaliers, doubtless; but I am none of those, but a simple, harmless page, who will be ruined and undone if you deny me this small request."

The heart of the little damsel was touched by the distress of the page. It was a thousand pities he should be ruined for the want of so trifling a boon. Surely, too, he could not be one of those dangerous beings whom her aunt had described as a species of cannibal, ever on the prowl to make prey of thoughtless damsels; he was gentle and modest, and stood so entreatingly with cap in hand, and looked so charming. The sly page saw that the garrison began to waver, and redoubled his entreaties in such moving terms, that it was not in the nature of mortal maiden to deny him; so, the blushing little warden of the tower descended and opened the door with a trembling hand; and if the page had been charmed by a mere glimpse of her countenance from the window, he was ravished by the full-length portrait now revealed to him.

Her Andalusian bodice and trim *basquina* set off the round but delicate symmetry of her form, which was as yet scarce verging into womanhood. Her glossy hair was parted on her forehead with scrupulous exactness, and decorated with a fresh plucked rose, according to the universal custom of the country.

Ruyz de Alarcon beheld all this with a single glance, for it became him not to tarry; he merely murmured his acknowledgments, and then bounded lightly up the spiral staircase in quest of his falcon. He soon returned with the truant bird upon his fist. The damsel, in the meantime, had seated herself by the fountain in the hall, and was winding silk; but in her agitation she let fall the reel upon the pavement. The page sprang, picked it up, then dropping gracefully on one knee, presented it to her, but, seizing the hand extended to receive it, imprinted on it a kiss more fervent and devout than he had ever imprinted on the fair hand of his sovereign.

"*Ave María! Señor!*" exclaimed the damsel, blushing still deeper with confusion and surprise, for never before had she received such a salutation.

The modest page made a thousand apologies, assuring her it was the way, at court, of expressing the most profound homage and respect.

Her anger, if anger she felt, was easily pacified; but her agitation and embarrassment continued, and she sat blushing deeper and deeper, with her eyes cast down upon her work, entangling the silk which she attempted to wind.

The cunning page saw the confusion in the opposite camp, and would fain have profited by it, but the fine speeches he would have uttered died upon his lips; his attempts at gallantry were awkward and ineffectual; and, to his surprise, the adroit page who had figured with such grace and effrontery among the most knowing and experienced ladies of the court, found himself awed and abashed in the presence of a simple damsel of fifteen.

In fact, the artless maiden, in her own modesty and innocence, had guardians more effectual than the bolts and bars prescribed by her vigilant aunt. Still, where is the female bosom proof against the first whisperings of love? The little damsel, with all her artlessness, instinctively comprehended all that the faltering tongue of the page failed to express, and her heart was fluttered at beholding, for the first time, a lover at her feet—and such a lover!

The diffidence of the page, though genuine, was short-lived and he was recovering his usual ease and confidence, when a shrill voice was heard at a distance.

"My aunt is returning from mass!" cried the damsel in affright. "I pray you, *señor*, depart."

"Not until you grant me that rose from your hair as a remembrance."

She hastily untwisted the rose from her raven locks. "Take it," cried she, agitated and blushing, "but pray begone."

The page took the rose, and at the same time covered with kisses the fair hand that gave it. Then placing the flower in his bonnet, and taking the falcon upon his fist, he bounded off through the garden, bearing away with him the heart of the gentle Jacinta.

When the vigilant aunt arrived at the tower, she remarked the agitation of her niece, and an air of confusion in the hall, but a word of explanation sufficed. "A ger-falcon had pursued his prey into the hall."

"Mercy on us! To think of a falcon flying into the tower. Did ever one hear of so saucy a hawk? Why, the bird in the cage is not safe."

At length King Philip cut short his sojourn at Granada, and suddenly departed with all his train. The vigilant Fredegonda watched the royal pageant as it issued forth from the gate of justice, and descended the great avenue leading to the city. When the last banner disappeared from her sight, she returned exulting to her tower, for all her cares were over. To her surprise, a light Arabian steed pawed the ground at the wicket gate of the garden—to her horror she saw through the thickets of roses, a youth, in gaily embroidered dress, at the feet of her niece. At the sound of her footsteps he gave a tender adieu, bounded lightly over the barrier of reeds and myrtles, sprang upon his horse, and was out of sight in an instant.

The tender Jacinta in the agony of her grief lost all thought of her aunt's displeasure. Throwing herself into her arms, she broke forth into sobs and tears.

"*Ay de mí!*" cried she, "he is gone! He is gone! And I shall never see him more."

"Gone! Who is gone? What youth is this I saw at your feet?"

"A queen's page, aunt, who came to bid me farewell."

"A queen's page, child," echoed the vigilant Fredegonda faintly, "and when did you become acquainted with a queen's page?"

"The morning that the ger-falcon flew into the tower. It was the queen's ger-falcon, and he came in pursuit of it."

"Ah, silly, silly girl! Know that there are no ger-falcons half so dangerous as these prankling pages, and it is precisely such simple birds as thee that they pounce upon."

Days, weeks, months elapsed, and nothing more was heard of the page. The pomegranate ripened, the vine yielded up its fruit, the autumnal rains descended in torrents from the mountains; the Sierra Nevada became covered with a snowy mantle, and wintry blasts howled through the halls of the Alhambra: still he came not. The winter passed away. Again the genial spring burst forth with song, and blossoms, and balmy zephyr; the snows melted from the mountains, until none remained, but on the lofty summit of the Nevada, glistening through the sultry summer air: still nothing was heard of the forgetful page.

In the meantime, the poor little Jacinta grew pale and thoughtful. Her former occupations and amusements were abandoned; her silk lay entangled, her guitar unstrung, her flowers were neglected, the notes of her bird unheeded, and her eyes, once so bright, were dimmed with secret weeping. If any solitude could be devised to foster the passion of a lovelorn damsel, it would be such a place as the Alhambra, where every thing seems disposed to produce tender and romantic reveries. It is a very Paradise for lovers; how hard then to be alone in such a Paradise; and not merely alone, but forsaken.

La rosa de la Alhambra

Sorprendióse Ruiz de Alarcón ante aquellas muestras de buen gusto y elegancia femeninos en una torre solitaria y que suponía deshabitada. Acordóse de las leyendas de los salones encantados, tan populares en la Alhambra. Y el gato pintojo muy bien pudiera ser alguna princesa hechizada.

Llamó suavemente a la puerta. Un hermoso rostro se asomó a un alto ventanillo, mas al instante desapareció. Esperó confiado que se abriría la puerta, mas en vano; dentro no se oía ruido de pasos, todo continuaba en silencio. ¿Le habrían engañado sus sentidos o fue aquella hermosa aparición el hada de la torre? Volvió a llamar con más fuerza. Tras una corta pausa, se asomó una vez más aquel rostro resplandeciente; era el de una lozana joven de quince años.

El paje quitóse inmediatamente su gorro de plumas y suplicó con los más corteses acentos que se le permitiera subir a la torre para coger a su halcón.

— No me atrevo a abriros la puerta, señor — respondió la joven, ruborizándose —; mi tía me lo tiene prohibido.

— Os lo suplico, hermosa doncella; se trata del halcón favorito de la reina, y no me atrevo a volver al palacio sin él.

— ¿Sois, pues, uno de los caballeros de la Corte?

— Lo soy, linda doncella; mas perderé el favor de la reina y mi puesto si perdiese este halcón.

— ¡Santa María! Precisamente me ha encargado mi tía que cierre la puerta, sobre todo a los caballeros de la Corte.

— A los malos caballeros, sin duda; pero yo no soy de ésos, sino un sencillo e inofensivo paje, que se verá perdido si os negáis a tan simple solicitud.

Conmovióse el corazón de la damisela ante el dolor del paje. Era una lástima que se perdiese por falta de tan insignificante merced. Además, seguramente, no podía ser uno de esos peligrosos seres a quienes su tía describiera como una especie de caníbales, siempre acechando para hacer presa en las incautas jóvenes; él era amable y modesto; ¡resultaba tan encantador, en su actitud suplicante, con el gorro en la mano!

El astuto paje comprendió que la guarnición comenzaba a titubear, y redobló sus súplicas en tan conmovedores términos que no era posible que ninguna mortal doncella se negase a ellas. Así, pues, la ruborosa guardiana de la torre bajó a abrirle la puerta con mano trémula, y si el paje quedara embelesado con sólo ver su rostro en la ventana, ahora se sentía arrobado ante la completa imagen que se descubría ante él.

Su corpiño andaluz y su historiada basquiña realzaban la redonda y delicada simetría de su figura, que apenas rayaba todavía en la edad de mujer. Llevaba el lustroso cabello partido sobre su frente con escrupulosa exactitud y engalanado con una rosa recién cortada, según la costumbre general del país.

Ruiz de Alarcón apreció todo esto con una sola mirada, pues no le convenía detenerse; simplemente murmuró sus frases de agradecimiento y subió velozmente la escalera de caracol en busca de su halcón.

Pronto volvió con el pícaro pájaro en la mano. La joven, entre tanto, habíase sentado cabe la fuente del salón a devanar seda; mas, en su turbación, dejó caer la madeja sobre el pavimento.

Al darse cuenta de ello, el paje corrió en seguida a recogerla, y doblando graciosamente una rodilla se la ofreció; mas apoderándose de la mano que se tendió para recibirla, imprimió en ella un beso más ardiente y fervoroso que el que dejara jamás sobre la linda mano de su soberana.

—¡Ave María, señor! — exclamó la damisela ruborizándose aun más, llena de confusión y sorpresa, ya que nunca había recibido semejante saludo.

Profirió mil excusas el modesto paje, asegurando que aquélla era la forma de expresar en la Corte el más profundo homenaje de respeto.

El enojo de la joven — si enojo fue lo que sintió — se apaciguó fácilmente; mas aun continuaron su turbación y embarazo, y sentóse, cada vez con mayor sonrojo, fijos los ojos en su labor, enredando la seda que trataba de devanar.

El pícaro paje se dio cuenta de la confusión del campo contrario, y hubiese querido aprovecharse de ella; mas las dulces palabras que pensara pronunciar murieron en sus labios; torpes e ineficaces resultaban sus pretendidos galanteos, y con gran sorpresa suya, el avisado paje, que apareciera con tal gracia y desparpajo entre las más hábiles y experimentadas damas de la Corte, se sentía amilanado y confuso en presencia de una simple joven de quince años.

En efecto, la cándida doncella tenía guardianes más eficaces en su modestia e inocencia que los cerrojos y barrotes preparados por su vigilante tía. Mas, ¿dónde está ese corazón de mujer capaz de resistir a los primeros murmullos del amor? La joven, a pesar de toda su ingenuidad, comprendió instintivamente todo cuanto la balbuciente lengua del paje dejaba de expresar, y agitábase su tierno corazón al contemplar por vez primera un amante rendido a sus pies. ¡Y qué amante!

La cortedad del paje, aunque auténtica, duró poco, y cuando ya comenzaba a recobrar su acostumbrada desenvoltura y serenidad, oyóse una voz chillona a lo lejos.

—¡Mi tía vuelve de misa! — exclamó la joven, aterrada —. Señor, os ruego que os marchéis.

—No sin que me concedáis esa rosa de vuestro cabello como recuerdo.

Desenredóla apresuradamente de sus negras y lustrosas crenchas.

—Tomadla — le dijo, agitada y ruborosa —; pero marchaos, por favor.

Cogió el paje la rosa y al mismo tiempo cubrió de besos la linda mano que se la ofrecía. Después, colocando la flor en su gorro y apresando al halcón en su mano, atravesó aceleradamente el jardín, llevándose consigo el corazón de la gentil Jacinta.

Cuando la vigilante tía llegó a la torre advirtió la agitación de su sobrina y un ambiente de desorden en el salón; mas bastaron unas palabras de explicación.

—Un gerifalte ha perseguido su presa por el salón.

—¡Alabado sea Dios! ¡Pensar que un halcón ha entrado en la torre! ¡Habráse visto ave más desvergonzada! Pues, Señor, ¡ni siquiera está seguro el pájaro en la jaula!

Al fin, el rey Felipe interrumpió su estancia en Granada y partió inesperadamente con todo su cortejo. La vigilante Fredegunda vio salir la regia comitiva por la puerta de la Justicia y descender por la gran avenida que conduce a la ciudad. Cuando hubo perdido de vista el último pendón, volvió gozosa a su torre, pues que habían terminado todos sus cuidados. Mas, con gran sorpresa suya, vio que un ligero corcel árabe piafaba ante el portillo del jardín, y observó con horror, por entre los macizos de rosales, a un joven vestido con traje bordado, a los pies de su sobrina. Al ruido de sus pasos, dióle un tierno adiós, transpuso con presteza el vallado de cañas y mirtos y saltó sobre el caballo, perdiéndose de vista al instante.

La dulce Jacinta, con la angustia de su dolor, olvidóse por completo del disgusto de su tía y arrojándose en sus brazos, prorrumpió en sollozos y lágrimas:

— ¡Ay de mí! ¡Se ha marchado! ¡Se ha marchado! ¡Se ha marchado! ¡Y ya no le veré más!

— ¡Que se ha marchado! ¿Quién se ha marchado? ¿Quién es ese joven que he visto a tus pies?

— Un paje de la reina, tía, que vino a despedirse de mí.

— ¿Un paje de la reina, hija? — repitió la vigilante Fredegunda con voz desfalleciente —. ¿Y cuándo le has conocido?

— La mañana en que el gerifalte entró en la torre. Era el halcón de la reina, y él vino en su persecución.

— ¡Ay cándida niña! Sabe que no hay gerifaltes tan peligrosos como estos jóvenes y revoltosos pajes, y precisamente caen sobre las aves tan inocentes como tú.

Días, semanas, meses transcurrieron, y nada volvió a saberse del paje. Maduró la granada, dio su fruto la cepa, descendieron las lluvias otoñales en torrentes por las montañas, cubrióse la Sierra Nevada con su blanca túnica y ulularon los vientos invernales por los salones de la Alhambra, mas él no volvió. Pasó el invierno. De nuevo la primavera cordial estalló en canciones, y flores, y céfiros perfumados; fundiéronse las nieves de las montañas hasta que sólo quedó en la elevada cumbre de la Sierra, reluciendo a través del bochornoso aire estival. Pero nada se supo del olvidadizo paje.

Entre tanto, la pobre Jacinta poníase cada vez más pálida y triste. Abandonadas quedaron sus antiguas ocupaciones y distracciones, enredada seguía su seda, flojas las cuerdas de su guitarra, olvidadas sus flores, despreciados los trinos de su pájaro, y sus ojos, antes tan brillantes, estaban ahora velados con secretos llantos. Si se pensase en un lugar solitario para alimentar la pasión de una joven abandonada por su amor, ninguno mejor que la Alhambra, donde todo parece dispuesto para provocar tiernos y románticos ensueños. Es un verdadero paraíso para los enamorados, ¡y cuán cruel, entonces, sentirse sola en semejante paraíso, y no ya sola, sino abandonada!

Filtros

RENE JORDAN

Se ha dicho que «algo se pierde en la traducción.» A veces, al pasar de un idioma a otro, suceden cosas que nos divierten mucho. Así ha ocurrido con la selección *Filtros* por René Jordán. Fue traducida al inglés bajo el título *Philters* y apareció en *Oro verde*, una revista de turismo publicado en España.

— ¿Filtros? ¿Filtros de qué? ¿De esos del agua?

Ella le oyó decir sus usuales rudezas cuidadosamente masculinas y le corrigió con su habitual sonrisa superior:

— No. Filtros mágicos. Como en *Tristán e Isolda*. Se los da uno a un amante que se quiere ir y lo retiene para siempre. Es un lazo que no se puede romper.

El se encogió de hombros y comentó:

— Sigue leyendo cosas de esas y vas a parar en el manicomio.

— No lo he leído en ninguna parte. Son cosas que existen. Son secretos que pasan de generación en generación.

— Sí, claro. Y el que lo recibió en esta generación es el estafador ese que te está sacando el dinero. Mi dinero, para decirlo con todas sus letras.

— No es un estafador. Es un sabio. Un hombre muy culto. No te creas que es uno de ésos que se anuncian por palabras y venden la piedra de la felicidad y cosas de ésas.

— No, éste lo que vende es agua con azúcar para que se la den a cualquier tonto y así estafarlo. Con su propio dinero y sin que se dé cuenta. No lo niego, el truco es perfecto. A lo mejor yo me meto a mago.

— Contigo no se puede hablar — rezongó ella. Y, de pronto, le subió a los labios una sonrisa secreta, de triunfo íntimo, de pacto diplomático consigo misma. Con un tono sinuoso agregó: — Bueno, no se puede hablar contigo ahora. Ya se podrá.

El la miró fijamente, haciéndole una humilde radiografía casera, estudiando desde la mirada oblicua de los ojos, que no se enfrentaban con los suyos, hasta el temblor imperceptible de las afiladas uñas, chocando con el borde curvo de la copa de vino. La copa de él.

— Y al infeliz ese que le den el filtro, ¿ni se entera? — preguntó ya en franco plano detectivesco.

— No — dijo ella, salmodiando publicitariamente las ventajas del producto —. Es insípido, incoloro.

Fue a agregar inodoro, pero la venció la idea de que se trataba de una palabra fea y prefirió permitir que la frase dejara una estela pecaminosa en el vacío.

— ¿Y qué le pasa al que se lo toma, se muere?

Ella expandió aun más la sonrisa, gozando su secreto con avidez onanística.

— Se muere . . . de amor.

Aquí le pareció que sus palabras habían alcanzado un climax de comicidad maliciosa y ornamentó la revelación con los puntos suspensivos de una carcajada que se le antojó maquiavélica. Lucrecia Borgia no hubiera estado mejor.

— El que lo toma se enamora — continuó explicando — de quien le haya dado el filtro. Y para siempre. No hay escapatoria. No hay olvido. Es algo maravilloso.

Cerró los ojos en un éxtasis romántico y cuando los abrió fue para ver un mundo nuevo, en el que ella era una especie de deidad justiciera. Se acercó la copa a los labios, invitándolo a que bebiera. El aceptó el reto con una risa que le hacía temblar la nuez a velocidad progresiva.

— Mira, si no fuera porque no creo una palabra de estos trucos, ya hubiera salido huyendo. Para la próxima aprende a repartir tus filtros sin tantas insinuaciones.

Y fue entonces él quien cayó presa de una risa convulsa, llena de minúsculos hipos y pequeñas aspiraciones pulmonares y ojos húmedos y mejillas enrojecidas. Ella lo observó indecisa entre si aparentar indignación o diversión tolerante.

El se controló a duras penas y, con un grotesco gesto de desafío, alzó la copa y la apuró de un solo trago, hasta que el pie torneado y translúcido formó una perpendicular con su cabeza, ostentosamente echada hacia atrás. Después colocó la copa en la mesita, en medio de otra carcajada incontenible. Entre molesta y fascinada por su risa, ella acabó de tomarse su trago y estalló al fin:

— ¿De qué te ríes?

— De ti. De que eres una *amateur*. Hasta para la brujería esta. ¿Qué diría tu mago tan culto si supiera lo mal que lo has hecho todo? Lo único que te ha faltado ha sido ponerle un letrero a la copa. Mira, estas cosas hay que hacerlas con mucho misterio, para que cuando me entrara la gran pasión fuera como una fiebre de momento, sin enterarme de cómo había empezado.

— No lo vas a saber — sentenció ella —; ésa es una de las garantías del filtro. Cuando empieza a surtir su efecto te olvidas de que lo has tomado, olvidas cómo sentías antes de tomarlo, te olvidas de todo. Es como si empezaras a vivir. Te lleva consigo, creo que hasta la muerte.

El la miró un poco alarmado de su fervor. Le buscó los ojos con la mirada, pero ella los tenía clavados por encima de su hombro, perdidos en la semipenumbra de la habitación contigua. Con voz nerviosa, él preguntó:

— ¿Y le hace efecto a cualquiera o sólo a la persona para quien lo prepararon?

Ella volvió de muy lejos, atraída por su mano, que le había dado un golpecito telegráfico en la muñeca.

— Sí, claro. Le hace efecto a cualquiera. Es lo que se llama un filtro universal.

El miró las copas vacías en la mesa y, contra su voluntad, con los reflejos en franca rebeldía, se estremeció. Con dos dedos la tomó por el pulgar y le sacudió la mano:

— Oye, fue una broma. Cambié las copas. Sólo a ti podía ocurrírsete servir el vino en copas iguales. Fue una broma. Vamos, vamos. Se acabó el juego.

Quiso reírse como antes, pero la carcajada se le atascó en los músculos apretados de la mandíbula. Ella apartó su mano, le levantó, avanzó hacia la habitación contigua y cerró la puerta con llave. El la siguió rápidamente, pero sólo alcanzó a tabletear suavemente con los nudillos sobre la madera:

— Perdóname. Fue una broma. No te enojes. Anda, abre.

Pero ella no lo oyó. Desde el fondo de la penumbra verdosa del cuarto cerrado, dos ojos lejanos y próximos la llamaron amorosamente. En todo el mundo no había nada más importantes que aquellos ojos. Avanzó en la oscuridad creciente y cuando llegó junto a ellos se adelantó golosamente y dejó que su boca se aplastara contra la boca fría, dura, tentadora y reluciente del espejo.

Philters

"Philters? Philters for what? You mean those things for water?"

She heard him make his usual sarcastic, masculine remarks and she corrected him with her usual superior smile:

"No, magic philters. Like those in *Tristan and Isolde*. You give them to a lover who wants to quit you and you can hold him for good. It's a grip from which you can't free yourself."

He shrugged and made another one of his familiar remarks:

"You keep on reading these rots and you will end up in the nut house."

"I haven't been reading that anywhere. But those things exist. They are secrets that pass on from one generation to another."

"Of course, and the guy that picked them up in this generation is that phoney who is grabbing all your money. My money, to be more exact."

"He is not a phoney. He is a wise man. An educated man. Don't you believe he is one of those guys who puts classified ads in the papers to sell philosopher stones or some bunk like that."

"No that guy only sells water with sugar to fools and pockets their money. He could get away with murder and people would continue looking him up, listen to his gab and gladly pay for it. It may be a good idea, I might become a magician one of these days."

"One can't even talk to you," she grumbled. "But it'll be different sometime."

He gazed at her and took a homemade x-ray picture of her. He examined the oblique look in eyes that would not look into his and the almost imperceptible tremor of her long sharp fingernails touching the curved edge of a wine glass. His glass.

"And doesn't the poor guy who drinks the potion ever become aware of it?" he asked, feeling like a private eye.

"No," she said, quoting words from the ad she knew by heart:

"The advantages of the product is that it's colorless, insipid."

She was about to add that it was also odorless, but she suddenly convinced herself that it was a bad sort of a word. She preferred that her phrase would leave a wake of sin *in vacuo*.

"And what happens to whoever drinks it? Does he die?"

She put on a broad smile, enjoying her secret with sensuous greediness.

"Yes, he dies—of love."

Her words seemed to her to have reached a comical, malicious climax and noticing his perplexity, she couldn't help from bursting out laughing, a laughter that suddenly seemed to her to be machiavellian. Why even Lucrecia Borgia herself couldn't have done it better.

"Whoever drinks it, falls in love." She continued explaining just as the magician had told her. "And for good. You just can't get away from it. You can't forget. It's fabulous."

She closed her eyes as if in romantic ecstasy, and when she opened them again, she was already seeing a better world in which she was some sort of a righteous goddess. She brought her glass to her lips, inviting him to drink. He accepted the challenge laughingly and his Adam's apple began to wiggle with increasing speed.

"Look, if it wasn't because I don't believe a word of those shenanigans, I would have already gotten out of here and fast. Next time don't be so insinuating when you pass around your philters."

And then it was his turn to laugh, and he laughed out loud with a slight hiccough, short lung aspirations, humid eyes and reddening cheeks.

She stared at him, wondering if it would be better to pretend to be angry or just enjoying herself tolerably.

He could hardly control himself, and with a grotesque challenging gesture he raised his glass and gulped down his drink in one swallow, until its curved translucid foot made a perfect angle with his head ostentatiously thrown back. After that he put the glass on the small table, laughing with all his might.

She didn't know what to think of his laughter, she couldn't even make out whether it bothered or fascinated her, and at last she broke out:

"What are you laughing at?"

"At you. You are just an amateur—in everything. Even as a witch. What would your magician say if he knew what a bad act you had put on? Why the only thing that was missing was a label on the glass. Look here, those things have to be done with a lot of mystery, so that when a great passion overcame me, it would be just like a passing fever, not even realizing how it had ever started."

"You are never going to know it," she passed on a sentence. "It's one of the philter's guarantees. When you begin to feel the effects of the philter you forget you have ever taken it. You even forget how you felt before downing it, you just forget everything. It's as if you began to live. It's inside of you until you die."

He looked at her. He was becoming concerned because of her fervor. He searched her eyes, but they were looking fixedly over his shoulder as if lost in the semidarkness of the adjoining room.

He asked with a nervous inflection:

"And does it affect just anybody or only the person for whom it was prepared?"

She returned from afar, attracted by his hands which had given her a telegraphic touch on the wrist.

"Yes, of course it affects everybody. It's what is called a universal philter."

He looked at the empty glasses on the table and against his will, as his reflexes had rebelled, he shuddered. With two fingers he took hold of her thumb and shook her hand.

"Listen, it was just a joke. I changed the glasses. You always serve drinks in the same size of glasses. Temptation was too great to resist. It was a joke. Come on, come on, the game is over."

He wanted to laugh like before, but laughter got clogged in the tight muscles of his jaws. She withdrew her hand, got up and walked toward the adjoining room closing and locking the door behind her. He sprung after her, but all he could do was to tap softly on the wooden door.

"Forgive me, it was just a joke. Don't get angry. Come on, open up."

But she did not hear him. At the far end of the greenish penumbra in the closed room, two eyes were gazing at her from afar and yet near. They called at her lovingly. There was nothing so important as those eyes in the whole world. She advanced in the growing dimness and when she got close to them, she sprung forward greedily and let her mouth flatten against the cold, hard, tempting mouth in the mirror.

THE PERVERSE ART OF TRANSLATION

Attempting to represent the myriad aspects of the New Spain presents many problems, not the least of which is translating accurately *and smoothly* articles and information from Spanish to English. Like a rumor, transition is often transforming. Offered below is an experiment in the languages—a bit of lyrical whimsy composed initially in English, then to Spanish, back to English. The two translators are both professional and experienced, but still the art can be very perverse.

Quiet Jazz

And brass the sing song wander of a falling leaf!
Swing the absent measure of a tipsy bell
With the fluted echo of a sigh;
Beat the animated pause of a breaking wave
Against the timpani of a blistered sky
And brass the sing song wander of a falling leaf!

Jazz tranquilo

Balancea el compás distraído de un címbalo achispado
con el eco flauteado de un suspiro;
da con la pausa animada de una rompiente
contra los timbales de un cielo ampollado
y ¡reviste en latón el sonsonete vagueante de una
hoja girante!

Soft Jazz

Heedless of a tipsy cymbal the beat
Hesitates with the flutelike echo of a sigh;
With the suspenseful pause of a waterfall
It strikes against the kettledrums of a nubilous sky
And cloaks in brass the wandering sound of a
Turning sheet.

Castellana, Madrid

1   Do not translate literally but idiomatically.
      Todo el mundo lo sabía.
    Wrong   All the world knew it.
    Right   **Everybody knew it.**

2   Do not forget that the verb is usually the most important element
    in a sentence. Be sure you have the proper tense and person.
      Los compró ayer.
    Wrong   I bought them yesterday.
    Right   **He bought them yesterday.**

3   Do not translate Spanish words by their English cognates unless
    the latter mean the same and fit in the sentence being translated.
      Lo vi en la librería.
    Wrong   I saw it in the library.
    Right   **I saw it in the bookstore.**

4   Do not use repeatedly the same translation for Spanish words that
    have several meanings.
    andar   **to walk, walk about, pace, go, go about, go away, be
        going, pass, behave, work, move, function, progress, act,
        get along, be, be involved, feel**
    cabo   **end, cord, line, rope, cable, cape, master, chief, corpo-
        ral, tip, extreme, end, holder**

5   Do not let the word order of the Spanish sentence determine the
    English word order unless you are certain that the latter is ac-
    ceptable.
      *De tales meditaciones vino a sacarle la voz lastimera de
      un hombre que allí cerca se quejaba.*
    Wrong   From such meditations came to arouse him the sorrow-
        ful voice of a man who was moaning near there.
    Right   **He was aroused from those meditations by the sorrowful
        voice of a man who was moaning nearby.**

6   Do not use, in translating, words which do not fit the person
    speaking, the situation involved, or the tone of the passage.
      — Es una real moza — exclamaba el coronel de milicias.
    Wrong   "She is a beautiful woman," exclaimed the colonel of the
        militia.
    Right   **"She is a swell girl," exclaimed the colonel of the militia.**

7   Do not ignore the little words. Study their function carefully.
      En la mesa inmediata a la en que se sentó. . .
    Wrong   At the next table, at which he was seated. . .
    Right   **At the table next to the one at which he was seated. . .**

8   Do not translate in piecemeal fashion: translate thought units, clauses, sentences.

> *Lo mismo Capistun que Martín tenían como punto de descanso el pueblo de Zaro.*

Wrong   Capistun, the same as Martin, had as their headquarters the town of Zaro.

Right   **Capistun, as well as Martin, had made the town of Zaro his headquarters.**

9   Do not forget that a good translation is impossible unless you have first found the subject.

> *Dentro de la casa habían cesado ya tiempo hacía los ruidos del fregado de los platos.*

Wrong   Inside the house they had stopped some time before the noise of dishwashing.

Right   **Inside the house the noise of dishwashing had ceased some time before.**

10   Do not translate mechanically. Strive to blend accuracy with good taste even if it becomes necessary to omit or supply a word or to break a sentence into two parts.

> *Como soy tan vieja no he sabido enseñarle la vida.*

Wrong   Since I am so old I have not known how to teach life to her.

Right   **Since I am so old I have been unable to teach her anything about life.**

Lloyd A. Kasten y Eduardo Neale-Silva, Redactores

EJERCICIOS DE TRADUCCION

Después de haber leído bien el siguiente trozo de **The Sun Also Rises,** *escríbalo en español. No haga referencia al trozo original mientras Ud. lo escribe en español.*

Outside, the fence that led from the last street of the town to the entrance of the bullring was already in place and made a long pen; the crowd would come running down with the bulls behind them on the morning of the day of the first bullfight. Out across the plain, where the horse and cattle fair would be, some gypsies had camped under the trees. The wine and *aguardiente* sellers were putting up their booths. One booth advertised *Anis del toro.* The cloth sign hung against the planks in the hot sun. In the big square that was the center of the town there was no change yet. We sat in the white wicker chairs on the terrace of the café and watched the motor-buses come in and unload peasants from the country coming in to the market, and we watched the buses fill up and start out with peasants sitting with their saddle-bags full of the things they had bought in the town. The tall gray motor-buses were the only life of the square except for the pigeons and the man with a hose who sprinkled the gravelled square and watered the streets.

I looked through the glasses and saw the three matadors. Romero was in the center, Belmonte on his left, Marcial on his right. Back of them were their people, and behind the banderilleros, back in the passageway and in the open space of the corral, I saw the picadors. Romero was wearing a black suit. His tricornered hat was low down over his eyes. I could not see his face clearly under the hat, but it looked badly marked. He was looking straight ahead. Marcial was smoking a cigarette guardedly, holding it in his hand. Belmonte looked ahead, his face wan and yellow, his long wolf jaw out. He was looking at nothing. Neither he nor Romero seemed to have anything in common with the others. They were all alone. The president came in; there was handclapping above us in the grandstand, and I handed the glasses to Brett. There was applause. The music started. Brett looked through the glasses.

Después de haber leído bien el siguiente trozo de San Manuel Bueno, Mártir, escríbalo en inglés. No haga referencia al trozo original mientras Ud. lo escribe en inglés.

Aquellos años pasaron como un sueño. La imagen de don Manuel iba creciendo en mí sin que yo de ello me diese cuenta, pues era un varón tan cotidiano, tan de cada día como el pan que a diario pedimos en el padrenuestro. Yo le ayudaba cuando podía en sus menesteres, visitaba a sus enfermos, a nuestros enfermos, a las niñas de la escuela, arreglaba el ropero de la iglesia, le hacía, como me llamaba él, de diaconisa. Fui unos días invitada por una compañera de colegio, a la ciudad, y tuve que volverme, pues en la ciudad me ahogaba, me faltaba algo, sentía sed de la vista de las aguas del lago, hambre de la vista de las peñas de la montaña; sentía, sobre todo, la falta de mi don Manuel y como si su ausencia me llamara, como si corriese un peligro lejos de mí, como si me necesitara. Empezaba yo a sentir una especie de afecto maternal hacia mi padre espiritual; quería aliviarle del peso de su cruz del nacimiento.

Así fui llegando a mis veinticuatro años, que es cuando volvió de América, con un caudalillo ahorrado, mi hermano Lázaro. Llegó acá, a Valverde de Lucerna, con el propósito de llevarnos a mí y a nuestra madre a vivir a la ciudad, acaso a Madrid.

— En la aldea — decía — se entontece, se embrutece y se empobrece uno.

Y añadía:

— Civilización es lo contrario de ruralización; ¡aldeanerías no! que no hice que fueras al colegio para que te pudras luego aquí, entre estos zafios patanes.

Yo callaba, aun dispuesta a resistir la emigración; pero nuestra madre, que pasaba ya de la sesentena, se opuso desde un principio. «¡A mi edad, cambiar de aguas!» dijo primero; mas luego dio a conocer claramente que ella no podría vivir fuera de la vista de su lago, de su montaña, y sobre todo de su don Manuel.

— ¡Sois como las gatas, que os apegáis a la casa! — repetía mi hermano.

Estructura

Los adjetivos y los artículos

Concordancia con el sustantivo

El adjetivo tiene que concordar con el sustantivo que modifica. Los adjetivos que terminan en −o tienen cuatro formas: Hombre ambicioso, mujer ambiciosa, hombres ambiciosos, mujeres ambiciosas.

I Complete las siguientes oraciones con la forma apropiada del adjetivo.

1 El cántaro es _____. *blanco*
2 Los cochinos eran _____. *gordo*
3 La lechera tenía un aire _____. *sencillo*
4 Era una mujer _____. *ambicioso*
5 El mercado no estaba _____. *limpio*
6 Quería enriquecerse en _____ meses. *poco*
7 En esta vida, ni el presente está _____. *seguro*
8 La gallina estaba _____. *muerto*
9 El ciervo se miraba en una _____ fuente. *hermoso*
10 Un lebrel _____ se acercó al ciervo. *fiero*
11 Dos _____ galgos seguían al conejo. *pícaro*
12 El ciervo tenía piernas _____ y _____. *largo, delgado*

Terminación en −e o en consonante

Los adjetivos que terminan en −e o en consonante tienen sólo dos formas: El árbol verde, los árboles verdes, la planta verde, las plantas verdes. Un proverbio popular, unos proverbios populares, una fábula popular, unas fábulas populares.

II Complete las siguientes oraciones con la forma apropiada del adjetivo.

1 No tenía ideas _____. *inocente*
2 La _____ lechera marchaba hacia el mercado. *feliz*
3 El cielo _____ armonizaba con los montes _____. *azul, verde.*
4 Al romperse el cántaro, le vinieron a la mente pensamientos _____. *triste*
5 Los avaros se ponen _____ por recibir más dinero. *impaciente*
6 La seguidilla es una composición poética usada en cantos _____. *popular*

Nacionalidad

Los adjetivos de nacionalidad que terminan en consonante tienen cuatro formas: Irlandés, irlandeses, irlandesa, irlandesas.

1 Es una fábula ———. *español*
2 Estos refranes son ———. *inglés*
3 A mí me fascinan los cuentos ———. *alemán*
4 Las canciones ——— son populares en el mundo entero. *andaluz*

Pérdida de la –o final

Los siguientes adjetivos pierden la –o delante de un sustantivo masculino: Bueno, malo, primero, tercero, ninguno, alguno → un buen chico, un mal chico, el primer chico, el tercer chico, ningún chico, algún chico. Nótese que los adjetivos *alguno* y *ninguno* llevan acento en la forma abreviada.

Apocopación de grande

El adjetivo *grande* se refiere al tamaño cuando sigue al sustantivo. Colocado delante de un sustantivo masculino o femenino, se convierte en *gran* y tiene el significado de «conocido» o «famoso.»

IV Complete las siguientes oraciones con la forma apropiada del adjetivo.

1 Lo que enseña el refrán es un ——— consejo para todos. *bueno*
2 Son ideas ——— las que tiene el rico avariento. *malo*
3 Samaniego es un ——— fabulista. *grande*
4 ¡Qué ——— son los cuernos del ciervo! *grande*
5 El ciervo aprendió que el tener piernas delgadas no era ——— defecto. *ninguno*
6 ——— moraleja puede satisfacer a todos. *ninguno*
7 Esas fábulas contienen ——— ideas muy buenas. *alguno*

Significado según la colocación

Algunos adjetivos cambian de significado según la colocación de ellos: Un coche nuevo → un coche no usado; un nuevo coche → otro coche. Una mujer pobre → una mujer sin dinero; una pobre mujer → una infeliz mujer. Aceite puro → aceite sin mezcla, sin impureza; la pura verdad → la verdad simple. Cierto plan → un plan; un plan cierto → un plan seguro.

V Complete cada oración. Coloque el adjetivo según el significado de la primera oración.

1 Como se rompió el cántaro, la lechera tendrá que comprar otro.
   La lechera tendrá que comprar ———.
2 La lechera no quiere un cántaro ya usado.
   La lechera tendrá que comprar ———.
3 Como se ha roto el cántaro, la infeliz lechera no sabe qué hacer.
   Como se ha roto el cántaro, ——— no sabe qué hacer.
4 La moraleja es una simple tontería.
   La moraleja es ———.

5 Como la mujer no tenía dinero, trataba de vender unas castañas para dar de comer a sus hijos.

_____ trataba de vender unas castañas para dar de comer a sus hijos.

6 La leche que vendía la lechera no tenía impureza ninguna.

La lechera vendía _____.

7 El avaro tenía un plan para enriquecerse, pero no sé los detalles.

El avaro tenía _____ para enriquecerse.

8 El negocio de la lechera no es ninguna cosa segura.

El negocio de la lechera no es _____.

Colocación con una construcción posesiva

Cuando un sustantivo está modificado por una construcción posesiva y otro adjetivo también, el significado de este adjetivo cambia según su colocación: Las lindas hermanas de Roberto → Todas las hermanas de Roberto son lindas.   Las hermanas lindas de Roberto → Algunas de sus hermanas son lindas, otras no lo son. Se refiere sólo a las que son lindas: no a todas.

VI Convierta cada dos oraciones en una sola. Coloque el adjetivo según el significado.

1 Las mujeres del pueblo son bonitas. Trabajan mucho.
2 Algunas de las mujeres del pueblo son bonitas. Trabajan mucho.
3 Los mercados de España son antiguos. Son interesantes.
4 Algunos de los mercados de España son antiguos. Son interesantes.
5 Las gallinas del avaro son famosas. Dan huevos de oro.
6 Algunas de las gallinas del avaro son famosas. Dan huevos de oro.
7 Los cuernos de los ciervos son largos. Les dan un aspecto noble.
8 Los cuernos de este ciervo son largos. Le dan un aspecto noble.

Artículos definidos

Se usa el artículo definido al referirse a una cosa definida: La gallina del avaro da huevos de oro.

Cuando se habla de una cosa en general, hay que usar el artículo definido: Las minas de carbón son importantes.

También se usa el artículo definido al referirse a un sustantivo abstracto: El amor es una cosa divina.   En inglés, se omite el artículo definido en estas dos construcciones.

Se omite el artículo para expresar el partitivo: El avaro tiene gallinas. → Tiene algunas gallinas, no todas las que existen.

VII Complete las siguientes oraciones con la forma apropiada del artículo definido si es necesario.

1 _____ huevos son blancos.
2 _____ mercados son antiguos.

3 España tiene _____ mercados antiguos.
4 Queremos visitar _____ mercados antiguos de España.
5 La lechera tiene _____ proyectos interesantes.
6 _____ gallinas dan huevos.
7 Veo _____ gallinas blancas, no las negras.
8 _____ avaricia es un defecto humano.
9 _____ avaros siempre quieren más de lo que tienen.
10 La mayoría de las gallinas del señor López dan _____ huevos.
11 Me gustan _____ huevos.
12 _____ galgos corren muy de prisa.

Artículos indefinidos

Contrariamente al inglés, se omite el artículo indefinido cuando un sustantivo sigue al verbo *ser:* María es secretaria. Sin embargo, si el sustantivo está modificado, se usa el artículo indefinido: María es una secretaria inteligente.

VIII Complete las siguientes oraciones con la forma apropiada del artículo indefinido si es necesario.

1 Félix Samaniego es _____ fabulista.
2 Félix Samaniego es _____ fabulista muy conocido.
3 La lechera es _____ mujer ambiciosa.
4 El avaro no es _____ minero.

JOYA DOS

Los verbos irregulares

El tiempo presente

I Conteste a las siguientes preguntas en la forma afirmativa.

1 ¿Da Ud. la estatua a la emperatriz?
2 ¿Está Ud. en el salón del escultor?
3 ¿Va Ud. en busca del hijo?
4 ¿Conoce Ud. al boticario?
5 ¿Se lo dice Ud. al artista?
6 ¿Oye Ud. la voz del padre?
7 ¿Pone Ud. la escopeta al lado del árbol?
8 ¿Sabe Ud. el nombre del afrancesado?
9 ¿Es Ud. estudiante?
10 ¿Dan Uds. consejos al novio?
11 ¿Están Uds. en favor del matrimonio?
12 ¿Van Uds. a la boda?
13 ¿Conocen Uds. a los parientes de Dámaso?

14 ¿Dicen Uds. la verdad al mancebo?
15 ¿Oyen Uds. las palabras del traidor?
16 ¿Ponen Uds. las estatuillas en la mesa?
17 ¿Saben Uds. lo del mudo?

El pretérito

II   Transforme las siguientes oraciones en el pretérito.

1 El hijo anda por las montañas.
2 Los traidores están en la botica.
3 Carlos trae la carta de Roberto.
4 Se lo digo al alcalde.
5 La estatua no cabe en la mesa.
6 Los escultores hacen una estatua de marfil.
7 La mujer no puede entender las acciones del marido.
8 El padre se pone triste al pensar en su hijo.
9 No quieren hablar delante del mudo.
10 No sé nada de la traición.
11 Viene el ángel a hablar con los campesinos.
12 No tenemos noticias de García de Paredes.

El futuro

III   Siga el modelo.

¿Fuiste a la botica? → No, no fui; pero iré mañana.

1 ¿Te dijeron lo que pasó a la mujer brava?
2 ¿Lo hicieron ayer?
3 ¿Se lo dijiste ayer?
4 ¿Pudieron capturar a los traidores?
5 ¿Pusieron al mirlo en la caja?
6 ¿Quiso Susette ver la estatua?
7 ¿Supiste lo del boticario?
8 ¿Salió del pueblo el alcalde?
9 ¿Tuvieron suerte los afrancesados?
10 ¿Vino Recaredo?

IV   Siga el modelo.

¿Saldrá el padre con su hijo? → No, no saldrá porque salió ayer.

1 ¿Te dirán lo de la mujer brava?
2 ¿Irás a la casa del mudito?
3 ¿Estarán Uds. en la botica?
4 ¿Vendrá la carta de Roberto?
5 ¿Tendrás que hablar con él?

V   Transforme las siguientes oraciones en el pretérito y en el futuro.

1 El hijo duerme bajo un árbol.
2 No les pido ayuda a los traidores.

3   El pobre niño muere.
4   Todos repiten el nombre de García de Paredes.
5   Lo sentimos mucho.

El presente perfecto

VI   Siga el modelo.

¿Abren la puerta los invasores? → No, ya la han abierto.

1   ¿Cubre el niño la escopeta?
2   ¿Se lo dices a Recaredo?
3   ¿Escribe Roberto?
4   ¿Hacen Uds. los planes para la boda?
5   ¿Muere su hijo?
6   ¿Ponen la estatua en la sala?
7   ¿Rompen tan magnífica estatua?
8   ¿Resuelves el problema?
9   ¿Vuelven del fregadero?
10   ¿Ven a la emperatriz de la China?

Sinopsis

VII   Haga una serie de oraciones según el modelo.

El padre _____ en busca de su hijo.   *ir* →
El padre va en busca de su hijo.
El padre iba en busca de su hijo.
El padre fue en busca de su hijo.
El padre irá en busca de su hijo.
El padre iría en busca de su hijo.
El padre ha ido en busca de su hijo.
El padre había ido en busca de su hijo.
El padre habrá ido en busca de su hijo.
El padre habría ido en busca de su hijo.

1   Ellos _____ la estatua en la sala.   *poner*
2   Yo se lo _____ a él.   *decir*
3   El escultor _____ mucho ruido.   *hacer*
4   Nosotros _____ que hablar con el alcalde.   *tener*

JOYA TRES

El imperfecto y el pretérito

Acción definida

Se usa el pretérito para expresar una acción definida, terminada en el pasado: Cortés salió a encontrar a Moctezuma en 1527. Visitaron la Ciudad de México el año pasado. Valdelomar nació en 1888.

I Complete las siguientes oraciones con la forma apropiada del verbo.

1 Cortés _____ una carta a Carlos V en 1520. *escribir*
2 Hace unos siglos los indios _____ bien a Cortés y le _____ de comer. *recibir, dar*
3 Carlos _____ las pirámides de Teotihuacán el verano pasado. *visitar*
4 Ayer todos _____ al camposanto donde _____ delante del sepulcro. *ir, rezar*
5 Yo _____ con ella anoche. *soñar*
6 Valdelomar _____ en Roma en el año 1913. *divertirse*
7 ¿_____ tú al baile el sábado pasado? *asistir*
8 La señorita Du Bois _____ con el doctor Olaechea hace unos años. *casarse*
9 Yo le _____ el artículo la semana pasada. *mandar*

Acción repetida

Se usa el imperfecto para expresar una acción repetida en el pasado: Siempre asistía a los bailes. Hablaba al jefe con frecuencia.

II Complete las siguientes oraciones con la forma apropiada del verbo.

1 Valdelomar _____ a su madre a menudo. *escribir*
2 Bécquer _____ mucho en la muerte. *pensar*
3 El sol _____ cada mañana a las seis y _____ a las siete de la tarde. *levantarse, ponerse*
4 Nosotros _____ al baile todos los viernes. *asistir*
5 Yo siempre _____ al lugar de mi nacimiento. *volver*

III Transforme las siguientes oraciones según el modelo.

Los indios siempre nos acogían con ceremonia.
Ayer → Ayer los indios nos acogieron con ceremonia.

1 Los niños siempre olían las flores.
Ayer
2 A veces le acompañaba mucha gente.
El otro día
3 El año pasado fuimos a la Ciudad de México.
Todos los veranos
4 Un día le vino a hablar cierto señor.
Cada día
5 Siempre comíamos en una ciudad cuyo nombre se me ha escapado.
La semana pasada
6 Anoche entré por la misma puerta.
Siempre

7 Veíamos mucho a un señor descalzo.
  Esta mañana
8 Una vez, al amanecer, los pájaros me cantaron un himno.
  Muchas veces

Descripción

La descripción en el pasado se expresa con el imperfecto: Era tarde. Hacía mal tiempo y el mar estaba revuelto.

IV *Transforme las siguientes oraciones en el pasado.*

1 Los álamos se balancean día y noche sobre la sepultura.
2 Las ramas del álamo se inclinan para acariciar los despojos.
3 La casa tiene jardines de flores olorosas.
4 Todo está labrado de cañas.
5 El hermano de la señorita Du Bois es guapo e inteligente.

Los dos tiempos en una oración

En muchas oraciones hay dos verbos. El verbo que describe lo que pasa está en el imperfecto. Lo que interrumpe esta acción está en el pretérito: Cortés estaba en Tenochtitlán cuando encontró a Moctezuma. El escribía una carta a su madre cuando sonó el teléfono.

V *Complete las siguientes oraciones con la forma apropiada del verbo.*

1 Cortés _____ el camino por la costa cuando _____ a lo lejos una ciudad bonita. *seguir, ver*
2 El conquistador _____ a Moctezuma cuando le _____ a hablar dos señores. *esperar, venir*
3 Las indias _____ panes cuando _____ los soldados. *hacer, acercarse*
4 Cortés _____ un collar de margaritas y de diamantes de vidrio cuando _____ a Moctezuma. *llevar, encontrar*

Acciones simultáneas

En otras oraciones hay dos acciones simultáneas. Si son acciones terminadas se usa el pretérito: Cortés se acercó a Moctezuma y le dio un collar de diamantes de vidrio.   Si no se sabe cuando terminaron las acciones se usa el imperfecto: Todos cantaban mientras Rosita tocaba el piano.

VI *Complete las siguientes oraciones con la forma apropiada del verbo.*

1 Abraham _____ los dulces y se los _____ todos en seguida. *recibir, comer*
2 El hombre _____ a la orilla del río mientras el agua _____ sus pies. *rezar, bañar*

3 Algunos _____ el tango argentino mientras los otros los _____.
   bailar, mirar
4 Moctezuma _____ y Cortés _____ y le _____ a abrazar. *acercarse, apearse, ir*

JOYA CUATRO

Los otros tiempos

El presente

Se usa el presente con *hace ... que* para expresar una acción que empieza en el pasado y que continúa en el presente. En inglés se usa el presente perfecto: Hace un rato que Pepe habla con el sacerdote. Hace tiempo que Carlos y Martín son enemigos.

I Complete las siguientes oraciones con la forma apropiada del verbo.

1 Hace mucho tiempo que los llaneros _____ los caballos fieros. *amansar*
2 Hace siglos que _____ fama *El Quijote*. *tener*
3 Hace dos horas que nosotros _____ el problema. *discutir*
4 Hace años que ellos _____ ajo en Orbajosa. *cultivar*

II Siga el modelo.

Todavía ella quiere a Luzardo. Es cuestión de dos años. →
Hace dos años que ella quiere a Luzardo.

1 Todavía tienen influencia los carlistas. Es cuestión de cien años.
2 Todavía llovizna en la costa. Es cuestión de dos días.
3 Todavía quiere conocer a la Gaviota. Es cuestión de una semana.
4 Todavía son enemigos. Es cuestión de mucho tiempo.

El imperfecto

Se usa el imperfecto con *hacía ... que* para expresar una acción que empezó en el pasado y continuó hasta cierto tiempo cuando algo la interrumpió. En inglés se usa el pluscuamperfecto: Hacía tiempo que ellos se conocían cuando tuvieron que separarse.

III Complete las siguientes oraciones con la forma apropiada del verbo.

1 Hacía años que Carlos y Martín _____ enemigos cuando éste _____ de la hermana de aquél. *ser, enamorarse*
2 Hacía sólo dos horas que Pepe _____ en Orbajosa cuando _____ a don Ignacio. *estar, conocer*
3 Hacía poco tiempo que Lazarillo _____ a su amo cuando los dos _____ a reñir. *servir, empezar*

El presente progresivo

Se usa la forma progresiva (*estar* más el participio presente) para indicar una acción que tiene lugar en el momento: Está leyendo en la sala. → En este momento está leyendo.

También se usa la forma progresiva para expresar una acción que tiene lugar de vez en cuando: Estamos estudiando la literatura española. → No estamos estudiando necesariamente en este momento pero hemos empezado el estudio de la literatura española y seguimos con el estudio de ella.

IV   Sustituya el presente progresivo para el presente.

1   Don Quijote riñe con el dueño de la venta.
2   Pepe visita la catedral de Orbajosa.
3   Lazarillo bebe el vino de su amo.
4   Comienza a llover.
5   Los peones se dirigen a la corraleja.

El presente perfecto

Se usa el presente perfecto para indicar una acción que ha ocurrido recientemente en el pasado: Han llegado esta mañana.

Se usa también para indicar una acción que ha ocurrido en el pasado. Existe la posibilidad que ocurrirá de nuevo en el futuro: He estudiado español. → Lo he estudiado; no lo estudio ahora pero es posible que lo estudie otra vez en el futuro.

V   Exprese las siguientes ideas en el presente perfecto.

1   Lazarillo engañó a su amo.
2   Don Quijote estuvo enfermo.
3   Pepe Rey visitó la catedral.
4   La familia de Martín vivió en Urbia.
5   Los labradores segaron el ajo.

El pluscuamperfecto

Se usa el pluscuamperfecto para indicar una acción ocurrida anteriormente a otra acción: No vieron a doña Bárbara porque ya se había ido.

VI   Siga el modelo.

Pepe discutió el problema con su tía después de que salió el canónigo. → El canónigo ya había salido cuando Pepe discutió el problema con su tía.

1   El ciego le dio un golpe después de que el joven le robó el vino.
2   Mantearon a Sancho Panza después de que salió don Quijote.
3   La tempestad terminó después de que se perdió el buque.
4   La policía vino después de que Martín entró en el convento.
5   Don Quijote se puso enfermo después de que le armaron caballero andante.

En discurso directo el presente o el futuro sigue un verbo en el pasado. En discurso indirecto el presente se convierte en el imperfecto y el futuro en el condicional: Dijo: — Leo una novela interesante. → Dijo que leía una novela interesante. Dijo: — Leeré una novela interesante. → Dijo que leería una novela interesante.

VII   Siga el modelo.

María dijo: — Esta novela es interesante. → María dijo que esta novela era interesante.

1 Doña Bárbara dijo: — Le prestaré el dinero.
2 Sancho dijo: — La medicina no sirve para nada.
3 Don Quijote dijo: — Yo no pagaré por alojarme en un castillo.
4 Don Quijote dijo: — Los caballeros andantes no tienen que pagar.
5 Los llaneros dijeron: — Este potro será difícil de amansar.
6 Lazarillo dijo: — Quiero más vino.

VIII   Introduzca las siguientes oraciones con *soñé que.*

1 Capturarán a Martín.
2 Martín y Catalina se casan.
3 Lazarillo tiene que salir de su casa.
4 Don Quijote luchará con el ventero.
5 Orbajosa es una ciudad fantástica.

JOYA CINCO

El subjuntivo

Expresiones subjetivas

Se usa el subjuntivo en una cláusula dependiente introducida por un verbo o una expresión subjetiva: Quiero que ellos lean el periódico. Es necesario que sepas el contenido de este artículo. Les aconsejo que sean menos serios. Es posible que él me escriba un artículo. Prefieren que compremos un periódico de mejor calidad.

Cuando no hay cambio de sujeto, se usa el infinitivo: Quiero leer el periódico. Es necesario saber el contenido de este artículo. Prefieren comprar un periódico de mejor calidad.

I   Siga el modelo.

Quiero que:
El se comporta mejor. → Quiero que él se comporte mejor.

1 Quiero que:
El se comporta mejor.
Uds. son más serios.

El recibe una oreja.
Los astronautas visitan nuestro pueblo.
Todos comprenden la filosofía del hombre universal.

2 Prefieren que:
Leemos este periódico.
Viene aquí por la entrevista.
Lo conocemos personalmente.
Les hacemos reír.
No somos tan chistosos.

3 Tememos que:
El no realiza todos sus sueños.
Ellos mueren de tristeza.
Todos no están conformes.
Tú lo tomas todo a broma.
Ella se asusta de la vejez.

4 Insisto en que:
Sigues la profesión de tu preferencia.
Escribes el artículo con más cuidado.
Todos asisten a la ceremonia.
Diriges las operaciones.
Perfeccionas tu conocimiento del problema.

5 Será necesario que:
El entusiasma a su público.
Sabemos nuestras tareas específicas.
Todo está bien integrado y coordinado.
La prensa sirve la demanda pública.
Las noticias aparecen en la edición matinal.

6 Es probable que:
Ganas el trofeo.
Van mañana a la corrida.
Llega hoy a México.
Le interesa mucho el asunto.
Saborean mejor las películas de Cantinflas en España.

7 Es difícil que:
Cambia rápidamente la economía.
Llegan a tal conclusión.
No entra la política en la prensa.
Les hace reír a todos.

8 Es dudoso que:
Ellos modificarán sus opiniones.
Se casan dentro de un mes.
Puede efectuar su plan en seguida.
El me pide consejos.
Sale a tiempo el periódico.

1 ¿Quiere Juan que Uds. lo acompañen a la corrida?
2 ¿Manda el profesor que Ud. revise el artículo?
3 ¿Prefiere él que tú hables con los astronautas?
4 ¿Insisten ellos en que Uds. hagan la crítica?
5 ¿Se alegra Ud. de que ellos hayan tenido tanto éxito?

III *Conteste a las siguientes preguntas según la indicación.*

1 ¿Tiene Cantinflas muchos amigos?   *Es probable*
2 ¿Tendrá lugar el desfile?   *Es imposible*
3 ¿Viene a México el Cordobés?   *Es posible*
4 ¿Ponen Uds. el artículo en la edición dominical?   *Es necesario*
5 ¿Todos están conformes?   *Es cierto*
6 ¿Hacen Uds. el viaje a Chile este año?   *Es difícil*
7 ¿Entra la política en la prensa?   *Sabemos*

Concordancia de tiempos

Si en la cláusula principal el verbo está en el presente o en el futuro, se usa el presente del subjuntivo en la cláusula dependiente: Queremos que él lo sepa. Será necesario que ellos vengan aquí.

Si en la cláusula principal el verbo está en el pretérito, en el imperfecto o en el condicional, se usa el imperfecto del subjuntivo en la cláusula dependiente: Insistieron en que lo escribiéramos de nuevo. Quería que yo se lo dijera. Sería necesario que todos se pusieran de acuerdo.

IV *Siga los modelos.*

Quiere que yo llegue temprano. → Quería que yo llegara temprano.

Será necesario que ellos estén aquí. → Sería necesario que ellos estuvieran aquí.

1 Quiero que él se comporte mejor.
2 Preferirán que los conozcamos personalmente.
3 Tememos que todos no estén conformes.
4 Insistiré en que todos asistan a la ceremonia.
5 Será necesario que sepamos nuestras tareas específicas.
6 Será difícil que vengan en seguida.
7 Es dudoso que él me pida consejos.
8 Será imposible que les hagamos reír a todos.
9 Permiten que lo pongamos en la edición diaria.
10 Mandan que sigamos más cursos para perfeccionar nuestro adiestramiento.
11 No creo que ellos lean tal periódico.
12 No le pediré que me explique más.

Cláusulas adverbiales de tiempo

Hay que usar el subjuntivo en una cláusula adverbial de tiempo cuando la idea está en el futuro: Veremos a los astronautas cuando lleguen. No sabré nada hasta que aparezca en el periódico.

Sin embargo, se usa el indicativo cuando la idea está en el pasado: Vimos a los astronautas cuando llegaron. No supe nada hasta que apareció en el periódico.

La única excepción es *antes de que,* que siempre exige el subjuntivo: El estará aquí antes de que yo llegue. El estuvo aquí antes de que yo llegara.

V Siga el modelo.

Cuando trajeron las noticias, salimos en seguida. → Cuando traigan las noticias, saldremos en seguida.

1 Cuando él habló, todo el mundo se puso a reír.
2 Cuando llegaron los astronautas, todo el pueblo fue al desfile.
3 Cuando volvimos de la boda, estuvimos cansados.
4 Cuando vimos la película, nos dimos cuenta de la calidad de ella.
5 Cuando apareció el artículo, todo el mundo se puso nervioso.

VI Siga el modelo.

Al leerlo, sabremos los detalles. → Cuando lo leamos, sabremos los detalles.

1 Al verlo, reíremos.
2 Al hacer la entrevista, podrán aclarar el asunto.
3 Al volver de Chile, nos dará sus impresiones.
4 Al cambiar la economía, vivirá mejor la gente.

VII Siga los modelos.

Publicaron el artículo y después supimos los detalles. → Supimos los detalles después de que publicaron el artículo.

Publicarán el artículo y después sabremos los detalles. → Sabremos los detalles después de que publiquen el artículo.

1 Vimos la película y después reímos.
2 Veremos la película y después reíremos.
3 Asistimos a la corrida y después nos dimos cuenta de la vida arriesgada del torero.
4 Asistiremos a la corrida y después nos daremos cuenta de la vida arriesgada del torero.

VIII Complete las siguientes oraciones con la forma apropiada del verbo.

1 No supimos nada del asunto hasta que lo _____ en el periódico.
   leer

2 No sabremos nada del asunto hasta que lo _____ en el periódico. *leer*
3 En cuanto yo lo _____, me di cuenta de que era un fabricante de chistes. *conocer*
4 El cuanto tú lo _____, te darás cuenta de que es un fabricante de chistes. *conocer*
5 Ellos saldrán de Chile antes de que nosotros _____. *llegar*
6 Ellos salieron de Chile antes de que nosotros _____. *llegar*

Propósito

Se usa el subjuntivo después de las conjunciones *para que, de manera que* y *de modo que:* El enseña bien para que los alumnos aprendan. El enseñó bien para que los alumnos aprendieran.

IX *Complete las siguientes oraciones con la forma apropiada del verbo.*

1 El dice chistes para que todos _____. *reír*
2 El habló de modo que todos _____. *reír*
3 El escribe de manera que nadie lo _____. *entender*
4 El lo dijo así para que los otros _____ en el asunto. *pensar*
5 El lo dice así para que todos _____ más optimistas. *ponerse*

Aunque

Se usa el indicativo después de *aunque* cuando la idea expresada en la cláusula es definida: Saldremos aunque llueve. En este momento está lloviendo.

Sin embargo, se usa el subjuntivo si la idea expresada en la cláusula es indefinida: Saldremos aunque llueva. En este momento no está lloviendo pero es posible que llueva.

X *Complete las siguientes oraciones con la forma apropiada del verbo según la indicación.*

1 El hablará aunque no _____ nada del asunto. *saber* (Es definido que no sabe nada.)
2 El hablará aunque no _____ nada del asunto. *saber* (No sabemos si lo sabe o no.)
3 El sigue siendo optimista aunque las cosas _____ mal. *andar* (No hay duda de que las cosas andan mal.)
4 El no tendrá miedo aunque _____ riesgos. *haber* (No se sabe si hay riesgos o no.)

Antecedente indefinido

Hay que usar el subjuntivo en una cláusula que modifica un sustantivo indefinido: Buscamos una secretaria que hable español.

Si la cláusula modifica un sustantivo definido, se usa el indicativo: Tenemos una secretaria que habla español.

XI Complete las siguientes oraciones con la forma apropiada del verbo.

1 Busco un artículo que _____ más interesante que éste. *ser*
2 Publican un periódico que _____ los domingos. *salir*
3 Necesitamos alguien que no _____ miedo de algunos riesgos.
   tener
4 Estoy leyendo un ensayo que _____ de la hombría. *tratar*

Cláusulas con si

Si el verbo principal está en el futuro, se usa el presente del indicativo después de *si:* Si tenemos tiempo, leeremos el periódico. Si el verbo principal está en el condicional, se usa el imperfecto del subjuntivo después de *si:* Si tuviéramos tiempo, leeríamos el periódico. Si el verbo principal está en el condicional perfecto, se usa el pluscuamperfecto del subjuntivo después de *si:* Si hubiéramos tenido más tiempo, habríamos leído el periódico.

XII Siga el modelo.

él/no poder hacer cine/trabajar en el teatro
Si él no puede hacer cine, trabajará en el teatro.
Si él no pudiera hacer cine, trabajaría en el teatro.
Si él no hubiera podido hacer cine, habría trabajado en el teatro.

1 nosotros/tener tiempo/visitar a Chile
2 el matador/torear bien/recibir una oreja
3 ellos/ser amigos/decir la verdad
4 los astronautas/llegar a tiempo/participar en el desfile

JOYA SEIS

Ser y estar

Esencia

El verbo *ser* expresa esencia o existencia. El verbo *estar* expresa estado o condición.
   Se usa el verbo *ser* para unir el sujeto con el predicado: Castelar es orador.

I Complete las siguientes oraciones con la forma apropiada de ser.

1 Nosotros no _____ grandes oradores.
2 Juan _____ el mejor orador de todos.

3 España _____ un país bonito.
4 Esos hombres _____ esclavos.
5 La esclavitud _____ un pecado.
6 Puerto Rico _____ un estado asociado.

Origen, posesión, composición

Se usa *ser* para expresar origen, posesión, o la materia de la cual está hecha una cosa: Salaverría es de España. Este libro es de Juan, no de María. El barco es de madera.

Colocación

Se usa *estar* para expresar colocación permanente o temporal: Madrid está en España. Muchos turistas están en Puerto Rico.

II   Complete las siguientes oraciones con la forma apropiada de ser o estar.

1 José María Salaverría _____ de los países vascos.
2 España _____ en la península ibérica.
3 El mar Mediterráneo _____ al sur y al este de España.
4 Este vino _____ de España.
5 El barco del negrero _____ de madera.
6 Los esclavos _____ de Africa.
7 Las velas del buque _____ de tela.
8 Puerto Rico _____ una isla que _____ en el mar Caribe.
9 Este micrófono _____ del presidente.

Característica

Se usa *ser* para expresar una característica: España es bella. El gobernador es bueno.

Condición

Se usa *estar* para expresar una condición que puede cambiar: El agua del mar está fría hoy. Los pobres esclavos no están contentos.

III   Complete las siguientes oraciones con la forma apropiada de ser o estar.

1 Las montañas del norte de España _____ altas.
2 Salaverría _____ vasco.
3 El mar _____ revuelto a causa de la tempestad.
4 Las olivas no _____ maduras.
5 Puerto Rico _____ bello.
6 El discurso _____ largo pero _____ interesante.
7 Los diputados _____ inteligentes.
8 Muchos de los esclavos _____ enfermos.

Cambio de significado

Muchas veces el significado cambia según el uso de *ser y estar:*
María es rubia. Es una característica. María siempre tiene el pelo rubio.

María está rubia. Hoy tiene el pelo rubio pero se lo tiñe. Es posible que mañana tenga el pelo castaño. Es una condición, no una característica.

Carlos es enfermo. Es una persona que no tiene buena salud. Tiene algo grave y ser enfermo es una característica de Carlos.

Carlos está enfermo. Generalmente está en buena salud pero hoy se siente mal. Es sólo una condición.

IV Complete las siguientes oraciones con la forma apropiada de ser o estar.

1 María _____ rubia. Nunca cambia el color de su pelo.
2 María _____ rubia pero es posible que mañana tenga el pelo castaño.
3 Este orador _____ aburrido. Todos los que tienen que escucharlo _____ aburridos.
4 Esta comida _____ buena por el rico sabor que tiene.
5 Sin embargo, la comida que dan a los pobres esclavos _____ mala porque no tiene sabor ninguno.
6 Esta comida _____ buena para la salud porque tiene muchas vitaminas.
7 La comida que dan a los esclavos _____ mala porque no tiene ninguna vitamina.
8 La mujer del orador _____ bonita hoy con su nuevo vestido.
9 La mujer del orador _____ bonita. Es difícil comparar la belleza de ella con la de otras mujeres.

La voz pasiva

Con la voz pasiva se usa el verbo *ser*. Se usa *por* para introducir el agente: El discurso fue pronunciado por Castelar.

Se usa *estar* más el participio pasivo para expresar el resultado de una acción: El mozo cerró la puerta de la Cámara de Diputados. La puerta está cerrada.

V Complete las siguientes oraciones con el pretérito del verbo ser o el presente del verbo estar según el significado.

1 El arte de la oratoria _____ fundado por los griegos.
2 Los Pirineos _____ cubiertos de nieve.
3 Los esclavos _____ capturados por los negreros.
4 Con la llegada del cristianismo, el orador político _____ reemplazado por el predicador.
5 Los pobres esclavos no _____ bien alimentados.
6 Las fronteras del país _____ cerradas.
7 Este discurso _____ muy bien presentado.
8 El discurso _____ pronunciado por el mejor orador del país.

9 Ayer los negreros capturaron a muchos esclavos. Los esclavos _____ capturados.

10 El territorio de Puerto Rico _____ limitado.

Sinónimo de tener lugar

El verbo *ser* puede emplearse como sinónimo de *tener lugar:* La conferencia es mañana a las ocho. La conferencia es en la Cámara de Diputados.

VI *Cambie cada oración, empleando la forma apropiada de ser en vez de tener lugar.*

1 El entierro de la víctima tendrá lugar mañana a las diez.
2 La ceremonia tuvo lugar en el Palacio de Comunicaciones.
3 El discurso de Muñoz Marín tuvo lugar después de que habló el senador Fulbright.
4 La sentencia tendrá lugar el ocho de julio.

JOYA SIETE

Por y para

Destinación

Se usa *para* para expresar destino: Gertrudis de Avellaneda salió para España. Se marcharon para México.

Se usa *por* cuando el significado es «*through*» o «*about*»: Anduvieron por Valencia. El barco pasó por el río.

I *Complete las siguientes oraciones empleando por o para según el significado.*

1 Este mundo es el camino _____ el otro.
2 Las golondrinas volaron _____ el jardín.
3 El pirata seguía andando _____ el mar.
4 El buque salió _____ Asia.
5 El viaje _____ el otro mundo es definitivo.
6 El gitano anda despacio _____ la vereda.
7 El gaucho iba muy entonado _____ las pampas.
8 Martín salió _____ el palenque.
9 El dinero cunde su sarna _____ todo el mundo.

Propósito

Motivo

Se usa *para* para expresar propósito: Estudia para ser abogado. Necesito una pluma para escribir una poesía. Esto sirve para escribir.

Se usa *por* para expresar la razón o el motivo por una acción: José Martí luchó por su patria. Prenderán al gaucho por cualquier motivo.

II Complete las siguientes oraciones con la forma apropiada de por o para.

1 Hará cualquier cosa _____ el dinero.
2 Lo reprendieron _____ ser gaucho. No hubo otro motivo.
3 El come _____ no tener más hambre.
4 No he nacido _____ sufrir tanto.
5 Planté rosales _____ cosechar rosas.
6 Según Gertrudis de Avellaneda, levantaron las velas del barco _____ arrancarla del suelo nativo.
7 Cortó los limones _____ tirarlos al agua.
8 Siguió andando por el mar _____ su fuerte deseo de libertad.
9 Volverán las madreselvas _____ escalar las tapias del jardín.
10 Quiere a Dios no _____ temor, sino _____ amor.
11 No debe decir mentira _____ haber nacido bajo tal señal.
12 Consiento en morir _____ el amor que le tengo.

Límite de tiempo

Se usa *para* para expresar un límite de tiempo en el futuro: Tienen que leer esta poesía para mañana. Es necesario terminar estos ejercicios para el jueves.

Período de tiempo

Se usa *por* para expresar un período de tiempo: Estuvo enfermo por mucho tiempo. Se ausentó de la ciudad por un mes.

III Complete las siguientes oraciones con por o para.

1 El Cid tuvo que dejar a su familia _____ mucho tiempo.
2 Tienen que terminar la construcción del palacio _____ el año que viene.
3 Los árabes estuvieron en Granada _____ muchos siglos.
4 El barco no llegará _____ el día ocho.
5 La poetisa estará en Madrid _____ dos años.

Destinación

Se usa *para* cuando algo está destinado a una persona o una cosa: Este libro es para ti, no para María. Es buena tela para velas.

Sustitución

Se usa *por* para expresar la idea «en vez de.» Analice el siguiente ejemplo: Tuve que comprar un regalo para María por mi madre. → El regalo es para María. Mi madre se lo va a dar. Mi madre no pudo ir a comprarlo. Así, yo lo compré por ella.

IV Complete las siguientes oraciones con por o para.

1 Estas piedras son _____ la construcción del castillo.
2 Cultiva una rosa blanca _____ el amigo sincero.
3 Su hermano no lo pudo hacer; así Abraham lo hizo _____ él.
4 La criada puso la mesa _____ mi madre, quien estuvo enferma.
5 Este dinero es _____ los labradores.

La palabra *para* expresa una comparación de desigualdad teniendo en cuenta el resultado obtenido: Para joven escribe buenas poesías. Para ser extranjero, habla muy bien el inglés.

Se usa *por* para indicar la opinión de otro: Todos le tiene por hombre de talento. Lo tomaron por ladrón.

V   Complete las siguientes oraciones con *por* o *para*.

1 No tiene buenos modales _____ un hombre rico.
2 Todos lo toman _____ tonto.
3 _____ un gaucho, conoce bien la vida de la ciudad.
4 Muchos los toman _____ hermanos.
5 Le dejaron al gitano _____ muerto.
6 Aunque el poeta había pasado mucho tiempo en Italia, nunca pasaba _____ natural del país.
7 _____ peruano, habla muy bien el francés.
8 _____ un Camborio, no es bastante fuerte.

La expresión *estar para* tiene el significado de «estar listo»:   El barco está para salir. Está para llover.

La expresión *estar por* tiene el significado de «estar inclinado a»: Estoy por creer que no es poeta. Estamos por salir; no queremos quedarnos aquí.

Por más el infinitivo también puede significar que la acción del infinitivo no ha sido realizada: El palacio está por construir. Todavía no han acabado la construcción.

VI   Complete las siguientes oraciones con *por* o *para*.

1 El Cid está _____ salir y se despide de su familia.
2 Esta poesía está _____ terminar.
3 Como es la primavera, las golondrinas están _____ volver.
4 Los gitanos siempre están _____ ir a ver los toros, tanto es el afán que tienen por la corrida.
5 El sol está _____ ponerse.

Se usa *por* para expresar «en cambio»:   Recibió mil pesetas por el trabajo.

VII   Complete las siguientes oraciones.

1 Los reyes harán guerra _____ un pedacito de tierra.
2 No aceptaría nada _____ su libertad.
3 La princesa daría a Córdoba y a Sevilla _____ Granada.
4 El moro recibía cien doblas al día _____ su trabajo.

Después de los verbos *ir, venir, enviar* y *volver* se usa *por:*   Fue por agua. Vino por la carta.

VIII   *Complete las siguientes oraciones.*

1   Antes de morir, mandó _____ sus amigos.
2   Volvió _____ la carta que había olvidado.
3   Vino _____ el dinero que le debían.

IX   *Complete las siguientes oraciones con* por *o* para.

1   El Cid se fue _____ Valencia.
2   El Cid luchó _____ su patria.
3   Debemos tomar el presente _____ el pasado.
4   Según Manrique, este mundo es el camino _____ el otro.
5   El padre deja al mundo engañoso _____ otro más tranquilo.
6   _____ pagano, tiene mucha fe.
7   Hay que pagar _____ el trabajo hecho.
8   El moro la quería _____ su belleza.
9   No quiero ofenderle _____ el cariño que le tengo.
10   Los suspiros se van _____ el aire.
11   Le llaman «El Temido» _____ su bravura.
12   El pirata no sustituiría el mar _____ nada.
13   La libertad es, _____ él, la cosa más importante.
14   Encuentra su libertad andando _____ el mar.
15   La sangre corre _____ sus azuladas venas.
16   _____ rey, es muy humilde.
17   No lucharía _____ un pedazo de tierra.
18   Rubén Darío pasó su vida viajando _____ muchos países de Europa y América.
19   Estuvo _____ poco tiempo en cada país, sin echar raíces en ninguno.
20   Todavía tenemos muchas cosas _____ hacer.
21   _____ César Vallejo, no hay esperanza.
22   Hay que terminar el estudio de este poema _____ mañana.
23   Estudió _____ abogado pero dejó esta carrera _____ ser poeta.
24   El buque está _____ salir _____ un puerto desconocido.

JOYA OCHO

Pronombres como complementos

Los pronombres de complemento directo de la tercera persona son *lo, los, la, las.* Los complementos directos se colocan delante de un verbo conjugado: Conocemos al dramaturgo. → Lo conocemos.   No vemos

el palacio. → No lo vemos. Miramos a la novia. → La miramos.
Buscó la torre. → La buscó. Vemos a don Gonzalo y a Juanito. →
Los vemos. Traen los mensajes. → Los traen. Vemos a doña Laura
y a Petra. → Las vemos. Subieron las montañas. → Las subieron.

I Transforme las siguientes oraciones según el modelo.

Los hombres discuten la apuesta. → Los hombres la discuten.

1 Narran sus infamias.
2 Declara que matará a doña Inés.
3 Deshereda a su hijo.
4 Tomó sus votos en seguida.
5 Escuchó la triste voz de Segismundo.
6 Cometió un delito.
7 Todos tuvieron muchos privilegios.
8 ¿Quién mató al Comendador?
9 Los gorriones comían las migas de pan.
10 El rey abdicó el trono.

Los pronombres de complemento directo de la primera y de la segunda
personas son *me, te, nos, os*. Como no es corriente en Hispanoamérica
la forma de *vosotros*, el plural del pronombre *te* es *los (las):* El rey no
me vio. El rey no nos vio. Los soldados te buscaban. Los soldados os
(los, las) buscaban.

II Conteste a las siguientes preguntas en la forma afirmativa.

1 ¿Te encontró la criada?
2 ¿Los vio a Uds. el soldado?
3 ¿Te quemó el fuego?
4 ¿Los escuchó el mensajero?
5 ¿Te convidó a dar un paseo el señor?

III Siga las instrucciones.

1 Pregúntele a un amigo si te esperará en el banco.
2 Dígale a una amiga que Ud. la verá antes de la ceremonia.
3 Pregúnteles a unos amigos si lo acompañarán al teatro.
4 Dígales a unas amigas que Ud. las acompañará al teatro.
5 Dígale a un amigo que Ud. lo verá en la plaza a las ocho.

*Complementos
indirectos*

Los pronombres de complemento indirecto de la tercera persona son
le, les. Como el pronombre puede referirse a varias personas, a veces es
necesario destacar la persona a quien el pronombre se refiere: Le
hablo a Ud. Le hablo a ella. Le hablo a él. Les aconsejan a Uds. Les
aconsejan a ellas. Les aconsejan a ellos.

IV Transforme las siguientes oraciones según el modelo.

Avisaron al rey ayer. → Le avisaron ayer.

1 No es Satanás quien da este amor a tu amigo.
2 Escribió un papel a su novia.
3 Dio unos consejos a los campesinos.
4 Dará un buen esposo a su hija.
5 Echaban migas de pan a los pájaros.
6 Mandó un mensaje al rey.
7 Ofreció sus gafas a la vieja.

Los pronombres de complemento indirecto de la primera y de la segunda personas son *me, te, nos, os.* Como la forma de *vosotros* no es corriente en Hispanoamérica, el plural de *te* es *les:* Me contó un chiste el viejo. Nos contó un chiste el viejo. ¿Te mandaron las noticias? ¿Les (os) mandaron las noticas?

V Conteste a las siguientes preguntas en la forma afirmativa.

1 ¿Te han quitado tus derechos?
2 ¿Te han mandado un mensaje?
3 ¿Te han dicho lo de Carlota?
4 ¿Les han quitado el honor?
5 ¿Les han pedido ayuda?
6 ¿Les han escrito una contestación?

Dos complementos en una oración

Cuando hay dos complementos en una sola oración, el complemento indirecto viene delante del complemento directo: Me lo contaron. ¿Te la han mandado?

Cuando uno de los complementos directos, *lo, los, la, las,* acompaña el complemento indirecto *le* o *les, le* o *les* se convierte en *se:* Se lo han mandado a Uds. Se lo han pedido a ella.

VI Transforme las siguientes oraciones según el modelo.

Me pidieron ayuda. → Me la pidieron.

1 El amor me arranca el corazón.
2 Nunca perdonará el insulto al joven.
3 Escribió un mensaje al rey.
4 Entregaron los papeles al embajador.
5 Tú has robado el honor a mi hija.
6 Gritó insultos a los campesinos.
7 Nos cerraron la puerta.
8 Clotaldo le ha enseñado ciencias.
9 Os suplico vuestra paciencia.

Se pueden añadir los pronombres al infinitivo o al participio presente o pueden venir delante del verbo auxiliar. Si se añaden dos pronombres al infinitivo, hay que escribir el acento correspondiente. Si se añade un pronombre al participio, hay que escribir el acento correspondiente: Quería decírmelo. → Me lo quería decir. Estaba explicándonoslo. → Nos lo estaba explicando.

VII Transforme las siguientes oraciones según el modelo.

Estaba explicando la historia de Carlota a los estudiantes. → Se la estaba explicando a ellos. Estaba explicándosela a ellos.

1 El quería escribir varias cartas a Laura.
2 El no quería oír las tonterías.
3 El estaba pidiendo ayuda a su familia.
4 El padre quería trasladar al príncipe, de la torre, al palacio.
5 El Comendador estaba engañando a los campesinos.
6 Los dos estaban echando migas de pan a los pájaros.
7 Napoleón no quería mandar más tropas a Maximiliano.

Se añaden los pronombres al mandato afirmativo. Sin embargo, los pronombres vienen delante de un mandato negativo. Cuando se añade un pronombre hay que escribir el acento correspondiente: Dímelo. No me lo digas.

VIII Transforme las siguientes oraciones según los modelos.

Cuéntame el episodio. → Cuéntamelo.
No me cuentes el episodio. → No me lo cuentes.

1 No me digas tonterías.
2 Escríbele una carta a tu novia.
3 Déme las noticias ahora.
4 Deja a la chica en paz.
5 No me arranques el corazón.
6 Oye las palabras del Comendador.
7 Pidan Uds. más tropas al rey.

JOYA NUEVE

Los pronombres relativos

El pronombre relativo es *que* cuando funciona como sujeto en la cláusula relativa. No importa si el antecedente es persona o cosa: Las esmeraldas que encontraron en Colombia son preciosas. El chico que se casa muy joven tiene que pensar en el futuro.

I Transforme las siguientes oraciones según el modelo.

El chico no debe casarse joven. El chico es pobre. →
El chico que es pobre no debe casarse joven.

1 Las esmeraldas cuestan mucho. Las esmeraldas son de Colombia.
2 Los indios ostentaban estas piedras en sus collares. Los indios se
  llamaban muzos.
3 La peluquería es lujosa. La peluquería está en la Avenida de José
  Antonio.
4 El extranjero está asombrado. El extranjero acaba de entrar en la
  peluquería.
5 El hombre es joven. El hombre está sentado a nuestra izquierda.
6 Los alemanes tienen una sonrisa seria. Los alemanes son indus-
  triosos.

El pronombre como complemento

Si el antecedente es cosa, el pronombre relativo es *que* cuando funciona como complemento directo en la cláusula relativa: El mensaje
que recibimos es triste.

II Transforme las siguientes oraciones según el modelo.

La sonrisa es agradable. Aquella señorita tiene la sonrisa. →
La sonrisa que tiene aquella señorita es agradable.

1 La vegetación tropical es increíble. Nuestros ojos contemplan la
  vegetación tropical.
2 El ensayo da una impresión de la vida americana. Acabamos de
  leer el ensayo.
3 El hombre da ciertas órdenes. Nosotros no percibimos las órdenes.
4 La carta la puso muy triste. La madre recibió la carta.
5 Las ideas eran del siglo. Mi hermana adaptó las ideas.
6 La carta es de mi tía. La carta llegó esta mañana.

Si el antecedente es persona, el pronombre relativo puede ser *a quien,
a quienes* o *que* cuando funciona como complemento directo en la
cláusula relativa: La india que vimos ayer era bonita. La india a
quien vimos ayer era bonita.

III Transforme las siguientes oraciones según el modelo.

El señor escribió un ensayo filosófico. Conocimos al señor ayer. →
El señor que conocimos ayer escribió un ensayo filosófico.
El señor a quien conocimos ayer escribió un ensayo filosófico.

1 Los indios iban a las minas. Encontramos a los indios en el camino.
2 El peluquero ganó el premio. Escogieron al peluquero para el
  campeonato.

3 Su hermana estudió en Francia. Conocimos a su hermana el **otro día**.

4 El joven era guapo. Vimos al joven en una fondita.

Complemento de pre-posición

Cuando el pronombre relativo sigue las preposiciones *a, con, de* o *en*, el pronombre es *que*, si el antecedente es cosa: Las tijeras con que me cortó el pelo eran nuevas.

IV   Transforme las siguientes oraciones según el modelo.

La revista es española. Encontramos ese ensayo en la revista. →
La revista en que encontramos ese ensayo es española.

1 El dinero no alcanza. Los jóvenes contaban con el dinero.
2 El periódico sale los domingos. Hay buenos ensayos en el periódico.
3 La peluquería es lujosa. Hablamos de la peluquería.

Cuando el pronombre sigue una preposición más larga, hay que usar la forma apropiada del artículo definido con *que* cuando el antecedente es cosa. También se puede sustituir *que* con *cual* o *cuales:* Las colinas junto a las que están las minas, son muy altas. Las colinas junto a las cuales están las minas, son muy altas.

V   Transforme las siguientes oraciones según el modelo.

La peluquería es lujosa. Vivimos cerca de la peluquería. →
La peluquería cerca de la que vivimos, es lujosa.
La peluquería cerca de la cual vivimos, es lujosa.

1 La fondita es humilde. Se ve nuestra casa desde la fondita.
2 El escritorio es antiguo. Tiene sus papeles sobre el escritorio.
3 Las cuestiones son importantes. Discutían sobre las cuestiones.

Cuando el pronombre sigue una preposición, el pronombre es *quien, quienes* si el antecedente es persona. Se puede usar también la forma apropiada del artículo definido con *que* o *cual:*   La chica con quien se casó es muy bonita.

VI   Transforme las siguientes oraciones según el modelo.

El chico es ensayista. Nos referimos al chico. →
El chico a quien nos referimos es ensayista.

1 El peluquero ganó el premio. Hablamos del peluquero.
2 La mujer es mexicana. El ensayo trata de la mujer.
3 Los hijos asisten a una escuela en Francia. El escribió a los hijos.

447   ESTRUCTURA

Términos literarios

Alejandrinos	Versos de catorce sílabas.
Barroco	El estilo dominante del siglo XVII: ornamentista, decorativo, adornado. En la literatura española, para mayor claridad, se le divide en dos aspectos . . . conceptismo y culteranismo.
Caballería, libros de caballería	Se les considera descendientes de la épica francesa pero estos libros alcanzan en España su máxima expresión. Se refieren a diversos acontecimientos heroicos alrededor de un modelo, o héroe central. En ellos se inspiraron los españoles, no solamente los escritores de leyenda sino también los hombres de acción de la conquista española en América. La reacción contra los libros de caballería está representada por el *Quijote*.
Cancionero	Colección de poesía medieval y renacentista en que se recogen lo mismo poemas artísticos que poemas populares. Las colecciones españolas más importantes son el *Cancionero de Baena* (1445) y el *Cancionero de Stúñiga* (hacia 1458). El más importante es el *Cancionero general,* del año 1511, que recoge cerca de mil composiciones. A través de los cancioneros se pueden conocer todos los aspectos de la poesía española de su época.
Cantar de gesta	Poema épico de origen anónimo. La épica se refiere a los mitos, a los héroes y a los semidioses, y el poema épico suele tomar un personaje histórico y convertirlo en una leyenda. El más importante de los cantares de gesta es el *Cantar de mío Cid,* compuesto hacia 1140.
Conceptismo	La manifestación del barroco en la prosa, en un estilo en que predominan el ingenio y la agudeza, contrastes violentos y metáforas atrevidas. En el conceptismo la frase encierra más ideas que palabras. Son sus representantes Quevedo (1580–1645) y Gracián (1601–1658).
Costumbrismo	Como su nombre indica, es el aspecto del realismo que se fija en las costumbres de la época y ambiente. Se encuentra este reflejo del ambiente en casi todas las obras de la literatura española, pero en literatura hemos establecido una categoría de escritores costumbristas para referirnos a los que reflejan la vida del siglo XIX, entre ellos Ramón de Mesonero Romanos (1803–1882), Serafín Estébanez Calderón (1799–1867) y Cecilia Böhl de Faber (Fernán Caballero, 1796–1877).
Culteranismo	El barroco en la poesía, que busca la originalidad en palabras nuevas, el cambio de la estructura y la música del lenguaje, las comparaciones atrevidas y en temas mitológicos. Su representante es Luis de Góngora

(1561–1627). Del culteranismo parten, en cierta forma, las tendencias poéticas más recientes, entre ellas «la poesía pura» y la «poesía hermética.»

Diéresis

La pronunciación en una poesía de un diptongo en dos sílabas: *sü-a-ve, rü-i-do.*

Endecasílabos

Versos de once sílabas.

Existencialismo

Una escuela novelística francesa, representada principalmente por Sartre, que plantea los problemas del ser y existir y los conflictos del hombre en el mundo moderno. Se basa, principalmente, en las tendencias filosóficas de Kierkegaard. *El sentimiento trágico de la vida* de Miguel de Unamuno y las novelas del mismo autor que plantean los problemas esenciales del ser humano se consideran antecedentes del existencialismo.

Fábula

Composición alegórica en la cual se muestran verdades, consejos o lecciones útiles. Los personajes son comúnmente animales con características humanas.

Generación del 98

Grupo de escritores españoles que comprende, en su sentido general, a Unamuno (1864–1936), Ganivet (1865–1898), Valle-Inclán (1866–1936), Blasco Ibáñez (1867–1928), Baroja (1872–1956), Azorín (1873–1966), Manuel Machado (1874–1947) y Antonio Machado (1875–1939). La característica general es la preocupación con España y especialmente la interpretación del paisaje de Castilla.

Hiato

La pronunciación en una poesía de dos vocales en dos sílabas separadas cuando una palabra termina en vocal y la siguiente empieza en vocal: *la aurora, allá arriba.*

Impresionismo

Escuela de pintura francesa de mediados del siglo XIX. Un pintor impresionista no reproduce un objeto directamente sino que pinta su sentido e impresión del objeto para que el espectador vea su presencia y no una fotografía. Esta actitud pasó a la literatura con los relatos que no describen sino que trasmiten sensaciones y matices cromáticos. Se considera que Juan Ramón Jiménez es el representante de esta escuela en España.

Letrilla

Un breve poema escrito en metro de seis, siete u ocho sílabas que empieza con un pensamiento que sirve de tema a la composición, la cual se divide en estrofas simétricas, terminadas con un verso llamado *estribillo.*

Mester de juglaría	La epopeya española trasmitida por los juglares recibe este nombre general. El juglar se ganaba la vida distrayendo al público, con música, danzas, canciones, imitaciones, juegos, etc. Los juglares también recitaban y dieron a conocer y conservaron los cantares de gesta. Con el mester de juglaría se identifica el *Libro de buen amor* del Arcipreste de Hita. Se caracteriza por usar versos irregulares asonantados.
Mester de clerecía	En los siglos XIII y XIV fue cultivado por los hombres cultos o letrados. Se inspira en fuentes latinas o en leyendas piadosas, y se caracteriza por el uso de la cuaderna vía (cuatro versos monorrimos de catorce sílabas cada uno). El más antiguo representante es Gonzalo de Berceo (mediados del siglo XIII).
Misticismo	Movimiento literario típicamente español que se inspira directamente en el amor y la comunión con Dios. Ha producido grandes poetas, principalmente Santa Teresa de Jesús (1515–1582) y San Juan de la Cruz (1542–1591).
Modernismo	La inquietud universal de fines del siglo XIX da lugar en la América española a una escuela literaria que se destaca por su preferencia por el verso brillante, lleno de color, sonoro y delicado. Los principales poetas fueron José Martí, cubano (1853–1895), y Rubén Darío, nicaragüense (1867–1916), al que se considera el maestro máximo de la escuela. En España el modernismo se identifica con las tendencias de la generación del 98.
Naturalismo	Movimiento literario francés, representado generalmente por Emilio Zola a mediados del siglo XIX, que quería darle a la novela un valor científico basado en la observación directa, incluyendo los detalles más desagradables. En España se considera que Emilia Pardo Bazán (1852–1921) y a veces Benito Pérez Galdós (1843–1920) son los mejores representantes del naturalismo.
Neoclasicismo	La tendencia más importante del siglo XVIII en España que estableció el imperio y rigidez de las reglas y preceptos literarios. Bajo esta influencia se funda la Academia Española con su lema «Limpia, fija y de esplendor» para explicar su interés en un idioma español puro y claro.
Octosílabos	Versos de ocho sílabas.
Oda	Composición poética lírica, de lenguaje elevado, cuyo carácter principal es el entusiasmo y en la que surge la personalidad del poeta por su interpretación de la naturaleza.

Pastoril	Novela de género bucólico que alcanza gran auge en España durante el Siglo de Oro. Presenta príncipes y princesas, disfrazados de pastores en una campiña idealizada.
Picaresca	Grupo de novelas españolas de los siglos XVI y XVII, casi siempre autobiográficas. El héroe picaresco es el antihéroe en contraste al conquistador y al santo. Las más importantes novelas son *La vida de Lazarillo de Tormes* (1554) y *La vida de Guzmán de Alfarache* (1599).
Realismo	Característica de la literatura del siglo XIX que busca la objetividad. Refleja el ambiente local, describe las costumbres, sigue la imitación casi fotográfica, se fija en los detalles. Es también una reacción contra el romanticismo. Un aspecto literario es el costumbrismo. El realismo extremo constituye el naturalismo.
Regional	Es la literatura que representa la lengua y costumbres de una provincia o región determinada. Aparece hacia el siglo XIX y se relaciona con el costumbrismo y el realismo. Los ejemplos más citados son las novelas *Sotileza* y *Peñas arriba* de José María de Pereda (1833–1906), que reflejan la marina y la montaña de Santander.
Rima asonante	Las mismas vocales a partir de la última vocal acentuada, pero las consonantes son distintas: *cabaña — venganza*.
Rima consonante	Igualdad de letras a partir de la última vocal acentuada, incluyéndola: *huracán — volcán*.
Rima libre	Versos que no riman.
Romancero	Colección de composiciones españolas, basadas en los cantares de gesta, en leyendas, en hechos históricos, que se han trasmitido en su mayoría a través de la tradición oral y que se conservan a la vez en juegos y canciones del pueblo, en obras literarias, en pliegos sueltos y en colecciones. Es uno de los fenómenos más extraordinarios de la literatura universal.
Romanticismo	Nombre de las tendencias europeas de principio de siglo XIX que también se reflejaron en la vida literaria de España y de América. La figura de más amplia influencia es posiblemente Byron, y en España Mariano José de Larra (1809–1837), José de Espronceda (1808–1842) y el duque de Rivas (1791–1865). En el romanticismo hispanoameri-

cano se distinguen Esteban Echeverría (la Argentina, 1805–1851) y José Zorrilla San Martín (Uruguay, 1855–1931). La consecuencia más importante de este movimiento en América fue el desarrollo de la literatura gauchesca argentina.

Sátira   Composición poética que critica los defectos y los vicios humanos.

Simbolismo   Movimiento literario francés del siglo XIX que buscaba ante todo la música de la palabra y que en lugar de describir, sugiere. Ha influido en toda la poesía universal y llegó a la española a través de Rubén Darío.

Sinalefa   La pronunciación en una poesía de dos vocales como una sola sílaba cuando aparece una al final de una palabra y la otra al principio de la siguiente: *la a-troz, senten-cia e-fectuad-a.*

Sinéresis   La pronunciación en una poesía de dos vocales que se suelen pronunciar separadas, en una sola sílaba: *aho-ra, real.*

Surrealismo   Llamado también superrealismo o suprarrealismo, es una de las grandes escuelas artísticas del siglo XX, de origen francés. El más conocido de los surrealistas españoles es el pintor, también escritor, Salvador Dalí. Se basa en el uso de la fuerza creadora subconsciente, sin el control de la razón o de las reglas.

Ultraísmo   Aspecto que toman en España las tendencias literarias del siglo XX (hacia 1920) como el dadaísmo y el cubismo. Trata de suprimir todas las notas ajenas a un poema, como la narración, y se concentra en la imagen. Son ultraístas, en cierta forma, Gerardo Diego (1896–   ), Pedro Salinas (1892–1951), Jorge Guillén (1893–   ), a veces Federico García Lorca (1898–1936) y Rafael Alberti (1902–   ). El *creacionismo* es el aspecto que toma el ultraísmo en la America española y que influyó mucho en España a través de Vicente Huidobro (Chile, 1893–1948). Uno de sus más distinguidos cultivadores fue Jorge Luis Borges (la Argentina, 1899–   ).

Vanguardismo   El cansancio de los movimientos literarios del siglo XIX provocó una serie de nuevas modalidades literarias que se agrupan bajo el nombre general de vanguardia, es decir que están al frente y que en España y América se pueden llamar ultraísmo, creacionismo, dadaísmo, surrealismo, etc. Todos estos movimientos se caracterizan por tratar de romper con las tradiciones.

Vocabulario

A

abad *m* abbot
abalanzar(se) to rush
abandonar to abandon, to desert, to give up
abandono *m* solitude, loneliness
abanicar to fan
abarcar to clasp, to embrace
abatido dejected
abatimiento *m* discouragement
abatir to knock down
abdicación *f* abdication, withdrawal, resignation
abdicar to abdicate, to resign
aberración *f* abberation, hallucination, deviation
abierto open, frank
abismo *m* abyss, gulf
abogacía *f* law profession
abogado *m* lawyer
abogar to plead
abolengo *m* ancestry
abolir to abolish
abordar to approach, to touch upon, to undertake
aborrecer to abhor, to hate
aborrecimiento *m* hatred
aborto *m* monster
abotonar to button
abra *f* dale, valley
abrasar to sear, to burn
abrazadera *f* sling
abrazado united, joined, embraced
abrazar to embrace, to hug
abreviar to summarize, to shorten
abrigado sheltered, protected
abrigo *m* protection, overcoat
abrochar to clasp, to buckle, to fasten
abrumar to annoy, to overwhelm
absorto absorbed in thought, amazed
abstener to refrain, to abstain
abstraerse (en) to become absorbed in
abultado bulky, massive
abundar to be abundant
aburrido bored
aburrir to bore
abyecto dejected
acabamiento *m* end, finish, demise

acabar to finish, to end, to complete
— *de* to have just
acaecer to occur
acalorar to warm, to incite
acantilado bold, steep, *m* grandstand
acariciador caressing
acariciar to caress
—*se* to stroke (as a beard)
acaso perhaps
acatar to respect, to venerate
acaudillado commanded
acceder to agree, to give in
acechar to lie in ambush, to lurk
acecho *m* spying, lying in ambush
aceite *m* oil, olive oil
acelerador *m* accelerator
acentuar to accentuate
acera *f* sidewalk
acerbamente sharply
acercar(se) to approach, to get close
acero *m* steel, *fig.* sword
tener — to be strong
acertadamente opportunely, fitly
acertado asserted
acertar (ie) to hit the spot, to do the right thing, to guess rightly
acertijo *m* riddle
acierto *m* good hit, act and effect of hitting
aclaración *f* explanation, clarification
aclarar to make clear, to clarify
acogedor protective and inviting
acogimiento *m* lodging
acometer to attack, to assault
acomodado rich, wealthy
acomodarse to get used to, to reconcile
acomodo *m* adjustment
acompañar to accompany, to go with
acompasar to mark, to keep time to
acondicionado of good or bad disposition
aire — air conditioning
acondicionar to pack, to make comfortable

aconsejar to advise, to counsel
acontecer to happen
acontecimiento *m* event, happening
acordar (ue) to decide, to agree upon
—*se* to remember
acortar to shorten, to lessen
— *terreno* to take a shortcut
acritud *f* acrimony
acta *f* act or record of proceedings, certificate
actitud *f* attitude, behavior, pose
actuación *f* performance
actual present-day
actualidad *f* present time, current event
actualmente at the present time
actuar to act, to perform
acudir to come to, to aid
acueducto *m* aqueduct
acuerdo *m* accord, agreement
de — *con* according to, in accordance with
estar de — *con* to agree with
acumular to accumulate
acusado *m* accused one
acusar to accuse
achaque *m* purpose, objective, excuse
adalid *m* chief, leader
adecuadamente adequately, suitably
adecuado adequate, suitable
adelantar to advance, to get ahead, to gain
adelanto *m* advancement, progress
ademán *m* gesture, look, manner
además furthermore, besides, in addition, moreover
adentrar(se) to enter, to come in
adentro within, inside
para sus —*s* under his breath
aderezar to dress, to prepare, to repair, to lead
adherido stuck
adiestramiento *m* training, teaching, leading
adiestrar to guide, to train
adivinar to guess
admirador *m* admirer

admirar to admire, to wonder at

admitir to admit

adornar to adorn, to decorate

adquirir to acquire

aduana *f* customs, customs house

aducir to bring forth

adueñarse to take possession

adulador flattering

adulto adult

advenedizo foreign

advenimiento *m* advent, coming

adversario *m* opponent

adversidad *f* adversity

advertir (ie, i) to notice, to warn

afán *m* anxiety, eagerness, toil, labor

afanar to labor, to urge
  —se to act anxiously

afecto *m* affection, love

afectuoso affectionate

afeitar(se) to shave

afianzar to guarantee, to become security for

afición *f* fondness (for), hobby, interest
  por — by choice

aficionado fond of, *m* fan

afinar to be exact
  — la puntería to aim well

aflicción *f* sorrow, grief

afligido disturbed, upset

afligirse to be upset, to be disturbed, to grieve

aforrado covered, dressed

afrancesado an affected French sympathizer

afrentarse to be offended

afrontar to confront, to face, to defy

agachar(se) to stoop (down), to bend over

ágape *m* banquet

agarrado holding onto

agarrar to grab, to take hold of

agasajar to entertain

agasajo *m* friendliness, kindness

agazapar to crouch, to hide oneself

agente *m* agent

ágil agile, limber, flexible

agitación *f* agitation

agitar to agitate, to shake, to move violently or nervously

aglomerar to heap upon

aglutinante *fig.* attractive, with drawing power

aglutinar to be drawn together

agonizar to suffer terribly, to assist dying persons

agotar to drain, to exhaust

agraciado graceful, genteel, handsome

agradable agreeable, pleasant

agradar to please, to give pleasure to

agradecer to thank, to give thanks, to be grateful

agradecimiento *m* thanks, gratitude

agrado *m* pleasure, joy

agregar to add, to collect and unite

agrícola agricultural

agruparse to form a group, to gather in a group

agua *f* water

aguaitar to spy

aguantar to tolerate, to endure

aguardar to wait, to await

agudo sharp, pointed

águila *f* eagle

aguja *f* needle

agujero *m* hole

aguzar to sharpen, to incite, to stir up

aherrojado chained, in irons

ahinco *m* eagerness, earnestness

ahogador stifling

ahogar(se) to drown

ahorrar to save

ahuecado hollowed out, loosened

ahuyentar to drive away, to put to flight

aislado isolated, alone

aislar to isolate, to detach

ajado faded, withered

ajeno another's, foreign, strange, remote

ajo *m* garlic

ajonjolí *m* sesame seed

ajustado adjusted, close-fitting

ajustar to adjust
  — cuentas to settle accounts

ala *f* wing

alabar to praise

alabastro *m* alabaster

alacena *f* cupboard, armory

alambicado distilled, oversubtle

alambrado *m* fence made of wire

alambre *m* wire
  — de púa barbed wire

álamo *m* poplar tree

alancear to strike with a lance

alarde *m* boasting, vanity, showing off
  hacer — to boast or brag of something

alardear to brag, to boast

alargar to make long, to stretch out

alarido *m* shout, yell

alazano sorrel-colored

alba *f* dawn

albañil *m* mason

albaricoque *m* apricot

albeante white, white hot

albedrío *m* freedom of will

alberca *f* *Mex.* fish pools, reservoirs

albergar to lodge

alborear *m* dawning, beginning

alborotar to arouse, to stir up

alboroto *m* disturbance, loud noise

albricias *f pl* good tidings, congratulations

alcaide *m* jailer

alcalde *m* mayor

alcance *m* reach
  al — de within, within reach

alcanzar to overtake, to attain, to reach, to catch

alcuza *f* cruse (kind of bottle for oil or medicine)

aldabonazo *m* blow with a (door) knocker

aldea *f* village

aldeano *m* villager

alearse to ally oneself

aledaño *m* common boundary, border, limit

alegrarse (de) to be happy

alegre gay, happy, cheerful

alejado separated

alejar to draw away (from), to separate
  —se to move away, to go away

alentar (ie) to animate, to encourage, to comfort

alfana f horse that is tall and strong

alforja f saddle-bag, napsack

algarabía f uproar, noise of confusion

algazara f shout of a multitude

algo something

algodón m cotton

alguacil m constable, peace officer

alhucema f lavender

aliciente m incentive

aliento m breath

aligerar to make lighter, to lessen the weight

alijo m smuggled goods, contraband

alimentación f food, nutrition

alimentado fed

alivantar coll. to get up
    ¡alivántense! get up!

aliviar to help, to relieve, to mitigate grief

alma f soul, person

almacén m department store, warehouse

almena f merlon of a battlement

almenado battlemented

almendra f almond

almendro m almond tree

almoneda f auction, clearance sale

alondra f lark

alpargatero m sandal-maker

alquilar to rent

alquiler m rent, rental
    de — rented, for rent

alrededor around
    — de around
    los —es surrounding area, outskirts

altanería f haughtiness, arrogance

altanero arrogant, haughty, insolent

alterado disturbed, angry

alternado alternating

alterar to alter, to change, to anger, to disturb

alterno alternate

Alteza: Vuestra — Your Highness

altillo m small hill, rising ground

altiplanicie f plateau

altivez f pride, haughtiness, lordliness

altivo haughty, lofty, proud

¡alto! stop!
    hacer — to stop

alucinar to deceive, to lead into error, to fascinate, to delude

aludir to allude, to refer

alumbrado m light, city or town lighting system

alumbrar to shine upon, to light up

alvéolo m socket, frame

alzar to raise, to pick up

allegado near, related, partisan

allende over there, on the other side

ama f housewife, lady of the house

amabilidad f kindness, pleasantness

amado beloved, adored

amadrinador m horseman who accompanies the trainer

amamantadora nursing

amamantar to nurse

amanecer m dawn, daybreak
    al — at dawn

amaneramiento m mannerism, affectation

amansado subdued, tamed

amansador m tamer

amansar to tame, to pacify

amante mf lover, one who is fond

amar to love

amarga bitter

amargura f bitterness

amazona f Amazon (very tall and strong woman warrior)

ambicionar to covet

ambicioso ambitious

ambiente m environment, atmosphere

ambos both

amén de in addition to

amenaza f threat

amenazado threatened, placed in danger

amenazar to threaten

amenguar to diminish, to lessen

ameno pleasant, agreeable, charming

aminorar to decrease

amistad f friendship, friend

amistoso friendly

amo m master, owner

amodorrado very sleepy, half awake

amor m love
    — propio self-love, conceit, pride

amoroso loving, amorous

amortiguar to deaden, to muffle, to lessen, to soften

amotinado riotous, rebellious, insurgent

amparar to shelter, to conceal

amparo m aid, support, protection

amplio ample, full

amplitud f extent, greatness, largeness

amujerado effeminate

amuleto m amulet, good luck charm

analfabeto m illiterate

análogo m analogy, similarity

anciano old

ancla f anchor

ancho wide, broad

anchuroso spacious, very wide

andada f adventure

Andalucía Andalusia

andaluz Andalusian

andino Andean

andrajoso: hecho un — looking ragged

anfitrión m host

ánfora f amphora, voting urn

anglosajón Anglo-Saxon

angustia f anguish, distress

anhelar to desire anxiously, to covet

anidar to nestle, to make a home, to dwell, to reside

anillo m ring

animado lively, gay, animated

animalucho m ugly, hideous animal

animar to encourage, to excite

Animas f pl ringing of bells at a certain hour of the evening

ánimo m soul, spirit, courage

aniquilamiento m annihilation, extinction

anís m anise

anochecer to grow dark

anónimo anonymous
   sociedad —a corporation
anotar to jot down, to make
   notes
ansia *f* anxiety, eagerness,
   longing
ansiedad *f* anxiety
ansioso anxious, eager, greedy
antaño olden times
ante before, *m* suede
antecedente *m* antecedent,
   pl background
antemano: de — beforehand, in
   advance
anteojos *m pl* eyeglasses
antepasado *m* ancestor
antiguamente formerly
antiguo old, ancient
antípoda diametrically
   opposite
antojarse to seem to desire, to
   long for
antojo *m* whim, fancy, caprice
anular to annul, to cancel
anunciación *f* annunciation
añadir to add
añejo old
apabullar to squash, to flatten
apacible peaceful, mild, gentle
apadrinar to support, to act as
   godparents or best man and
   maid of honor in a wedding,
   to sponsor
apagar to put out, to extinguish, to placate
apaleado beaten
aparato *m* apparatus, machine,
   gadget
aparecer to appear
aparejar to await, to join
apartar to separate, to get
   away
aparte de aside from, besides
apartir(se) de to leave, to get
   away from, to separate, to
   move away from
apasionado passionate, de-
   voted, in love
apatía *f* apathy, indifference
apearse to dismount
apego *m* attachment, fondness
apelar to appeal
apelotonado falling in a heap
apellido *m* family name, last
   name
apercibir to advise, to warn

apero *m* equipment, outfit,
   saddle and trappings
apertura *f* opening
apetecer to desire
apisonador tamping, for
   pounding
   máquina —a tamping
   machine
aplaudido praised, highly rated
aplaudir to applaud
aplauso *m* applause, clapping
aplicar to apply, to devote
aplomo *m* aplomb, composure
apocado of little spirit,
   cowardly
apoderarse to seize, to grasp,
   to take hold of, to take
   possession
apogeo *m* height, apogee,
   zenith
apolillado worm-eaten
apólogo *m* fable
aportación *f* contribution
aposento *m* bedroom
apostar (ue) to bet, to lay a
   wager
apóstol *m* apostle, disciple (of
   Christ)
apoyar to lean, to support
apoyo *m* support, assistance
apreciar to appreciate, to
   esteem
apremiante urgent, pressing
apremiar to reward, to award
aprensión *f* apprehension, un-
   founded fear, mistrust, suspicion
aprestar to prepare, to get
   ready
apresuradamente quickly,
   hastily
apresurar to hasten, to speed
   up
   —se to hurry up
apretado tight
apretar (ie) to squeeze, to
   press tight
apretón *m* quick hug
aprieto *m* tight spot, worry
aprisa fast, quickly, hurriedly
apropiado appropriate, proper,
   fitting
aprovechar to become useful,
   to take advantage
aproximadamente approximately

aproximarse to approach
apto apt, fit, good
apuesta *f* bet, wager
apuesto elegant, nice-looking,
   genteel
apuntar to aim, to point out
apunte *m* note
apurado worried
apurar to clear up, to verify,
   to consume
   — un vaso to drain a glass
apuro *m* worry, tight spot
aquiescencia *f* acquiescence
aquilón *m* north wind
arañar to scratch, to claw
arar to plow
arboricultura *f* arboriculture
arbusto *m* bush
arcada *f* arcade
arcaico archaic
arco *m* arch, bow
   —s de las cejas eyebrow
   arch
   — iris rainbow
arder to burn
ardiente burning, ardent
arduo arduous, difficult
arena *f* sand
arengar to harangue
arenisco sandy
   piedra — sandstone
argentino silvery, rippling,
   melodic, *m* native of
   Argentina
argolla *f* ring (such as that
   used to chain prisoners)
argüir to argue, to dispute
argumento *m* argument, plot
árido arid, dry, dull
aristócrata *mf* aristocrat
armadura *f* armor
armar to arm, to gird on weap-
   ons, to knight
armiño *m* ermine
   hecho de — as pure as
   ermine, innocent
armonía *f* harmony
arquear to arch
arqueólogo *m* archaeologist
arquitrabe *m* architrave
arrabal *m* suburb
arraigado rooted, deep-rooted
arrancar to pull, to pull out
arranque *m* lunge, impulse
arras *f pl* pledge, deposit,
   dowry

arrasar   to level, to raze

arrastrar   to drag, to carry off, to flash

¡arre!   get up! (used by muleteers to animals)

arrear   to drive horses or mules

arrebatado m   rash and inconsiderate man

arrebatar   to carry off, to snatch away

arredramiento m   act of removing to a greater distance

arredrar   to drive back, to frighten

arreglar   to arrange, to fix, to repair

arrellanarse   to sit at ease, to sit back, to sprawl

arremangado m   rolled-up sleeve

arremetida f   attack, assault

arremolinarse   to gather

arrepentida   sorry, repentant

arrepentimiento m   repentance

arrepentirse (ie, i)   to repent

arribo m   arrival

arriero m   driver of pack train, muleteer

arriesgado   dangerous, risky, perilous, hazardous

arrimar(se)   to get close, to seek protection or shelter

arrinconar   to move aside

arrobamiento m   ecstacy

arrobo m   rapture, trance

arrodillado   kneeling

arrodillarse   to kneel, to kneel down

arrogancia f   arrogance, haughtiness, air of superiority

arrogante   arrogant, haughty

arrojado   thrown (out), expelled

arrojar   to throw, to toss, to cast
   —*se*   to jump, to throw oneself

arrojo m   courage, boldness

arrollador   sweeping, of or pertaining to a steam roller

arroyo m   brook, small stream, gulley or ditch formed by a stream of water

arruga f   wrinkle

arrullar   to lull to sleep

artería f   artery

arzobispo m   archbishop

asa f   handle

asaltar   to assault, to attack

ascendencia f   to ascend, to rise, to climb

ascender (ie)   to ascend, to rise

ascendiente m   power

asco m   loathing, disgust

asegurar   to fasten, to make sure, to assure

asegurarse   to assure, to be assured

asentar (ie)   to place, to set

asentir (ie, i)   to assent

asequible   attainable, obtainable, which may be acquired

asesinar   to assassinate, to murder

asesinato m   assassination, murder

asesino m   assassin, murderer

asestar   to shoot, to aim

asiento m   seat, chair

asignar   to assign

asignatura f   course, subject

asilar   to give asylum

asilo m   asylum, sanctuary

asimismo   exactly so, in the same manner

asir   to grasp or seize with the hand
   asido de   holding onto

asirio   Assyrian

asistencia f   attendance

asnal   assinine

asno m   ass, donkey

asociado   associated

asomar   to appear, to become visible, to peek out

asombrado   surprised, astonished

asombrarse   to be amazed

asombro m   astonishment, amazement, surprise

aspereza f   harshness

áspero   coarse, rough

aspirar   to aspire, to desire

astilla f   chip, sliver

astro m   star, heavenly body

astucia f   cunning, craft, slyness

astuto   astute, clever, smart

asunto m   matter, affair, case

asustadizo   timid

asustado   frightened, scared

asustar   to frighten, to scare
   —*se*   to become frightened or scared

atambor m   drum

atapar   to cover

atar   to tie, to fasten

atardecer m   late afternoon

atascado   stopped short, stopped by some obstacle, stuck

ataúd m   coffin

atender (ie)   to pay attention, to take care of, to listen

atenerse   to depend (on), to rely (on), to abide (by), to stick to (the subject)

atentamente   attentively, courteously

atentar   to attempt to commit a crime against

atento   attentive, helpful, courteous

ateo m   atheist

aterrar   to terrify

atesorarse   to treasure or hoard up riches, to possess many amiable qualities

atestiguar   to witness, to testify (to)

atleta m   athlete

atónito   astonished, amazed

atormentado   tormented, tortured

atormentar   to torture, to torment

atracar   to moor, to make the shore

atraer   to attract

atravesar (ie)   to cross, to walk across, to run through

atrayente   fascinating, evocative

atreverse (ie) (de)   to dare, to be bold

atrevido   bold, daring

atrevimiento m   daring, boldness

atribuir   to attribute

atronador   thundering, deafening

atropellar   to trample, to tread underfoot

atroz   atrocious, horrible

aturdido   stunned, dumbfounded

audacia *f* audacity, boldness, courage

audaz bold, daring

augurar to augur, to foretell, to predict (through signs)

augurio *m* augury, prophecy

augusto august, venerable, magnificent

aumentar to increase

aumento *m* increase

aura *f* gentle breeze

áureo golden, resplendent

aurora *f* dawn

austríaco Austrian

autenticación *f* confirmation

autorización *f* authorization, permission from authorities

autorizar to authorize, to give permission

auxilio *m* help

avance *m* advance, advancement

avanzar to advance, to go forward, to travel

avaricia *f* avarice, greed

avariento *m* selfish man

avasallador enslaving

ave *f* bird, fowl

avenirse to agree

aventura *f* adventure, experience

aventurero *m* adventurer

avergonzar to shame, to embarrass

   —se to be ashamed, to be embarrassed

avería *f* injury, damage, breakdown

averiguar to inquire, to find out, to determine, to ascertain

aviador *m* airplane pilot

avilantez *f* audacity, insolence

avión *m* airplane

   — a chorro *o* *— a retroimpulso* jet

avisar to be alert, to warn or to give warning, to notify

aviso *m* warning

avispa *f* wasp

avistar to sight, to descry

avivar to hasten

   — el ojo to be watchful

ay *m* cry of pain

   ¡*— de mí!* woe is me!

ayudante *m* helper

ayuna *f* fast

   en —s fasting, without eating

ayuno *m* fasting

ayuntamiento *m* municipal government, city council

azahar *m* orange blossom

azar *m* chance, fate, destiny

   al — at random

azogue *m* mercury, quicksilver

azotar to beat

azote *m* whip, lash of a whip

azulado blue, bluish

azuzar to set on, to incite

B

bacante *f* Bacchante, a lewd, drinking person

bachiller garrulous, *m* babbler, one who has received the first degree in the arts and sciences

bahía *f* bay

baile *m* dance, ball

bajada *f* descent

bajar to go down, to come down, to get out

bajel *m* vessel, ship

bajeza *f* meanness, mean act, abjectness

bajo low, soft

bala *f* bullet

balada *f* ballad

balancear to balance

   —se to sway, to rock, to swing

balar to bellow, to bleat

balbucear to stammer

balbucir to stammer, to lisp

balconear *fig.* to flirt

balsa *f* raft, pool

   — de aceite place in the country (*i.e.* uncultured area)

bálsamo *m* balm

baluarte *m* bulwark

ballesta *m* cross-bow

banca *f* bench

bancario banking

banco *m* bank, bench

banda *f* band, crew, side

bandera *f* flag

bandido *m* bandit, outlaw

bandolero *m* highwayman, robber

bandullo *m* belly (vulgar)

bandurria *f* string instrument similar to the guitar

bañado *m* swampy land

bañar to bathe

baño *m* bath, bathroom

barato cheap

barba(s) *f* beard

bárbaro barbarious

barbecho *m* plowing

barbero *m* barber

barbilla *f* point of the chin

barca *f* small boat

barco *m* boat

barda *f* . rail (of a fence)

barniz *m* varnish

barón *m* baron

baronía *f* barony

barra *f* stripe, bar

barrer to sweep

barriga *f* belly

barril *m* barrel

barrio *m* ward, quarter (of town)

barrizal *m* mudhole

barro *m* mud, clay

barrote *m* bar (of a cell)

barruntar to foresee

basquiña *f* skirt, upper petticoat worn by Spanish women

bastar to suffice, to be enough

bastón *m* cane, walking stick

bata *f* dressing gown, bathrobe

batacazo *m* upset, violent overturn

batalla *f* battle

batallar to battle, to fight, to struggle

batir to beat, to whip, to fight

batracio *m* frog

baúl *m* trunk

bayeta *f* baize, a sort of flannel cloth

bayoneta *f* bayonet

bayonetazo *m* bayonet thrust

bebedor *m* tippler, toper, one who drinks

beber to drink

bebida *f* drink

belfo *m* lips of an animal

belga *mf* Belgian

bellaquería *f* act of swindling or deceiving, knavery, roguery

belleza *f* beauty

bellísimo very beautiful

bello beautiful
bellota f acorn
bendecir to bless
bendición f blessing
beneficio m benefit, good, profit
benéfico kind
beneplácito m good will, permission
benigno good, kind, harmless
berenjena f eggplant
bergantín m brigantine, a two-masted sailing vessel with a square sail
berza f cabbage
besar to kiss
beso m kiss
bibliófilo m bibliophile
biblioteca f library
bicicleta f bicycle
bicoca f trifle, something of little value
bien m destiny
   —*es* goods, property
bienvenida f welcome
bigote(s) m mustache
billete m ticket, bill, paper money
biombo m screen
bizantino Byzantine
bizarría f extravagance, fortitude, generosity
blancura f whiteness
blandamente gently, softly, tenderly
blandir to brandish, to rattle (a sword), to crack (a whip)
blando soft, gentle, bland
blandura f softness, delicacy
blanquear to whiten, to turn white
blasfemar to blaspheme, to insult verbally
blasonar to boast, to brag
bloque m block, whole
boato m ostentation, pageantry
bobo m fool
boca f mouth
   con un palmo de — *abierta* with his mouth wide open, astounded
   de — *en* — from mouth to mouth
boda f wedding, marriage
bohemio Bohemian

boina f beret
boleto m ticket
boliche m small general store
bolsa f bag, purse, stock exchange
bolsillo m pocket
bonanza f fair weather, calm
bondad f goodness, kindness, worth
bondadoso kind, good-natured
bonito pretty
boqueras f corners of the mouth
borbotón: a —*es* in spurts or gushes
bordado embroidered
borde m edge, border
bordear to border, to form a natural border
border to embroider
bordo m border, outer edge
   a — aboard
borracho drunk
borrar to erase, to rub out
borrasca f storm
borrical relating to a burro
borrico m donkey
borrón m blemish which defaces, stigma
borroso rubbed out, faded
bosque m woods, forest, grove
bosquejo m sketch, vague idea of something
bota f boat, shoe
bote m boat, container made of pottery, skin or metal
botecito m small jar, vial
botella f bottle
botica f drugstore
boticario m druggist
botín m booty, spoils
botón m button
bóveda f vault, dome, cave
bozal m headstall
bramido m roar, bellow
bravío ferocious, untamed
bravo mean, wild, brave, m brave man
bravuconada f boasting, bravado
bravura f courage, ferocity
brazelete m bracelet
brazo m arm
bribón m scoundrel, rascal
bribonada f villany, mischievous trick

bribonazo m great cheat, impostor
brida f bridle, reins of a bridle
brillantez f brilliance
brillar to shine, to be brilliant
brincar to jump, to hop, to leap
brindar to drink a toast, to offer, to praise
brío m vigor, spirit, enterprise
brioso vigorous, spirited, lively
brocado brocade, m brocade cloth
brocha f brush
broche m brooch, pin
broma f joke
   estar de — to be joking, to be in a joking mood
bromista mf joker
bronce m bronze
brotado burst out of
brotar to issue, to come forth, to burst forth
brote m bud (of trees)
brujo m sorcerer, witch
brutalidad f brutality
brutalizar to brutalize
brute m brute, beast
bruto coarse, rough, stupid
   en — indelicate, unrefined
bucle m curl
buey m ox
bufar to snort
bujía f wax candle
bulto m package, bulk, anything which appears to be massive
bullicio m clamor raised by a crowd, noise, bustle
bullicioso lively, restless, boisterous
bullir to boil
buque m ship
buquinista m book collector, bookstore
burla f jest, joke, fun, mockery, deceit
burlar to trick, to deceive, to elude
   —*se* to make fun
burlón mocking
busca f search
   en — *de* in search of
busto m bust
brutado extremely rude or coarse

butaca f armchair, theater seat
buzón m mailbox

C

cabalgata f cavalcade
caballeresco chivalrous
caballería f steed, mount, cavalry, chivalry, knighthood
caballero m gentleman, knight, cavalier
caballerosidad f honor, conduct as a gentleman
caballista m horseback rider
caballo m horse
cabaña f cabin
cabecilla f leader, chief
caber to fit (an object into a container), to be possible, to be appropriate
cabeza: andar de — to be worried, to be upset
cabezada f headstall
cabo m end, extreme, cape, corporal
   al — at last
   al — al — at long last, in the long run
   al — de finally
   al fin y al — after all
   llevar a — to carry out, to accomplish
cacho m story, anecdote
cachorro m cub, offspring of a beast, *fig.* little one
cada each, every
   — quien o — cual everyone, each one
cadáver m cadaver, dead body
cadena f chain
cadenciosa in rhythm with music or some other sound
caducar to dote, to be worn out, to expire, to be out of date
caduco frail, exhausted, worn out with fatigue
caer to fall
   —se to fall down
cafre m *fig.* uncouth one
cagajón m slang expression
caída f fall
caja f box, snuffbox, body (of a carriage), coffin, drum
cajilla small box
cajón m drawer

calabazada f knock with the head against something
calabozo m jail cell
calamidad f calamity
calavera f skull, madcap, silly hair-brained person or his actions
calaverada f recklessness, escapade
calceta f stocking
   hacer — to knit
calcular to calculate, to figure
caldo m broth
calefacción f heating, central heating
calendario m calendar
calentar (ie) to warm
calidad f quality, state of being good
cálido warm, ardent, spirited
caliente hot, warm
calificativo m qualification
cáliz m calyx, external covering of a flower
calumniar to slander, to accuse falsely or unjustly
calumnioso slanderous
caluroso warm, heated, hot
calva f bald head
calvario m sorrow, horrible event
calvo bald
calzada f boulevard
calzado with shoes on, *m* footwear
calzón m drawers, underwear, pants
calzones m pl trousers
callado quiet, silent
callar(se) to quiet, to be quiet, to keep quiet
calle f street
cama f bed
cámara f hall, chamber, camera
cambiar to change, to exchange
   — de opinión to change one's mind
   cambiando un guiño winking at one another
cambio m change, exchange
   en — on the other hand
camelia f camellia
caminante mf traveler
caminar to walk, to travel

camino m road, way
   — de on the way to
camión m truck, bus
camisa f shirt
campamento m camp, encampment
campana f bell
campanario m bell tower, belfry
campanilla f bluebell
campaña f campaign
campar to encamp
campeón m champion, defender
campesino m peasant, farmer
campo m field, country
camposanto m cemetery, burial ground
cana f gray hair
canal m canal, channel
canaleja f mill spout, death cup
canalla f scoundrel, ruffian, mob, rabble
canasto m basket
cancelar to cancel
canción f song
candelabro m candelabra, candlestick
candente white-hot, incandescent
candidez f candor, innocence
cándido candid
candor m candor, truthfulness, frankness
caney m hut, log cabin
canicular m dog day, heat wave
canónigo m canon (churchman)
cansado tired, weary
cansar to tire out
   —se to get tired
cantante mf singer
cantar to sing, to chant, to crow
cantarilla f small jug
cántaro m jug
cantidad f quantity, amount
canto m song
caña f cane, sugar cane
   — de azúcar m sugar cane
   — de pesca fishing pole
cañada f brook, gully
cañafístola (cañafístula) f cassia tree

cañón m   cannon
caoba f   mahogany
caos m   chaos, confusion
capa f   cape, cloak, cover, layer
capacidad f   capacity, ability
capaz   capable, able
capellán m   chaplain
capilla f   chapel
capitanear   to lead, to direct
capote m   cape
capricho m   caprice, whim, crazy notion
caprichoso   capricious, flighty
capturar   to capture
capullo m   bud (of a flower or tree)
cara f   face
carabela f   caravel
caracol m   shell, snail
carácter m   character, disposition, letter, inscription
   mujer de —   quick-tempered
¡caramba!   confound it!
caravana f   caravan
carbón m   coal
carcajada f   outburst of laughter
cárcel m   jail
carcelero m   jailer
cardenal m   cardinal
cardo m   thistle
carecer   to lack, to be lacking
carencia f   lacking, absence of
carga f   load, suffering
cargador m   message bearer
cargar   to load, to carry a heavy load
cargo m   office, charge, load, shipment
   a — de   in charge of, under the direction of
caricaturizar   to caricature
caricia f   caress, endearment
caridad f   charity
cariño m   affection
cariñosamente   affectionately
cariñoso   affectionate, loving
carmín m   crimson
carnaval m   carnival
carne m   meat, flesh
carnero m   mutton, sheep, ram
caro   dear, expensive, costly
carrasca f   evergreen oak
carrera f   course, profession, race
carreta f   wagon, cart

carretera f   highway, road
carruaje m   carriage
carta f   letter, playing card
cartelón m   placard
cartoncejo f   small carton
cartuchera f   cartridge belt
cartucho m   cartridge, bullet, paper cone
casaca f   dress coat of a gentleman
casado   married
casamiento m   marriage, wedding
casarse   to get married
cascada f   cascade, torrent
cascarrabias mf pl   grouchy person
   un poco —o   somewhat grouchy, irritable
casco m   hoof, helmet
caserío m   farmhouse
caso m   case, affair
   hacer —   to pay attention
   no es del —   it is impossible
castaño   chestnut-colored
castidad f   chastity, purity
castigar   to punish
castigo m   punishment
castillo m   castle
castrense   military, connected with the army
casualidad f   coincidence
catalán m   person from Cataluña, a province in northeastern Spain
catarata f   cataract, cascade, waterfall
catástrofe f   catastrophe, sad or tragic event
catecúmeno m   neophyte, one who is receiving rudimentary instruction in any set of principles
catedral f   cathedral
catedrático m   full University professor
categoría f   category, class, kind, quality
católico   Catholic
catre m   cot, bed
cauce m   riverbed
caucho m   rubber
caudal m   fortune
caudaloso   carrying much water (rivers), rich, wealthy

caudillo m   chief, military leader
causa f   cause
causar   to cause, to produce, to effect
cáustico   caustic
cautelosamente   carefully, cautiously
cautivar   to capture
cavar   to dig, to excavate
caviloso   thoughtful, worried
caza f   hunt, hunting
cazador m   hunter
cazar   to hunt (game)
cazuelillo m   small earthen pot
cazurro   taciturn
cebado   fed, fattened
cebolla f   onion
cebra f   zebra
ceder   to yield, to give up, to surrender
   — el paso   to allow to go ahead
cegar (ie)   to blind
ceguera f   blindness, disease causing blindness
ceja f   eyebrow, projecting part of an object
cejar   to slacken, to flag
celada f   helmet
celador m   guard, warden
celebrar   to celebrate, to be glad, to perform
   —se   to take place
célebre   famous
celeste   blue, sky blue, heavenly
celos m   jealousy
   tener — o sentir —   to be jealous
cementerio m   cemetery
cena f   supper
cenagosa   muddy, miry, marshy
cenar   to dine, to sup, to eat supper
ceniciento   ash-colored
ceniza f   ash
censura f   censure, censorship
centauro m   centaur (figure with head, arms and trunk of a man joined to the body and legs of a horse)
centavo m   cent
centeno m   rye
centillo m   flash
centinela m   sentinel, guard

céntrico central, centrally located

centuria *f* century

ceñido clasped, held fast

ceñir to gird

   ceñido el acero with a sword girded on

ceño *m* frown

cepillar to brush

cepillo *m* brush

cepo *m* stocks, pillory

cera *f* wax

cerca near, *f* fence

cercado surrounded

cercano near, nearby

cercar to fence in

cerceta *f* widgeon

cerciorar to assure, to ascertain, to affirm

cerebro *m* mind, brain

cereza *f* cherry

cerril untamed, unbroken

cerro *m* hill, mountain

cerrojo *m* bolt

certero accurate, correct, appropriate

certeza *f* certainty

certificado *m* certificate

cerveza *f* beer

cerviz *f* back of the neck

   inclinar o bajar la — to bow one's head

cesar to cease, to stop

cetro *m* scepter

ciclo *m* cycle

cidra *f* citron

ciego blind

cielo *m* sky, heaven

científico scientific

ciento one hundred

   de — al cuarto of little value

ciertamente certainly, surely

cierto certain, sure

   por — certainly

ciervo *m* deer, stag

cigarro *m* cigarette

cimarrón *m* runaway slave

cimiento *m* foundation

cincel *m* chisel

cincelar to chisel, to engrave

cine *m* movie, motion picture show, cinema

cinegético hunting, pertaining to the hunt

cinematográfico pertaining to the cinema or movies

cinismo *m* cynicism

cinta *f* tape, ribbon, film

cinto *m* belt, girdle

cintura *f* waist

ciprés *m* cypress tree

circo *m* circus

circuir to surround, to encircle

circulación *f* circulation, traffic

círculo *m* circle

circundar to encircle, to surround

circunflejo oblique, slanting

circunstancia *f* circumstance

ciruelo *m* plum-tree

cirujano *m* surgeon

cisne *m* swan

cita *f* date, appointment, rendezvous, quotation

citar to summon, to make an appointment, to cite, to quote

ciudad *f* city

ciudadanía *f* citizenship

ciudadano *m* citizen

ciudadela *f* city

cívico civic, civil

civil civil, civic

civilización *f* civilization

clamorosamente clamorously, loudly

claramente clearly

clarear to brighten, to clear up

claridad *f* clarity, understanding

   con — clearly

clarificar to clarify

clarín *m* trumpet

clasicista *m* classical writer

claustro *m* cloister, convent

clausura *f* adjournment, close

clausurar to close, to adjourn

clavado nailed firmly

clavar to nail, to fasten, to fix

   clavados en sus sillas stuck to their chairs

clave *f* key

clavo *m* nail

clemencia *f* clemency, mercy

clemente merciful

coacción *f* coercion

cobrar to collect, to charge, to recover

cobre *m* copper

cocer to cook

cochero *m* coachman

codo: — con — elbow to elbow

cojo *m* lame or crippled person

colgado pending, unsettled, drooping

colocar to put, to place

coloquio *m* talk, conversation

colorado red

coloreado colored

colorido coloring

comarca *f* region, territory, province

combate *m* combat

combatir to fight, to oppose, to combat

comedimiento *m* courtesy, moderation

comedor *m* dining room

comendador *m* knight commander of a military order

comensal *m* diner, one who is eating, fellow diner

comentar to comment on

comentario *m* commentary

comenzar (ie) to start, to begin, to commence

comer to eat

   dar de — to feed

comerciante *mf* merchant

comercio *m* commerce, trade

cometer to commit, to perform, to perpetrate

comillas *f pl* quotation marks

comino *m* cumin plant or seed

comisario *m* commissary, supply agent

compaginado joined, united, put together

compartir (con) to share (in)

compás *m* beat, rhythm, measure

compasión *f* compassion, pity, mercifulness

compasivo compassionate

compatriota *m* fellow countryman

compendio *m* abridgment, summary

compenetrado identified with something or someone, intermingled

competidor *m* competitor

competir (i, i) to compete

complacer to please, to satisfy

complejidad *f* complexity

complejo *m* complex

complementar to complement

componer to compose, to repair, to fix, to settle

comportamiento *m* performance, behavior

comportar(se) to behave, to act

compra *f* purchase

comprador *m* buyer

comprensión *f* comprehension, understanding

comprobar (ue) to verify, to confirm, to prove

comprometer to compromise, to involve, to agree

comprometido compromised, involved, engaged

compromiso *m* engagement, appointment, commitment

compuesto composed, neat, tidy, *m* composition

comunicar to communicate, to connect

con with, by

para — with respect to

— que so that

— tal que provided that

concebir (i, i) to conceive

conceder to concede, to grant

concentrar to concentrate

concepto *m* opinion, concept, idea, thought, judgment

conciencia *f* conscience

conciliar to conciliate

— el sueño to get to sleep

concluir to conclude, to finish

concordancia *f* agreement

concordato *m* concordat, a covenant made by a state government with the Pope upon ecclesiastical matters

concurrir to gather, to meet, to agree in ideas

condado *m* county, district, province

conde *m* count

condenar to condemn

cóndor *m* condor

conducir to lead, to guide, to direct

conducta *f* conduct, behavior

conductor *m* bearer, chaffeur, conductor, leader

conectar to join, to connect

conejo *m* rabbit

confección *f* preparation

conferir (ie, i) to confer

confesar to confess

confiado trusted

confiar to trust

confín *m* limit, confine

confirmar to confirm

conflicto *m* conflict, problem, struggle

conformar to agree, to adjust

—se to yield, to accommodate, to submit

conforme agreed, in agreement, in proportion to

confundir to confuse

confuso confusing, perplexing

conglomerado closely clustered, in a mass

congoja *f* anguish, anxiety

congojar to afflict, to oppose

congreso *m* congress

conjunto *m* combination, whole, entire

conjurar to conjure up, to call forth

conllevar to cooperate, to bear, to tolerate

conmemorar to commemorate, to celebrate

conmemorativo commemorative, memorial

conmiseración *f* commiseration, pity, compassion

conmovedor moving, touching

conmover (ue) to move, stir, touch (with sentiment)

conocer to know, to be acquainted with, to meet, to recognize

conocimiento *m* knowledge, acquaintance

conquista *f* conquest

consagrar to assure, to consecrate

consciente conscious

conscripción *f* recruitment or pressing of men into military service

consecutivo consecutive

conseguir (i, i) to obtain, to manage to, to succeed in

consejero *m* councilor, advisor

consejo *m* advice, counsel, court

consentimiento *m* consent

consentir (ie, i) to consent, to permit

conservador *m* conservative

conservar to preserve, to keep

consistente (en) consisting of

consistir en to consist, to depend

consolador compassionate

consolar to console, to comfort

consorte *m* consort, boyfriend

conspirador *m* conspirator, plotter

conspirar to conspire, to plot

constar to be clear, to be evident

— de to be composed of

construir to construct, to build

consuelo *m* consolation

cónsul *m* consul

consulta *f* consultation, inquiry

consultar to consult

consumado accomplished, definite

consumar to consummate, to finish, to complete

consumir to consume

contado rare, scarce, uncommon, infrequent

de — instantly, immediately

contar (ue) to count, to tell, to relate

— . . . años to be . . . years old

— con to count on

contemplación *f* contemplation, meditation

contemplar to contemplate, to stare, to gaze at, to look at

contemporáneo *m* contemporary

contemporizador *m* complier, one who is easy to get along with

contener to contain, to hold back

contenido restrained

contentar to satisfy

—se to be content

contestar to answer

contienda *f* contest

continente *m* countenance

contingencia *f* risk, danger, contingency

contradicción *f* contradiction

contraer to contract

contrahacer to transform

contrapuntearse to treat one another with abusive language, to wrangle *contrariedad* ƒ contradiction

contrario *m* opponent, adversary

contravenir to violate a law

contrayente *m* person forming a contract (used only in reference to weddings)

contribuir to contribute

contrición ƒ contrition, penitence

contrito contrite, penitent

control *m* check, control

contundente causing a bruise, *i.e.* harshly

convencer to convince

convencimiento *m* conviction, certainty

convenientemente conveniently, suitably

convenir to be convenient, to be suitable, to be agreeable

convento *m* convent, monastery

convertir (ie, i) to convert, to change

convidado *m* guest, invited one

convidar to invite

convocar to call together

cooperar to cooperate

copa ƒ meeting of the branches of a tree, wine glass or glass with a stem

copia ƒ copy, act of copying

copiar to copy, to imitate, to reflect

copiosa copious, great in number

copla ƒ ballad

coraje *m* courage, bravery

corazón *m* heart

corbeta ƒ type of warship, corvette

corcel *m* horse, steed

corcovear to buck

cordialidad ƒ cordiality, friendliness

cordillera ƒ mountain range

cordura ƒ prudence, judgment

cornada ƒ goring, heavy blow that causes a gash

coro *m* choir, chorus
  de — by memory

corona ƒ crown, wreath

coronado crowned

corotos *m pl* implements of an art or trade, feminine tricks

corpulento corpulent, heavy, big

corral *m* yard, enclosure

corraleja ƒ corral

correa ƒ strap, band

corredor *m* hall, porch

corregir (i, i) to correct

correo *m* mail, post office

correr to run

correspondencia ƒ correspondence

corresponder to correspond, to reciprocate

corretear to roam about, to gambol

corriente ƒ current, present

corroborado confirmed

cortaplumas *m* pen knife

cortar to cut

cortejo *m* cortege, procession

cortés polite, courteous

cortesano courteous, gentle, mild

cortesía ƒ courtesy, politeness

corteza ƒ bark (of a tree), crust

cortina ƒ curtain

cortinaje *m* curtain

corveján *m* joint of a beast's hind legs

cosecha ƒ crop, harvest

coser to sew

cósmico cosmic, expansively vast and grandiose

costear to go around the edge (of a given area), to pay for

costilla ƒ rib

costillar *m* side

costo *m* cost

costoso costly, expensive

costumbre ƒ custom, habit
  como de — as usual
  de — usual, usually

costumbrista concerning customs, habits and manners

cotidiano daily

cotizar to quote prices

coz ƒ kick, action or criticism that offends or slanders

craneano cranial
  masaje — scalp massage

cráneo *m* cranium, scalp

creación ƒ creation

creador creative

crear to create

crecida ƒ crescent

creciente increasing, growing, crescent
  horas de — time when the tide rises

crédito *m* credit

creencia ƒ belief

crepúsculo *m* twilight, dawn

cría ƒ raising

criado *mf* servant

Criador *m* Creator, God

crianza ƒ breeding, manners, rearing

criar to raise, to rear

criatura ƒ creature, newborn child

cribar to sift with a sieve, to screen

crimen *m* crime

crin ƒ mane

cristal *m* glass, pane, window

cristalería ƒ glassware

cristalino crystalline, clear

cristianismo *m* Christianity

cristiano Christian

criterio *m* criterion, judgment, standard

criticar to criticize

crónica ƒ chronicle, register of events

cronista *mf* reporter, feature writer, columnist

crucero *m* ship that patrols the coast

crucificado crucified

crucificar to crucify, to torment

crudo crude, raw

crueldad ƒ cruelty

crujir to creak, to squeak

cruz ƒ cross, crossing of different racial groups

cruzar to cross

cuadra ƒ block, stockade, stable
  de — square

cuadrar to regulate, to please, to accommodate

cuadrilla ƒ group, crew

cuadro *m* picture, square

cuajado immobile, paralyzed, motionless, adorned

cualidad ƒ quality

cuanto as much as, all that
 — antes as soon as possible
 en — as soon as
 en — a regarding
cuartel *m* quarter, military barracks
cuarto *m* room, one fourth, *pl* quarters
 de ciento al — of little value
 —s traseros hind quarters
cuba *f* cask for wine or oil
cubicularia what not
cubierto (de) covered (with)
cubrir to cover, to pay
cucurbitáceo gourd-shaped
cuello *m* neck, collar
cuenca *f* socket, basin, hollow
cuenta *f* bill or statement requesting payment, bead
 darse — de to realize
 por su — on one's own
cuentista *mf* story teller
cuento *m* story, tale
cuerda *f* cord, rope, string
cuerno *m* horn
cuero *m* hide, skin, leather
cuerpo *m* body, corps
cuesta *f* hill, slope
 en — baja downhill
cueva *f* cave
cuidadosamente carefully
cuidadoso careful
cuidar to take care, to be careful
culebra *f* snake
culminante highest peak, superior, outstanding
culpa *f* guilt, fault, blame
 echar la — to blame
culpabilidad *f* guilt, guiltiness
cultivar to cultivate, to learn
cumbre *f* peak, top, height
cumpleaños *m* birthday
cumplir to keep one's word, to fulfill an agreement, to perform one's duty
 me cumple it's time for me
cuna *f* cradle
cundir to spread, to swell, to increase
cuneta *f* ditch
cuñado *m* brother-in-law
cuota *f* fee, rate
cura *m* priest
curar to cure, to care about

curiosidad *f* curiosity, curio
curtido tanned, cured, accustomed
curvado curved, bent (over)
curvo curved, folded
cúspide *m* high point, climax

CH

chacal *m* jackal
chafarote *m* short or broad Turkish sword
chal *m* shawl
chalán *m* horse dealer
chaleco *m* vest
chambergo *m* round uncocked hat
chanza *f* tomfoolery, joke, jest
chaparrón *m* shower, downpour
chaqueta *f* jacket
charco *m* puddle of water
charlar to chat, to talk
charretera *f* epaulette used on military uniforms to distinguish rank
chasquear to crack or pop (a whip)
chasquido *m* crack of a whip
chichón *m* bruise
chillar to scream
chinería *f* Chinese curio
chinesco Chinese
chiquillo *m* small boy
chispa *f* spark
 datado de — de razón endowed
chistar to mumble, to mutter, *i.e.* to complain
chiste *m* joke
chocar to hit, to hit against
chocha *f* doddering woman
chochear to be childish
chófer *m* chauffeur, driver
choque *m* collision, clashing (of opinions or personalities)
chorro *m* spurt
choza *f* hut, cabin, poorly built house
chuchería *f* toy, bauble
chulo *m* rogue, rascal
chupar to suck
chusma *f* galley slaves, mob, rabble
chuzo *m* pike

D

daga *f* dagger
dama *f* lady
dañero *m* evildoer
dañoso harmful
dar to give, to hit, to strike, to face, to present
 — a conocer to make known
 — con to come upon, to meet
 — golpes to hit, to beat
 — vueltas to turn around or over
 —se un bledo not caring two hoots
dátil *m* date
débil weak
debilidad *f* weakness, shortcoming
debilitar to weaken
decaído decadent, fallen, weak, useless
decorado decorated, adorned
decrépito dilapidated, tumbledown
decreto *m* decree
dedicar to dedicate, to devote, to give
dedo *m* finger, toe
definir to define
deformado deformed, misshaped
degollar to slash another's throat, to behead
degradar(se) to degrade (oneself)
dehesa *f* pasture, field
delantal *m* apron
deleitable delectable, pleasing, delightful
deleitar to delight, to get pleasure
delgado thin
deliberado deliberate, intentional, studied
delicadeza *f* delicateness
delirar to rave, to be delirious
delito *m* crime, fault
demandadero *m* messenger (in a convent)
demás the other, the rest
demasía *f* excess
 en — excessively, too
demasiado too, too much, *pl* too many

demonio *m* devil
¡el — del viejo! devilish old man!
demora *f* delay
demostrado: queda — it has been proved
demostrar (ue) to show, to demonstrate
demudado altered, changed (as by a sudden change of color)
dengue *m* fastidiousness, prudery
denominador común *m* common denominator
denominar to name, to call, to entitle
dentado with teeth
dentro within, inside
— de sí within itself
denuedo *m* intrepidity, boldness, courage
denuesto *m* affront, insult
denunciar to denounce, to accuse, to report
deparar to offer, to furnish, to present
departir to converse
deporte *m* sport
depositar to deposit
deprimido downcast, oppressed
depurado perfect, refined, skilled
derecho straight, *m* right, law
derramar to spill, to shed
derredor around, about
en — de around
derretir (i, i) to melt
derribar to knock down, to tear down, to throw down
derrota *f* defeat
derrotar to defeat
derruído ruined
derrumbado fallen, tumbledown
desacuerdo *m* discord, error
desafiar to dare, to defy, to challenge
desafío *m* challenge, duel
desaforado huge, disorderly, outrageous
desagradar to displease, to dislike

desahuciado hopeless
desairado slighted, overlooked
desaliño upset
desalmado merciless
desamparado unprotected, without shelter
desamparar to forsake, to abandon, to relinquish
desaparecer to disappear
desarrollado developed
desarrollar to develop
desastrado unhappy, disgraced
desatar(se) to untie, to unfasten
desatinar to derange, to drive one crazy
desatino *m* madness, extravagance, nonsense
desavenencia *f* discord, disagreement, hostility
desbocado open-mouthed (as though breathless or surprised), foul-mouthed, indecent
desbordar to overflow
descalzo barefooted
descamisado shirtless, naked, very poor
descansar to rest
descanso *m* rest, repose
descarga *f* discharge, shot
descargar to discharge, to clear, to unload
descargo *m* exoneration, acquittal from blame
descarnado emaciated
descaro *m* audacity, insolence
tendrá el — he will have the nerve
descender (ie) to descend
descendiente *m* descendant
descenso *m* descent, decrease
descerrajar to take the lock off of
descofrar to decipher, to explain
descoger to unfurl, to loosen something that is bound
descolgarse to let oneself slip or drop
descollar to stand out, to excel
descomunal extraordinary, monstrous, unusual
desconcertado disorderly

desconcierto *m* upset, loss of composure
desconfianza *f* distrust, mistrust, suspicion
desconfiar to distrust
desconocer to be unfamiliar with, to not know
desconocido unknown, *m* stranger
desconsuelo *m* grief, sorrow
descorrer to flow
— la cortina to draw the curtain
descortés discourteous, impolite
describir to describe
descuartizar to cut into pieces
descubierto discovered, uncovered
poner al — to reveal
descubridor *m* discoverer
descubrimiento *m* discovery
descubrir to discover, to uncover, to reveal
descuidado careless, unworried, untroubled
descuidar to be careless, to neglect
desdén *m* disdain, scorn, reproof
desdeñar to scorn, to reject
desdicha *f* misery, unhappiness
desdoblamiento *m* unfolding, explanation
desdoblar to unfold, to reveal
deseable desirable
desear to desire, to wish
desechar to depreciate, to undervalue, to put aside sorrow or fear, to renounce or not admit
desembarazado not disturbed
desembocar to flow, to empty, to come out of
desempeñado held, being filled, performed
desempeñar to perform, to play
desencadenado set loose, unleashed
desencadenamiento *m* act of breaking loose
desencadenar to unchain, to unleash

desenfreno m   sudden and violent looseness

desenganchar   to unhook, to unfasten

desengañar   to be undeceived
—*se*   to be honest with oneself

desenlace m   plot, development of a plot

desenmascarar   to unmask, to expose

desenojar   to appease

desenterrar   to disinter, to dig up, *fig.* to remember

desenvainar   to unsheathe

desenvolvimiento m   unfolding, elucidation, development

deseoso   desirous

desertar (ie)   to desert, to defect

desesperación f   desperation, frustration

desesperarse   to despair, to lose hope

desfallecer   to die, to expire, to grow weak, to lag

desfallecido   weak, faint

desfalleciente   pale, faint

desfile m   parade

desgana f   aversion, disgust, repugnance

desgarro m   impudence
con —   impudently

desgastar   to wear out, to erode

desgraciadamente   unfortunately

desgraciado   unfortunate

deshacer   to undo, to destroy
—*se*   to dissolve, to break

desharrapado   ragged, dressed in rags

deshecho   destructive, deceptive

deshonra f   dishonor, shame

deshonrar   to dishonor

desierto m   desert

designación f   designation, naming

desigual   uneven, unequal, changeable

desilusión f   disappointment

desilusionar   to disillusion, to disappoint

desistir   to desist, to cease

desleal   unloyal

deslizar(se)   to slip, to slide

deslucir   to tarnish, to lose the luster and splendor of a thing

deslumbrante   dazzling, radiant

deslumbrar   to dazzle

desmayado   faint, weak, in a faint

desmayar(se)   to faint

desmejorar   to impair, to decline, *coll.* grow thin, weak

desmelenado   disheveled, with the hair disarranged

desmontado   shaken (from his air of superiority)

desmoralizar   to demoralize, to corrupt, to deprave

desnucadero m   breakneck spot, *i.e.* dangerous spot

desnudar   to undress

desnudo   bare, naked

desobedecer   to disobey

desocupado   empty

desolación f   affliction, want of consolation or comfort

desolado   desolate

despabilado   wide awake

despacio   slow

despachar   to send, to settle

despacho m   office, study, den

desparramar   to scatter
— *la vista*   to look around

despectivamente   contemptuously

despecho: a —   in spite of

despedida f   farewell

despedir (i, i)   to dismiss, to fire, to take leave of
—*se de*   to say good-by

despeñar   to fling down a precipice

desperdiciar   to squander, to misspend, to waste

despertar (ie)   to arouse, to awaken
—*se*   to wake up

desplazar   to displace, to replace

desplegar (ie)   to unfold, to open or spread out

desplomarse   to collapse, to topple over, to tumble down

despojar   to strip one of his property, to divest

despojo m   remains, dispossession, plunder

desposada f   bride, newlywed

despotismo m   despotism, tyranny

despreciar   to scorn, to rebuff, to look down upon

desprecio m   scorn, contempt

desprenderse   to detach, to unfasten, to get loose

despreocupar   to be set right

desproporcionado   disproportionate, out of proportion, unequal

desprovisto   lacking, devoid, deprived

destacado   outstanding, distinguished

destacarse   to stand out, to be distinguished

destartalado   shabby, poorly furnished

destello m   flash, sparkle, beam

desterrar (ie)   to banish, to send into exile

destilar   to flow

destinar   to destine, to assign

destino m   destiny

destreza f   skill, dexterity

destronado   dethroned

destrozado   destroyed, torn to pieces

destrozar   to destroy

destrozos m pl   scraps, remains

destruir   to destroy

desunión f   discord

desvanecer   to disappear

desvanecido   fainting, in a faint

desvarío m   madness, delirium

desvelo m   want or privation of sleep, watchfulness, anxiety

desventaja f   disadvantage

desventura f   misfortune, mishap

desviación f   detour

detalle m   detail

detención f   detention, stopping, delay

detener   to stop, to detain, to arrest

determinar   to determine, to discover, to decide

detestar to detest, to hate
deuda f debt
deudo m parent, relative
devaneo m dissipation, idle or mad pursuit, love affair
deviación f deviation
devolver to return, to give back
devorar to devour, to consume
diácono m deacon
dicha f luck, happiness
dichoso happy, lucky, *coll.* annoying, tiresome
diestro dexterous, prudent
diferir (ie, i) to differ, to be different, to defer, to delay, to put off
difunto deceased, m dead man
digresión f digression, straying away
dije m trinket (used for personal adornment)
diligencia f diligence, activity, business, stagecoach
dilucidar to illucidate, to explain
dinero m money
diosa f goddess
diputado m deputy, representative to the legislature or Congress
dirigir to direct, to turn
— *se* to move toward, to address oneself to another person
discernimiento m discernment, judgment, choice
discípulo m student, pupil
discrepar to differ, to disagree
discreto discreet
disculpa f excuse, pardon
disculpar to pardon
discurso m discourse, speech, oration
discutir to discuss, to argue
disentir (ie, i) to dissent, to disagree, to differ with
diseño m design
disfrazado disguised, in disguise
disfrutar to enjoy
disgustar to displease
— *se* to be displeased, to be hurt

disgusto m unpleasantness, annoyance
disimular to conceal, to hide feelings, to overlook
disipar to dissipate, to scatter
dislocar to dislocate
disparar to shoot
disparatado irrational, not logical
disparate m nonsense, absurdity, blunder
disparo m shot
dispensar to excuse, to pardon
dispersar to disperse, to scatter
disponerse to get ready
dispuesto disposed, ready, willing
disputar to argue
distar to be distant
distinguir to distinguish, to be able to see
— *se* to distinguish oneself
distinto clear, distinct
distraer to distract, to divert
distraído absent-minded
distribuir to distribute
distrito m district
diversión f entertainment
diverso varied, different, *pl* various
divertido funny, amusing, entertaining
divertirse (ie, i) to have a good time, to enjoy oneself
divisar to perceive indistinctly, to make out
divisorio dividing, which divides or separates
dobla f old Spanish gold coin
doblar to double, to fold, to turn
docente teaching, educational
dócil quiet, mild, gentle
docto learned, trained
doctrina f doctrine
documentación f record, official paper
documental m documentary
doler (ue) to hurt, to ache, to grieve, to distress
— *se* to complain
dolido grieved, hurt
dolor sorrow, pain
doma f breaking of a horse
domar to tame

dominar to rule
dominio m domain, authority, control
— *de sí mismo* self-control
don m gift, talent
donaire m witty saying
con — gracefully
doncella f maid, servant, young maiden
dorado golden, gilded
dorar to gild, to paint gold
dotar to endow
dote f dowry
dramaturgo m dramatist
drástico drastic, harsh
dubitativo dubious, doubtful
dúctil ductile, capable of being drawn out, flexible
dudoso doubtful
duelo m duel, sorrow, grief
dueño m master, owner
duque m duke
durar to last
durmiente sleeping
duro hard, unit of Spanish currency presently worth about $.08

E

e and
ebrio drunk, intoxicated
eco m echo
ecuestre equestrian
ecuménico: lo — universal idea
echar to throw, to cast, to throw out
— *una flor* to flatter
— *a perder* to waste, to ruin
— *una siesta* to take a nap
edad f age
edén m eden, paradise
edificar to build
edificio m building
editar to publish
editor m publisher, editor
educar to educate
efectivamente effectively, truly
efecto m effect
efectuar to accomplish, to do, to make
eficacia f efficacy, activity
eficaz efficient
efigie f effigy

efímero ephemeral, beginning and ending in one day, short-lived

egipcio Egyptian

egoismo *m* egoism, self-centered nature, selfishness

egoísta *mf* self-centered person

eje *m* axis

ejecución *f* execution

ejecutar to execute

ejemplar *m* copy, *f* model, example

ejemplarizar to set an example to

ejercer to exercise, to practice, to perform

ejercicio *m* exercise, employment

ejercitar to put into practice

ejército *m* army

elaborar to manufacture, to develop further

elegancia *f* elegance

elegía *f* elegy

elegir (i, i) to elect, to choose

elevado elevated, high, lofty

elevar to elevate, to raise

eliminar to eliminate

elocuente eloquent

elogiar to praise

elogio *m* praise, tribute

eludir to elude, to evade

embajador *m* ambassador

embarazar to embarrass, to perplex, to hinder

embarcarse to embark, to go aboard

embargo *m* embargo

sin — however, nevertheless

embastecido heavy, unrefined

embaulado packed into

embellecer to beautify, to make beautiful

embestirse (i, i) to attack, to clash

emborracharse to get drunk

emborronar to scribble

emboscada *f* ambush

embotado blunt, dull

embotar to blunt, to dull

embozado muffled, wrapped

embravecido infuriated, enraged, wild, rough

embriagar to intoxicate, to enrapture

embustero *m* liar

embutir to cram, to eat much

emerger to emerge, to burst forth

emigrar to emigrate, to migrate

emitir to emit, to issue, to utter

emoción *f* emotion, feeling, passion, sentiment

emocionante exciting, thrilling, moving

empacho *m* indigestion, bashfulness

empalagoso overly sentimental

empapado soaked, drenched, splattered, imbibed

empavonado shiny

empellón *m* push, heavy blow

empeñar to pawn

—se to insist

empeño *m* perseverance in overcoming difficulties, ardent love

emperador *m* emperor

emperatriz *f* empress

emperejilado adorned

empero yet, however

empezar (ie) to begin

emplear to employ, to use

empleo *m* employment, job

empleomanía *f* coll. zeal or eagerness to hold public office

empobrecerse to become poor, to become impoverished

empolvarse to get dusty

empollar to hatch

emponzoñar to corrupt one's morals

empotrado embedded

emprender to undertake, to begin

— su camino to go his own way

empresa *f* venture, undertaking, enterprise, symbol, motto

empresario *m* manager

empujar to push

empujón *m* push

a —es by shoving

empuñar to grasp, to clutch

enaguas *f pl* skirt, petticoat

enajenado enraptured, restless

enajenar to alienate, to transfer or give away, to enrapture, to be restless or uneasy

enamoradizo of an amorous disposition

enamorado in love

enamorar to enamor, to excite or inspire love

—se to fall in love

enano *m* dwarf

enantes before

enardecido inflamed, excited

encabritarse to rise on hind legs, to rear up

encadenado linked (together)

encalado whitewashed

encaje *m* lace

encaminarse to walk toward, to set out

encantado enchanted, delighted

encantador enchanting

encantamiento *m* enchantment

encanto *m* charm

como por — as if by charm

encapotado clouded

encapotar to cloak, to veil

—se to cloud (up or over)

encaramado climbing

encarar to face

—se con to face

encarcelación *f* incarceration, act of being jailed

encarcelar to put in jail

encarecer to recommend

encargarse to take charge of

encarnar to embody, to incarnate

encarnizado bloodthirsty, fierce, bitter, hard-fought

encender (ie) to kindle, to light, to set aflame

encendido burning, lighted

encerrado enclosed, locked up, cloistered

encierro *m* enclosure, confinement, act of driving the bulls to the pen, group of bulls penned for a bullfight

encima: por — de above, over

encina *f* live oak

encoger to draw up, to shrink

—se de hombros to shrug one's shoulders

encolerizar to anger, to infuriate

encomendar (ie) to commit oneself to another's protection, to recommend

encontrar (ue) to find
—*se* to be
—*se con* to meet

encuentro *m* encounter, meeting

enderezar to make straight, to take the direct road, to set straight
—*se* to straighten (up)

enemigo *m* enemy

enemistad *f* enmity, hatred

energía *f* energy

enérgico energetic

enfadado angry

enfadar to anger, to irritate
—*se* to get angry

énfasis *m* emphasis

enfermo *m* sick person

enfrentar to face, to confront
—*se con* to deal with, to cope with

enfurecerse to become furious

engañado deceived, tricked

engañar to deceive

engaño *m* trick, act of deceit

engendrar to beget, to bear a child

engolfar(se) to become absorbed, to take up with

engordar to fatten
—*se* to get fat

engrandecimiento *m* aggrandizement, increase, enlargement, exaggeration

engreído vain, conceited

enigmático enigmatic

enjaular to cage, to put in a cage or prison

enjugar to dry up

enlace *m* joining, marriage, wedding

enlazar to lasso, to rope, to connect

enlodar to soil with mud, to throw mud at, to besmearch

enloquecer to enrage, to madden
—*se* to go mad

enmarañado entangled

enojo *m* anger, passion

enorgullecer to make proud
—*se* to be filled with pride or arrogance

enramada *f* thicket, wood, covering or bower made of branches

enredadera *f* vine, climbing plant

enredado tangled, entangled

enredar to entangle, to wind around, to intertwine

enredo *m* conspiracy, entanglement, plot (of a play, etc.)

enriquecerse to get rich

enriquecido enriched

enristrar to fix the lance in the posture of attack

enrollado rolled up

ensalzar to exalt

ensanchar to extend, to widen, to enlarge

ensangrentado bloody

ensayar to rehearse

ensayista *mf* essayist

enseñanza *f* teaching, instruction, education

enseñar to teach, to show

ensueño *m* dream, fantasy, illusion

entablar(se) to engage

ente *m* entity, being

entendido wise, prudent, learned
estar —*s* to have an understanding

enterar(se) to inform (oneself), to find out

entereza *f* fortitude, integrity

enternecer to affect, to make tender, to move to compassion, to pity

enternecido moved to compassion

enterrar to bury

entierro *m* burial

entonación *f* intonation

entonado haughty, puffed up with pride

entornado half-opened

entrambos both

entraña *f* entrails, affection, feeling
romper las —*s* to break one's heart

entrañable deep, intimate, affectionate

entrañar to penetrate to the core, to know profoundly, to contract intimacy and familiarity

entrañas *f pl* heart, soul, insides

entretanto meanwhile, meantime

entreabrir to half open

entrecerrado half closed

entrecortado broken, hesitating, confused, short of breath

entrega *f* delivery, handing over, dedication

entregar to deliver, to give, to hand over
—*se* to give oneself up

entrelazado interwoven

entremés *m* short one act comedy of a gay theme (in previous centuries, presented between acts of another drama)

entresacar to pick out, to select, to thin out (trees)

entretejer to interweave

entretener to entertain, to amuse

entretenimiento *m* entertainment, amusement

entrever to have a glimpse of

entrevista *f* interview

entrevistar to interview

entristecer to sadden
—*se* to become sad

entrometido meddlesome

entusiasmarse to become enthusiastic

entusiasmo *m* enthusiasm

enumerar to enumerate

enunciar to state

envejecerse to age, to become old

envenenado poisoned

envenenar to poison

enviar to send, to ship

envidia *f* envy

envidioso envious

envío *m* shipment

envión *m* push, shove, tug

envolver (ue) to wrap (up), to surround

enzarzarse   to become involved, to fight
epidemia ƒ   epedemic
episodio m   episode
epopeya ƒ   epic poem
equilibrar   to balance
equipaje m   luggage
equitación ƒ   horseback riding
equivocación ƒ   mistake
equivocarse   to make a mistake, to be mistaken
era ƒ   era, age, period, place where wheat is threshed
erguido   erect
erguir   to erect, to raise up straight, to stand up straight
   —*se*   to be puffed up with pride
erizar(se)   to straighten up, to stand on end (hair), to bristle
ermita ƒ   hermitage, chapel
errado   in error, mistaken
errante   roving, wandering, rambling
esbelto   slender, tall, graceful
esbozar   to outline, to make
escala ƒ   scale, step, ladder
escalar   to scale, to climb
escalera ƒ   stairway, stairs
escama ƒ   fish scale
escapar   to escape
   — *con*   to make off with
escaparate m   showcase, display case
escapatoria ƒ   escape, flight
escarabajo m   black beetle
escarapela ƒ   badge
escarcha ƒ   frost
escarlato   scarlet
escarmentado   punished
escarnecer   to scoff, to mock, to ridicule
escarpado   sloped, craggy, rugged
escasez ƒ   shortage
escaso   scarce, scant, slight, *pl* few
escena ƒ   scene, stage
escénico   scenic, belonging to the stage
esclavitud ƒ   slavery
esclavo m   slave
escoger   to choose, to select
escoltado   escorted

escoltar   to escort
esconder   to hide
escopeta ƒ   shotgun
escribiente m   writer
escrito m   writing
escritor m   writer
escritorio m   desk
escritura ƒ   writing, handwriting
escrúpulo m   scruple, doubt, hesitation as to action or decisioᴌ
escuadrón m   squadron
escuálido   repulsive, emaciated
escudero m   squire
escudo m   coat-of-arms
escurrir   to run, to drain
esfinge m   sphinx
esforzar (ue)   to force
   —*se*   to make an effort
esfuerzo m   effort
esgrima ƒ   fencing
esmeralda ƒ   emerald
espaciar   to space, to spread
espacio m   space
espada ƒ   sword, m swordsman
espalda ƒ   back, shoulder
   a —*s*   behind
   de —*s a*   with the back to
espantar   to frighten, to scare
espanto m   fear, scare, fright
espantoso   frightful
españolismo m   love, devotion to Spain, patriotism
esparcir   to scatter, to sow
espárrago m   asparragus
esparraguera ƒ   asparragus plant
espartillo m   feather-grass, rafia
espátulo m   palette, knife
especie ƒ   kind, spice
espectáculo m   spectacle, unusual view or event
espectador m   spectator
espectro m   spectrum
espejismo m   mirage
espejito   small mirror
espejo m   mirror
espejuelos m *pl*   spectacles, lenses of spectacles
espera ƒ   wait, waiting
esperanza ƒ   hope
esperar   to hope, to wait, to wait for

espeso   thick
espesura ƒ   thickness, denseness
espía ƒ   spy
espiar   to spy
espiga ƒ   ear of corn
espina ƒ   thorn
espionaje m   espionage
espíritu m   spirit, mind
espiritual   spiritual
espléndido   splendid
esplendor m   splendor
esponjarse   to be puffed out
esponjoso   spongy
espontaneidad ƒ   spontaneity, voluntariness
esposas ƒ *pl*   handcuffs
espuela ƒ   spur
espuma ƒ   foam
esqueleto m   skeleton
esquema m   outline
esquilón m   large hand bell
esquina ƒ   corner
esquivo   scornful, reserved
establecer   to establish, to found
   —*se*   to settle
estación ƒ   station, season
estacionar   to park
estadía ƒ   stay
estadizo   stagnant
estado m   state, condition
estadounidense   belonging to the United States
estallar   to burst, to explode, to shatter
estampar   to stamp, to affix
estampido m   report of a gun, shot
estampilla ƒ   stamp
estancia ƒ   small farm, *Arg.* ranch, living room
estandarte m   standard, banner
estante m   shelf
estantigua ƒ   fright
   estar hecha una —   to look a fright
estático   static, immovable
estatua ƒ   statue
estepa ƒ   steppe, barren plain
estera ƒ   sleeping mat
estéril   sterile, without children
estero m   small creek into which water flows, salt marsh
estilo m   style

estimar to esteem

estimular to stimulate, to encourage

estío m summer
   al — in the summer

estirar to stretch, to stretch out, to extend

estocada f thrust

estómago m stomach

estoque m long, narrow sword

estorbar to bother

estornudar to sneeze

estornudo m sneeze

estrados m pl courtrooms

estrago m waste, wickedness, depravity
   de — en — from bad to worse

estrangular to strangle

estrechar(se) to clasp, to embrace, to shake, to hold tightly

estrecho narrow

estrella f star

estrellar to smash, to shatter

estremecer to shake, to tremble, to make tremble

estremecimiento m shivering, quivering

estrenar to use for the first time, to perform

estreno m premiere, first performance

estrépito m noise
   con — noisily

estribar to be supported by

estribillo m refrain

estricto strict, severe, harsh

estrofa f stanza, verse

estructura f structure

estuche m case, jewel case

etapa f stage, period

etéo ethereal, heavenly

eternamente eternally

eternidad f eternity, hereafter

eterno eternal, everlasting

étnica innate, characteristic of a race or culture

europeo European

evadir to evade, to escape from danger

evangélico evangelical

evangelio m doctrine of Jesus, Gospels, special kind of letter soliciting pardon

evangelista mf public stenographer

evaporar to evaporate

evidencia f evidence

evidente evident

evitar to avoid

evocación f evocation, reminder

evocar to evoke, to call

exactitud f correctness, exactness

exageradamente exceedingly, excessively

exagerar to exaggerate, to overemphasize

exaltado exhalted, lofty

exaltar to praise
   —se to become excited

exámen m examination

examinar to examine

exánime deceased, lifeless

excelente excellent

excepción f exception

excitado excited, aroused

excitar to excite, to arouse

exclusivo exclusive

excomulgado excommunicated (hence, infidel)

exhalación f shooting star, exhalation

exhibición f exhibition

exigencia f requirement, demand, pressing necessity

exigir to demand

existencia f existence

existir to exist, to be

éxito m success, result, outcome

exotista mf exotic writer

expatriar to exile

expedición f expedition

expedicionario m excursionist

expediente m expedient, measure

experimentar to experience

expirante dying, dead

expirar to die, to come to an end

explicar to explain

explorar to explore

explotar to exploit

expresar to express

extasiado enraptured

extender (ie) to spread, to lay down

exterminador m exterminator, one who pulls up

extinguir to extinguish, to go out, to quench

extracción f extraction

extraer to extract

extrahumano inhuman

extramura outside of the city walls

extranjero m foreigner
   en el — abroad

extrañar to be strange, to surprise
   —se to wonder

extraño strange, foreign

extremidad f extremity, end

F

fábrica f maker, producer, manufacturer, factory

fabricante m manufacturer, inventor, creator

fabricar to manufacture

fábula f fable

fabulista mf fabulist, author of fables

fabuloso fabulous, astounding, incredible, unusual

facción f feature, faction

faccioso factious, unruly

faceta f facet

facial facial

facilidad f facility, equipment, ease

facón m *Arg.* knife

faena f task, labor, action in a bullfight

faja f belt, girdle

fajo m bundle

falsear to lie, to bear false witness, to purjure

falsedad f falsity, deceit

falseta f checkrein

falsificar to forge (with a signature)

falta f shortage, lack, fault, error
   hacer — to need, to be necessary

faltar to be lacking, to lack

fallar to be deficient, to be wanting, to be cowardly, to not function properly

fallecer to die

fallecimiento m death, passing

familiarizarse to become familiar

fango *m* mud

farmacéutico *m* pharmacist

faro *m* beacon, lighthouse, headlight

farol *m* lamp, street light

farso *f* farce, sham

fascinador *m* charmer, fascinator

fascinar to fascinate

fatídico prophetic of gloom

fatiga *f* fatigue

favorecer to help, to protect, to favor, to be becoming to

favorito favorite

faz *f* face

fe *f* faith

fecundidad *f* fertility, fruitfulness

fecundo fertile, numerous, prolific

fecha *f* date

felice *poet.* happy

felicidad *f* happiness

felino feline

feliz happy

fenecer to finish, to close, to die

feo ugly

féretro *m* bier, coffin

feria *f* fair, market

feriante *m* person in attendance at a fair

ferocidad *f* ferocity, fierceness

feroz ferocious

fervor *m* fervor, zeal, eagerness

festejar to celebrate

festín *m* party, feast

festivo festive, gay
  día — holiday

feudal feudal, of the Middle Ages

fez *m* fez, woolen cap used in the Orient

fiarse to trust
  — de to trust in, to rely on
  al fiado on credit

fidedigno worthy of credit, deserving to be believed

fidelidad *f* fidelity, loyalty

fiebre *f* fever

fiel faithful

fieltro *m* felt

fiera *f* beast, wild animal, savage

fiero proud, fierce

fieros *m pl* fierce threats and bravados

fiesta *f* party, holiday

figle *m* brass instrument

figurar(se) to figure out, to determine

fijación *f* attention

fijamente attentively, intensely

fijar(se) to notice, to pay attention to

fijo fixed, set, permanent

fila *f* military service, row

filípico philippic

filmar to film

filón *m* vein, lode, mineral layer

filosofía *f* philosophy

filosófico philosophical

filósofo *m* philosopher

filtrar to filter
  —se to filter in, to slip in

filtro *m* filter, love potion

fin *m* objective, end
  a — de que in order to
  al — finally
  al — y al cabo after all
  en — anyway
  por — finally, at last

finalizar to finish, to end

fingimiento *m* deceit, false appearance

fingir(se) to feign, to pretend

firma *f* signature

firmar to sign

firmeza *f* firmness

fisco *m* treasury department, tax department

físicamente physically, in person

fisonomía *f* physiognomy, facial features

flaco skinny, thin, frail, weak of resolution

flaqueza *f* weakness, shortcoming

flauta *f* flute

flecha *f* arrow

flemático phlegmatic

flor *f* flower

florecer to flourish

florecimiento *m* flourishing, flowering, development

florido florid, highly ornamental, pleasant

flotante floating

foco *m* focus, center, light bulb

follaje *m* foliage

folletito *m* little pamphlet, small booklet

follón *m* rogue, despicable fellow

fomentar to foment (*e.g.* hatred), to promote, to encourage, to warm

fonda *f* hotel, inn, tavern

fondita *f* small tavern

fondo *m* bottom, depth, background

forastero *m* outsider, stranger

forjar to forge, to shape

foro *m* stage

fortaleza *f* fortress

forzar (ue) to force

forzoso necessary, forced

fosa *f* hole, grave

fosco frowning

fracasar to fail

fracaso *m* failure, shattering, breaking, destruction

fragilidad *f* fragility

fraile *m* friar

frámea *f* javelin

franco frank, sincere

francotirador *m* sniper

franqueza *f* frankness, sincerity, openness

frasco *m* flask, bottle

fraternidad *f* fraternity

fray *m* brother (title of respect addressed to religious men)

frecuencia *f* frequency
  con — frequently

frecuentar to visit often

frecuente frequent

fréjol (frijol) *m* bean

frenesí *m* frenzy

freno *m* brake, bit (of a bridle)
  sin — without brakes

frente *mf* front, *f* forehead
  — a against
  — a — face to face
  en — opposite, in front

fresa *f* strawberry

frescura *f* freshness

frisar to frieze, to fasten, to agree on

frísol (frijol) m bean

frondoso leafy

fructificar to make fruitful, to fertilize

fruncir to pucker, to contract
— *el ceño* to frown

fuego m fire

fuente f source, spring, fountain

fuentecilla f small jet, spout

fuera outside, out, out of, away
— *de sí* beside himself

fueros m pl rights, laws

fuerte strong, heavy, *m* fort

fuerza f force, power
a — de by force of

fuga f flight, escape
ponerse en — to run away

fugaz fleeting
estrella — shooting star

fulano m so-and-so

fulgurante shiny

fulminante thundering, threatening, striking like thunder

fumar to smoke

función f function, performance

funcionar to work, to go (of machine)

fundación f foundation, establishment

fundador m founder

fundar to found, to establish

fundido fused, blended, finished, done in

fundir to fuse, to melt, to mix

funesto sad, dismal, mournful, lamentable

funicular m cable railway

furgón m caisson, transport wagon

furia f fury
con — furiously

furibundo furious, enraged, frantic

furor m furor, rage

furtivo furtive, sly

fusil m gun

fusilado shot

fusilería f artillery

fusta f rod, whip

fustanero m henpecked man

G

gacela f gazelle, small antelope

gafas f pl eyeglasses

gajo m branch of a tree

gala f festive occasion, gala, *pl* finery, elegant dress

galán m suitor

galardón m reward, prize

galgo m greyhound

galope m gallop
al — at a gallop

gallardo graceful, elegant

gallear to stand out, to excel, to strut, *coll.* to yell and threaten

gallo m rooster

gama f range, gamut

gana f desire, appetite
no me da la — I don't want to

ganadero m herdsmen

ganado m cattle, livestock

ganancia f earning, income

ganar to gain, to win, to earn, to beat

gangoso nasal

garantía f guarantee

garantizar to guarantee

garbanzo m chickpea

garboso graceful, charming

garganta f throat

gárgola f gargoyle

garrocha f kind of javelin with a hooked head used to prick bulls

garrulidad f chatting, garrulousness

gárrulo garrulous, talkative

garza f heron

gasa f gauze, thin fabric

gastar to spend, to use, to waste

gasto m expense

gauchesco pertaining to the Gaucho

gaucho m gaucho, traditional figure of Argentina

gaveta f drawer

gaviota f sea gull

gazpacho m cold vegetable soup typical of Andalusia

gélido frigid, freezing cold

geme f gem, jewel

gemido m moan

gemir (i, i) to moan, to howl, to roar

generalizar to generalize

género m kind, class, *genre*, literary style

generosidad f generosity

genial genial, pleasant

genio m genius, temper, disposition

gente f people

gérmen m germ, source

germinador germinating

gesto m movement, motion, gesture, expression, sign
hacer —a to make a sign

gigantesco gigantic, belonging to the giants

girar to turn, to spin, to whirl about

giro m turn, trend, boast

glotón m glutton, greedy

golondrina f swallow

golpe m blow, strike, hit
dar —s to hit

golpear to hit, to strike

goma f rubber

gordo fat

gorra f cap

gorrión m sparrow

gota f drop

gótico Gothic

gozar to enjoy

gozo m pleasure

grabado etched, engraved, *m* engraving
—s a fuego branded

gracia f grace, charm
hacerle — to think something is amusing or funny

gracioso graceful, attractive, witty

grada f step

granada f pomegranate

grandadero m grenadier

grandeza f greatness, magnificence, nobleness

granjearse to get, to obtain

grano m grain

granuja m rascal, rogue

grasa f fat, grease

grato graceful, pleasing, pleasant

grave serious

gresca f uproar

grieta f crack, crevice

grifo m griffin, fable animal
grillos m pl fetters, shackles
gritar to shout, to yell, to scream
grito m shout, cry
grosería f rudeness, ill-breeding, coarseness
grosero indelicate, coarse, lacking in good manners
grueso thick, heavy, fat, bulky
grupa f flanks
grupo m group
guante m glove
guapo courageous, bold, clever, handsome
guarda m guard, custodian
guardar to keep, to save, to be careful of
guardia m guard
guarismo m cipher, figure, number
guiar to guide, to lead, to conduct
guinda cherry-red, f cherry
guiñar to wink
guión m scenario, script (of movie, etc.)
guiri m liberal
guisa f guise, manner
  en — de — in appearance
guisar to cook
gusanera f wormhole
gusano m worm
gustar to please, to be pleasing
  — de to enjoy
gusto m pleasure, taste
gustoso cheerful, pleasant, pleasing

H

habas f pl beans
haber to have
  — de to have to, should, must
  hay there is, there are
  hay que one must, it is necessary
  he aquí here is
hábil capable, able, skillful
habitación f room, house, dwelling, habitation
habitar to inhabit, to occupy, to live in
hábito m habit

hacienda f estate, fortune, wealth
hacha f ax
hachón m large torch
hado m fate, destiny, inevitable doom
¡hala! come on! get up! get going!
halagador flattering, pleasing
halagar to flatter, to please
halago m flattery, compliment
hallar to find
  —se to find oneself, to be
hambre f hunger
hambriento hungry, starving, famished
haragán idle, lazy, m idler, loiterer, lazy person
  de —es of laziness
harapo m rag, tatter, person held in low esteem
hartazgo m glutting or eating beyond natural desire
harto full, fed up, very, quite, enough
hastiado sated
hastío m disgust, dislike, repulsiveness
hato m herd (of cattle), ranch
haya f beech tree
hazaña f heroic deed, exploit
hazmerreír m laughing stock
hebilla f buckle
hebreo of Israel, m Hebrew
hechicería f witchcraft
hecho m event, happening, action, deed, fact
helado frozen
helar (ie) to freeze
henchido filled, swollen
herbolario m herb fancier
heredad f piece of ground cultivated and bearing fruit
heredado inherited
herencia f inheritance
herida f wound, injury, injured or wounded person
herir (ie, i) to wound, to injure
hermético hermetic, airtight, impenetrable, m tight-lipped person
hermoseado beautified, ornamented, landscaped
heroísmo m heroism
herradura f horseshoe

herramienta f tool
hervir (ie, i) to boil
heterogéneo heterogeneous
hidalgo m nobleman, person of noble descent
hidrópico hydropsical, with an excessive amount of fluid in the body
  ojos —s watery eyes
hiel m gall, bile, bitterness
hielo m ice
hierático sacred
hierba f grass, herb
  mala — weed
hierbabuena f mint, spearmint
hierro m iron, branding iron
  marca del— brand
higiene f hygiene
higuera f fig tree
hilandero m one who spins (or weaves)
hilo m wire, thread
himeneo m marriage, wedding song
hincarse to kneel, to kneel down
hincha f partisan, follower, hatred, enmity
hinchar to puff up, to swell, to inflate
hiperbólico hyperbolic
hiperestesia f exaggerated sensitivity
hípnico hypnotic
hipocresía f hypocrisy
historiador m historian
histórico historical
hogar m home, hearth
hoguera f fire, hearth
hoja f leaf
  —s de la puerta sections of a door
hojear to leaf through
holgadamente easily, effortlessly
holgar (ue) to rest, to cease from labor, to take it easy, to sport or play the fool
holgazán loafing, lazy, m loafer, bum
hollín m soot
hombrachón m heavily-built man
hombría f manliness, virility
hombro m shoulder

homenaje *m* homage, testimonial

honda *f* slingshot

hondo deep
  en lo — in the depths

hondura *f* depth

honra *f* honor

honradez *f* honesty, integrity, fairness

honrado honest, honorable

honroso honorable

horadar to bore or pierce from side to side

horario *m* schedule

horca *f* gallows

horda *f* horde

horno *m* oven

horquilla *f* hairpin

horrendo dreadful, hideous, monstrous, horrible

hostia *f* host (in the Communion)

hoyo *m* hole, spot to be buried in

hueco hollow

huella *f* trace, track, footprint, sound

huérfano *m* orphan

huero empty, void

huerta *f* large orchard

huertano *m* farmer

huerto *m* small orchard, fruit garden

hueso *m* bone

huésped *m* guest

huestes *f pl* hosts, armies in combat

huevo *m* egg

huir to flee, to take flight

humanidades *f pl* humanities, arts and sciences

humedad *f* dampness, humidity

húmedo moist, damp

humildad *f* humility

humilde humble

humillación *f* humiliation, embarrassment

humo *m* smoke

humor *m* humor, disposition, mood

hundir to sink, to submerge

huronear to ferret about, to explore

husmear to track by smelling

I

ibérico Iberian, of the Iberian peninsula

ida *f* going, departure
  de — y vuelta round-trip

idea *f* idea

idealismo *m* idealism

idéntico identical

identificar to identify
  —se to identify oneself

idilio *m* idyll

idioma *m* language

idiota *mf* idiot

ídolo *m* idol

idolatrar to idolize

iglesia *f* church

ignominiosamente ignominiously, shamefully, dishonorably

ignorante ignorant

ignorar to not know, to be ignorant

ignoto unknown

igual equal, similar, like another, even, smooth
  por — equally

igualar to be equal, to be the same

igualdad *f* equality

igualmente equally

ijada *f* flank (of an animal)

ijadear to pant or quiver from fatigue

ijar *m* flank

ilegal illegal

ilegible illegible, unreadable

iletrado illiterate

iluminar to illuminate, to light up

iluso deluded, deceived

ilustrar to illustrate, to color

ilustre illustrious, celebrated, glorious

imagen *f* image, picture

imaginar to imagine

imán *m* magnet, charm, attraction

imitar to imitate

impacto *m* impact

impar unequal, not divisable into equal numbers

impedir (i, i) to intervene, to block, to hinder, to prevent, to keep from

impelar to propel, to drive

imperdonable unforgivable

imperfección *f* imperfection

imperio *m* empire, rule

imperioso commanding

impertinente impertinent, intrusive, meddling, insolent, disrespectful

ímpetu *m* impetus, stimulus

impetuoso impetuous, passionate, violent

impío impious, irreligious, profane

implacable implacable, not to be pacified

implacar to implore, to beg, to beseech

implemento *m* utensil

imponer to impose, to advise, to give notice, to instruct in, to assert

importancia *f* importance

importante important

importar to import, to matter, to be important

importe *m* amount earned, profit, cost, price

imposibilidad *f* impossibility

imposible impossible

impregnar to permeate

imprenta *f* printing, printing firm

imprescindible that which cannot be put aside, necessary, essential

impresión *f* impression, printing

impresionante impressive

impresionar to impress

impreso printed

imprimir to print

impropio unsuitable, unfit for

improvisar to improvise, to make use of

improviso: de — suddenly, unexpectedly

impuesto *m* tax, duty

impulsar to impel, to give an impulse, to urge on

impulso *m* impulse
  dar — to stimulate, to encourage
  a —s de propelled by, blown by

impulsor driving

impureza *f* impurity

inadecuado inadequate, insufficient

inadvertido unnoticed

inanimado still, quiet, dead

inapreciable inestimable, imperceptible, inappreciable

inaudito unheard of, most extraordinary

incansable untiring, indefatigable

incapaz incapable

incendiado burning

incendiar to set on fire

incendiario flaming

incendio m fire, blaze

incertidumbre f uncertainty

incesante incessant, constant

incierto uncertain, unsure

incitante exciting, moving

incitar to incite, to arouse, to excite

inclemencia f inclemency, severity, harshness

inclinación f tendency

inclinarse to incline, to lean, to lean toward any direction, to bend over, to bow

inclusive including

incluso including

incógnito disguised

incomodarse to be angry, to be upset

incómodo uncomfortable, unpleasant

incomunicado isolated, out of contact

inconcuso incontestable

inconmovible firm, motionless, inalterable

inconsciencia f lack of realization

inconveniente inconvenient

incorporar to incorporate
—*se* to set up
—*se a* to join, to enlist

incrédulo incredulous, unbelievable

increíble unbelievable

inculto uncivilized, ignorant

indecible indescribable

indecisión f indecision, unsteadiness

indeciso undecided, indecisive

independencia f independence

independiente independent

indicar to indicate, to show, to point out

índice m index, index finger

indicio m indication

indiferente indifferent

indígena indigenous, *mf* native

indignación f indignation
con — indignantly

indignado indignant

indignidad f indignity

indigno unworthy

indio m Indian

individuo m person, individual

indocta uneducated

índole f disposition, temper, class, kind

indómito indomitable, unruly

inducir to induce, to persuade, to influence

indudable indubitable

inédito new, unknown

inefablemente ineffably, unspeakably

inerte inert, still, motionless, unable to move

inesperado unexpected, sudden

inexorablemente definitely

inexperto inexperienced

inexpugnable impregnable, firm, stubborn

infalible infallible, incapable of being wrong

infame infamous, dishonorable

infamia f infamy, infamous act

infancia f infancy, childhood

infecundo unfruitful, infertile

infelicidad f unhappiness

infeliz unhappy, unfortunate

inferioridad f inferiority

inferir (ie, i) to infer, to deduce, to draw conclusions

infernal infernal

infierno m hell, inferno

infinidad f endless amount, innumerable quantity

inflamar to inflame, to set afire

infligir to inflict, to force upon

influir to influence, to prevail upon one, to inspire with grace, to effect a change, to guide

informar to inform

informe m report

infortunado unfortunate, unlucky

infracción f act of breaking the law

infringir to infringe

infructuosamente fruitlessly

infundir to infuse

infusión f beverage

ingeniería f engineering

ingeniero m engineer

ingenio m genius, talent, sugarmill

ingenioso ingenious, clever

ingenuidad f open-heartedness, ingenuousness

ingrato m ingrate, ungrateful person

ingresos m pl income

iniciar to start, to begin

injuria f insult, damage

injusticia f injustice

inmaculado clean, pure

inmediato immediate, adjoining, next

inmejorable unbeatable, unable to be improved upon, unsurpassable

inmensidad f infinity, great amount

inmenso immense, huge

inmotivado without cause or motivation

inmóvil immovable, motionless, firm, constant

inmundicia f filth

innegable that cannot be denied

inolvidable unforgettable

inquieto restless, anxious, uneasy, turbulent

inquietud f nervousness, unrest, with distrust
con — anxiously

inquirir to inquire

Inquisición f Inquisition

insaciado unsatisfied, unquenched

inscripción f inscription, enrollment

inseguro unsure, uncertain

insensatez f stupidity, senselessness, folly

insensato stupid, mad, out of one's wits

insensiblemente insensibly

insertar (ie) to insert
insigne notable, remarkable
insinuante insinuating, engaging
insinuar to insinuate, to suggest, to drop a hint
insistencia f insistence
insistir (en) to insist
insolencia f insolence
insolentar(se) to be(come) insolent
insolente insolent
insolidaridad f lack of unity
insoportable unbearable
inspirar to inspire
instinto m instinct, nature
instruir to instruct
insubordinar to rebel
insuficiente insufficient, inadequate
ínsula f island
insultar to insult
insuperable unsurpassable
insurgente m rebel
íntegramente completely
integridad f integrity
inteligencia f intelligence, understanding
intentar (de) to try, to attempt, to intend
intento m intent, intention, attempt
interceptar to intercept, to obstruct
interés m interest, concern
interesar to interest, to be interesting
　—se to become interested
interinamente in the interim, provisionally
interminable interminable, endless
internar to go beneath the surface
interno internal, from within
interpretar to interpret, to translate
intérprete mf interpreter
interrogar to question
interrumpir to interrupt
interrupción f interruption
intervalo m interval
intervenir to come between, to intervene
íntimo intimate

intranquilo restless, disturbed, nervous
intransigencia f state of being uncompromising or irreconcilable
intriga f plot, scheme
intrigar to plot, to form plots
introducción f introduction
introducir to introduce, to insert, to put in
　—se to get in
inundación f flood
inundar to flood, to rush, to surge
inútil useless
inutilidad f uselessness
inútilmente uselessly, in vain
invadir to invade
invasión f invasion
invasor m invader, outsider
invencible invincible, unconquerable
inventar to invent
invertir (ie, i) to invest
invisible invisible
invocar to invoke
involuntario involuntary, unintentional
inyección f injection, shot
ira f ire, anger
ironía f irony
irónico ironic
irradiar to irradiate, to emit beams of light
irrecusable unimpeachable
irregularidad f irregularity
irregularmente irregularly
irresistible irresistible, not to be resisted
irritar to irritate
isla f island
islote m small barren island
itinerario m itinerary
izar to raise
izquierdo left

J

¡ja, ja! ha, ha!
jabalí m wild boar
jabón m soap
jaco m nag
jactarse to boast
jadeante panting, breathless
jaez m kind, sort, quality
jalde yellow, gilded

jamás never, not ever
jamón m ham
Japón m Japan
japonería f Japanese curio
japonés Japanese
jardín m garden
jarra f jug
jarrazo m blow struck with a jug
jaspe m jasper, a precious stone
jaula f cage
jefe m chief, leader, boss
jeme m coll. face of a woman
jergón m straw mattress
jerigonza f language used by low class people, jargon, slang
jícara f wooden tray usually highly ornamented
jinete m horseman, rider
jinetear to ride (horseback)
jocoso jocose, gay, merry
jornada f journey, trip, session, division of a drama
joya f gem, jewel
joyería f jewelry store
joyero m jeweler
judaico Jewish
judía f bean, green bean
juego m game, set
　hacer — to match
juez m judge
　— pesquisidor Justice of the Peace
jugar (ue) to gamble, to play
juicio m judgment, sense, reasoning
　muela de — wisdom tooth
jumento m beast of burden, ass
junco m rush, reed
juntar to put together, to join
　—se to gather, to get together, to meet
juntillas together, joined together
junto together, joined
　— a next to
　muy — very close together
juramento m oath
jurar to swear
jurisconsulto m jurisconsult
jurisdicción f department or state, county

justamente exactly
justicia f justice
justificar to justify, to substantiate
juventud f youth
juzgado judged
juzgar to judge
   —se to consider oneself

L

laberinto m labyrinth
labio m lip
labor f labor, work, effort
labrador m farmer
labranza f cultivation of the soil
labrar to work, to cultivate
labriego m peasant
laca f lacquer, lacquered wear
lacayo m liveried servant
ladera f side
lado m side
ladrar to bark
ladrido m bark, barking
ladrillo m brick
ladrón m thief
ladronzuelo m small thief
lago m lake
lágrima f tear
laguna f pool, lagoon, small lake
lama f mud, slime
lamentable deplorable
lamentar to lament, to regret
lamer to lick
lámpara f lamp
lana f wool
   —s de tejer knitting thread
lance m critical moment, occurrence
lancero m lancer
landó m landau, type of carriage
languidez f languidness, weariness, faintness
lanzar to throw, to hurl, to pitch
lápida f tombstone
lápiz m pencil
largamente for a long while, at length
largo long
   a lo — de along, through
largueza f generosity
larguísimo very long

lástima f sorrow
   ¡qué —! what a shame!
lastimar(se) to hurt (oneself)
latente latent, obscure
látigo m whip
latir to beat, to throb
laurel m laurel, bay tree, bay leaf, laurel wreath (symbol of success, glory)
lauro laurel
lavanco m wild duck
lavar to wash
lazo m knot, tie
leal loyal, faithful
lealtad f loyalty
lebrel m greyhound
lebruno m of, pertaining to or like a hare
lector m reader
lectura f reading
leche f milk
lechera f milkmaid, dairymaid
lecho m bed
lechón m suckling pig
lechuga f lettuce
legislar to legislate
legítimo legitimate
legua f league
legumbre f vegetable
lejanía f distance
lejano distant, far away
lejos far, far off
   a lo — in the distance
lema m motto, slogan
lengua f tongue, language
lenguado m flounder
lenguaje m language, speech
lenguaraz talkative, speaking several languages
lentamente slowly
lente m lens, magnifying glass, *pl* glasses, eyeglasses
lenteja f lentil
lentisco m mastich tree
lentitud f slowness
lento slow
leña f firewood
leño m log
león m lion
leonado lion-colored, tawny
lerdo slow, heavy
letargo m lethargy
letra f letter of alphabet, handwriting
   bellas —s fine arts

levantar to raise, to lift
   —se to rise, to get up, to stand up
leve light in weight
levita f coat, frock-coat
ley f law, quality or strength
   plata de — sterling silver
leyenda f legend
liberación f liberation, freedom
liberar to free
libertad f liberty
libertador m liberator, savior
liberto m man freed from slavery
libra f pound (weight)
librar to free, to liberate
libre free
librea f livery, clothes given to a servant
librería f bookstore
librero m bookseller
libro m book
lícito lawful
lid f battle, fight, dispute, match of wits and arguments
líder m leader
liebre m hare, coward
lienzo m cloth, linen, canvas
ligeramente swiftly, quickly
ligero fast, quick
   a la —a quickly
ligerón rather fast
limar to file
limitar to limit
límite m limit
limón m lemon
limonero m lemon tree
limosna f alms, charity
limpiar to clean
limpio clean
   en — net price, clearly
linaje m lineage
linajudo m one who boasts of his family or lineage
linde f landmark, boundary, limit
lindero m limit, boundary
lindo pretty
línea f line
lineamento m exterior feature
linfático lymphatic, pertaining to the lymph glands
linterna f lantern
lírico lyrical

lisonjero m flatterer, fawner, parasite

listo alert, smart, intelligent, ready

literario literary

literato m writer

litigar to litigate, to dispute (a case in a court of law)

litigio m lawsuit, litigation

litro m liter (1.0567 quarts)

liviano light, of little weight

lobo m wolf

lóbrego obscure, sad, murky

localizar to locate, to find

loco crazy, mad

locuacidad f loquaciousness

locura f madness, insanity, crazy deeds, folly

locutorio m reception room

lograr to succeed, to obtain, to attain, to get, to accomplish

loma f long low hill, ridge, loin, back

lona f sail, canvas

Londres London

loquillas f cigarette holders

losa f flagstone

lote m lot

lozanía f vigor, robustness

lozano verdant, vigorous, proud

lucero m star

lucidez f clarity, sanity

lucido lucid, clear in reason

lucir to shine, to show off, to wear

lucha f fight, struggle

luchar to fight, to struggle

luengo long

lugar m place, space

　dar — a to give occasion for

lugareño m inhabitant of a village

lúgubre sad, mournful, gloomy, melancholic

lujo m luxury

lumbre f fire

luminario shining

luminoso luminous, bright, shining

luna f moon

　— de miel honeymoon

lunar m mole, beauty spot

luz f light

LL

llaga f wound

llama f fire, flame

llamar to call

　—se to be named

llanería f skill of the cowboy

llanero m plainsman

llanito even, level

llano flat, level, m plains

llanto m weeping, flood of tears

llanura f prairie, vast tract of level ground

llave f key

llegar to arrive, to reach

　— a ser to become

llenar to fill

　—se to fill up

lleno full

llevar to carry, to take, to wear

llorar to cry, to weep

llorón m mourner, weeping willow

llovediza: agua — rain water

llover (ue) to rain

lloviznar to drizzle

lluvioso rainy

M

machamartillo: a — firmly, tightly, with blind faith

machete m machete, large knife used for cutting cane, etc.

macho m male

machucar to pound, to bruise

madera f wood

madreselva f honeysuckle

madrigal m madrigal, poem or song of love

madriguera f burrow, hole made in the ground by rabbits

madrileño of or from Madrid

madrina f godmother, bridesmaid, small herd of tame cattle or horses used to guide or help roundup wild animals

madrugada f early morning, dawn

madrugador m early riser

madurez f maturity

maestrazgo m dignity or jurisdiction of a great master

maestría f mastery, skill

maestro m teacher

magia f magic, magic charm

magnánimo magnanimous, heroic, generous, honorable

magnetismo m magnetism, power of attraction

magnificencia f magnificence

magnífico magnificent, splendid, grand

magullado bruised

maíz m corn

maizal m cornfield

majadería f folly, annoyance

malandrín perverse, malign

malaventurado unfortunate one

malbaratar to lower the price, to make cheap

malcriado rude, bad mannered, ill-bred, impolite

maldecir to swear, to curse

maldito cursed, accursed

maléfico injurious, harmful, malicious, evil

maleta f suitcase

maletín m suitcase, briefcase

malévolo evil

maleza f underbrush

malhaya f exclamation

malicia f malice, intention of mischief to another

maligno m evildoer

malo bad, wicked, evil, wrong, sick

maltratar to mistreat, to abuse, to insult

maltrecho mistreated, battered

malva f mallow

malla f net, web

mamarracho m grotesque figure, *e.g.* scarecrow

mamón m suckling-pig

mampostería f rubblework masonry, employment of collecting alms

manada f flock, herd

mancebo m youth, young man

mancha f spot, stain, *cap.* area in central Spain

mandar to send, to order, to command

mando m command

manea f hobble, fetter

manejar to handle, to drive

manía f mania, frenzy, overwhelming desire
maniatar to tie
manicura f manicure, manicurist
maniobra f maneuver
  de —s drilling
manipular to manipulate, to handle
manjar m plate, food, tidbit
mano f hand, forefoot
  poner —s en la obra to get to work
manojo m bunch
manotada f cuff, blow, stroke
  a —s by stripping
manotazo m blow with the hand, hard pat, cuff or stroke
manoteo m theft, robbery
mansedumbre f gentleness
manso docile, tame, meek
manta f blanket
manteamiento m tossing in a blanket
mantel m tablecloth
manteleta f a small mantle or cloak worn by ladies
mantener to keep, to maintain, to keep up
manto m mantle, cap
manual manual, by hand
manuscrito handwritten, m manuscript
manzana f apple
maña f dexterity, skill
mapa m map
máquina f machine
maquinal mechanical, unconscious, unaware
maquinalmente mechanically
maquinaria f machinery
maravilla f marvel, wonder
marca f brand, mark, stamp, trademark
marcar to stamp, to mark, to dial
marcial martial, warlike
marco m frame
marcha f march, motion
  poner en — to start, to put in operation
  —se to leave
marchar to march, to go, to run, to work, to function

marchitar to wither
marchito faded, withered, dispirited, exhausted
marea f tide
marejada f swell of the sea
marfil m ivory
margen mf margin, border, edge
  al — related to
maricón m coward, man who is effeminate
marina f pertaining to the sea
mariposa f butterfly
mariscal m marshal, high ranking military office
mármol m marble
marota f rope
marotear to tie, to rope
marqués m marquis
martillazo m hammer blow
martilleo m hammer blow
martillo m hammer
mártir m martyr
martirizar to make a martyr, to torture
masaje m massage
  — craneano scalp massage
  — facial facial massage
mascar to chew
máscara f mask
mástil m mast
mastín m mastiff
mastranto m mint
mata f plant, shrub
matador m killer, slayer, assassin
matar to kill
materia f matter, material, subject
matinal morning, belonging to the early morning
matiz m hue, shade
matorral m field of brambles, thicket
matrimonio m marriage, married couple
maula f deceitful trick
máximo maximum
mayorazgo m eldest son, who will inherit the entire family estate
mayordomía f stewardship
mayordomo m butler, steward
mayoría f majority
mayúsculo capital

mazonería f stone masonry, relief
mazurca f mazurka
mecánico mechanical, f mechanics
mecedora f rocking chair
mecer to rock, to sway
mecanógrafo m typist
mecho m stub (of a candle)
medalla f medal
mediado half full
  a —s de about the middle of
mediano medium, medium sized
medianoche f midnight
mediante through, by means of
medias f pl stockings, hose
medio half, halfway, m middle
  a —s halfway
  por — de by means of
mediodía m noon, midday
medir (i, i) to measure
meditar to think, to meditate
medo m Mede
medrar to thrive, to prosper, to grow rich
medroso fearful, cowardly
mejilla f cheek
mejor better, best
  a lo — maybe, probably, like as not
mejoramiento m improvement
mejorar to improve
  —se to recover, to get better
melocotón m peach
melón m cantaloupe
melonar m cantaloupe patch
membranoso membranous
membrillo m quince tree
membrudo strong, robust, corpulent
mendigar to beg
mendigo m beggar
menester m need, necessity, job
  ser — to be necessary
menganito m so-and-so
mengua f ebb, decline, decay
menor smaller, smallest, younger, youngest, minor, lesser, least

menos   less, least, fewer, fewest
  a — que   unless
  cuando —   at least
  — mal   fortunately
mensaje m   message
mensual   monthly
mente f   mind
mentir (ie, i)   to lie
mentira f   lie, falsehood
menudo   small, slender, minute, of little value
  a —   repeatedly, frequently
mequetrefe m   insignificant person, noisy fellow, conceited silly man
mercader m   dealer, trader, shopkeeper
mercar   to buy or sell, to trade
merced f   mercy
mercenario m   mercenary, one who hires himself to others
merecer   to merit, to deserve, to be worth
merengue m   sugar-plum
merienda f   snack, picnic
mérito m   merit, worth, value
meseta f   plateau, highlands
mesianismo m   teachings of Christ, the Messiah
Mesías m   Messiah
mesón m   inn
mesonero m   innkeeper
meta f   goal
metafísica f   metaphysical
metafísicamente   metaphysically
metáfora f   metaphor
meter   to put in, to get involved
método m   method
métrico   composed in verse
metro m   meter (39.37 inches), subway
metrópoli f   important city
mezcla f   mixture, combination
mezquino   paltry, miserable, poor, petty
microbio m   microbe, germ
miel f   honey
miembro m   member
mientras   while, so long as
  — tanto   meanwhile
mies f   grain
miguita (miga) f   crumb
milagro m   miracle

milagroso   miraculous
milímetro m   millimeter
militar   military, *m* soldier
milla f   mile
millar m   thousand
millón m   million
mimar   to spoil
mina f   mine
minero m   miner
miniatura f   miniature
minúsculo   small, small letter (lower case)
mira f   expectation, design
mirada f   look, glance
mirador m   viewing place, lookout tower, balcony
mirar   to look, to look at, to watch
mirlo m   blackbird
misa f   mass
misántropo m   misanthropist, one who hates mankind
miseria f   misery, poverty
misericordia f   mercy, loving kindness, charity
mísero   miserable, lowly, wretched
misiva f   letter or small note
mitayo m   Indian tribe of Peru
mitigar   to mitigate, to soften, to become less harsh
mixto   mixed, joint
mocedad f   youth
mocetón m   young, robust person
modalidad f   way, manner, method
modelado   outlived, modeled
moderación f   moderation, caution
moderar   to restrain, to moderate, to suppress
modernizarse   to modernize
modo m   way, manner, means
  de —   so that
mofar   to deride, to jeer, to scoff
mohín m   gesture, facial expression
mohino   disgusted, sad, gloomy, *m* one who plays alone against several others
mohoso   mouldy
mojar   to wet, to moisten

mole m   vast size, massiveness
moler (ue)   to grind
molestar   to bother, to disturb
molestia f   bother, disturbance, inconvenience
molido   ground, beaten
molino m   mill
  — de viento   windmill
momentáneo   momentary
momia f   mummy
mona f   female monkey, mimic
monarca mf   monarch, king, queen, ruler of noble lineage
monarquía f   monarchy
moneda f   coin
monja f   nun
monje m   monk
monólogo m   monolog
monstruo   monstrous
montado   mounted, rested upon
montaña f   mountain
montañoso   mountainous
montar   to mount, to get on
  — a caballo   to ride horseback
monte m   mount, mountain, woods
montón m   pile, stack, heap
montuoso   full of woods and thickets, mountainous, hilly
mora f   blackberry
morada f   residence
morador m   inhabitant, lodger
moraleja f   moral
morar   to live, to dwell
morder (ue)   to bite
morería f   Moorish quarter, Moorish land
moribundo   dying, weak
morir (ue, u)   to die
moro m   Moor
morro m   crown of the head
morrocotudo   strong, hard
mortuorio   burial, funeral, belonging to the dead
mosca f   fly
mostaza f   mustard
mostrador m   counter, showcase
mostrar (ue)   to show
mostrenco   strayed, *m* stray
mote m   motto
motín m   riot

motivo m reason, cause
  con — de on the occasion of
mover(se) (ue) to move
móvil m moving, capable of moving or being moved, that which causes something to move
moza f girl, maid-servant
mozo m man-servant, youth
muchedumbre f crowd, mob
mudable changeable, movable, fickle
mudanza f change
mudar to move
  —se to change (clothes)
mudo silent, mute
mueble m piece of furniture
  —s furniture
mueca f grimace, wry face
muela f molar, tooth
muellemente tenderly, gently, softly
muerte f death
  dar — a to kill
muerto dead
muestra f example, indication, sign
mugido m lowing of a cow, ox or bull
mugir to low, to bellow (like an ox)
mujerona f mannish woman (used deprecatorily)
mujerzuela f worthless hag
mula f mule
muleta f red flag on a staff, crutch
multa f fine
  — fuerte big fine
múltiple multiple, manifold
mundial worldwide, world
mundo m world
  todo el — everybody
municiones f pl ammunition
municipal municipal
muñeca f wrist, doll
muralla f wall
murar to build a wall, to surround an area with a wall
murmullo m murmur
murmuración f gossip
murmurar to murmur, to mutter, to whisper
muro m wall
musgo m moss

musitar to say in a low voice, to whisper
mutuo mutual
muzo m Indian of Colombia

N

nácar m mother of pearl, nacre
nacer to be born
naciente growing, which grows or springs up
nacimiento m birth
nadar to swim
naranja f orange
naranjal m orange grove
naranjo m orange tree
narcótico m narcotic, drug
narcotizar to drug
narices f pl nostrils, nose
narrar to narrate
natal native
natural m native
naturaleza f nature, disposition, temperament
naufragar to shipwreck
naufragio m calamity, shipwreck
navaja f knife, blade
navarro from Navarra, a province of northern Spain
navegar to sail
Navidad f Christmas
navío m ship, especially a large ship of war
nebuloso misty, cloudy, foggy, hazy
necedad f foolishness, stupidity
necesitar to need, to be in need of
necio stupid, foolish, silly
negación f denial, refusal
negar (ie) to deny
  —se to refuse
negocio m business
negrero m black slave trader
nervio m nerve center
neurastenia f nervous fatigue
neutro neuter, neutral
nevar (ie) to snow
ni nor, not even, neither
  ni . . . ni neither . . . nor
nicaragüense native to Nicaragua
nicho m niche, indentation in a wall

nido m nest
niebla f fog, mist
nieta f granddaughter
nieto m grandson
nieve f snow
nimio insignificant, unimportant
ninfa f nymph
ningún, ninguno no, none, not any
niñera f nursemaid
niñería f childish thing
nipón Japanese
níspero m medlar tree
nivel m level
nobleza f nobility
noción f notion
nocturno night, nocturnal
noche f night
  dejar a buenas —s to leave in the dark
  quedar a buenas —s to be left in the dark
nogal m walnut
nombrar to name
nombre m name, noun
nomenclatura f nomenclature, classification
nonada f trifle
norte m north, north star (guiding star)
nostalgia f longing, nostalgia, homesickness
nostálgico nostalgic, longing (for other places or times)
nota f note
notar to note, to notice
notorio notorious, publicly known
novel new, inexperienced
novela f novel
novelica f novel of no literary value
novia f bride, girlfriend
novio m groom (in a wedding), boyfriend
nubarrón m large heavy cloud
nube f cloud
nuca f nape of the neck
núcleo m nucleus
nudo m knot
nuevamente newly, recently, again
nuez m nut, pecan, acorn, etc.
numeroso numerous, many

númida m Numidian, of Numidia

nunca never

nupcial nuptial

nutrir to nourish, to feed

O

obedecer to obey
— *a* to be due to

obediencia f obedience

obispo m bishop

objetivo m objective, goal

oblicuo slanting

obligar to oblige, to force

obra f work, deed

obrar to work, to act

obrero m laborer, worker

obscuro dark

obsequiar to give, to present, to treat

obsequio m treat, courtesy, attention, gift

obtenido obtained

obviamente obviously

ocasionar to cause, to arouse

ocaso m death

occidental western, belonging to western civilization

occidente m west

ocre m ochre

octavo eighth

oculto hidden

ocultar to hide

ocultismo m belief in the occult

ocupado busy

ocupar to occupy, to fill
—*se de* to bother about, to concern oneself with
—*se en* to be busy (doing something)

ocurrir to occur, to happen
—*se* to get an idea

ochenta eighty

oda f ode, lyric poem

odalisca f odalisk, a woman who serves in a harem

odiar to hate

odio m hatred, hate
tener — to hate

odioso despicable, capable of being hated

oeste m west

ofender to offend
—*se* to take offense

oferta f offer

oficial official, *m* officer

oficio m trade, work, employment

ofrecer to offer
—*se* to volunteer

ofrenda f offering

ofuscar to obscure

oído m ear (inner)
lo — what had been heard

oír to hear

ojeada f glance

ojeo m flushing out game by shouting or other loud noises

ojera f bluish circle under lower eyelid

ojo m eye

ola f wave

oleada f wave, series of waves

oler to smell
— *a* to seem like

oliscar to smell, to sniff

olivar m olive grove

olor m odor, aroma, smell

olvidadizo forgetful

olvidar(se) to forget

Omar conqueror of Egypt and caliph from 634–644; accused of burning the famous library in Alexandria because it alledgedly contained works contrary to the Moslem faith

omitir to omit, to leave out

omnipotente omnipotent, all-powerful

onda f wave

ondear to wave

onza f ounce, small amount of money

opaco opaque, cloudy, not transparent

operar to work, to operate

opinar to have an opinion, to think

opio m opium

oponer to set against
—*se* to oppose, to object

oportuno opportune, right, timely

oprimido oppressed, abused

oprimir to oppress, to squeeze, to depress, to put a heavy load upon

optar to choose, to select

optimismo m optimism

opuesto opposite, contrary, opposing

oración f sentence, prayer

oráculo m oracle, *fig.* wise person

orar to pray

orbe m globe, world

orden mf order, command

ordenar to order, to command

orégano m oregano (seasoning)

oreja f ear

organizador m organizer

organizar to organize

orgía f orgy

orgullo m pride

orgullosamente proudly

orgulloso proud

oriente m east

origen m origin, beginning

originar to originate, to begin, to create

orilla f bank, shore, edge

orillo m selvage of cloth

orlar to border, to decorate with an edging

ornado ornamented, decorated

oro m gold

ortiga f stinging nettle

osadía f daring, audacity

osado daring, bold, high-spirited

osar to dare, to be bold

oscilante flickering

oscilar to oscillate, to swing, to sway, to vary

oscurecer to darken, to become dark

oscuridad f obscurity, apathy

oso m bear

ostentar to demonstrate, to show, to boast or brag

otomana f ottoman, footrest

otoño m autumn, fall

otorgar to grant, to bestow

otro other, another

ova f egg

ovacionar to praise, to acclaim

oveja f sheep

ovillo m object round in shape, skein, ball

oxígeno m oxygen

oyente m listener

P

pa (para) to
pabellón m flag, pavilion
paciente patient
pacífico peaceful, gentle
padecer to suffer
padrino m godfather, best man
   —s sponsors
pagano pagan
pagar to pay, to pay for
página f page
pago m pay, payment, *Arg.*
   district
paisaje m landscape
paja f straw
pájaro m bird
pajonal m haystack
pala f shovel
palacio m palace
paladín m paladin, warrior,
   knight
palanquear to brace oneself
palenque m stockade
palidecer to turn pale or white
pálido pale
palillo m toothpick, drumstick
palique m small talk, chitchat
palizada f stockade
palma f palm
palmada f slap, pat
   dar —s to clap hands
   se dio una — en la frente
   hit himself on the forehead
palo m stick, blow with a club
paloma f dove
   —s torcaces wild doves
palmo m breadth of the hand
palpable capable of being
   touched with the hands,
   tangible, evident
palpar to touch, to feel
palurdo m clown, a rustic
pampa f pampa, vast plain
panera f granary, breadbasket
panoplia f panoply, collection
   of arms
pantalón m trousers
pantalla f screen
pantano m pool of stagnant
   water, marsh
panteón m pantheon, cemetery
panza f belly, paunch
paño m cloth
pañuelo m handkerchief
papa m pope, *f* potato

paquete m package, parcel
par equal, even, *m* pair
   sin — without equal
para to, for, in order to
   — con toward
parábola f parable, parabola
paracaídas m parachute
parada f stop, pause, parade
paradisíaca f like paradise
paradójicamente para-
   doxically, contradictorily
paraguas m umbrella
paraíso m paradise
parar to stop
parcial partial
¡pardiez! for heaven's sake!
pardo brown, dark
   gramática —a sagacity,
   horse sense
parecer to seem, to look like, to
   appear
parecer m appearance, opinion
   al — seemingly, apparently
parecido like, similar
pared f wall
parejo even, like, *f* couple,
   partner
parentesco de familia m blood
   relations
pariente m relative
parir to bring forth, to give
   birth to
párpado m eyelid
párrafo m paragraph
parricidio m murder of father,
   mother, brother or sister
párroco m rector of a parish,
   reverend, parson
parroquial belonging to a
   parish
parte f part, direction
   en ninguna — nowhere
   por todas —s everywhere
participar to participate, to
   give notice, to inform
participio m participle
partida f departure, beginning,
   game
partidario m partisan, ad-
   herent, supporter
partido m party, team, side
partir to open, to slice apart,
   to depart
   a — de after, beginning
   with

partitura f complete score for
   a musical work, the only
   thing heard
pasaje m ticket, passage, event,
   incident
pasajero m passenger
pasar to pass, to happen, to
   spend
pasatiempo m diversion,
   amusement, game, pastime
paseo m walk, ride, drive,
   boulevard
   dar un — to stroll, to take
   a walk
pastar to graze
pastel m pastry, pie
pastor m shepherd
pastosidad nacarada f mother
   of pearl pastiness
pata f hoof, foot (of an animal
   or piece of furniture)
patada f kick
patalear to kick about violently
patán m boor, lout, *coll.* villager, peasant
paternidad f fatherhood, title
   of respect given to religious
   men
patíbulo m gallows
patiquincito m fop, dude
pato m duck
patria f native country,
   fatherland
patriarcal patriarchal
patrón m boss, owner, pattern
patrono m owner of a house,
   etc., master
pausa f pause
pauta f ruler, guideline, model
pavor m fear, dread, terror
pavoroso frightful, frightening
paz f peace
peatón m pedestrian
pecado m sin
pecador m sinner
pecar to sin, to err
pecho m breast, chest, esteem,
   respect
pedante pedantic
pedazo m piece
   hacer(se) —s to fall to pieces
pedrada f blow with a stone
pedregal m place full of stones
pedregoso rocky, covered with
   rocks

pedrusco *m* large, rough stone

pegar to stick, to fasten, to adhere, to glue, to be glued, to beat

pelado penniless, lowbrow, *m* very low class person, a nobody

pelea *f* fight, quarrel, struggle

peleador *m* fighter

pelear to fight

película *f* film, motion picture

peligro *m* danger

pelo *m* hair
  a caballo en — riding bareback

pelota *f* ball

peluches *m pl* plushes

peluquería *f* barbershop

peluquero *m* barber

pellejo *m* skin

pena *f* sorrow, pain
  a duras —s with great difficulty

penacho *m* plume, crest

pendencia *f* quarrel, feud

pender to hang

pendiente dependent, unfinished, paying attention to, attentive, hanging

pendón *m* banner, flag

penetrar to penetrate, to enter

penitencia *f* penitence, regret, sorrow for a wrong done

penitenciario *m* *eccl.* penitentiary churchman

penosamente sadly, sorrowfully

penoso painful, grievous, distressing

pensamiento *m* thought

pensativo thoughtful

pensión *f* boarding house

penumbra *f* semidarkness

penuria *f* lack, indigence

peña *f* cliff, boulder

peón *m* laborer

peonada *f* group of peons

peor worse, *m* the worst

peplo *m* peplum, tunic or loose-flowing garment as used by the Grecians

pequeñez *f* trifle, smallness

pera *f* pear

percibir to perceive, to observe

percutir to beat on

perder (ie) to lose
  echar a — to ruin

perdición *f* perdition, act of losing

pérdida *f* loss, damage

perdiz *f* partridge

perdón *m* pardon

perdonar to pardon, to forgive

perdurable lasting, everlasting

perecer to perish, to suffer

peregrinar to make a pilgrimage, to travel, to roam

peregrino strange, wonderful, very handsome or perfect, *m* pilgrim

perentorio absolute, decisive

pereza *f* laziness

perfeccionar to perfect, to improve

perfil *m* profile, outline (silhouette)

periódico *m* newspaper

periodista *mf* newspaper writer, journalist

peripecia *f* change in fortune

periquete *m* wink of the eye, instant

perita *f* small pear

perjurar to perjure

perla *f* pearl
  llegar de —s to be very appropriate

perlado rippling

perpetuo perpetual

perplejo perplexed

persa *m* Persian

persecución *f* pursuit

perseguidor *m* pursuer

perseguir (i, i) to pursue

personaje *m* character in a story or play

perspectiva *f* perspective, view, prospect

pertenecer to belong, to concern, to pertain

pertinaz obstinate, persistent, opinionated

perturbar to disturb, to upset

pesadilla *f* nightmare

pesado heavy, boring, annoying

pesadumbre *f* sorrow, grief, heaviness

pesantez *f* gravity, force of gravity

pesar to weigh, to be heavy, to regret, to cause sorrow
  a — de in spite of, notwithstanding

pesca *f* fishing, catch (of fish)

pescador *m* fisherman

pescante *m* driver's seat (of a stagecoach or wagon)

pescar to fish, to catch

pese it is due to, on account of

pesimismo *m* pessimism

pésimo very bad

peso *m* weight, peso (common monetary unit in South America)

pesquisidor *m* examiner
  juez — magistrate who investigates cause of death

peste *f* plague, any troublesome or vexatious thing

pestillo *m* latch, bolt of a lock

petaca *f* cigarette case

petrificado petrified, turned to stone

petulancia *f* petulance, insolence, flippancy, pertness

pez *m* fish

pezón *m* nipple

piadoso pious, godly, merciful

piamontés *m* native of Piamonte, Italy

pica *f* pike

picacho *m* peak

picada *f* S.A. path, road

picaporte *m* latchkey

picar to burn, to sting

picardía *f* knavery, roguery

pícaro *m* rascal, pest, thieving

picarón *m* augmentative of *pícaro*

pico *m* peak

pie *m* foot, base
  a — on foot
  de — o en — standing

piececilla *f* small work

piedad *f* pity, compassion

piedra *f* stone, rock

piel *f* skin, hide, fur

pierna *f* leg

pieza *f* piece (musical or theatrical), room

píldora *f* pill
  —s de plomo bullets

pillaje *m* pillage, sacking, looting

pillar   to lay hold of, to pillage
pincel m   artist's brush
pingo m   fine saddle horse
pintoresco   picturesque
pintura f   painting
pipa f   pipe
piragua f   dugout
pisada f   footstep, hoofbeat, footprint
pisar   to tread, to step on
piso m   floor
pistola f   pistol
pistoletazo m   pistol shot
pita f   century plant
pitillo m   cigarette butt
placentero   pleasant
placer m   pleasure
plácido   placid, quiet, peaceful
plaga f   plague, torment
planchar   to iron
planear   to flatten, to plan
plano m   plain, flat, plan, map
planta f   plant, *pl* feet
plantar   to plant
   —*se*   to place oneself
plata f   silver
plateado   silvery, silver colored
plática f   discourse, conversation, speech delivered on some public occasion
platicar   to chat
playa f   beach
plaza f   square, place
   sentar —   to gain entry
plazo m   period (of time)
plebeyo m   commoner
plegar (ie)   to fold, to double, to bow
pleito m   lawsuit, dispute, quarrel
plenamente   fully, completely
plenitud f   abundance
pliego m   sheet of paper
   — *de imprenta*   printed sheet
plinto m   baseboard
plomo m   lead
pluma f   feather, pen
poblar (ue)   to populate, to found, to settle
pobreza f   poverty
podenco m   hound
poder   to be able,   *m*   power
   en — *de*   in the hands of
poeta mf   poet

político m   politician
   hermano —   brother-in-law
polvareda f   cloud of dust
polvito m   fine powder, snuff
polvo m   dust, powder
pollo m   chicken
pomada f   pomade, cream
poner   to put, to place
   —*se triste*   to become sad
   —*se de pie*   to stand up
popa f   poop, stern
populacho m   mob, rabble, crowd
popularidad f   popularity
por   through, along, by, because of, due to, for, in return for, for the sake of, in behalf of, down, in, at
porcelana f   porcelain
porcentaje m   percentage
pordiosero m   beggar
porfía f   stubbornness, obstinacy
pormenor m   detail
porque   because, for,   *m*   the reason why
porquería f   insignificant thing, trifle
portarse   to behave, to conduct oneself
porte m   bearing, carriage, posture
portento m   prodigy, wonder
portezuela f   little door
pórtico m   portico, piazza, porch
pos: en — *de*   after
posada f   inn
posadero m   innkeeper
posar   to lodge, to pose
poseer   to own, to possess
posma m   stupid person
posta f   post horse
posterior   later, subsequent
postigo m   small door
postillón m   driver or guide of a stagecoach or hired vehicle
postizo   false, artificial
postrar   to prostrate, to humble, to prostrate oneself, to kneel
postre m   dessert
   de —   for dessert
postrero   last (in order)

postura f   posture, position, attitude, situation
potencia f   strength
potestades f pl   powers
potro m   colt
pozo m   well
practicar   to practice
pradera f   meadow
prado m   meadow, field
prebenda f   dowry
precaver   to prevent, to obviate
precepto m   rule
precio m   price, cost, value, worth
precioso   precious, lovely, delightful
precipitar   to rush
preciso   precise, exact, necessary
precursor m   forerunner, herald
predicador m   preacher
predicar   to preach
predilección f   partiality, favoritism
   de toda mi —   of whom I was very fond
predominar   to predominate, to stand out
preferir (ie, i)   to prefer
pregón m   cry shouted in public as a news item or advertisement
preguntar   to ask, to inquire
   —*se*   to wonder
prejuicio m   prejudice
premiar   to award, to give a prize, to reward
premio m   prize, reward, premium
prenda f   article, garment, article of clothing
prender   to arrest, to seize, to grasp, to pin, to attach
preocupar   to preoccupy, to concern
   —*se*   to worry, to be concerned
preparar   to prepare, to get ready, to fix
presa f   capture, seizure, catch, prey, dam
presbítero m   priest, presbyter
presenciar   to witness
presentación f   presentation, appearance, introduction

presentar   to present, to introduce, to offer
   —se   to show up, to appear
presentir (ie, i)   to foretell, to
   have a forewarning
presidente m   president
presidio m   fortress, prison,
   penitentiary
presidir   to preside over, to
   have first place, to dominate
preso   seized, imprisoned,
   m   prisoner
prestado   loaned
   pedir —   to borrow
prestar   to lend, to add to, to
   perform, to pay attention
presteza f   haste, speed, swift-
   ness, readiness
   con —   speedily
presto   quick, ready, right
   away
presuponer   to presuppose, to
   take for granted
pretender   to pretend, to claim,
   to court, to seek, to try
pretendido m   suitor
pretendiente m   pretender to
   the throne, suitor
pretérito m   past tense, pre-
   terite
pretexto m   pretext, excuse
pretil m   parapet
prevalecer   to prevail, to be
prevalido   taking advantage of
prevenir   to prevent, to forestall
prever   to foresee, to foretell
previamente   previously, in advance
previo   previous, prior
prez mf   honor, glory, merit,
   worth
primavera f   spring
primeramente   firstly, to begin
   with
primor m   charm
   con —   gracefully
primorosamente   finely, deli-
   cately, exquisitely
principal   principal, main
príncipe m   prince
principiante mf   beginner
principio m   beginning, origin,
   source, principle
prior m   prior, curate

prisa f   haste
privado   private, exclusive
privar   to deprive, to dispossess
pro: en — de   in favor of, in
   behalf of, in the interest of
proa f   prow
probable   probable, likely
probar (ue)   to prove, to try,
   to test, to taste, to sample
procedimiento m   procedure
proceso m   trial, legal procedure
proclamar   to proclaim
procurar   to try, to attempt, to
   provide
prodigar   to lavish, to waste, to
   spend foolishly
prodigio m   prodigy, marvel
producir   to produce
producto m   product
proeza f   prowess, feat, stunt
profano   profane, worldly
profesión f   profession
profeta m   prophet
profundo   deep, sunken
prójimo m   fellow creature,
   neighbor
prolífico   prolific
promesa f   promise
prometer   to promise
promulgar   to promulgate, to
   pass a law, to issue a
   decree
pronto   quick, prompt, soon,
   right away
   de —   suddenly
   por lo —   for the time being,
   for the present
pronunciar   to pronounce, to
   deliver (a speech)
propalarse   to disclose, to
   divulge
propender   to tend to
propicio   propitious, favorable
propiedad f   property
propietario m   proprietor,
   owner
propina f   tip
propio   proper, correct, suitable, same, one's own
   (self)
proponer   to propose, to suggest
   —se   to plan, to intend, to
   mean

proporcionar   to provide, to
   furnish, to supply
propósito m   purpose, intention
   a —   by the way
prorrumpir   to burst out
proseguir (i, i)   to prosecute, to
   continue, to keep on
prosperar   to prosper, to thrive
protagonista mf   leading character of a play, etc.
protectorado m   protectorate
proteger   to protect
protestar   to protest, to object
provecho m   benefit, profit
   buen —   may it do much
   good to you (used when
   eating or drinking)
proveedor m   provider
provocador m   inciter, one who
   provokes
provocar   to provoke, to rouse,
   to excite, to start
próximo   next, nearest
proyectar   to project, to plan
proyecto m   plan, project
prueba f   proof, test
púa f   barb
   alambre de —   barbed wire
publicar   to publish, to an-
   nounce publicly
público m   public, audience,
   followers, adherents
puente m   bridge, deck
   hacer —   to have an extra
   holiday
puertecillo m   small port
pues   well, then, certainly, any-
   how, because, for, since
puesto   since, as, for,
   m   vendor's stand
   — que   since
pulcro   neat, tidy
pulido   polished, beautiful,
   charming
pulir   to polish, to shine
pulmón m   lung
pulpero m   storekeeper, *Arg.*
   bartender
pulque m   potent alcoholic
   drink made and consumed
   by the Indians of Mexico
pulso m   pulse
   a —   the hard way
pulular   to swarm
punta f   point, tip, end

puntapié m kick
 a —s by kicking
puntería f aim, marksmanship
puntillas: en — on tiptoe
punto m point, period, dot
 — de arranque beginning, starting point
puntual punctual
puñada f fisticuff
puñadito m small handful
puñado m handful
 a —s abundantly
puñal m dagger
puñalada f stab
puñetazo m punch, blow
puño m fist
pupila f pupil, eye
purera f cigar holder
purificar to purify
puro pure, m cigar

Q

quebradero m breaker
quebrado broken, f ravine, gorge
quebrantado broken
quebrar (ie) to break
quedar to stay, to remain, to be left
 — en to agree on, to agree to
quehacer m task, chore
queja f complaint
quejarse to complain
quejoso apt to find fault, habitually complaining
quemante burning
quemar(se) to burn (oneself)
 —se las cejas to study with intense application
querencia f favorite and frequent place of resort
querer to want, to desire, to love
 sin — unintentionally, unwillingly
querido dear, beloved
queso m cheese
quídam m nonentity, worthless person
quienquiera whoever, whomever
quieto quiet, still, calm
quietud f quiet, still, motionless, tranquility

quijotesco quixotic, absurd
quilate m carat
quilla f keel
quimera f wild fancy, imaginary monster
quinina f quinine
quinta f country house
quinto fifth, m the fifth (part, section)
quitar to remove, to take away, to prevent
 —se to take off
quitasol m umbrella
quizá perhaps, maybe

R

rábano m radish
rabia f anger, rage, fury, madness
 con — angrily
rabo m tail
 — del ojo corner of the eye
racial racial
raciocinador m one who reasons
raciocinio m reason, argument, reasoning
ración f ration, serving
racionero eccl. prebendary
radiante radiant, bright
ráfaga f violent gust of wind
raíz f root
rama f branch
ramada f thicket, covering
ramillete m bouquet
ramo m bunch (of flowers), bouquet, limb, branch
ranchero m rancher
rancho m ranch, mess (food given to soldiers or prisoners)
rango m rank, class
rapar to shave
rapaz rapacious, ferocious, m boy, lad
rapé m snuff
rápido rapid, swift, fast
rapto m kidnaping, abduction, faint
raptor m kidnapper
rareza f rarity, uncommonness, oddness
raro rare, unusual, curious, strange
rascacielos m pl skyscraper

rascar(se) to scratch, to scrape
rasgo m trait, trace
raso smooth, m satin
rastro m trail, trace
ratearse to share
rato m while, time
rayo m ray, flash of lightning
raza f race
razón f reason, sense
 a — de at the rate of
 en — sensibly
 tener — to be right
razonable reasonable
reaccionar to react, to recover
real true, real, genuine, royal, m former unit of Spanish currency
realismo m realism
realiza f royalty
realización f fulfillment
realizar to fulfill (a dream or ambition), to be fulfilled, to attain
reanimar to rejuvenate, to lift one's spirits
rebaño m herd or flock
rebelarse to rebel
rebelde m rebel
rebosar to run over, to overflow, to abound, to be unable to hide an affection
rebozo m act of muffling oneself up, act of being silent
 sin — without secrecy
rebramar to bellow loudly
rebuznar to bray
recado m message
recámara f bedroom
recelar to be anxious, uneasy, or jealous
recibir to receive
recién recently, just, newly
reciente recent
recinto m area, place, enclosure
recio hard, robust, clumsy, vigorous, arduous, uncouth
recitar to recite
reclamar to reclaim, to demand, to protest
recluirse to be enclosed, to be lost in
reclusión f reclusion, shutting up, place of retirement
recobrar to recover

recoger to gather, to collect, to pick up

recomendar (ie) to recommend

recompensa f payment

reconciliar to reconcile, to make friends with one

reconocer to recognize, to acknowledge

reconocimiento m gratitude, recognition

recordar (ue) to remember, to recall

recorrer to cross, to go over, to go through

recortar to cut out, to clip

recostar to recline, to lean against

recrear to amuse, to gladden —**se** to have a good time

rectamente directly, straight

rectificar to rectify, to change, to correct

recto straight

rector m rector, president

recuerdo m recollection, reminder, memory, souvenir —**s** regards

recuperar to recuperate, to get well, to regain what has been lost — **el tiempo perdido** to make up for lost time

recurrir to recur, to have recourse to, to revert

recursos m pl resources, means

rechazar to scorn, to turn down, to rebuff

rechinar to squeak, to creak

red f net

redacción f writing, editing

redactar to edit, to write, to draw up

redactor m editor

rededor m surroundings **al —** round about, thereabout

redención f redemption

redentor m redeemer

redoblar to double

redoble m drum roll

redoma f flask

redondilla f short poem composed of four verses of eight syllables

redondo round

redor: en — poet. round about

reducir to reduce, to diminish, to reduce something to smaller dimensions

redundar to be redundant, to overflow, to contribute

reemplazar to replace, to restore

reencarnar to reincarnate

referir (ie, i) to refer, to tell

reflejar to reflect

reforma f reform, revision

refrenar to halt, to put on the brakes, to restrain

refriega f skirmish

refugiar(se) to hide, to take refuge

refunfuñar to grumble

regalado given as a gift

regalar to give as a gift, to present

regañadientes: a — reluctantly

regar (ie) to water, to sprinkle, to shed

regatear to bargain, to haggle

regazo m lap

regenerar to regenerate, to reproduce

régimen m regime

regimiento m regiment

regir (i, i) to govern, to direct, to control

registrar to search, to examine

registro m registry, registration **partida de —** registry of vital statistics

reglamentario regular, prescribed

reglamento m regulation **— de tráfico** traffic control

regocijar to celebrate, to enjoy

regresar to return

regreso m return

regularidad f regularity

reina f queen

reinar to reign

reino m kingdom

reír to laugh **echarse a —** to burst out laughing

reivindicación f recovery, revival

reivindicador m one who recovers

reja f iron bar, grating, grill

relación f relation, story, account

relámpago m lightning

relampaguear to flash

relatar to relate, to tell

relato m story

relevo m relief

religioso religious, f nun

relinchar to neigh

reliquia f relic, trace

relleno filled, stuffed

remachado clinched, riveted

remachar to affirm, to rivet

rematar to finish, to put an end to

remedar to copy, to imitate or mimic

remediar to remedy, to help

remedio m remedy, resource

remo m oar

remoción f removal, act of removing

remontar to rise, to repair —**se** to go back in time, to have origin

remordimiento m remorse

remos m pl hind and fore legs of an animal

remoto remote, far off, unlikely

remover (ue) to remove

renacer to be born again

rencor m rancor, bitterness

rendija f crack, split, slit

rendir (i, i) to render, to surrender, to supply —**se** to become exhausted

renglón m line

renta f rent, profit, income

reñir (i, i) to fight, to quarrel, to scold

reparar to observe with careful attention, to regain strength, to repair

repartición f distribution

repartidor m distributor

repartir to share, to distribute, to divide something between several parties

repasar to review, to look over

repecho m declivity, slope

repeler to repel, to refute, to reject

repente: de — suddenly

repentino sudden
repetidamente repeatedly
repetir(se) (i, i) to repeat (oneself)
replicar to reply, to answer
reportaje m reporting, news report
reportar to report, to moderate, to repress
—*se* to control oneself
reporte m report, news
reporterismo m news reporting
reportero m reporter
reposar to rest, to repose
reprender to scold, to reprimand, to blame
representante mf representative
representar to perform, to act out, to represent
reprimir to suppress
réprobo m scoundrel
reprochar to reproach
reproche m reproach
  hacer —*s* to reproach, to blame
repugnar to be repulsive, to dislike intensely
requerir (ie, i) to require
res f one head of cattle
resbaladizo slippery
resbalar to slip, to slide, to glide
rescatar to rescue
resentimiento m resentment
reseñar to make a review of something
reservar to reserve
resistir to resist, to bear
—*se* to refuse
resolver (ue) to resolve, to settle
resonar (ue) to resound, to echo back
resoplar to snort
resoplido m whistle, toot, sound made by blowing on an instrument
resorte m means, medium, spring
respectivo respective, relative
respecto m relativeness, relation
respetable respectable
respetar to respect

respeto m respect, politeness
respirar to breathe
resplandor m splendor, brightness
responder to respond, to answer
responsabilidad f responsibility
respuesta f reply
restar to subtract
restauración f restoring, restoration
restaurar to restore, to rebuild
restituir to restore, to give back, to return
resto m rest, remainder, *pl* mortal remains
resucitar to resuscitate
resueltamente resolutely
resultar to result, to turn out
resumir to resume, to sum up, to summarize
retardar to retard, to slow down
retemblar (ie) to tremble, to quiver
retener (ie) to retain, to hold
retirar to remove
—*se* to retire, to withdraw, to move away
retiro m retirement, withdrawal
retorcer (ue) to twist
retórica f rhetoric
retozar to frolic, to romp, to become aroused
retozo m prank, frolic
retraso m backwardness, tardiness, delay
retrato m picture
retruécano m play on words, pun
retumbar to resound, to make a great noise
reuma f rheumatism
reunir to congregate, to unite
—*se* to meet, to get together
revelar to reveal
reventar (ie) to burst
reverencia f reverence, bow
reverendo m reverend
revés m reverse, setback
  al — backward, on the back
revista f magazine

revivir to relive
revolar (ue) to fly about
revolcar to knock down, to fall on
revolotear to fly around
revuelta f revolt
revuelto upside down, in confusion, winding
rey m king, *pl* king and queen
rezagado m remainder, straggler
rezar to pray
rezumarse to ooze, to leak, to make leak
riachuelo m brook, small river
ribera f bank, shore
ricachón rich, *m* old rich man
rielar to twinkle
rienda f rein
riente laughing
riesgo m risk, danger
rígido rigid, firm
rigor m sternness, severity, harshness
rima f rhyme, *pl* poetry
rincón m corner
riqueza f wealth, riches
risa f laughter, laugh
risotada f guffaw, loud laugh
  soltar una — to burst out laughing
ristre m rest or socket for a lance in the posture of attack
risueño smiling, pleasing, agreeable
ritmo m rhythm, beat
ritualmente ritually, traditionally
rivalidad f rivalry, competition
robar to steal, to rob
roble m oak tree
robo m theft, robbery
roca f rock
rociar to sprinkle
rocío m dew
rodar (ue) to roll, to film
rodear to surround
rodeo m round-up of cattle or horses
rodilla f knee
  de —*s* kneeling
roer to gnaw, to trouble

rogar (ue) to beg, to entreat
rojez f redness
rollizo fat, bouncy, round
romanticismo m romanticism
romboide m parallelogram with unequal adjacent sides
romper to break, to tear
roncar to roar, to snore
ronda f patrol
rondar to take a walk by night about the streets, to patrol, to serenade
ropa f clothes
rosa f rose
rosado rosy, pink
rosal m rosebush
rostro m face, countenance
roto broken, torn
rotura f cut, abrasion
rozagante pompous
rubio reddish, blonde, fair
rúbrica f distinctive mark on a signature, flourish, fancy ending
rudo rude, rough, unpolished, stupid, dull
rueca f distaff (used in spinning, hence a symbol of women)
rueda f wheel
ruedo m ring, arena for bullfighting
rugido m roar
rugir to roar, to crack
ruido m noise
ruidoso noisy
ruin base, mean, evil
ruina f ruin
ruiseñor m nightingale
rumbo m course, destination
— *a* going toward, on the way to
rumiar to chew the cud
rumor m rumor, sound
ruso Russian
rústico rustic, relating to the country, coarse, crude
rusticidad f backwardness, lack of polish
rutina f routine

S

sabana f savanna, extended plain

sábana f sheet
saber to know, to know how, to taste, *m* knowledge, wisdom
sabiduría f wisdom, knowledge
sabiendas: a — consciously, knowingly
sabio wise, learned, *m* wise man
sabor m taste, flavor
saborear to enjoy, to relish, to taste
sabroso delicious
sacar to pull, to take out, to get, to derive
— *en limpio* to get out of
sacerdote m priest
saciar to satiate
saco m sack, bag, coat
sacrílego sacreligious
sacristán m sacristan, sexton
sacudir to shake, to beat, to dust, to reject disdainfully
—*se* to shake off
sagaz wise
sagrado sacred, holy
sainete m farce, short dramatic composition
sajón Saxon
sal f salt
salacidad f salaciousness
salario m salary, pay
salida f exit, departure, outburst
salir (de) to leave, to go out
—*se con la suya* to have one's own way
salga lo que salga whatever the outcome
salmo m psalm, hymn
salmodía f music or singing of psalms
salón m salon, large room, meeting room
saltamontes m grasshopper
saltaneja f furrow, rut
saltar to jump, to leap, to bounce
salto m jump, waterfall
saludar to greet, to salute
saludo m greeting
salvado m bran
salvador m savior, rescuer
salvaje m wild, savage

salvar to save, to pass or climb over
salvo saving, except
a — without losing any
salvoconducto m pass, safe conduct
sanar to heal
sandalia f sandle
sangrar to bleed, to draw water from a canal or river
sangre f blood
santo holy, *m* saint, saint's day
santoral m listing of the saints
saña f anger, passion, rage and its effects
sañudo furious, enraged
sapo m toad
sarao m ball, dance
sarcástico sarcastic
sarna f itch
sarta f series
satisfacer to satisfy
saturar to saturate
sauce m willow
— *llorón* weeping willow
sazón f season, opportunity, occasion
a la — at that time
sebo m tallow, suet, grease, *coll.* guts
secar to dry, to dry out
secas: a — solely
secretario m secretary
secreto m secret
sector m section
secuela f consequence, result, sequel
secuestrado kidnapped
sed f thirst
seda f silk
sede f seat (of government)
Santa Sede Holy See
sedoso silky
seducir to seduce, to overpower
seductor seductive
seguir (i, i) to follow, to pursue, to continue, to keep on
segundo second, *m* second
seguramente surely, certainly
seguridad f security, certainty
con — for sure, with certainty
seleccionar to select

selecto select, choice
selva f jungle, woods
selvacultura f forestry
sello m seal, stamp
semáforo m traffic light
semanal weekly
semblante m semblance, appearance, expression
semejante similar, like, such m fellow man
semilla f seed
sencillez f simplicity, unsophisticated
sencillo simple, plain
senda f path
sendero m path
senectud f old age
seno m bosom, breast, heart
sensibilidad f sensibility, sensitivity
sensible sensitive
sensiblería f affected sentimentalism, sentimentality, mawkishness
sensualidad f sensuality, lust
sentar (ie) to seat, to fit, to suit
  —*se* to sit down
sentencia f sentence
sentenciar to sentence
sentido m sense, meaning, direction
sentimiento m sentiment
sentir (ie, i) to regret, to be sorry
  —*se* to feel
seña f signal, sign, motion of recognition
  —*s* address
señal f sign, signal, mark
señalar to point (out), to show, to designate
señorear to rule despotically, to dominate
separado separate
  por — separately
separar to separate
séptimo seventh
sepulcro m sepulchre, tomb, grave
sepultar to bury
sepultura f tomb, grave
ser to be, m being
  a no — unless it be, except
serenar to clear up, to calm

sereno serene, calm, peaceful, m night watchman
seriamente seriously
seriedad f seriousness, reliability
serio serious, reliable
sermoneador like a sermon
serpiente f serpent, snake
servicio m service
servidor m servant, helpful person
servidumbre f group belonging to the serving class, servants, absolute obligation to to something
servil servile, m low, mean person
servilleta f napkin
servir (i, i) to serve, to do a favor
sesión f session
setentón m septuagenarian, seventy years old
seudónimo m pseudonym, pen name
severo severe, harsh
sevillano m native of Sevilla
sí yes, indeed
  dar el — to tell yes
siega f harvest, reaping time
siembra f sowing, seeding, planting
siempre always, ever
  — *que* provided that, whenever
sien f temple (of head)
sierpe f serpent
sierra f range, mountain range
siesta f nap
siglo m century, age
significado m meaning
significar to mean, to signify, to indicate
signo m sign, mark, emblem
siguiente following, next
sílaba f syllable
silbar to whistle
silencio m silence
silvestre wild
silla f chair, saddle
simbólico symbolic
simbolismo m symbolism
simbolizar to symbolize, to represent
similar similar

simpatía f sympathy, liking, congeniality
simpático sympathetic, friendly, pleasant, likeable
simulacro m drill, pretense
simulado simulated, pretended
sin without
  — *embargo* nevertheless, however
  — *que* without
sincero sincere
singular strange, exceptional
siniestro sinister, dangerous
sinnúmero m great number
sinópsis f synopsis
síntesis f synthesis, combination of separate elements
siquiera even, at least, although, even if
  ni — not even
sirviente m servant
sistema m system
sitio m place, spot, siege
situar to locate, to situate,
  —*se en el terreno* to meet on friendly terms
sobar to whip
soberano superb, superior, haughty, sovereign
soberbia f pride, arrogance, conceit
soberbio proud, spirited, arrogant; superb
sobornar to bribe
sobra f excess, leftover
  de — too, excessively
sobrar to have more than enough, to be left
sobre on, upon, above, over, about, m envelope
sobrecoger to overwhelm
sobremanera exceedingly
sobrenatural supernatural
sobrentender to be understood
sobreponer to master, to overcome
sobresaliente outstanding
sobresaltado surprised, frightened
sobrevivir to survive
socarrón cunning, sly, crafty
sociedad f society
socio m partner, member
socorrer to help, to aid, to assist

sofisma m sophism

sofocar to suffocate, to stifle

soga f rope

solapadamente cautiously

soldada f wages, pay given for service

soldado m soldier

soldar to seal tightly, to solder

soleado sunburned

soledad f solitude

soler (ue) to be accustomed, to have a custom

solidaridad f entire union of interests and responsibilities within a group

solidez f firmness, rigidity, strength

soliloquio m soliloquy

solimán m cosmetic used by women in ancient times

solo alone, single, only

a solas alone

sólo only, merely

soltar (ue) to loosen, to let go of, to release

— la carcajada to burst out laughing

soltero unmarried

solucionar to solve, to resolve

sollozar to weep, to sob

sombra f shadow, shade

sombrilla f parasol

sombrío somber, sad, gloomy

someter(se) to submit, to surrender, to subdue

son m sound, tune, music

sonable loud

sonar (ue) to sound, to resound, to ring

—se to blow one's nose

sondear to sound, to fathom, to explore

sonido m sound, noise

sonoro sonorous, musical, vibrant

sonreír to smile

sonriente smiling

soñador m dreamer

soñaliento sleepy, drowsy

soñar (ue) to dream

— con to dream about

sopa f soup

sopetón: de — suddenly

soplamocos m punch in the nose

soplo m act of blowing, gust

soportar to bear, to put up with, to tolerate

sorber to sip

sorbido sipped, swallowed up or absorbed

sorbo m sip, act of sipping

entre — y — between sips

sordo deaf, deafening

sorprender to surprise

sorpresa f surprise

sosegado quiet, calm, peaceful

sosegar (ie) to calm

—se to calm down

soso insipid, dull, tasteless

sospecha f suspect, suspicion

sospechar to suspect

sospechoso suspicious

sostén m sustenance, support

sostener to hold, to support, to maintain, to hold up

sotana f cassock, *coll.* beating

soterrar to bury, to put underground

sotil (sutil) subtle

suave soft

subdividir to subdivide

subida f climb, ascent

subir to climb, to go up, to get on, to raise, to rise

subito sudden, unexpected, suddenly

sublevación f revolt, uprising

sublevar(se) to rise up, to rebel

subrayar to underline, to emphasize

subsistir to subsist, to exist

subyugar to subjugate, to subdue

suceder to happen, to occur

suceso m event, incident

sucesor m successor

sucio dirty

sucumbir to succumb, to die

sudar to sweat

sudeste m southeast

sudoeste m southwest

sudor m sweat

suegro m father-in-law

sueldo m salary, pay

suelo m ground, floor

suelta f fetter, hobble

suelto loose, separate, unattached, not connected

sueño m sleep, dream

suerte f luck, fate, fortune, lot, kind

de esta — in this way

sugerir (ie, i) to suggest

suicido mf person who commits suicide

sujetar to subdue, to fasten, to hold

sujeto held, fastened, *m* subject

suma very great, *f* sum, amount

sumamente quite, extremely, exceedingly

sumar to add

sumergir(se) to sink, to submerge

sumir to be swallowed up, to sink underground, to be sunk

sumisión f submission, obedience

sumiso meek, humble, resigned

suntuoso sumptuous, expensive

supeditar to subdue, to trample underfoot

superación f surpassing, excelling

superar to overcome, to conquer, to surpass

superficie f surface, top

superior superior, better, upper

superiora f mother superior

superposición f geom. superposition

supersticioso superstitious

superviviente m survivor

súplica f request, petition

suplicio m torture, suffering

suponer to suppose, to surmise, to weigh authority

suprimir(se) to suppress, to omit

supuesto supposed

por — of course

surgir to rise, to arise, to come out, to spring up

suroeste m southwest

susceptibilidad f sensibility, sensitiveness

suscitar to excite, to stir up

suscribir to subscribe

suspender to suspend, to stop, to delay

suspenso suspended, in a state of indecision, *m* suspense

suspiro m sigh

sustantivamente in essence

sustantivo m noun

sustentar(se) to sustain, to feed, to nourish

sustento m sustenance, food

sustituir to substitute

susto m fright

susurro m whisper, humming, murmur

sutil subtle

T

tabla f board, *pl* stage

tablero m board

  — *de damas* checkerboard

tácito silent, tacit, implied

taconear to tap or click one's heels

tal such, such a, so, in such a way, so-and-so

  — *cual* so-so, such as it is

  — *cual letra* fair amount of cunning

taladrado carved

talar to desolate, to lay waste to

talento m talent

talón m heel

taller m shop, workshop

tamaño m size

tambalear(se) to stagger

tambor m drum

tanto so, so much, as much, in such a manner

  estar al — *de* to be aware, to know

  por lo — therefore, for the reason expressed

tapado covered

tapaojos m pl blinders, blinkers

tapar to cover

tapia f wall

tapiar to send off, to enclose

tapiz m tapestry

tararear to hum

tardar to delay, to be late

tarea f task, job, work, care, worry

tarifa f rate, fare

tazón m bowl

teatral of or pertaining to the theater, theatrical

técnico technical

techo m roof, ceiling

tedio m boredom

tejado m roof, tile roof

tejer to weave

tela f cloth, fabric

telar m loom, frame, sewing press

teleférico m cable car

telefonear to telephone

telefónico by telephone

telescopio m telescope

telón m stage curtain

  — *de fondo* background

telúrico pertaining to the earth or a particular region, telluric

tema m theme, topic, subject

temblar (ie) to shake, to tremble

tembloroso rippling, quivering

temer to fear, to be afraid

temerario rash, reckless

temeridad f temerity, rashness, imprudence, foolhardiness

temor m fear

temperatura f temperature

tempestad f storm

tempestuoso tempestuous, stormy

templado mild

templadura f temper, act of tempering

templar to temper

temple m temper, frame of mind, dash, boldness

templo m temple

temporada f period of time, season

temporal m storm

temprano early

tenaz tenacious, insistent

tender (ie) to extend, to tend, to hang up

  —*se* to stretch out

tenebroso gloomy, horrid

tenedor m fork

tener to have, to keep, to hold, to have an opinion

  — *que* to have to

teniente m lieutenant

tentación f temptation

tentador tempting

tentar (ie) to touch, to grope, to prove by touch

tenue faint, soft, subdued

teósofo m theosophist

tercero third

terceto m kind of metrical composition

terciopelo m velvet

terco stubborn, obstinate

terminar to end, to finish

término m end, limit, term, period

  en primer — in the foreground

  en segundo — in the second place

terne m bully

ternero m calf, *f* veal

terneza f tenderness

ternura f tenderness

terracota f red clay

terrenal earthly, mundane

terreno m ground, land

terrero m earth, mud

terrible terrible

territorio m territory

terrorífico terrible, horrible

terruño m piece of ground, country, native soil

tertulia f social gathering

tertuliano m member of a club, assembly or circle of friends

tertulio m person attending a reunion

tesis f thesis, conclusion

tesorero m treasurer

tesoro m treasure

testamentaría f estate, inheritance, meeting of executors

testimonio m testimony, will

tetanizar to paralyze

tez f skin, complexion

tibiamente lukewarmly

tibio m worm

tiburón m shark

tiempo m time, weather

  a — on time

tienda f store

  — *de campaña* tent

tiento m touch, act of feeling

  con — by touching, prudently

  dar —*s* to touch carefully

tiernamente tenderly

tierno tender, imploring

tiesamente   firmly, stiffly
tijeras f   scissors
   pez —   scissor fish
tilo m   linden tree, lime tree
timbalero m   kettle drummer
timbre m   stamp, bell, merit, glorious deed or achievement
timidez f   timidity, shyness
tinieblas f pl   darkness, shadows
tino m   steady hand to hit the mark, knack, dexterity
   sin —   without moderation
tintero m   inkwell, inkstand
tiña f   ringworm
típico   typical
tipo m   type, model, figure, fellow, character
tiranía f   tyranny, unjust rule
tiranizar   to tyrannize
tirano m   tyrant, despot
tirar   to throw, to shoot a firearm
tiritar   to shiver, to shake with a cold
tiro m   team (of horses), trace (of a harness), shot
   en —s   on shooting matches
   de —   draft
titán m   giant
titulado m   title (or office) holder
titular   to title, to entitle
título m   title, degree, certificate
toalla f   towel
toca f   hood, kind of headdress
tocado m   headgear, headdress
tocar   to touch, to play, to hit, to concern
tolerar   to tolerate
tomar   to take, to drink, to eat, to have
tonelada f   ton
tono m   tone
tontera f   nonsense
tontería f   foolishness
tonto   foolish
topar   to come across
toponimia f   study of the origin and signification of the proper names of places
toque m   touch
torada f   herd or drove of bulls

torcer (ue)   to twist, to swerve, to turn
torcido   twisted
tordillo   dapple-gray
torear   to fight bulls
torera f   tight unbuttoned jacket
torero m   bullfighter
tormenta f   storm, tempest, misfortune, adversity
tornadizo   fickle, unstable
tornar   to turn, to return
tornero m   doorkeeper
torno m   lathe
   en — a   around, round about
torpe   slow, dull, awkward, lascivious, unchaste
torpeza f   slowness, sluggishness
torre f   tower
torrencial   torrential
tortilla f   omelet, cake made of maize
tortillería f   tortilla factory
tórtola f   turtle-dove
tosco   rough, boorish, uncultured
toser   to cough
tostado   toasted, brown, dark-colored
tostao (tostado): alazano —   dark sorrel bronco
total   in short, *m* total, sum
totumo m   large dish made from a gourd
trabado   tied, fastened, robust
trabajador   industrious, *m* worker
trabajoso   painful, hard
tracio m   from Thrace
traducción f   translation
traducir   to translate
traductor m   translator
traer   to bring, to carry, to wear, to have
tragar   to swallow
tragedia f   tragedy
trágico   tragic
trago m   swallow, gulp
traición f   betrayed, treason
traidor m   traitor, deceitful person
traje m   dress, suit
trajinar   to work around
trama f   plot

trámite m   permission, procedure, legal process
tramo m   morsel, flight of stairs
trampa f   trick, trap
tramposo   deceitful
tranco m   long stride
tranquero m   gatepost
tranquilo   tranquil, calm, quiet
   dejar — a alguien   to let alone, to not disturb
transfigurado   changed
transformación f   change
transitar   to pass
tránsito m   traffic
transitorio   transitory, not lasting
transparencia f   transparency
transparentar(se)   to be transparent, to shine through
transporte m   transportation, transport
tranvía m   streetcar
trapo m   rag
   a todo —   with all the might
tras   behind, after
trascordado: estar —   to forget
trasladar   to transfer, to transport, to move
trasquilar   to shear (sheep)
trasto m   utensil, *pl* tools
trastornar   to upset, to disturb, to excite
trastorno m   inconvenience
tratado m   treaty
tratamiento m   treatment
tratar   to treat, to be friendly with
   — de   to try
   —se de   to concern, to deal with
trato m   matter, case, appearance, treatment
través: a — de   through, across
travesaño m   crossbar
travesía f   crossing
travesura f   prank, frolic, caper
travieso   bold
trayectoria f   trajectory, curve which a body follows in space, course or path
trazar   to trace, to mark out, to plan out, to scheme
trecho m   distance, space of time
tremendo   tremendous

trémulo trembling, quivering
trenzado braided, intertwined
trepar to climb
tribu f tribe
tribulación f tribulation
tricornio three-horned, tricornered, m tricornered hat
trigo m wheat
trilladora f threshing machine
trinar to trill
trinchera f trench
tripa f intestine
trípode mf tripod
tripulación f crew
tristeza f sadness
triunfador triumphant, m conqueror
triunfo m triumph, victory, exaltation
trocar (ue) to change, to equivocate, to exchange, to vomit
— *se* to be changed, to be transformed
trofeo m trophy, victory
trompa f trumpet
trompicón m blow
trono m throne
tropezar (ie) con to meet, to stumble (upon)
trópico tropical
tropiezo m slip, error, obstacle, impediment
trote m trot
trozo m section, piece, segment
trueno m thunder, roar
tuerto one-eyed
tumba f tomb, grave
tumbar to knock down
tumultuoso tumultuous
tunante m rascal
tupé m toupee, hairpiece, wig
tupido thick, dense
turba f crowd, confused multitude
turbamulta f coll. mob, rabble
turbar to disturb, to make unclear (out of focus)
— *se* to become disturbed
turbión m violent concussion
turco Turkish
turgente swollen
turquí of a deep blue color
tutear to address in the second person

U

u or
ubicado located
ulcerado ulcerated
ulterior ulterior, base
último final, last
por — finally
ultraje m slander, abuse
ultramar overseas
ultranacional above nationality
unánime unanimous
undoso wavy
único only, unique
unir to unite, to join
untar to spread
uña f fingernail
urbanidad f urbanity, correct manners
urbe f city, metropolis
urna f urn, vase, ballot box
uso m use
usurero m usurer
útil useful
utilizar to utilize, to use
utopía f utopia
uva f grape

V

vaca f cow
vacante vacant, f vacancy
vaciadura f emptying out, the "last drop"
vacilar to hesitate, to be uncertain
vacío empty, emptiness, meaningless, void
vacuno bovine
ganado — beef cattle
vagabundear to wander
vagamente vaguely
vago vague, inconsistent, undetermined, m idler, loafer
valentía f courage
valer to cost, to be worth, to avail, to protect
valeroso brave
valía f appraisal, value
valiente brave, courageous
valioso valuable
valor m valor, strength, value
vals m waltz
vallado m area fenced in with stakes, poles, etc.
valle m valley

vanagloriarse to boast, to be conceited
vanidad f vanity, pride, conceit, nonsense, foolish speech
vano vain, arrogant, inane, futile
vapor m vapor, steam, steamship
vaquería f herd of cattle, round-up and branding
vara f measure equaling approximately 1 yard
— *de mimbre* f reed stick
variar to change, to vary
variedad f variety
vario various, several
varón m man, male, man of respectability
vasallo m vassal, subject
vasco m Basque, person from the Basque provinces of north Spain
vascuence m Vascongado, language of the Basque provinces
vaso m glass
vecindad f vicinity, neighborhood, proximity
vega f open plain of fertile land
vegetal m vegetable
vehemencia f violence
vehículo m vehicle
vejez f old age
vela f sail, candle
velar to watch over, to keep vigil
velero swift-sailing, m pilgrim, sailor
velo m veil
velocidad f velocity, speed
veloz fast, rapid
vencedor m conqueror
vencer to conquer, to defeat, to expire, to fall due
vencido overdue, past due
vencimiento m victory, conquest
venda f bandage
vendar to cover the eye, to bandage
vendedor m vendor, salesman
vender to sell
veneno m poison

venenoso venemous, poisonous, burning
venganza *f* vengeance
vengar to avenge
venia *f* pardon, permission
venidero future, coming
venta *f* inn, sale
ventaja *f* advantage
ventero *m* innkeeper
ventilar to ventilate, to air
ventura *f* fortune, chance, happiness
   buena — good fortune
   mala — misfortune
   por — perchance
veras: de — really, truly
verbal verbal
verbosidad *f* verbosity, wordiness
verdad *f* truth
verdadero true, real, genuine
verde green
verdoso greenish
verdura *f* green, greenery, vegetable
vereda *f* path, narrow trail
veredilla *f* *dimin.* path
verificar to verify, to check
   —se to take place
verliniano Verlainian, of or pertaining to Verlaine
versión *f* version, account
verter to shed, to spill
vertido shed
vertiginoso dizzy
vértigo *m* dizziness
   dar — to make dizzy
vestido *m* dress, clothes
vestimenta *f* clothing
vestir (i, i) to dress
veta *f* vein (of ore in a mine)
vetusto very ancient
vez *f* time
   en — de instead of
   a la — at the same time
vía *f* route, way, road
viaje *m* trip, journey
vianda *f* meal, food
vibrador vibrant, tremulous, quivering
vibrante vibrating, shaking
vicio *m* vice
victoria *f* victory
vid *f* vine, grapevine
vidrio *m* gloss

viejecito *m* *dimin.* old man
viento *m* wind
vientre *m* abdomen
viga *f* timber, beam, rafter
vigilar to care for, to watch over
vil vile, infamous, corrupt
villa *f* town, village
villano *m* peasant, villain
vinculado associated, connected with
vinoso affected by wine
violencia *f* violence
violeta *f* violet
virar to turn, to twist
virgen *f* virgin, pure
virginal virginal, new, unspoiled
virreinato *m* viceroyalty
virrey *m* viceroy
virtualidad *f* virtuality, efficacy
virtud *f* virtue, power
viruela *f* smallpox
visaje *m* grimace
   hacer — to make wry faces
visera *f* visor, bill on a cap
visión *f* vision, eyesight
visitante *mf* visitor
visitar to visit
vislumbre *f* glimpse, glimmer
viso *m* prospect, appearance
vista *f* sight, view
   a la — de in sight of
visto evident, clear
   por lo — evidently
vistoso showy, flashy
vital vital, relative to life
vítor *m* applause, public rejoicing
vitorear to acclaim, to shout with joy, praise and clap
viuda *f* widow
vivaz lively, active, vigorous
viveza *f* vividness
vivienda *f* dwelling
viviente living, animated
vivo alive, living, lively, bright
vizcaíno *m* man from Vizcaya
vocal *f* vowel
volante *m* steering wheel
volar (ue) to fly
volcán *m* volcano
voltear to toss, to tumble, to turn, to turn over

voluntad *f* will, choice, determination
   tener — to be willing
voluntario voluntary, intentional, *m* volunteer
voluntarioso strong-willed
voluptuosidad *f* voluptuousness, pleasure
volver (ue) to return, to come back
   — a + infinitive to do . . . again
   — en sí to regain consciousness, to come to
voraz voracious, greedy
votar to vote, to swear
voto *m* vow, vote
vuelo *m* flight
vuelta *f* turn, spin, return
   dar —s to turn (around)
   dar la — to turn around
vulgar vulgar, in poor taste
vulgo *m* vulgar, common people, multitude, populace

Y

ya already, now, finally
   — no no longer
   — que since
yacer to lie, to be lying down, to rest
yangüese *m* barbarian
yegua *f* mare
yerba *f* herb
yerno *m* son-in-law
yeso *m* plaster of Paris (casts)
yugo *m* yoke
yunta *f* pair, couple, yoke

Z

zaguán *m* vestibule, entry
zalamería *f* flattery
zalema *f* salaam, bow
zambullir to dive
zanja *f* ditch
zapatero *m* shoemaker
zaquizamí *m* garret, dirty little room
zarzuela *m* light opera or operetta
zorro *m* fox
zozobra *f* uneasiness, anxiety
zumbido *m* buzzing
zumbón making jokes, waggish
zurdo lefthanded